# 建立多层次资本市场体系研究

JianLiDuoCengCiZiBen
ShiChangTiXiYanJiu

王国刚 主编

人民出版社

策划编辑:李春生
责任编辑:万 琪

**图书在版编目(CIP)数据**

建立多层次资本市场体系研究/王国刚主编
-北京:人 民 出 版 社,2006.9
ISBN 7 - 01 - 005824 - 5

Ⅰ.建… Ⅱ.王… Ⅲ.证券交易-资本市场-研究-中国
Ⅳ.F832.51

中国版本图书馆 CIP 数据核字(2006)第 108859 号

**建立多层次资本市场体系研究**

JIANLI DUOCENGCI ZIBEN SHICHANG TIXI YANJIU

王国刚 主编

**人 & 5 版 社** 出版发行
(100706 北京朝阳门内大街166 号)

北京新魏印刷厂印刷 新华书店经销

2006 年 9 月第 1 版 2006 年 9 月北京第 1 次印刷
开本:710 毫米×1000 毫米 1/16 印张:24.5
字数:364 千字 印数:0,001 - 4,000 册

ISBN 7 - 01 - 005824 - 5 定价:45.00 元

邮购地址 100706 北京朝阳门内大街 166 号
人民东方图书销售中心 电话 (010)65250042 65289539

# 总　序

　　两年前，我承接了中国社会科学院重大研究课题"金融混业经营和建立多层次资本市场体系"。在课题论证中，曾认为："金融混业经营与建设多层次资本市场体系，对中国金融发展来说，是一个全新的课题。在此之前，国内学者曾分别研讨过金融混业经营问题和建立多层次资本市场体系问题，但将二者结合在一个系统中来研究中国金融发展，则未有过。从这个意义上说，本课题是一个全新的立意。"这一认识主要依据有三：一是从理论研究角度说，在金融全球化背景下，2003年以后，金融混业经营、建立金融控股公司和建立多层次资本市场等认识已为学术界广泛接受，分别论述的著文已陆续问世，因此，有着较好的理论研究基础；二是从实践面来说，在加入世贸组织以后，加速中资金融机构的发展，提高它们在国内市场的国际竞争力，同时，通过实施"走出去"战略，促进它们进入国际金融市场，已成为一个必然的趋势；三是在金融创新过程中，相当多的理论认识正在转化为实践政策，由此，预期对金融混业经营、金融控股公司和多层次资本市场体系内在机制的研究，将对政策制度的形成起到积极作用。从这些认识出发，课题的研究重心放在"建立多层次资本市场体系"和"金融混业经营"二者的内在机制和实现路径方面，试图通过建立多层次资本市场体系这一基础来推进金融混业经营框架的形成，同时，以金融控股公司为基本载体。

　　但两年来的实践再次证明，我们的设想过于乐观。究其主要原因是，我们对实践的复杂性和丰富性估计不足。两年来，虽然在实践层面，随着商业银行介入基金管理公司、保险公司设立资产管理公司等，金融混业经营和金融控股公司已经破题，但要形成金融专业化基础上的金融综合经营和金融控股公司运作，还需做更长时间的探讨，尤其是金融体制改革的深化还是一个艰辛且需花费较长时间的工程。另一方面，受体制因素制约，"建立多层次资本市场体系"的命题虽已提出，但相关制度政策的形成依然步履艰难，实践举措基本停留于已有框架。在此背景下，课题组经过多次研讨，最终确定还是完成具有分论性质的课题研究成果。因此，本课题的研究成果由《建立多层次资本市场体系研究》、《运行机理：控股公司和金融控股公司》和《全球视角下的金融混业现象：多维度透析》三本论著构成。

《建立多层次资本市场体系研究》一书，提出了股票市场的多层次依交易规则多层次而划分，交易规则主要是由经纪人制定的，因此，应当建立由经纪人为主导的新层次股票市场；分析了股权分置改革的理论基础，强调股市公共性是股权分置改革的政策依据；探讨了中国场外交易市场的发展历史和经验教训，A股市场的运行机制缺陷和改革取向；研究了中国债券市场的走势和定价机理，并概要介绍了主要发达国家的证券市场架构。这一著作的撰写人员为：第1—4章（王国刚）、第5—9章（王国刚、杨涛、张扬、胡滨和全先银）、第10章（周茂清）、第11章（金岩石）、第12章（王国刚、何旭强）、第13章（殷剑峰）、第14章（高占军）、第15章（张晓英）、第16章（王国刚、何旭强）、第17—20章（余维彬）。

《运行机理：控股公司和金融控股公司》一书，比较系统地分析了控股公司的各种模式、形成条件、经济功能和运作机理，研究了金融控股公司的各种模式、形成条件、经济功能和运作机理，依此，对中国的控股公司和金融控股公司发展历史、成因、条件和效应等方面进行了探讨，最后，提出了建立中国金融控股公司的一系列政策建议。这一著作的主要撰写人员为：第1—5章（刘翠兰）、第6—9章（张跃文）、第10—14章（刘志红、王国刚）；在课题研究过程中，王力、陈经纬等参加了提纲和初稿的研讨，提出了许多具有建设性的修改意见。

《全球视角下的金融混业现象：多维度透析》一书，探讨了金融、金融分业和金融混业之间的机理和制度关系，分析了金融机构运作中的多元化与专业化关系、金融组织结构多样性与治理机制的关系、混业经营与金融控股公司的关系、混业经营条件下的金融监管等问题，最后，针对中国实践历程中经验教训，提出了推进金融改革深化的一系列政策建议。这一著作由王国言独立完成；在研究过程中，李扬、王国刚提出了许多具有建设性的修改意见。

现代金融体系是以资本市场为基础以商业银行为主导的金融体系，与那种以商业银行为主体的传统金融体系相比，主要区别有三：一是商业银行在金融体系中的地位从"主体"调整为"主导"；二是资本市场成为金融运作的基础性平台，离开了这一基础，金融机构的运作将难以充分展开；三是在以资本市场为基础的金融运作中，商业银行发挥着主导作用，诸多产品创新、交易创新和市场创新都是在商业银行主导下展开的。这一认识是进一步深入探讨金融混业经营与建立多层次资本市场体系内在机理的基本根据。虽然受制于实践条件，本课题研究未能将原先的预期贯彻到底，最终形成了一种分论性的研究成果，但这并不意味着这些研究成果没有内在联系，只是简单的分割。

毫无疑问，本课题的研究还是初步的。我们将其发表面世，一个主要目的在于抛砖引玉，在供同仁批评指正过程中，将此研究推向深入。

王国刚

2006 年 5 月 8 日于北京

# 目　录

## 第一篇　建立新层次股票市场的主导机制

# Content

## Part II Theoretic basis for the reform of the shareholder structure of listed companies

# Part Ⅲ　Analysis on the operational mechanism of China's stock market

## Part Ⅳ　Analysis on the operational mechanism of China's corporate bond market

# Part Ⅴ　Security market systems of principal developed countries

# 第一篇
# 建立新层次股票
# 市场的主导机制

# 第一章　确立经纪人制度：
## 建立新层次股票
## 市场的中心点

在推进高新技术开发和科技产业化过程中，建立多层次股票市场体系再次提到议事日程。如何建立一个不同于沪深 A 股市场的新层次股票市场，是其中的主要内容和主要着力点，为此，各层面人士甚为关注。我们认为，建立新层次股票市场的根本点，是确立经纪人制度。主要理由如下：

## 一、多层次交易规则：多层次
## 股票市场体系形成的标准

债券市场和股票市场是证券市场的基础性构成部分。债券交易大多以无形市场为主，为此，多层次的债券市场主要根据不同债券品种发行中的各种约定条件而划分。例如，可以根据债券特点将债券市场划分为：中央政府债券市场、地方政府债券市场、公司债券市场、垃圾债券市场和资产证券化债券市场等等。但与此不同，股票市场以有形的交易市场为主，股票交易是这一市场的轴心，为此，多层次的股票市场主要根据股票交易的不同规则而形成和划分。例如，纽约股票交易所内挂牌交易的股票，当在纽交所系统内按照纽交所的交易规则进行交易时，它属场内交易范畴；当由交易双方在纽交所之外进行大额交易时，遵守的是不同于纽交所的另一交易规则，由此，形成了第三市场。又如，Nasdaq 有着四个层次的交易规则，分别适合不同的经纪人（做市商）、公众公司和投资者的需要，由此，形成了从第一市场到粉单市场的四个层次市场。再如，日本东京证券交易所有着两个不同层次的交易规则，据此，将股票市场划分为一部市场和二部市场。可见，交易规则的多层次性是多层次股票市场的基本划分标准。

多层次股票市场依多层次交易规则而划分的内在机理主要有四：

第一，股票交易规则连接着股票的供给者与需求者，规范着交易双方的行为。股票交易市场从根本上说是股票买卖双方进行股票交易的场所。不论对买方（股票需求者或投资者）来说还是对卖方来说，离开了股票交易市场，都极难实现股票的交易。但要进行股票交易，不论是买方还是卖方，都必须完整地遵守这一交易市场的具体规则；否则，就不能进入股票交易市场进行股票交易操作。

第二，股票交易规则导向着股票发行规则。股票发行，对发行公司来说是一个获得资本性资金的过程，对投资者来说是一个投资入股的过程。就此而言，似乎与交易规则没有直接关系。一些股份有限公司设立中的股份私募以及向已有股东再融资，都是不争的实例。但是，一旦涉及到公开发行股票，情况就大为不同了。在公募中，股票发行中的各项规则都是为了满足上市交易（或进入交易市场，下同）而确立的。它们有些是股票交易规则在股票发行市场的延伸，一些则直接就是股票交易规则的运用。在多层次股票市场中，不同股份公司在股票发行中的每股价格、股份数量、信息披露充分程度、承销商、投资者群体等方面的不同，主要是因为它们都"瞄"着不同的交易市场；换句话说，各个交易市场在交易规则方面的差别决定了各家股份公司股票发行中的各项主要差异。

此外，股票交易规则还导向着股票的供给。主要情形有三：其一，对准备以存量股份申请上市交易的股份公司来说，在提出申请前，就需要按照目标市场（即它的股票准备进入的交易市场）的交易规则调整自己的各方面行为，以使公司治理、经营运作、财务指标和发展前景等符合交易规则的要求，由此，一旦条件成熟，存量股份就可通过申请而进入股票交易市场。在这一场合，股票在进入交易市场之前并没有形成一个发行市场。其二，对已上市交易的股份和公司来说，股票交易市场的走势直接影响着可交易股份的数量和上市公司（或公众公司，下同）的数量。在通常情况下，当股票交易市场持续高涨时，上市公司就可能增发股票，由此引致可交易的股份数量增加；股票交易市场也会接纳更多新的上市公司，这也将引致可交易的股份增加。但当股票交易市场持续下行时，一些上市公司就可能难以增发股票，一些上市公司可能回购已流通的部分股票，一些上市公司可能回购全部股票从而退出交易市场，还有一些上市公司可能因不能满足交易规则的要求而被摘牌，由此，引致可交易的股份减少。但不论是新股增发还是股票回购或者公司退市，都是交易规则所规定的，并且按照各个股市交易规则的不同而有所差别。其三，股票交易市场的新设，将引致一批新的股票进入交易市场，由此，使可交易股份数量增加。新设的股票交易市场，其主要规则与已有的股票交易市场有着明显的区别，它满足了那些难以在已有股票交易市场上市交易的股份公司的需要，因此，随着新设交易市场的展开和发展，多层次股票交易市场体系中的股份供给量也将增加。

　　第三，股票交易规则激励着投资者的投资入股行为。股票投资者是一个多层次、多样化的群体，其中，既有各种各样的机构投资者也有取向不尽相同的个人投资者。有的乐于做多，有的倾向做空；有的风险偏好较强，有的风险偏好较弱；有的资金较少，有的资金较大；有的乐于操作新股，有的喜于投资老股；有的希望以小搏大，有的习惯跟随投资，有的常常独往独来，如此等等。投资者的这些倾向要转化为股市投资行为，主要取决于各层次股市的交易规则对投资交易行为的界定。首先，在缺乏股票交易市场的条件下，投资者有再多的想法和希望，也不可能转化为现实的投资行为。这同时意味着，在缺乏多层次股票交易市场的条件下，必然存在一部分（甚至相当一部分）投资者的投资需求不能得到满足。其次，在缺乏交易市场不断吸纳新的股票进入交易市场的条件下，投资者要操作新股是不可能的；在交易规则不准许高风险公司股票入市交易的条件下，投资者要投资于此类股票也是不可能的；在交易规则中缺乏经纪人（包括做市商）提供信用交易安排的条件下，投资者要以小搏大仍然是不可能的。最后，在交易规则中缺乏信息披露机制、退市机制等规定的条件下，相当多投资者可能不敢涉足股市投资。可以说，有什么样的股市交易规则就有什么样的股市投资者，因此，投资者是跟着股市交易规则走的。

不仅如此，在有了股票交易市场以后，相当多实业投资也是"瞄"着股票交易规则而展开的。在公司设立中，一部分投资者是怀着未来这些股份可能入市交易的心理而投资入股的；在公司运行中，相当多股东对公司的继续投资，盘算着这些股份进入交易市场的前景；在公司并购中，不论是股份出售者还是并购者在并购价格上都往往参照已交易的同类股票而展开。一个典型的实例是，2001年以后，随着创业板市场的设立"搁浅"，在此之前已创办的几百家创业投资公司顿时失去了进行创业投资的热情，一些公司转而以其他业务为主营对象，一些公司则关闭停业，由此，真正的创业投资和相当一批希望获得创业投资资金的高新技术企业陷入资金困境。

第四，股票交易规则决定着股市监管体系。股市监管以监管交易市场为中心，这决定了，有什么样的股票交易规则就有什么样的股市监管体系；或者说，离开了股票交易规则，就没有股市监管可言。在股市历史上，相当长一段时间内（长达100多年）并无由专门的政府部门（或准政府部门）进行股市监管的体制，也就不存在与此对应的股市监管体系。这一体系在20世纪30年代以后逐步建立起来，其背景是1929年以后的美国股市崩盘。从监管实践来看，首先，贯彻"公平、公开和公正"的原则，维护投资者合法权益是股市监管的基本原则。这些原则的形成和贯彻最初都是针对股票交易规则不完善而言的。正是因为在股票交易的历史上曾经发生过各种黑幕交易、司法不公正等现象，严重侵害了投资者的权益，给股票交易市场的健康发展造成了严重后果，才提出了这些监管原则。其次，防范和化解风险是股市监管的重心。防范什么风险、化解什么风险？从各国和地区的股市实践来看，主要是股票交易市场中存在着种种风险，而这些风险常常是已有的交易规则所难以防范的。再次，提高上市公司质量、强化信息披露制度、加强中介机构监督作用等也都是为了维护股票交易市场的运行秩序，防范由此可能引致的风险。最后，各国和地区的法律制度都有着一系列禁止性和限制性规定，其中，禁止内幕交易、操纵股价等各种限制性规定，或者直接就是针对股票交易的，或者是从股票交易中延伸的。

"多层次股票市场依多层次交易规则而划分"的另一含义是，单一层次的交易规则只可能形成单一层次的股票交易市场。以中国为例，在创业板市场迟迟难以设立而深圳证券交易所又多年缺乏新股上市的条件下，经批准 2004 年在深交所设立了中小企业板市场，准许首发 4000 万股以下的股份公司可流通股在深交所挂牌交易，由此，一些人认为，这就形成了与"主板"市场不同的另一个层次股票交易市场。事实上，中小企业板市场贯彻的依然是 A 股规则，它在股票交易方面与 A 股没有任何差别，因此，不属于一个新层次的股票交易市场。举例来说，假定一个中学招进了 200 名高一学生，这些学生不按中考分数的高低分成四个班，它们是高中一年级；按照中考分数的高低，将高分编入一个班、次高分编入第二个班等等，并不会改变四个班都是高中一年级的性质。如果仅仅按照可流通股份的数量就可将股票交易市场划分为若干层次，那么，由于在理论上数量是无限可分的，由此，就可按照某个单位数（例如 500 万股）将 A 股市场划分为众多层次的股市，可这种划分又有多少实际意义？须知，"国王新装"已是小孩都知晓的故事。

## 二、经纪人：股市交易规则的主要制定者

从历史的角度看，股市交易规则最初是由经纪人制定的；从现实的角度看，股市交易规则是在以经纪人为主的股市运作者的推动下不断完善的。

从最一般意义上说，股市经纪人是代为股票持有者卖出股票和股票购买者买入股票并从中获得佣金收入的中介人。在欧美股市发展历史上，经纪人在设立股市和推进股市形成的过程中，既制定了股市交易规则，也造就了多层次的股票交易市场体系。

从美国股市历史来看，18 世纪 90 年代以前，由于可交易的股票数量较少，股票经纪人并非一个专业化的职位，它通常由商业经纪人兼任。但随着可交易股票数量的增加，股票经纪人之间在佣金水平上开始发生竞争，一些经纪人为了招揽客户而降低佣金，严重影响了其他经纪人在代理买卖股票过程中的业务收入，由此，1792 年 4 月，一些实力较强的经纪人（21 家经纪商和 3 家经纪公司）签订了"梧桐树协定"，承诺"将以不低于

0.25％的佣金费率为任何客户买卖任何股票"①，由此，有了第一份有文字记载由经纪人签署的股票交易规则②。此后，随着股票交易市场的设立，经纪人根据具体的股市特点，制定了一套又一套股票交易规则。

股票交易市场是由经纪人设立的。最初的股票交易在街头、咖啡屋等地按照一些不成文的交易习惯展开，随后，一些较为成功的经纪人开始在他们的办公室举行定期的股票拍卖，由此，形成了后来被人们称为"柜台市场"的股票交易市场。1792年，一些经纪人决定在华尔街22号建立一个拍卖中心并将其称为"股票交易所"，由此，有了纽约股票交易所的雏形。这个拍卖中心的主要规则有三：一是经纪人可以为客户也可以为自己买卖股票；二是意欲出售的股票存放在拍卖中心；三是拍卖人根据交易量收取佣金。此后，以下一系列现象是值得关注的：

第一，纽约股票交易所的设立。1817年，纽约股票拍卖中心的主要经纪人派人到费城股票交易所进行考察，于2月25日起草了一份几乎与费城股票交易所章程一模一样的章程，将原先由28名经纪人构成的经纪人委员会更名为"纽约股票交易委员会"。这一章程的主要内容有四：一是由交易所总裁和助理主持每天的股票拍卖；二是至少具有1年经纪业务经验的经纪人才有成为新会员的资格；三是实行次日交割制度，以防过度投机；四是禁止"对敲"，以防造成股价波动的假象。

但纽约股票交易所的设立，并不意味着其他交易市场的消失。且不说费城股票交易所依然是当时最主要的股票交易所，就是场外交易也相当活跃。"华尔街的大部分交易活动还是在大街上进行的，许多不能成为交易所会员的经纪人在路灯柱下买卖股票。这里的交易量经常超过场内……很多新证券在交易所上市交易之前，是在承销商的办公室开始交易的。"③

第二，新的股票市场的设立。纽约股票交易所的设立和发展，并没有成为限制新设股票交易所的制度机制。"在19世纪30年代牛市的最高峰时期，场外经纪商因为不能进入股票交易所，曾组建了一个交易所与正式的

---

① 引自【美】约翰·S·戈登著《伟大的博弈——华尔街金融帝国的崛起》，中译本，第27页，中信出版社2005年版。本节如无专门加注，引文均出自该书。

② 这种固定佣金制一直到1975年5月1日才最终在华尔街退出历史舞台。

③ 同上，第51页。

股票交易所抗衡，它被称作新交易所。"① 1864 年，煤洞交易所重组更名为公开经纪人交易所；到 1865 年，它的交易量已经达到纽约股票交易所的 10 倍之多。1865 年，石油交易所成立，它主要是为交易石油公司股票而设立的。1868 年，古尔德创建了国民股票交易所，着力实现伊利股票的交易。1869 年，公开交易所与纽约股票交易所合并，组建了新的纽约股票交易所。1870 年，矿业交易所重新开业，它的主要交易对象是矿业公司（包括开采和加工）的股票。1971 年 2 月 5 日，纳斯达克（Nasdaq）正式投入运营，这标志着一个新的股票交易市场的形成。

各种股票交易市场得以设立和发展的内在机理是，股票交易市场是经纪人从事股票买卖的市场，只要在已有的股票交易市场中代理买卖股票的需求（包括变化了的需求）难以得到充分有效的满足，他们就将寻求设立新的市场来实现这些交易。

第三，场外交易市场始终是股票交易所的一个主要竞争者。场外交易市场是由经纪人组成的一个非正式网络，它为那些不在任何交易所挂牌交易的股票提供一个交易市场。经纪人们或者通过为客户提供买卖股票的机会获得佣金收入，或者通过自己买卖股票赚取价差收入。由于经纪人们可以完全自由地交易他们愿意交易的任何股票，同时，交易成本更低（例如，不必向交易所缴费），所以，他们常常可以向客户提供比交易所里更好的价格。事实上，不仅中小经纪公司通常利用场外市场的价格优势来为其客户提供服务，就是那些大型经纪公司也常常这样做。这形成了后来《联邦证券法》中有关"经纪人应为其客户寻找到股票的最好报价"的专门规定。

在交易所设立之后，场外市场的交易活动始终没有停止，即使在纽约股票交易所因种种原因暂停开市的日子里，场外市场也依然运转着。几个重要的实例是：

其一，1856 年，华尔街可交易的股票已达 1420 只，但其中绝大多数并不在纽约股票交易所交易，原因是它不接受那些新的未被市场检验过的股票；但这些新股票却受到经纪人和投机者的青睐，成为场外交易市场的主要交易对象，因此，它的日交易量经常超过 7 万股，远高于纽约股票交

---

① 同上，第 66 页。

易所 6000 股的交易量。

其二，1873 年 9 月 13 日，凯恩—考克斯公司破产，引致了华尔街股市的暴跌。9 月 20 日纽约股票交易所宣布无限期休市，并禁止其会员在交易所之外交易股票，但大部分会员对此项禁令不予理睬，继续进行场外交易。在这次股灾中，有 287 家经纪公司破产倒闭。

其三，1914 年 7 月下旬，第一次世界大战爆发的前夜，华尔街股市开始放量下跌。7 月 31 日，伦敦交易所宣布暂停交易，随后，纽约股票交易所也宣布闭市。与此同时，场外交易市场几乎在一夜之间就活跃起来了，一些场外经纪人宣布他们愿意买卖纽交所的挂牌股票，每天上午 10 点到下午 3 点，大约有 100 多名经纪人在紧张地进行交易。

诚如《伟大的博弈——华尔街金融帝国的崛起》作者约翰·S·戈登所说的那样："华尔街从来都不像它的名字听上去那样是一个利益的整体，银行、大保险公司、路边市场、柜台交易市场，以及纽约以外的很多地区性交易所，它们都有自己不同的利益"，"甚至纽约股票交易所的会员们也并不是铁板一块，那些靠佣金生存的公司（与公众进行交易的经纪公司）有他们的利益，而那些专门经纪人（他们在交易所场内进行交易）则有不同的利益。对那些收取佣金的公司来说，只要能得到最好的价格，不管在哪个市场买卖都可以；那些场内交易人，则当然希望交易被严格限制在纽约股票交易所的交易大厅内进行。"[①]

第四，交易规则的演变和调整。在推进股票交易市场发展同时，为了平抑股市动荡，维护股市运行秩序，在总结实践经验教训中，经纪人也在不断推进股票交易规则的完善。"经纪人队伍开始主导市场，因为他们的利益有赖于市场长期的稳定，所以他们严格执行规则，压制了投机者的猖獗活动，从而使华尔街逐步成为一个长期健康运行的资本市场。"[②] 在美国 200 多年的股市发展历程中，从交易规则形成角度看，以下 10 个事件是值得回顾的：

其一，1791 年 7 月随着合众国银行股票（BUS）首次公开发行，启动了美国股市的第一轮牛市。此时，股票交易规则基本从欧洲（尤其是伦敦

---

① 同上，第 337 页。
② 同上，前言部分。

引入），卖空规则和以实物券交割为基础的看涨期权与看跌期权规则，在美国首次应用，这导致了投机的可能性大大增加。随着股票交易量的增大和股价上扬，各种关于股灾的预言也开始出现。1792年3月下旬，终于爆发了美国股市历史上的第一次股灾，汉密尔顿（时任财政部长）断然采取措施，以"保证恐慌不会摧毁基本上还完好无损的交易体制"，由此，避免了股灾负面效应的扩散。

其二，1835年12月16日，纽约的一场大火结束了19世纪20年代以后的牛市。在这场大火中，一个交易所的员工抢出了纽约股票交易所的交易记录，为随后的交易所重新开业提供了必要条件。但这场大火还是导致了股市大崩溃，到1839年3/4的经纪公司破产倒闭。

其三，19世纪50年代以后，电报问世，纽约的股票经纪商成为这种新型通讯媒介的最早也是最主要的用户，由此，结束了长达几十年之久的利用一连串旗语传递股市信息的历史，也结束了"跑腿者"的历史。许多最初以运送现钞和股票为主要业务的快递公司逐步转入了银行业和经纪业。

其四，19世纪70年代后半期，在总结伊利股票投机站的教训中，华尔街股票交易市场开始着手实施一系列变革。1868年11月30日，纽约股票交易所和公开交易所颁布了内容相同的监管条例，要求在交易所内拍卖的所有股票进行登记，上市公司的任何新股发行都必须提前30日通知交易所。此后，随着这两个交易所的合并，自律性监管条例不仅数目逐步增多，而且执行也愈加严格；另一方面，股票交易迅速繁荣，以至于纽约股票交易所市场可以称之为"主板"市场了。这意味着"经纪人占主导地位的纽约股票交易所对市场有越来越大的约束力"[①]。

其五，19世纪90年代，华尔街股票交易市场发生了一些具有重要意义的变化：一是1892年，最终建立了一个大型清算所，为经纪商提供方便快捷的证券交割服务；二是1896年，道琼斯工业平均指数正式问世；三是现代会计制度出现，而"事实上，华尔街的银行和经纪人是推动现代会计职业产生，以及在美国上市公司中强制实施公认会计准则的主要

---

① 同上，第153—154页。

力量。"①

其六，1920 年，在斯图兹股票上，赖恩与纽约股票交易所的一些重要会员展开了多空大战，为了避免惨重损失的后果，纽交所的这些重要会员利用纽交所管委会的权利，亵渎了两条从未被打破的交易规则：一是"成交了就是成交了"，即成交事实不可更改；二是私人契约的隐私权不受侵犯，即交易双方中的任一方不得向第三方泄露买卖合同的另一方。甚至，交易所的发言人声称："交易所想做什么就可以做什么。"但在场外交易市场，这种情形不可能发生。

其七，1929 年的股灾。保证金交易是华尔街延续了 100 多年的一种交易方式。在这种交易方式下，投资者只需支付股价 10% 的资金就可买入股票，不足部分由经纪人垫支。如果股价下跌，经纪人就将要求客户提供更多的抵押品，但如果客户没有足够价值的抵押品，经纪人就可能将其股票在低价卖出，使客户蒙受损失。另一方面，经纪人借给客户的投资资金，是由经纪人以证券为抵押从商业银行借入的。如果股票下跌，经纪人也必须向借款银行提供更多的抵押品，否则，借款银行就可能将其抵押的股票等证券在低价卖出。1929 年 9 月 5 日，纽约股票交易所的股价开始下跌，由此，扭转了长达数年的牛市行情。受保证金交易的影响，下跌势头逐步加快。10 月 29 日，道琼斯指数下跌了 22%，创下单日跌幅的历史纪录；下跌势头到 11 月 13 日才被止住（这场股灾本来到此可以画上句号），1930 年春季股市翻转向上，快速上涨。1930 年 6 月 17 日，胡佛总统签署了《斯慕特—霍利关税法案》，由此，既引致了美国经济的大萧条，也引致了随后长达两年半的股市下跌。1932 年 6 月 8 日，道琼斯工业平均指数下落到 41.22 点，与 1929 年的最高点相比，跌幅深达 89.19%。

1933 年 5 月 27 日《联邦证券法》出台，6 月 16 日《格拉斯—斯蒂格尔法》出台；1934 年《联邦证券交易法》问世。在这个过程中，纽约股票交易所于 1934 年通过了一项制度，禁止联手坐庄，禁止专门经纪人将内幕信息透露给他们的朋友，禁止专门经纪人购买他们所做市的股票的期权。

根据《联邦证券法》和《联邦证券交易法》设立了联邦证券交易委员会，开始了有政府监管的股市发展历史。该委员会的第一任主席由约瑟

---

① 同上，第 196 页。

夫·P·肯尼迪担任。他既是一个投机高手也是一个经纪人，办有自己的经纪公司。

其八，1838年，惠特尼丑闻发生以后，纽约股票交易所出台一部新章程。它规定，交易所总裁不再是交易所会员，只是一名拿薪水的雇员；经纪公司如果开办公众业务，就禁止为自己开设保证金账户；保证金的比例由联邦证券交易委员会决定；会员公司的债务限定在运营资本的15倍以内；经纪业务与承销业务必须分离，客户账户与公司自营账户也必须分开；卖空单只有在股价上升时才被认定有效。

其九，20世纪40年代以后，在美里尔的推进下，华尔街经纪人结构发生实质性变化。通过连锁点运作模式，美林公司脱颖而出。它摒弃了过去只拥有少量客户的经纪公司模式，建立了拥有成千上万客户的新的经纪公司运作模式。到1960年，美林公司拥有了54万个经纪账户。新的运作模式推动了经纪人运作和股市规则的一系列变化：一是通过培训客户经理，提高了经纪人的专业知识水平，为注册代理人制度的实施创造了条件；二是证券分析成为一个专门职业立足于经纪人公司，并成为经纪人为客户服务的一项重要内容和基础条件；三是无形资产、净流动资产等成为分析公司价值的重要经济指标。这些变化，为后来的共同基金发展和养老金入市创造了必要条件。

其十，进入20世纪60年代以后，在经济和技术的进一步发展中，华尔街股市规则又有了新的变化：一是1965年，实现了自动报价机与电子显示屏的连接。二是经过长达40年的讨论，终于在1969年成立了中央证券存放机构。三是为了降低大型经纪公司倒闭引发恐慌的可能性，美国国会按照联邦存款保险公司模式，建立了证券投资者保护公司。四是1970年新出台的一项法案，使得经纪公司可以发股上市，由此，结束了经纪公司只能实行合伙人制度的历史；1971年，美林公司成为第一家发股上市的交易所会员公司。五是1975年通过了《证券法修正法案》，它要求建立全美市场体系，将美国的各个证券交易市场都连接起来。

综上所述不难看出，在美国200多年的股票市场发展史中，经纪人们在创造和建立各层次股票交易市场的同时，也在创造与其相对应的各层次股票交易规则，并随着经济、社会和技术的进步，不断完善着这些交易规则。

# 三、股市中心：经纪人的
# 特殊地位和经济功能

经纪人在股票交易市场中的各种作用是由其特殊地位决定的。经纪人是通过代为客户买卖股票而获取佣金收入的中介人。这一简单定义，不仅包含了经纪人特殊地位的规定，而且包含了经纪人的一系列经济功能得以发挥的空间。

从地位来看，"中介人"意味着股市买卖双方是通过经纪人而联结的，买卖双方是以经纪人为中心而实现股票交易的。在实践中，股票买卖双方彼此分散，买者有投资购股的需求，但苦于不知卖者在何方；卖者有售股收资的需求，但苦于不知买者在何方。即便有充分的时间，让买卖双方相互寻觅最终找到合适的交易对象、交易价格从而达成交易，每一方也要花费较高的成本，更不用说，其中是否还存在票钱的真实性问题。为了解决这一矛盾，经纪人作为买卖双方的"中介人"应运而生，他既解决了股票买卖双方交易撮合的问题，又大大降低了股票买卖双方的交易成本，因而，有了独立存在的价值。立足于股票交易中介人的地位，在发展中，经纪人具有了如下一些功能：

经纪人的第一个功能是"客户中心"功能。经纪人的基本职能是，使股票买卖双方能够按照他们的委托意愿实现股票交易，即"撮合"。要履行"撮合"义务，经纪人需要具备一系列业务条件，其中包括：第一，具有尽可能多的信息。这些信息包括买方信息、卖方信息、市场信息和其他经济社会信息等，由此，及时把握各个股票市场的走势。第二，有着相对固定的经营场所和必要的设施。一方面是为了方便老客户上门和新客户找寻，另一方面，是为了提供服务的需要，因此，经纪人需要具有一定的资金实力。第三，提供必要的资金支持。在实行买空的条件下，买方只需交付规定的保证金数额就可买入股票；在实行做空的条件下，卖方也只需交纳规定的保证金就可卖出股票，其中的差额虽由银行提供资金支持但由经纪人向相关银行提供抵押品（因此，实际上是经纪人垫资），这决定了经纪人需要有向客户提供资金支持的能力。第四，具有专业水准。经纪人是专门从事代理买卖股票的专业人士（或机构），通过长期的实践探索，不仅有着一套分析各种行情的技术和经验，而且有着能够满足各类客户投资心理、风险偏好和运作特点的经营模式，因此，能够吸引客户上门。第五，具有自己的客户群体。每个经纪人（不论是自然人还是法人）都有着自己相对独立的客户群体。尽管一个客户（尤其是大客户）可能同时委托多个经纪人代理其买卖股票，但每个经纪人通常有着他们各自相对独立的客户群体。这些客户群体既是经纪人的重要（甚至是"核心"）业务资源，又是经纪人业务拓展的基础平台。对经纪人来说，一定规模的客户群体也是保障其佣金收入从而经营良性循环的基础性条件，因此，各类经纪人都有其最低的客户规模界限。第六，严格遵守信用规则。这些信用规则包括尊重客户要求的规则、为客户保密的规则、切实履行合同的规则、忠实维护客户权益的规则和及时告知相关信息的规则等等。第七，有着良好的商业声誉。客户对经纪人的选择是自由的，一旦商业声誉不佳，客户就可能离开原先的经纪人而另寻新的经纪人。在自由竞争的市场中，一旦失去客户，经纪公司就意味着关门倒闭，因此，经纪人要尽力维护自己的商业声誉，在一些场合，宁愿自己受点损失也要满足客户的要求。

正是因为具备了这一系列条件，所以，经纪人与客户之间形成了一种谁也离不开谁的紧密关系。在这种关系中，经纪人处于"中心"位置，客户围绕经纪人而展开股票买卖活动。经纪人的这种"客户中心"是基本的，其他功能均由此而延伸。

经纪人的第二个功能是风险防范功能。这有两方面的含义：一是在经营过程中，从主观愿望出发，经纪人有着防范自身运作风险和有条件地帮助客户防范风险的意愿；二是各类经纪人通过各自的防范风险，在客观上，起着防范股市风险的作用。

股市是一个高风险的金融投资市场。置身于这一高风险市场中运作，经纪人理应时刻关注市场走势从而市场风险的变化，通过运用各种技术手段和经验分析，尽可能贴近地预期股市（和个股）走势的进一步变化，因此，经纪人非常关注对股市走势的分析和预测，及时地收集各种数据和资料，运用最先进的技术（同时，也努力开发更为先进的技术），总结各种实战案例和运作方式，建立种种防范风险的机制。在单纯代理买卖的业务中，这些防范投资风险的机制，对提高经纪服务质量、保障客户的盈利水平、增强经纪人的商业声誉和凝聚力、扩大客户规模从而增加佣金收入是至关重要的；同时，它也是经纪人向不同客户提供分类服务从而提高经纪服务价值（如佣金收费水平）的重要根据。在提供保证金交易的业务中，这些防范投资风险的机制，对于保障垫付资金（或作为抵押品的证券）的安全性是极为重要的，也是保障经纪人通过提供这类服务来获得利息收入的重要机制。在展开做市商的业务中，这些防范投资风险的机制，直接关系着经纪人在股票做市中的资金安全性和盈利水平。各个经纪人从不同角度运用不同机制防范着各类微观风险和各层面操作风险，其结果是降低了股市运行的总体风险，对避免股市经常性的大幅波动起着积极作用。

经纪人是一个代理买卖股票的庞大系统。以美国华尔街为例，按照职能划分，经纪人可分为佣金经纪人、交易所经纪人、零股经纪人、专门经纪人和证券交易商等等；按照市场划分，经纪人可分为纽约股票交易所经纪人，美国证券交易所经纪人，纳斯达克全国市场（Nasdaq-NM）经纪人、纳斯达克小资本市场（Nasdaq-SC）经纪人、OTCBB市场经纪人和粉单市场经纪人等等；按照资格划分，经纪人可分为持牌经纪人和非持牌经纪人；按照性质划分，经纪人可分为自然人经纪人、合伙制经纪人和有限公司制经纪人等等。经纪人是一只庞大的队伍，1999年仅美林公司就有持牌经纪人1.4万名。每个经纪人都相对固定地联系着自己的客户，由此，将从事股票买卖的成万上亿投资者分散为一个个有着一定时空割断和防火墙的相对单元，避免因他们在时空点上过于集中可能引致的巨大风险，从而，在一定程度上，起着降低由非系统事件引致系统性风险的不确定程度，有着防范股市系统性风险的功能。

经纪人的第三个功能是开发创新功能。经纪人是一个独立经营、自负盈亏的经济组织，且处于一个贯彻优胜劣汰原则的完全竞争市场中，因此，有着不断开发市场的内在需求。在200多年的发展历史中，只要有条件有机会，经纪人就不断地开发市场，创造新的可交易产品。具体表现在：第一，开发新证券和股票价值。在经营过程中，为了稳定客户、满足客户需求，他经常要向客户推荐可买卖的证券，由此，就需要对股票、上市公司（或公众公司）的价值进行判定。这种最初属被动性的业务活动后来发展成为主动性业务活动，即经纪人通过各种经验分析和技术手段努力挖掘和揭示已进入股市交易的各种股票的潜在价值，通过促成并购重组等来提高交易中的股票价值增值程度，积极发现具有可入市价值的新公司，同时，通过原生证券权益的重组，开发新的证券品种。第二，开发新的交易方式。股票交易从现券交易到以现券为基础的期权交易再到股指期货交易和以价差结算为特征的期权交易，从限制性指令交易到止损性指令交易再到市价指令交易，从全额券款交易到信用交易（即保证金交易），从现场交易到电子交易，如此等等，在这些交易方式开发创新中，经纪人都起着关键性作用。第三，开发客户的新需求。客户的需求，有些是显现的，有些是隐现的，一些则是未现的。在服务中，经纪人最初满足的是客户的显现需求，即客户直接提出买卖股票的需求，此时的经营模式基本上属"经纪人跟着客户走"。随后，通过咨询和推介，经纪人开始开发客户的隐现需求，并将这些隐现需求与新产品开发、新市场开发联结起来，从而，大大提高了客户需求的满足程度，也有效增加了经纪人自己的业务收入。接着，通过广告宣传、新业务的推出，经纪人进一步开发了客户的未现需求，形成了"客户跟着经纪人走"的模式，巩固了自己作为"客户中心"的地位，也强化了他们在股票交易市场中的地位。第四，开发新业务。代理买卖股票是经纪人的最初业务（迄今，人们也还是以此定义"经纪人"的），但随着股市发展，经纪人的业务很快突破这一简单的限制，开始向投资咨询、财务分析等方面扩展，紧接着又向财务顾问、项目融资、承销股票、公司并购、资产重组等方面延伸，再后，在管理客户账户的基础上发展了资产管理业务。如今在国际市场中诸如美林公司、摩根—斯坦利、第一波斯顿、雷曼兄弟等声名显赫的公司，最初都是从经纪人业务发展起家的。第五，开发新市场。且不说美国历史上众多交易所和场外市场的兴衰过程，就是纳斯达克的四个层次市场也是在经纪人的推动下逐步建立的，即便如此，已有的多层次股市体系也还在不断发生新的变化。可以说，200多年的股票市场历史，同时就是经纪人不断开发创新的历史。离开了经纪人在各方面的开发创新，股市就失去了最基本的开发创新机制，也就不可能建立多层次和多样化的市场体系。

　　经纪人的第四个功能是维护股市活力和健康发展功能。股市经纪人依赖于股市的存在而存在、股市的发展而发展，因此，维护股市的运行活力和健康发展，是经纪人的根本利益所在。毫无疑问，在股市起步的初期，经纪人是一个彼此分散的群体，为了各自的生存和经营利益，一些经纪人也曾做出一系列严重损害股市规范发展的行为，其中包括操作股价、内幕交易、联手对敲、欺骗客户、传播谣言和制造虚假信息等等，这些行为不仅大大加剧了股市的上下波动，甚至直接引致多次股灾的发生。另一方面，在股票交易所设立后，一些经纪人也曾利用交易所的会员地位控制交易所的场内交易，排斥其他股市的设立和场外市场的发展，以达到垄断股市交易的目的。但是，随着经纪人对股市内在机制的认识和对共同利益的认识，他们也在不断推进交易规则的调整和完善，由此，逐步纠正早些年的不规范不成熟的操作行为；尤其是，在经纪人结构从以自然人和小公司为主的格局转变为以大型经纪公司和多样化经纪公司为主体的格局以后，通过证券商协会和其他自律组织，经纪人的视野大为拓展，对股市健康发展的认识也更加深化。在维护股市活力和健康发展方面，经纪人的作用突出地表现在：第一，维护市场竞争机制。在200多年的历史中，欧美国家的股市始终坚持充分发挥以竞争为核心的市场机制，这与经纪人的努力直接相关。内在机理是，只有竞争，经纪人才能不断挖掘和发现新的业务机会，才能不断发展；一旦市场被某个或某些机构所垄断，经纪人的生存发展空间就将被大大挤压缩小。建立多层次股票市场体系，既是市场竞争的结果，也是维护市场竞争所需要的基本条件。因此，只要发生垄断，经纪人就将自主推进一个能够容纳竞争机制的新市场形成。第二，维护市场各类参与者的充分选择权。股市是由多种主体参与交易活动的市场，不仅不同主体之间在投资意向、风险偏好、运作目的和操作技能等方面差别甚大，就是同一主体在不同时空点的要求也会发生种种变化，因此，在股市投资中拥有充分选择权就成为经纪人、投资者及股市的其他参与者所关心的一个基本问题，也成为股市运行是否充满活力的一个基础性要件。一般来说，选择权（从而选择空间）越大，经纪人的业务发展空间就越大。经纪人在努力推进各种交易方式创新、交易对象创新、交易技术创新和交易市场创新过程中，激励和提高了股市运行的活跃程度。第三，维护股市的健康发展。且不说一系列有利于股市健康发展的交易规则是在经纪人推动下制定实施的，也不说200多年中多少代经纪人的艰辛奋斗才有了今日发达国家的成熟股市体系，就说投资者保护基金，也是在尚无政府监管部门的条件下，经纪人为了稳定股市发展而建立的一个重要机制。

经纪人在股市中的地位和功能突出反映了，股市实际上是以经纪人为中心的股市，多层次股票市场体系实际上是以多层次经纪人为中心的股票市场体系。这同时也就意味着，缺乏经纪人（或缺失经纪人）的股市是一个有着严重缺陷的股市。这种股市即便"有形"，也将"无神"。

## 四、内在机理：经纪人制度的市场理念

"市场经济"，用最简单的语言表述，是"以市场为中心的经济"。何谓"市场"？市场是形成买卖关系和买卖行为的场所。既然有买有卖，那么，就一定有供求关系和供求行为，其中，"供给"为卖，"需求"为买，因此，买卖关系和买卖行为也可表述为供求关系和供求行为。

自第一次产业革命以后的200多年市场经济中，如何认识供给、需求和市场三者之间的关系成为理论研究和制度制定中的一个基本理念问题。从历史角度看，大致上，在20世纪30年代以前，西方理论界贯彻着萨伊定律，强调"供给创造需求"，由此，许多制度政策也以此为基础制定；随后，在贯彻凯恩斯主义的过程中，这一理念发生了实质性转变，"需求创造供给"成为主流理念，由此，制度政策转向以"增加需求"、"需求管理"为主要内容。在中国，改革开放以前，从企业到政府部门都贯彻着"以产定销"的理念；20世纪80年代中期以后，逐步确立了"以销定产"的方针；20世纪90年代中期以后，在买方市场形成的条件下，才进一步确立了"以市场为中心"、"以客户中心"的经营总思路。

但在股票市场中，有两个问题是需要进一步探讨的：第一，股票买卖与股票交易是否在任何场合都属等价的概念？实际上，从早期开始，随着股票经纪人的出现，股票买卖和股票交易在相当多场合就已划分为两个不同的范畴。其中，股票买卖指的是，股票买方提出买入股票的需求，股票卖方提出售出股票的要求；股票交易指的是，由多个经纪人相互撮合实现股票的成交和钱票的易手（即交易）。股票交易并不直接在买方和卖方见面的条件下发生，买方和卖方只是单方面地与他的经纪人发生委托关系，股票交易行为由经纪人完成。第二，什么机制创造了"供给"或者"需求"？在缺乏市场机制的条件下，供给无法创造需求，需求也无法创造供给。与改革开放前的短缺经济相比，中国如今的市场繁荣和由此形成的巨

大经济实力，主要得益于市场机制的发挥，恐怕不是"供给创造需求"或者"需求创造供给"所能解释的。从实践的角度看，以"市场机制创造现实的供给和现实的需求"来概括可能更为准确。在股票买卖双方彼此分散的条件下，很难说清楚，是股票的买方创造了股票的卖方，还是股票的卖方创造了股票的买方？从欧美国家股票市场发展的历史看，更准确的表述应当是，股票经纪人作为一种基本的股市机制创造了股票的买卖双方。

毫无疑问，从最本源的关系上说，是股票买卖的双方创造了股票市场。但是，一旦股票市场形成，经纪人就开始了继续推进股市发展和创造买卖双方的历史。通过交易规则的调整完善、交易方式的创新、交易品种的创新和交易技术的进步，他们在不断挖掘开发可交易的股票及其衍生产品的同时，也在不断地开发新的供给者和需求者。从这个意义上可以说，股票经纪人开发创造了股票的买方和股票的卖方，并且他们以此为生存发展的基本职能和基本条件。

何谓"市场"？市场既非"供给"也非"需求"。市场是由交易各方的交易行为所形成的各种交易关系，因此，市场的核心功能是"交易"。供给和需求构成了市场的要件，但仅有它们既不能形成市场也不称为市场。一句俗语"有行无市"，典型地刻画了此间的关系。在股票市场中，交易是引致其他各方面功能展开（更确切说是"延伸"）的基本点。由于有了股票交易，才有股票的公开发行，由此，又进一步引致了股票承销、发股公司的融资选择等一系列行为的展开；由于有了股票交易，在交易中价格对交易双方的利益都具有决定性意义，才有了对公司财务制度的完善、公司价值的评估和资产定价研究，由此，又进一步引致了与上市公司（或公众公司）价值增值相关的项目融资、公司并购、资产重组等一系列事件的展开；由于有了股票交易，才有了对信息公开披露的要求、对内幕交易和操纵价格的惩治、对垄断的限制等等，由此，又进一步引致了股市监管体系的形成。显而易见，交易机制是股市的根本。

交易机制多层次性和灵活性，是保障股市竞争力和活力的基本机制，也是保障股市在发展中不断创造供给和需求的基本机制。经纪人制度是实现交易机制多层次性和灵活性的基本制度。其内在机理是，经纪人是一个多层次多样化的群体，不同层次的经纪人服务于不同层次的股市供求群体，专业取向、专业内容和专业技术不同的经纪人服务于股市供求群体的不同方面要求，因此，以这些经纪人群体为中心而展开的股市体系必然是一个多层次多样化且具有竞争性和活力的股市体系。

经纪人制度的理念就是市场机制的理念。确立以经纪人制度为中心点的股市新体制，就是要确立以市场机制为主导的多层次多样化且充满竞争性和活力的股市体系。

**【主要参考文献】**

1. 王国刚：《中国资本市场的深层问题》，社会科学文献出版社 2004 年版。

2. 褚葆一：《当代美国经济》，中国财政经济出版社 1981 年版。

3. 【美】维克托·佩洛：《美国金融帝国》，世界知识出版社 1958 年版。

4. 【美】约翰·S·戈登：《伟大的博弈——华尔街金融帝国的崛起》，中信出版社 2005 年版。

5. 【美】查理斯·R·吉斯特：《华尔街史》，经济科学出版社 2004 年版。

# 第二章 经纪人机能消失：中国 Ａ 股市场发展中的缺憾

发端于 1984 年、起步于 1992 年的中国股票市场，是改革开放的产物。以 1990 年设立沪深两个交易所为时间起点计算，就上市公司数量和每年成交额而言，中国 Ａ 股市场用短短的 15 年时间走完了某些发达国家和地区用 100 多年才走完的历程①，因此，成就显赫。但是，就运行机制而言，Ａ 股市场迄今没有达到发达国家和地区 100 多年前的水准。尤其是考虑到，Ａ 股市场的起步是在中央提出建立市场经济新体制的背景下展开的，这一结果就更加令人难以理解。缺乏以市场机制为基础的 Ａ 股市场，是一个"有形无神"的市场。这一状况的形成，固然是行政体制（计划体制的核心是行政体制）继续强烈贯彻的直接结果，但与我们对经纪人制度缺乏认识，从而，在股市发展过程中未能因势利导地建立以经纪人制度为中心的股市体制，也密切相关。

中国的股票市场发端于 20 世纪 80 年代中期，它伴随着股份有限公司的试点而展开。1984 年 11 月 18 日，上海飞乐音响股份有限公司发行了 50 万元面值的股票（其中，35 万元面值股票向内部职工发行，15 万元面值股票向社会法人机构发行），标志着中国股票市场的发端。在此后的 20 多年左右时间内，中国股票市场大致经历了三个重要阶段：

---

① 在 2000 年庆祝沪深两个交易所设立 10 周年时，这一表述是"用短短的 10 年时间……"。

# 一、股票场外交易：经纪人
# 机制的萌芽与消解

中国股市的第一阶段是场外交易阶段，其时间大致为 1984—1990 年的 6 年左右。在这个阶段中发生了两类对后来股市经纪人机制发展有着实质性影响的现象：

第一，以融资为发股的最主要目的。20 世纪 80 年代的中国经济，资金紧缺是一个普遍存在的严重问题。为了缓解资金紧张局面，各方都在争取城乡居民的有限收入，中央财政运用行政机制每年发行几十亿元的国债，银行通过实行有奖储蓄扩大资金来源，但企业苦于严重缺乏可运用的金融工具融入资金，因此，一旦提出了股份制，可以通过发行股份来募集资金，相当多的企业便趋之若鹜。这决定了，中国股市发端于企业融资的强烈需求。

但是，在当时条件下，对绝大多数的企业、政府部门乃至经济学者来说，几乎不知道什么是"股票"、"股票市场"，也就谈不上在充分认识股票市场内在机制的基础上建立适合中国股市发展的相关制度问题（事实上，是否应当发展股票市场也众说纷纭），因此，最初的股票发行几乎是在没有任何制度可依的背景下展开的，绝大多数以股票名义发行的证券都附加了"入股自愿、退股自由、保本保息保发红"之类的条款，由此，"股票"实际上成为债券的代名词。这为后来的"整治"留下了充分的理由。

有股票自然就有股票发行，由此涉及到三方面问题：其一，审批机构。20 世纪 80 年代中期前后，股份公司发行股票主要是由行业主管部门或地方政府审批的，并由中国人民银行各地分行后期予以追认。这形成了股票发行的最初审批制。其二，承销机构。大致上，1987 年以前，尚无证券公司或其他证券承销机构，由此，股票发行是由股份公司自己直接推销的；1988 年以后，股票转由证券公司和信托投资公司等中介机构承销。其三，股票发行价格。由于当时股票发行相当困难（相当多股票在发行期内的销售量仅达预期发行量的 50% 左右），所以，发行价格几乎全部限定为面值价格。

第二，初步形成了场外交易市场。有股票自然就有股票交易。1984—1990 年间的股票交易市场大致有三种情形：

其一，私下交易市场。在 1987 年以前，随着股票发行展开，转让股票的要求自然产生。1984 年底，随着飞乐音响的持股者要求转让股票，在没有任何可依循的制度规定和交易场所的条件下，中国人民银行上海分行对交易手续和交易价格做出了规定：持股者需自找转让对象，并到代理发行机构办理转让手续；转让价格为票面金额加活期存款利息。但是，实际的成交价格主要按照买卖双方的意愿差价形成，或高于股票面值，或低于股票面值。这种实际成交价格受到三方面因素的严重制约：一是观念。当时相当多的人依然认为，股票是资本主义产物，持股有着"私有化"倾向和当资本家的色彩，因此，购买者甚少。二是政策。当时的制度政策对持股、股票交易等并不支持，甚至有着明显的歧视和限制，使得一些人感到"持股"、"股票交易"不是正当行为。三是成本。由于缺乏固定场所、信息不对称、缺乏股票知识和其他因素，使得股票转让成交的成本相当高，这限制了一些人的购股行为。

交易成本较高引致了股票掮客（上海称为"黄牛"，深圳称为"强龙"）的产生。这些股票掮客利用信息、资金和社会资源等优势，在有着严格制度限制但又有着诸多不足的股票交易市场中捕捉获利机会，或者自己倒买倒卖，或者代理客户买卖，从中赚取价差或佣金。"股票掮客是某种意义上中国最早的股票经纪人，他们的出现客观上推动了股票私下交易的发展（后来的交易逐渐加进了越来越多的投机、欺诈成分），上海（西康路）、深圳、成都等地一度出现了买卖双方不约而同的、固定的股票私下交易场所。这日益盛行的股票私下交易，在唤醒人们的股票意识和促进中国尽快建立公开的股票市场以取代私下交易方面，起到了一定的推动作用。"①

其二，柜台交易市场。在中国，柜台交易是指经有关政府行政部门批准，股票在指定的金融机构柜台上进行公开交易的情形。这些金融机

---

① 引自马庆泉主编《中国证券史（1978—1998）》，中信出版社 2003 年版，第 56 页。本文的一些史实也参考了该书。

构包括信托投资公司、证券公司、银行和财务公司等。第一个交易柜台
是，1986 年 9 月 26 日，由中国人民银行上海分行批准中国工商银行上
海分行信托投资公司静安寺营业部设立的证券营业部。1987 年 1 月，
中国人民银行上海分行出台了《证券柜台交易管理暂行办法》，其中规
定，股票必须在中国人民银行批准的证券柜台上进行转让或买卖，"经
营证券柜台交易的金融机构受托后，根据委托人的委托日期予以登记，
通过公开挂牌等方式帮助物色对象。对象落实后，按价格优先和时间优
先原则填具成交单予以成交"，也可以"直接自营证券买卖"。由此，与
前一时期相比，有了两个重要变化：一是股票交易的价格放开了，随行
就市，不再由利息界定；二是相关的金融机构开始在一定程度上充当经
纪人的角色，但自然人经纪人已被加上种种"罪名"而列入为取缔范
畴。

　　柜台交易市场快速发展。到 1990 年底，上海已有 16 个证券交易柜台
和 40 多个证券交易代办点。深圳柜台交易起步于 1988 年，到 1990 年已有
10 个股票交易柜台。到 1990 年，沪深两地共有 12 只股票在柜台公开交
易，1986—1990 年的累计交易量达到 18.52 亿元。

　　其三，柜台交易背景下的场外私下交易。在柜台交易市场设立以后，
场外私下交易始终没有停止（尽管政府行政部门一再以"非法交易"予以
打击）。对此，有人认为，场外私下交易"存在的根本原因是前述股票柜
台交易在制度设计和制度安排上的诸多不足。而就沪深两地而言，政府对
柜台股价设立涨跌停板限制导致的场外股价与柜台股价的巨大差价，以及
同日同一股票在不同柜台交易的价差，也是场外私下交易'繁荣'的重要
原因。"①

　　从柜台价格与私下交易价格的差别来看，1990 年 11 月 10 日，深发
展、深万科、深金田、深安达和深原野的场外私下交易价格分别比柜台交
易高出 52.17 元、17.45 元、89.02 元、22.65 元和 95.67 元，平均高出
73%。

　　从各个柜台交易的差价看，1989 年 12 月 18 日，真空电子、飞乐音
响、延中实业和飞乐股份在静安寺营业部的价格分别为 101.10 元、50.50

---

①　引自马庆泉主编《中国证券史（1978—1998）》，中信出版社 2003 年版，第 57—58 页。

元、50.80 元和 101.80 元，而在虹口营业部的价格分别为 98.80 元、49.80 元、50.00 元和 99.50 元。

面对柜台交易市场与场外私下交易市场并存的格局，中国股市实际上处于一个向何处发展的选择关口。受计划体制以及由此形成的各种制度、机制和意识的制约，有关各方并没有深切认识到，竞争性、选择性和差异性是股市活力和发展的源泉与动力；更不可能认识到，"为其客户寻找到股票的最好报价"是经纪人的职责所在，也是多层次股市的形成之本。相反，认为这种由自然人自主选择而形成的股市是非法的不正常的，应予以坚决取缔和打击；由各柜台交易形成的股价差异也是不正常的，易于为投机或倒买倒卖钻空子，扰乱股市秩序，因此，应实现统一价格。同时，从事柜台交易业务的金融机构从自身利益（包括垄断期望）出发，共同要求运用行政机制、法律机制等取缔场外私下交易。由此，运用最先进电子技术依靠行政机制建立全国性同一集中交易的股票市场的设想，就提到了议事日程。

第三，政府部门运用行政机制直接干预股市走势。上海、深圳的场外交易市场从私下交易的自然形成到柜台交易的建立，就处于政府行政机制的严格管制之下。1990 年 5 月以后，随着发股公司的送股配股方案公布，投资者顿然发现投资于股票有着巨大的收益回报，由此，自 1996 年以后长期低迷的柜台交易市场突现火爆走势。

1990 年 5 月，深圳柜台的股票成交量达到 2.2 亿元，超过了 1988—1990 年 4 月的成交总额。面对股价一涨再涨，1990 年 5 月 28 日，深圳市政府出台了《关于取缔场外交易的通告》；次日，中国人民银行深圳分行出台了股票交易涨跌停板制度，规定涨跌幅度为上一交易日收盘价的 10%（此后，在股价继续快速上涨的背景下，又进一步修改为涨幅不超过 1%、0.5%，跌幅不超过 5%）。1990 年 8 月 3 日，中国人民银行上海分行出台了限制股价涨跌的措施，规定涨跌幅度为上一交易日收盘价的 3%，并明令取消场外私下交易。8 月 22 日，中国人民银行上海分行进一步规定，凡是私下交易成交的股票，证券机构一律不准办理过户手续。这些行为既开创了由政府行政部门"规范"股市运行的先河，也开创了政府行政部门直接干预股市走势的先例。

# 二、取消场外交易市场：股市集中
# 统一中的经纪人消失

中国股市的第二阶段是取消场外交易市场的阶段，其时间大致为
1990—1998 年的 8 年左右。1990 年 12 月 18 日上海证券交易所开业、1991
年 7 月 1 日深圳证券交易所开业，这标志着中国股市进入了一个新的阶段。
但是，在 1992 年 3 月之前的 1 年多时间内，两个交易所的股票交易并无热
点，只是在 1992 年邓小平的南方谈话之后，股票市场才真正起步；同时，
随着人民币特种股票（B 股）的问世，为了显示区别，这一股市被冠上了
A 股市场的名称。在随后的发展中，A 股市场呈现出了如下特点：

第一，以运用计划机制控制增量股份发行为重心。在资金严重紧缺
（尤其是资本性资金严重短缺）且经济发展压力巨大的条件下，几乎每个
地方政府和企业都有着通过发行股票从社会公众手中融入资金的近乎无限
的渴望，因此，一旦可以通过合法的股票市场解决这一难题，这种渴望迅
速地转化成了各地方政府和企业的实际行为。发行一只股票相当于创办了
一家银行的共识，很快在地方政府和企业中形成。为了抑制这种无限需
求，从 1993 年起，中央政府实行了股票发行的"额度控制"措施。1993
年下达 50 亿元（面值，下同）股票发行额度，1995 年下达 55 亿元，1996
年下达了 300 亿元。"额度控制"引致了如下几个现象的发生：

其一，以"发股"为中心。股市是一个以"交易"为中心的金融市
场，但在 20 世纪 90 年代的中国实践中，不论是各级政府、企业还是中介
机构、学者，都主要将这一市场看作是融资市场。要融资就要发股，就要
争取尽可能多的发股额度。内在机理是，拿到了发股额度就等于拿到了倍
加的资金。由此，各级地方政府和企业都以尽可能多地获得股票发行"额
度"为工作重心，也就有了"要以过去争计划指标 10 倍的干劲争取股票发
行额度"一说。

其二，"增量股份制"。融资以发股为机制，在公开发行股票 3000 万
股、每股发行价格为 5 元的条件下，发股公司可获得 1.5 亿元资本性资金；
以此为基础，在资产负债率为 50％的条件下，公司又可获得 1.5 亿元的银

行贷款资金，由此，发股公司实际可获得 3 亿元资金。但如果实行存量股份入市交易，在每股交易价格为 10 元的条件下，3000 万股存量股份入市，不会给公司带来 1 分钱的资金。在二者选择中，各级政府和企业理所当然地选择了前一种方式，因此，增量发股、存量股份不可入市成为 A 股市场的制度性规定。

其三，小额发行。在计划指标的"额度控制"下，地方政府面对众多企业要求发股募资的要求，为了平衡各方关系，只能选择划小发行规模的策略，由此，小盘股大批涌现。1993 年底，上海先后发行了两批 20 多只股票，其中绝大多数 IPO 为 1250 万股。在 1993—1996 年间，IPO 达到 5000 万股已属大盘股范畴。

其四，财务造假。地方政府拿到股票发行额度后，主要倾向于安排给经营状况有一定困难的国有企业，以减轻这些企业给地方财政和稳定经济社会生活秩序可能带来的压力。由于股份公司财务制度尚不健全，同时，拿到了发股额度就等于拿到了发股入市的通行证，因此，一些企业在财物状况不良的条件下，匆忙进行股份制改革，通过财务上的编制造假，发股上市。另一方面，一次性募入数亿元资金，也有着"一俊遮百丑"的效应，好歹能够应付 1—2 年的经营发展需要。

其五，行政化运行。股票发行，从计划总额度确定到分配给各地方政府，是在行政体制中运行的；地方政府拿到计划额度后，从拟发股公司的遴选到申报材料制作再到加盖地方政府公章向中国证监会推荐，也是在行政体制中运行的；中国证监会批准股票发行申请后，从发股工作组织到发行过程的各项工作安排（包括印制各种凭证、交款认购、保卫等）还是在行政体制中运行的。在许多地方，保证发股期间的经济社会秩序稳定成为这一期间地方政府压倒一切的中心工作。

第二，上市交易成为股票发行的配套安排。股票作为一种金融产品，只有交易才可能吸引投资者在发行市场上购股，因此，上市成为发股募资中行政性安排的必然结果。在这种安排中，发股和上市几乎成了同一过程的两种称呼，由此，不论是公司、政府部门、中介机构还是一些学者都将申请股票发行称为"申请上市"。在 1992—1998 年的 6 年多时间内，股票交易市场呈现出如下一些特点：

其一，从委托交易转变为客户直接刷卡敲单。1992 年以后的若干年时间内，沪市投资者买卖股票的大致程序是：将填写的委托单交给证券营业部的前台人员，然后，由这些前台人员用电话向场内席位的红马夹报送委托信息，随之，场内红马夹向电脑主机发送交易指令，最后，由电脑自动撮合完成交易。在这个过程中，曾经有过全权委托、市价委托，限价委托等方式，但在发生了一些纠纷后，中国证监会要求证券公司停止全权委托、市价委托等方式，由此，委托买卖仅剩限价委托一种。在进一步发展中，随着卫星通讯技术的应用，以客户的填单委托方式被自己刷卡敲单方式所取代，由此，证券营业部的实际功能基本上被削减为提供一个刷卡敲单的场所。换句话说，如果将刷卡终端机放在街面（如 ATM 机），那么，证券营业部就大致上无事可做了。

　　这种变化的实质性结果是，证券公司仅有的一点类似于经纪人的业务职能进一步减小为几乎仅剩下提供交易"通道"的功能了，由此，在买卖股票上，投资者（作为客户）对证券公司的依赖性只表现在对"通道"垄断的依赖性方面，他们与证券公司的关系进一步疏远。

　　其二，运用政策直接干预股市走势。其中，最为典型的实例包括：1994 年 7 月 29 日，在上证指数下落到 333 点时，中国证监会出台了"救市"三大政策；1996 年 12 月 16 日，在股市持续 7 个月左右高涨的背景下，发表了《人民日报》特约评论员文章——《正确认识当前股票市场》。在这种运用政策机制直接控制股市走势的背景下，证券公司极难利用市场信息和其他方面的优势，为客户提供交易活动的增值服务，也就很难发展经纪人的业务职能。

　　其三，运用行政机制安排股市的各项主要事务。其中包括：股票发行的行政性定价（这种定价充分考虑到发行市场与交易市场的价格差别），股票发行步速的行政性安排（这种安排充分考虑到在股票扩容下交易市场的价格走势），股票在沪深两个交易所上市节奏的行政性平衡（大致为每个交易所各上一只股票），设立股票交易网点的审批制，运用行政机制恢复涨跌停板制度和运用行政机制界定股票交易的次日交割制度，等等。这些现象充分表明，A 股市场是一个以政府取向为中心的市场，它不可能形成由市场参与者自调节的机能，也就不可能形成以经纪人为中心的市场机制。

　　第三，场外市场的清理取消。1992 年以后，随着股票市场的展开，场外市场也自然出现。这些场外市场大致上有两种：一是自然形成的民间场外股票交易市场，如成都的红苗子市场，海口的街边市场等等；二是由中央部门或地方政府批准设立的场外交易市场，如 STAQ 系统、NETs 系统和证券交易中心等。

1992—1993 年间，中央采取了一系列措施着力取缔前一类场外交易市场，从而，使得股票交易市场置于政府直接控制之下。

1998 年 3 月 25 日，在防范金融风险的背景下，国务院办公厅转发了《证监会关于清理整顿场外非法股票交易方案》，其中强调：一些地区未经国务院批准，擅自设立产权交易所（中心）、证券交易中心和证券交易自动报价系统等机构，从事非上市公司股票、股权证等股权类证券的场外非法交易活动。这种行为扰乱了证券市场的正常秩序，隐藏着很大的金融风险，极易诱发影响社会稳定的事端。鉴此，国务院决定，彻底清理和纠正各类证券交易中心和报价系统非法进行的股票、基金等上市交易活动，严禁各地产权交易机构变相进行股票上市交易。

到 1998 年底，全国 26 家从事股权类证券交易的证券交易中心和产权交易所（中心）全部被关闭，由此，完成了全国统一的单一层次（即证券交易所层次）股票交易市场的构建。

耐人寻味的是，也就在 1998 年，在探讨建立中国创业投资的机制体系和激励创业投资的市场机制过程中，一些人提出了构建多层次资本市场体系的设想[①]。但是，这些设想和呼声并没有引起有关方面的足够重视。

# 三、单一交易所市场：经纪人机制几乎完全失缺

中国股市发展的第三阶段是单一交易所市场阶段，时间大致为 1999 年至今，已历经了 8 个年头。1997 年 5 月以后，经国务院批准，沪深两个交

---

① 参见王国刚《创业投资：建立多层次资本市场体系》，载《改革》1998 年第 6 期；《建立多层次资本市场体系 推动创业投资的发展》，载《经济参考报》1998 年 9 月 29 日；《创业投资需要多层次资本市场》，载《中国证券报》1998 年 10 月 9 日；《在我国设立第二版市场的构想》，载《证券投资》1998 年第 9 期。

易所由原先分别由上海市政府和深圳市政府监管转为由中国证监会直接监管，此后，中国证监会直接管理着两个交易所诸多方面的事务，同时，拥有直接任免两个交易所的高管人员（包括派员担任两个交易所的高管人员）的权利；在 1998 年底关闭了证券交易中心等场外交易市场以后，形成了由中国证监会直接管理的全国统一的单一股票交易市场架构。在此后的 8 年中，A 股市场发展呈现出如下一些特点：

第一，政策市色彩加重。其中，尤为突出的是，监管部门直接组织有关证券经营机构拉动了 1999 年 "5·19" 行情。在短短的 1 个多月时间内，监管部门领导在多个场合声称这是 "恢复性行情"，意寓着股市还将持续走高；《人民日报》一反 1996 年底的取向，发表社论强调股市的积极意义。但好景不长，6 月底，股市还是下行探底。2000 年，在监管部门 "正确舆论" 的导向下，股指屡创新高，达到了 1990 年底设立证券交易所以后 10 年间的最高点（上证指数 2200 多点），也为 2001 年以后股市下行留下了可供思念的记忆。

第二，取消发股额度制，实行 "通道制" 和 "保荐人制"。2001 年 4 月，A 股发行市场进行了重大调整，取消了额度制，开始实行通道制；随后，在 2003 年又取消了通道制，转而实行保荐人制。相对于额度制而言，这些改革弱化了地方政府对股票发行影响，强化了券商在选择发股公司和展开股票承销方面的选择能力与责任，因此，具有重要的意义。但它在增强承销业务在证券公司业务中的重要性的同时，也进一步降低了原本就已相当有限的代理股票买卖业务的地位，使许多券商将增加保荐人视为业务发展的第一要务，由此，引致了 "争夺" 保荐人之战。

第三，限定代理股票交易的最高佣金。2002 年 4 月 5 日，中国证监会、国家计委、国家税务总局联合出台了《关于调整证券交易佣金收取标准的通知》规定，自 2002 年 5 月 1 日起，证券公司向客户收取的佣金（包括代收的证券交易监管费和证券交易所手续费等）不得高于证券交易金额的 3‰，也不得低于代收的证券交易监管费和证券交易所手续费等。这实际上意味着，在代理股票买卖过程中，证券公司继续为客户提供增值服务的成本是不可能通过提高佣金得以补偿的，受此制约，此后的证券营业部 "代理买卖股票" 业务活动就基本上转变为 "提供股票交易通道"，经纪人功能几乎完全消解了。

第四，创业板的无疾而终。从1999年起，设立创业板的呼声就日渐高涨；2000年9月以后，据称设立创业板工作进入了倒计时阶段，但到2001年5月，设立创业板的政策面工作似乎就已开始趋冷，最终，创业板市场没有设立。在设立创业板市场过程中，深交所出台了一系列文件征求社会意见。从这些文件中可以看到，除发股上市的门槛有所降低、股票全流通等几个亮点外，就交易规则而言，创业板实际上只是A股市场的复制品，经纪人制度依然没有提出（自然也就不可能有经纪人地位和功能问题）。

2004年5月17日，经国务院批准，深交所设立了"中小企业板"市场。这一市场的设立实际上是对2000年以后深交所新股暂停上市的打了折扣的"恢复"，它完全延续了A股市场的规则，所不同的只是将IPO规模在4000万股以下的上市公司划入这一板块市场。

第五，着力解决股票全流通问题。上市公司股份分为流通股和不流通股是从股市起步就已留下的重大问题。随着上市公司数量增加，由此引致的各种问题也愈加严重，为此，解决股票全流通是一个必然的趋势。2001年6月，国务院出台了"国有股减持"的方案，但受各种因素影响（包括银广夏、蓝田股份等上市公司财务造假事件等），A股市场快速下落，由此，2001年11月中国证监会出台了暂停"国有股减持"的政策，随后，2002年6月，国务院出台了在A股市场上停止国有股减持的通知。至此，"国有股减持"在A股市场上告一段落。

2005年5月，在进行多年准备之后，股权分置改革拉开序幕。在先期两批试点取得顺利进展的背景下，9月中旬开始，正式全面推开。就已进入股权分置改革程序的上市公司情况看，总体进展比较顺利；A股市场虽然在2005年5月和6月间有过明显下落，但随后又有所回升，大致保持平稳。预期在2006年底，基本完成股权分置改革。

# 四、简要思考：若干政策性说法的反思

从20多年A股市场发展的粗线条（甚至是挂一漏万）的回顾中可以看到，自1984年以来，中国股市走过了一条从多层次场外市场到单一层次交易所市场的逐步集中统一的道路。在这个过程中，政府部门运用行政机制，不仅将刚刚萌芽的经纪人机制强制性地取缔了，而且将各种场外交易市场也一一取消了。一个令人不解的疑惑是：为什么我们总要对自己走过的历史持否定态度，甚至冠之以"非法"之名？当我们在私下交易基础上建立柜台交易市场后，就运用行政机制宣布私下交易为"非法交易"并予以取缔；当我们建立交易所市场后，同样运用行政机制宣布场外交易市场为"非法交易"并予以取缔。

　　在这段历史中，一些似是而非但对政策制定有着深刻影响的说法迄今没有厘清。其中至少包括：

　　第一，建立全国集中统一的股市。"建立全国统一市场"是一个具有理想色彩的目标，它的内在根据是，避免因市场过于分散致使交易成本过高和因过度竞争引致不稳定因素发生。在 20 世纪 80 年代，"建立全国统一市场"曾经在实体经济部门风靡一时，但经过 90 年代的改革，那些由中央各部委定点的"全国性市场"如今已荡然无存。取而代之的是，通过市场机制自然形成的各具特色的多层次商品销售市场体系。在这种背景下，在股市方面依然追求着"建立全国统一市场"有何实质意义，值得深究。

　　从历史角度看，主张"建立全国统一市场"的真实意图主要有二：一是为了满足行政管制的方便；二是为了满足市场组织者的垄断要求。二者常常提出相当一致的理由，其中包括：防范股市风险、降低由分散引致的交易成本、防止过度竞争等等。但是，不论是过去还是当今，在"建立全国统一市场"中，有三个问题常常是未加深入思考的：其一，在"全国统一市场"建立后，如何保证竞争机制不受伤害，从而，保证市场依然充满活力、开发能力和发展动力？其二，在一个幅员广大、有着 13 亿人口的发展中大国中建立"全国统一市场"，是否意味着那些不能达到这个统一市场标准的供给者和需求者不准入市？如果是，那么，他们的要求如何满足？如果不是，那么这个统一市场的标准在制度上如何安排？其三，在一个新兴加转轨的国家中，急于建立"全国统一市场"，是否可能抑制真正符合市场机理的新市场形成，对传统体制在这个"全国统一市场"中的复归起到保护作用？

　　第二，统一交易价格。统一交易价格，既是支持建立"全国统一市场"的一个主要根据，也是建立"全国统一市场"的一个重要结果。在市场上一种商品只应有一种价格，是教科书上的"原理"。这一原理的形成，一方面抽象掉了市场交易活动中的时间和空间关系，即假定商品交易不存在时空差；另一方面，抽象掉了市场均衡价格的形成过程，即只从最终结果上看问题。但在实践中，入市交易的各方，既不可能脱离时空差异关系，也不可能只处于无限次交易的终点，因此，交易价格的差别是必然的，即"统一交易价格"是不符合市场机制要求的。一个简单的道理是，统一交易价格意味着没有竞争，而缺乏竞争就不可能有市场机制发挥作用的余地。

股市投资以交易价格的差价收入为主要取向。这种差价既可以发生在一个市场的不同时间中，也可以发生在不同市场的同一时间中，因此，"统一交易价格"实际上意味着置投资者于无选择境地，这种股市体系是很难有长久生命力的。一个简单的实例是，20世纪80年代中期以后，习惯于计划价格的消费者，对同一种消费品在不同商店中的销售价格不同，持较多的疑义，但如今人们已习以为常。这种状况满足了不同类消费者的不同购物选择，同时，也推进了商品交易的繁荣。

第三，股市融资功能。股市的中心机能是"融资"还是"交易"？在20多年的发展中，A股市场围绕"融资"这一中心而展开。不论是监管部门、地方政府、企业还是证券公司、投资者等都以融资为股市的第一要能，以至于简单地以融资数量作为衡量A股市场发展程度的主要指标。似乎只要能够实现融资要求，股市的机能就基本发挥了，其他各项机能都是次要的，为融资配套。但只要是市场（无论是商品生产、金融市场、技术市场还是股票市场），交易都是第一位的，也是中心机能。无论从中国的股市发端还是从世界上任一国家和地区的股市发展史中都可以看到，股市是在股票交易中形成并随着股票交易的复杂化而发展的，融资只是伴随着股票交易而发生的一种现象（非融资的股票交易比比皆是），由此，提出了一个基础性问题，以"融资"为中心是否符合股市发展的内在机理？正好比，以"生产为中心"是否符合商品市场的内在机理。

第四，政府的正确导向。股票交易市场发展的导向主体，应是政府部门还是经纪人？在20多年A股市场的发展中，政府部门的取向、政策和具体措施成为导向股票交易的主要因素，因此，A股市场有着"政策市"一说。这里存在三个值得进一步思考的问题：其一，政府部门的正确导向

是否符合市场原则和市场机理。例如，20 世纪 80 年代以前，中国实行了
30 年的计划经济，当时，没有一个政府部门认为这是不正确的，但这种计
划经济的"正确导向"并不符合市场经济要求。或者说，从市场经济角度
看，它是不正确的。其二，政府部门导向股市运行的后果由谁负责？例
如，1992 年以后中国股市的投资者损失惨重，已有的计算少则数千亿元多
则上万亿元，这一后果是哪个政府部门能够负得了责的，又有哪个政府部
门负责了？其三，政府部门是股市的监管者，有其独自的利益和要求，由
其导向股市交易走势，对股市的各方参与者是否公平？

　　从美国等发达国家的股市来看，股市是由经纪人建立的，股票交易以
"交易"为中心，而交易的执行和完成主要是由经纪人实现的，因此，股
市交易应由经纪人导向。在交易过程中，经纪人首先为交易后果负责，因
此，历次股灾都有大批经纪公司破产倒闭。

　　第五，股市的规范发展。在中国，经济运行的规范大致有两个，即
计划经济规范和市场经济规范。计划经济规范实行了 30 多年，比较成熟
也比较习惯；同时，计划经济规范中实际上贯彻的是行政机制（即如果
没有行政机制，计划经济规范无法形成和贯彻）。这决定了，对政府部门
来说，运用行政机制贯彻计划经济规范比较顺手。市场经济规范尚在形
成过程中，相当多内在机理还未被充分认识，因此，贯彻实施不仅有着
较大难度而且有着较大风险（包括政治风险）。在这种背景下，股市的规
范发展贯彻哪个"规范"？从 20 世纪 90 年代中期以后的历程看，A 股市
场更多的是贯彻前一规范，由此，体制复归现象突出，股市运行离市场
经济要求更远了。

　　从美国等发达国家的股市历史来看，股市规范最初是由经纪人群体确
定的，逐步变为有文字的规范；在股市发展中，这些规范也在不断地演
进，迄今尚未停止。因此，离开了经纪人机制，要形成比较完善比较成熟
的股市规范，是相当困难的。

　　第六，防范和化解股市风险。经济活动总有风险（离开了风险就没有
经济活动），因此，防范风险是一切从事经济主体的内生愿望，股市参与
者也不例外。但如何防范风险却值得深思。主要原因是，风险相对于不同
经济主体而言，不同经济主体的抗风险能力和处置风险的经验不尽相同，
由此，对一方为风险较大的行为，可能对另一方却较小。防范风险的最基

本机理应是，谁是行为者和行为后果的承担者，由谁承担这一风险。股市的行为者是股市的各方参与者，每一方都为自己的行为后果负责，由此，微观风险防范应是他们各自的事务，不应成为监管部门或其他政府部门的事务，更不应成为监管部门或其他政府部门运用行政机制直接介入股市运行的根据。

对监管部门或其他政府部门来说，真正应当防范的是两类风险：一是有法不依、执法不严所引致的股市风险；二是股市的系统性风险，这种风险主要由政策变动引致。20 世纪 90 年代以来，中国股市的风险实际上主要由这两类风险构成。所谓证券公司挪用客户保证金、上市公司财务造假、母公司长期占用上市公司募股资金、券商违规理财、坐庄操纵股价、内幕交易以及其他违法违规现象的严重存在，均与监管部门有法不依、执法不严直接相关；股市的几次大起大落与地方政府部门或监管部门运用政策直接影响股市走势直接相关。

集中不是化解风险的正道，建立全国统一集中的单一交易所市场也不是有效化解股市风险的正道。经济风险只能在分散的框架中通过组合予以化解。1984 年以后，中国股市从场外交易市场逐步走向单一层次的交易所市场，是一条集中风险的道路，它不利于分散从而化解风险。一个突出的实例是，20 世纪 90 年代以后，随着商品市场的多层次多样化发展，如今在购物方面已很难再看到排长队的现象了，与此对应，由排长队引致的集中风险已基本化解了。股市要形成化解风险的机制，遵循市场机制的要求，变集中风险为分散风险，给股市参与者以组合风险从而防范风险的选择机会和选择能力，就必须有效地形成经纪人机制，并由此形成系统性相互关联的防火墙。

**【主要参考文献】**

1. 王国刚：《中国资本市场的深层问题》，社会科学文献出版社 2004 年版。

2. 马庆泉：《中国证券史（1978—1998）》，中信出版社 2003 年版。

3. 国际律师协会商法部证券发行和交易委员会：《证券管理与证券法》，群众出版社 1989 年版。

4.【美】安托尼·阿格迈依尔：《发展中国家和地区的证券市场》，中国金融出版社1988年版。

5.【美】约翰·S·戈登：《伟大的博弈——华尔街金融帝国的崛起》，中信出版社2005年版。

6.【美】查理斯·R·吉斯特：《华尔街史》，经济科学出版社2004年版。

# 第三章 经纪人机制缺失：中国 A 股市场的体制症结

中国股市发端于计划体制占主导地位的时期，成长于双重体制并存的年代，因此，就运行机制而言，带有明显的计划经济特征。计划经济的运行机制实质上是行政运行机制，这决定了中国股市的运行机制也以行政机制为主。20 世纪 90 年代以后，在建立市场经济新体制的背景下，实体经济面的市场格局（不论是消费品市场、资本品市场、技术市场、劳动力市场还是信息市场、咨询服务市场等）呈现出多层次多样化趋势，原先由相关部委行政管制的状况，随着这些部委的撤销而基本消解。但与此逆向而行的是，A 股市场的行政管制却不断强化和集中，原先尚存的一点多层次多样化迹象（如证券交易中心等）也在"加强宏观调控"、"防范金融风险"、"规范股市发展"和"统一市场监管"等背景下，运用行政机制而强制取消了。

如今，一些人提出了，在不动 A 股体制总框架的条件下在 A 股市场范畴内建立多层次股票市场体系的设想。我们认为，在 A 股体制总框架中是不可能建立多层次股票市场体系的，换句话说，新层次股市只能在 A 股体制总框架之外建立，为此，需要对 A 股停止总框架的缺陷进行分析讨论。

需要特别指出的是，首先，我们并不否定 15 年来 A 股市场取得的辉煌成就。在过去的 10 多年时间内，由于 A 股市场的发展，推进了公司制度以及与其相配套的财务制度、信息披露制度、监管制度和公司治理制度等的确立和普及，推进了社会各界（包括政府部门）对股票市场功能的认识，提高了投资者的投资素养和投资能力，支持了一大批国有企业的改制和发展，促进了公司并购、资产重组和经济结构调整，如此等等。其次，我们也无将 A 股市场推倒重来的意向。事实上，A 股市场是不可能推倒的，也是不可能重来的。在 10 多年的发展中，A 股市场的机制已深入到众多企业（不仅是上市公司）、家庭（不仅是个人投资者）和政府部门（不仅是监管部门），它既是中国市场经济的构成部分，也是中国继续推进市场经济新体制建设的一个国际形象。

　　但是，肯定 A 股市场的成就，这并不妨碍我们在研讨建立一个新层次市场时，对 A 股体制的缺陷进行分析。因为这种分析的目的在于，使新层次股市的建立避免重复 A 股市场的旧辙，其内在机制更加符合市场机理，也更加成熟完善。另一方面，建立新层次的股市，在形成股市竞争机制的条件下，有利于推进 A 股市场机制的进一步完善。正如纳斯达克股市的建立有效地促进了纽约股票交易所运行机制的完善一样。因此，我们以下的分析，主要集中于探讨 A 股市场的缺陷方面。

# 一、制度：缺乏经纪人内容的法律法规框架

　　没有规矩不成方圆。在走过最初的场外交易市场由地方政府和中国人民银行地方分行出台有关管理制度以后，1992 年初，随着邓小平南方谈话的发表，股份制和股票市场开始正式登上中国的经济舞台，由此，中央政府出台了一系列相关法规性文件。这些制度奠立了中国股市 10 多年的体制框架，也为此后的股市监管和部门规章出台提供了依据。

　　中国股市最早的法规性文件（即由国务院批准的文件）或许当属 1992 年 5 月以国家体改委名义出台的《股份有限公司规范意见》。这一文件虽不直接针对股票市场，但因调整对象包括股票、股份有限公司等，所以，其中的一些规定直接影响到随后的股票市场格局。例如，第 7 条，按照设立方式的不同，将股份公司划分为"定向募集公司"和"社会募集公司"两类，规定定向募集公司的股份"不向社会公众发行"，定向募集公司在公司成立一年以后增资扩股时，经批准可转为社会募集公司；社会募集公司的股份"除由发起人认购外，其余股份应向社会公众公开发行。"第 24 条第 3 款规定："社会募集公司向社会公众发行的股份，不少于公司股份总数

的百分之二十五。"第 25 条规定："公司的股份采取股票形式，但定向募集公司应以股权证替代股票。定向募集公司不得公开发行股票，社会募集公司不得发行股权证。"① 在这些规定中，有三个要点是值得关注的：第一，它简单地将股份公司划分为"定向募集公司"和"社会募集公司"两类，以股份是否向社会公众公开发行为标准，界定了股票是否可以入市交易。第二，它通过将股份划分为"发起人股份"和向社会公众发行的股份，界定了存量股份（即不向社会公众公开发行的股份）不可入市交易。第三，它强调"公开发行社会公众股"应经过行政审批。这些规定，不仅为后来愈演愈烈的股权分置格局做出了最初的制度安排，而且将股票经纪人可能运作的空间挤压到"公开发行社会公众股"这一狭窄范围。

1993 年 4 月 22 日以国务院第 112 号令发布的《股票发行与交易管理暂行条例》，是第一个以调整股票市场活动为对象的行政法规。这一法规直接规定了股票发行和申请交易的一系列条件和程序，是 1999 年 7 月《证券法》实施前最重要的股票市场规范性文件。其中，有四个要点是值得特别关注的：第一，它首次明确了发股上市的行政审批程序。该暂行条例第 12 条规定："在国家下达的发行规模内，地方政府对地方企业的发行申请进行审批，中央企业主管部门在与申请人所在地地方政府协商后对中央企业的发行申请进行审批；地方政府、中央企业主管部门应当自收到发行申请之日起三十个工作日内作出审批决定，并抄报证券委"；"被批准的发行申请，送证监会复审；证监会应当自收到复审申请之日起二十个工作日内出具复审意见书，并将复审意见书抄报证券委；经证监会复审同意的，申请人应当向证券交易所上市委员会提出申请，经上市委员会同意接受上市，方可发行股票。"第二，它首次明确了社会公众股应由证券经营机构承销。第 20 条规定："公开发行的股票应当由证券经营机构承销。"第三，它首次明确了股票应在经中央行政部门批准的场所交易。第 29 条规定："股票交易必须在经证券委批准可以进行股票交易的证券交易场所进行。"由此，未经国务院证券委批准其他证券交易场所的股票交易均属非法，这也为 1998 年清理整顿包括 STAQ、NETs 等在内的证券交易中心埋下了伏

①　中国人民银行条法司编《中国证券与股份制法规大全》，法律出版社 1993 年版，第 641 和 646 页。

笔。第四，它首次将股票公开发行与上市交易连为一体。在这一暂行条例中，通篇不谈存量股份的入市交易问题，也没有涉及股票公开发行与入市交易的分离问题，但强调，禁止股份有限公司"未经批准发行或者变相发行股票"、"以欺骗或者其他不正当手段获准发行股票或者获准其股票在证券交易场所交易"和"未按照规定方式、范围发行股票，或者在招股说明书失效后销售股票"；禁止证券经营机构"未按照规定的时间、程序、方式承销股票"、"将客户的股票借与他人或者作为担保物"、"收取不合理的佣金和其他费用"和"挪用客户保证金"；禁止任何单位和个人"在证券委批准可以进行股票交易的证券交易场所之外进行股票交易"、"为制造股票的虚假价格与他人串通，不转移股票的所有权或者实际控制，虚买虚卖"、"出售或者要约出售其并不持有的股票，扰乱股票市场秩序"和"非法从事股票发行、交易及其相关活动"。① 这些规定，为规范当时的股票发行和股票交易市场起到了积极重要的作用，但同时也意味着，1992 年以后刚刚抬头的具有经纪人特点的市场行为随之消失了。一个突出的实例是，1992—1993 年间曾经有一大批学者和市场人士介入到了企业的股份制改革、发股募资方案制定、投资项目选择和公司发展战略规划的运作中，并且设立了一些专门从事这些业务的咨询公司。但 1994 年以后，绝大多数人逐步退出了这一市场，相当多咨询公司关门停业，剩余的咨询公司在艰难经营后大多转向了股票交易市场的操作。

1994 年 7 月 1 日新中国的第一部《公司法》开始施行。这部法律在规范有限责任公司和股份有限公司相关行为的同时，对股份有限公司的股份发行、转让和上市也做出了规定。其中有五个要点值得一提：第一，发行新股的行政审批制度。该法第 139 条规定："股东大会作出发行新股的决议后，董事会必须向国务院授权的部门或者省级人民政府申请批准。属于向社会公开募集的，须经国务院证券管理部门批准。"② 由此，公司只要发行新股，就须进入行政审批程序。第二，股票发行价格的行政管制。该法第 130 条规定："股票发行价格可以按票面金额，也可以超过票面金额，但不

① 中国人民银行条法司编《中国证券与股份制法规大全》，法律出版社 1993 年版，第 3—21 页。

② 见《中华人民共和国公司法》，载国务院法制办公室编《新编中华人民共和国常用法律法规全书》，中国法制出版社 2000 年版。有关《公司法》的引文均出自该处。

得低于票面金额。以超过票面金额为股票发行价格的，须经国务院证券管理部门批准。"因此，不论是公开发行还是私募发行，只要股票发行价格超过面值，均须由国务院证券管理部门批准，这就严重抑制了在非公开发行股票范围内，中介人和中介机构可运作的空间。第三，股份转让场所的限定。该法第 144 条规定："股东转让其股份，必须在依法设立的证券交易场所进行。"何谓"依法设立的证券交易场所"，可以有不同的理解。1998年以前，一般认为凡是经过国务院、人民银行总行和省级人民政府批准设立的证券交易所、证券交易中心和 STAQ、NETs 等均属合法的证券交易场所，但 1998 年的国务院办公厅转发的《证监会关于清理整顿场外非法股票交易方案》中，将其界定为"国务院批准"，因此，"依法设立证券交易场所"实际上成为"国务院批准设立的证券交易场所"。第四，股票上市的行政审批。该法第 151 条规定："上市公司是指所发行的股票经国务院或者国务院授权证券管理部门批准在证券交易所上市交易的股份有限公司"。根据这一规定，股票上市必须经由"国务院或者国务院授权证券管理部门"的审批，不是发股公司和证券交易所双方能够安排的。与此对应，该法第 152 条规定了股份公司申请股票上市的 6 项条件，其中第 6 项是"国务院规定的其他条件"。第五，股票停止上市的行政审批。该法第 157 条和第 158 条分别规定：在公司股本、财务、利润等不符合上市要求的条件下，"由国务院证券管理部门决定暂停其股票上市"；在公司解散的条件下，"由国务院证券管理部门决定终止其股票上市"。把五个方面规定联系起来可以看到，这一《公司法》几乎将公司发股上市的各主要方面都纳入了行政轨道，各项规定比《股份有限公司规范意见》和《股票发行与交易管理暂行条例》更加具体严格，在这种背景下，经纪人机制几乎没有萌芽的空间。

1999 年 7 月 1 日新中国的第一部《证券法》开始施行。这部证券市场基本法，对股票市场中从发行、上市、交易到信息披露，从证券公司、证券交易所到证券登记结算机构、证券交易服务机构等都一一作出了规定，是在当时有关证券市场的内容最全、规定最具体的规范性法律文件。这部法律有六个方面值得关注：第一，系统且具体地确立了股票发行的审核批准制度。该法用了 20 条的篇幅对股票、债券等证券的发行事宜进行了比较全面具体地规定，强调"公开发行证券，必须符合法律、行政法规规定的条件"（第 10 条），由此将原由行政法规规定提高到法律层次规定的地位；
"国务院证券监督管理机构设发行审核委员会，依法审核股票发行申请"①
（第 14 条），"国务院证券监督管理机构依照法定条件负责核准股票发行申
请"（第 15 条），由此，以法律制度的方式确立了股票公开发行的审批制
（或称"核准制"）；"证券公司应当依照法律、行政法规的规定承销发行人
向社会公开发行的证券"（第 21 条），由此，承销公开发行的股票成为证券
公司的专营业务；"股票发行采取溢价发行的……，报国务院证券监督管
理机构核准"（第 28 条），由此，证券市场监管部门拥有了股票发行的最终
定价权。第二，严格限定股票交易的场所和方式。该法用了 13 条的篇幅对
证券交易做了一般规定，强调"经依法核准的上市交易的股票、公司债券
及其他证券，应当在证券交易所挂牌交易"（第 32 条），由此，确定了证券
交易所的垄断地位，也确立了单一层次股票市场体系的法律框架；"证券
交易以现货进行交易"（第 35 条），由此，排斥了其他交易方式存在的可
能，确立了单一现货交易方式的运行框架。第三，股票上市交易的行政审
批。该法第 43 条规定："股份有限公司申请其股票上市交易，必须报经国
务院证券监督管理机构核准"，由此，本属交易所的批准股票上市交易权
利统一归由证券监管部门运用行政机制掌握。第四，证券交易所的行政
化。该法用了 22 条的篇幅对证券交易所的各项主要行为进行了界定。强调
"证券交易所章程的制定和修改，必须经国务院证券监督管理机构批准"，
由此，证券交易所作为会员组织的性质发生变化；证券交易所总经理"由
国务院证券监督管理机构任免"（第 100 条），由此，证券交易所的高管人
员进入行政化序列；"证券交易所依照法律、行政法规的规定，办理股票、
公司债券的暂停上市、恢复上市或者终止上市的事务，其具体办法由国务
院证券监督管理机构制定"（第 108 条），由此，证券交易所制定上市交易
规则的权利基本上流于形式。第五，证券公司监管的行政化。该法用 30 条
的篇幅对证券公司的各项行为进行了界定，其中强调："国家对证券公司
实行分类管理，分为综合类证券公司和经纪类证券公司，并由国务院证券
监督管理机构按照其分类颁发业务许可证"（第 119 条），综合类证券公司

---

① 见《中华人民共和国证券法》，载国务院法制办公室编《新编中华人民共和国常用法律法
规全书》，中国法制出版社 2000 年版。有关《证券法》的引文均出自该处。

可以从事证券经纪、证券自营、证券承销和经国务院证券监督管理机构核定的其他业务,"经纪类证券公司只允许专门从事证券经纪业务"(第130条),由此,通过法律制度,将证券公司人为地划分为两个有着极大业务差别的群体,似乎经纪类证券公司在资质上是比综合类证券公司低一层次的证券经营机构;"证券公司设立或者撤销分支机构、变更业务范围或者注册资本、变更公司章程、合并、分立变更公司形式或者解散,必须经国务院证券监督管理机构批准"(第123条),由此,使得证券公司经营发展中的诸多事务实际上进入行政审批轨道。第六,严禁各种违法行为。该法用36条的篇幅对各项违法行为的法律责任进行了界定,其中强调:"未经法定机关核准或者审批,擅自发行证券的,或者制作虚假文件发行证券的,责令停止发行,退还所募资金和加算银行同期存款利息"(第175条),并处以罚款,构成犯罪的,依法追究刑事责任;"证券公司承销或者代理买卖未经核准或者审批擅自发行的证券的,由证券监督管理机构予以取缔,没收违法所得"(第176条),并处以罚款,构成犯罪的,依法追究刑事责任;"未经批准并领取业务许可证,擅自设立证券公司经营证券业务的,由证券监督管理机构予以取缔,没收违法所得"(第179条),并处以罚款,构成犯罪的,依法追究刑事责任,由此,将股票市场的各项行为(包括规则制定)尽可能地纳入运用行政机制可控的范围内,同时,将那些运用行政机制不可控的行为(除投资者的股票投资行为外)大多定义为"非法行为"予以禁止。与前几个法律法规文件相比,这部《证券法》中首次提出了"经纪业务"一词,但却未加定义(更没有"经纪人"的用语)并将它视为一种较简单从而所需资质较低的证券业务。

上述四个法律法规文件出台于不同的时期,从不同角度对股份公司、股票和A股市场的众多事宜做出了一系列具体并有很强操作性的规定,但它们都没有涉及作为股票市场中心内容的"经纪人"问题。与此对比,1933年和1934年美国分别出台的联邦《证券法》和《证券交易法》却不尽相同。

美国《证券法》(1998年进行了重新修订)集中规范的是"什么是证券"、"哪些证券属于豁免范畴"、"哪些证券属于违法范畴"和"在哪些环节需要提供什么样的信息"等等,并不具体规定发股上市在资本数额、财务状况、投资项目、持股人数等方面所需要达到的具体条件。在《证券交

易法》中，具体规范了证券交易所、经纪人、证券商、证券交易委员会等
主体的行为，明确界定了证券交易中各方的权利、义务和责任，具体安排
了与证券交易相关的调查、听证、诉讼等程序，明确了对证券交易中违法
行为的处罚。在美国的《证券交易法》中，有三个问题是值得关注并深思
的：第一，什么是证券交易所？它规定：" '交易所'一词，系指任何组
织、协会或者数人组成的小组，无论其是否实行股份有限制，它们为了把
证券买卖双方聚合在一起，或者发挥其他与证券有关的、由众所周知的股
票交易所正常发挥的那些作用，而组成、维持或者提供一个市场或者设施
（还包括由这样的交易而维持的市场和市场设施）。"[1] 这个定义，一方面明
确了证券交易所就是实现证券交易的场所，不是由一种特定机构拥有的专
有权（或垄断权）；另一方面，只要符合条件，不论是法人机构还是自然
人都可以申请设立证券交易场所，因此，多层次股票市场体系可以自然形
成。第二，经纪人的界定。它规定：" '经纪人'一词，系指任何为他人从
事证券交易业务的人，但不包括银行"；经纪人不是买卖商，" '买卖商'
一词，系指任何通过一位经纪人或者其他方式从事为其自己买卖证券业务
的人，但不包括银行，或者以个人的名义或者某种受托人身份只为自己本
人买卖证券，而非作为一项常规业务的一部分的任何人。"在美国《证券
交易法》中，"经纪人"是使用频率最高的概念之一，在"章"标题中有 3
处使用了"经纪人"（即第八、十一和十五章），在具体条款中，有关"经
纪人"的权利、义务和责任的界定更是比比皆是。有意思的是，在美国
《证券法》和《证券交易法》中没有"证券公司"、"投资银行"等概念，
这也许可以给我们对经纪人机能的理解以更多的思考。第三，创造有利于
经纪人之间竞争以及证券交易市场主体之间竞争的法治环境。美国《证券
交易法》强调"公平"、"自律"等原则，将选择权交给市场，由此，让市
场参与者去解决他们所能解决的各种问题。例如，它规定："从《1975 年
证券法修正案》实施之日起，全国证券交易所不得制定其成员可收取的佣
金、津贴、折扣或者其他收费的细目或者固定价。"这就为经纪人的增值
服务以及与此对应的收费提供了市场运作空间。

---

[1]　见卞耀武主编《美国证券交易法律》，法律出版社 1999 年版，第 83 页。以下有关美国
《证券交易法》的引文均出自该书，不再另行加注。

# 二、市场：难容经纪人机制的
# 电子自动撮合系统

　　中国 A 股市场自证券交易所建立就运用电子自动撮合系统来实现股票的集中交易。这一系统最初借助有线电话通讯线路而展开，20 世纪 90 年代中期以后，转为借助卫星无限通讯线路而运营。与这一电子自动撮合系统相连接的是，3000 多家证券营业部的委托买卖报价终端和一块块大型行情显示屏幕。每个交易日上午 9：00 证券营业部开门以后，股票买卖各方进入证券营业部，直接在终端机上刷卡敲单（包括股票代码、数额、买卖价格等），将自己的买卖信息发送到沪深交易所的电子自动撮合主机之中，然后，由该主机根据"价格优先、时间优先"的软件程序进行实时自动撮合成交。根据 T＋1 的交割规定，股票买卖各方在第二天可以从证券营业部获得成交的交割清单。

　　就技术而言，这种自动撮合的电子交易系统，在全球范围内是最先进的；就中国这样一个有着 13 亿人口的发展中大国中使用这种电子自动撮合系统来说，在全球范围内也是独一无二的；就买卖各方可直接刷卡敲单将自己的买卖信息输入电脑主机而言，在全球范围内依然是仅此一家。

　　使用这种电子自动撮合系统的好处大致有三：第一，快速便捷。中国数千万（以股东账户计算）投资者彼此分散，相距数千公里，但通过这一电子系统，能够在近乎同一时间（据说时差不超过 1 秒）看到最新的成交记录，在依此决定自己的买卖选择后，能够在最短的时间内将买卖信息通过刷卡敲单输入电脑主机，由此，将了解信息、做出买卖决策的时间缩短到最低限度。第二，公开透明。由于每笔成交都通过电脑主机自动地显示在行情大屏幕上，买卖各方可获得实时行情信息，由此，避免了一些人在行情信息上做手脚，或者利用行情不清来牟利甚至欺骗投资者的现象。第三，节约交易成本。由于买卖各方都可直接获得实时成交信息，只需要刷卡敲单就可直接将自己的买卖信息输入电脑主机，所以，它既节约了买卖各方的交易时间，也节约了买卖各方本来需要支付的各种其他费用。在 A 股市场中，每个买者或者卖者，只需要按照成交金额支付 3‰的佣金、少量的过户费和印花税，就可实现成交后的交割。这与其他国家或地区的股市相比，交易成本相当低。电子自动撮合系统的这些优势，有效地支持了中国 A 股市场规模的快速扩展，成为 A 股市场的一个突出特点。

但是，从股票市场的运行机理来看，仅仅使用这种电子自动撮合系统，也将带来一系列严重的机制缺陷。主要表现在：

第一，股票功能严重减弱。从历史上看，股票至少具有 6 项功能：一是鉴证功能，即以是否持有股票来鉴别和证明是否股东。这种鉴证功能，不仅在召开股东大会等场合需要，在公司并购（尤其是尚属商业机密阶段）、原股东身故后的继任股东身份鉴别、股利追偿、股权质押等诸多场合都需要。二是交易对象功能，即股票是买卖股票双方交易的对象，股票交易以钱票交割完毕为交易结束的尺度。三是抵偿功能，即股东可以将股票作为某项借款（或某项商业承诺）的抵押品、质押品等。四是继承功能，即股票可以作为有价证券方式的遗产由后人继承。五是赠与功能，即股票可以作为有价证券赠与他人，以支持或鼓励被赠与者的某项事业或工作等。六是文物功能，即随着时间延续，一些历史久远的股票成为带有文物性质的凭证，其价值甚至超过了该股票的市场交易价格。

但是，在运用电子自动撮合系统中，股票的功能几乎只剩下"交易对象"一项。其他功能的发挥，或者相当麻烦（如鉴证功能、继承功能和赠与功能），或者形同虚设（如质押品功能），或者已经消失（如文物功能）。其基本原因是，电子自动撮合系统要求股票应是电子化股票，即无纸化股票，可是股票一旦实行了全电子化，在当今技术条件下，其他功能的发挥就将受到电子技术的严重限制。一个突出的实例是，尽管 1994 年 7 月实施的《公司法》第 132 条和第 133 条规定："股票采用纸面形式或者国务院证券管理部门规定的其他形式"，股票"可以为记名股票，也可以为无记名股票"，但 10 多年的 A 股实践中，只有记名式无纸化股票，其中的主要原因就是为了满足电子自动撮合系统的技术要求。

第二，金融风险明显集中。经济活动以各方参与者的时间差异和空间差异为基本条件，在没有时空差的场合没有经济活动。其内在机理是，时空差是引致交易成本的一个主要原因，没有时空差交易成本就将失去基本的根据。金融活动以分散风险为基本目标，分散风险的基本技术是根据各种金融产品的时空差特点进行组合，由此，防范某种风险集中地在某一时空突现。为了防范金融风险，现代金融技术提出要建立种种的防火墙，以割断或阻断风险的传递。所谓防火墙，是一种程序，它一方面引致某种时空差发生，从而限制或者禁止某种机制发挥作用的空间；另一方面，通过该程序的各个环节机制，防止某些人为机制引致的风险发生。但是，电子自动撮合系统与此不同，它将全国投资于A股市场的几千万投资者（包括自然人和机构）通过电子技术联结到一起，并以近乎无时差的方式将他们的交易行为集中到沪深交易所电脑主机，虽然提高了效率，但同时却实现了风险集中。

在10多年的A股市场运行中，单边市场走势、大起大落、买涨不买跌等与这种电子自动撮合系统引致的近乎无时空差交易直接相关①；几个特殊时期，地方政府部门可以通过行政机制直接干预股市走势，与这种电子自动撮合系统的使用直接相关（这也是1997年5月后，沪深两个交易所上归中国证监会管理的一个主要原因）；非流通股的上市交易问题长期得不到解决，与这一电子自动撮合系统所形成的交投过于集中有着密切的内在关系；"政策市"、"消息市"的形成，与这种电子自动撮合系统不无关联；在A股市场持续走低的背景下，一些投资者到中国证监会上访、静坐甚至闹事，也与这种电子自动撮合系统引致的直接集中交易相关。

一个突出的实例是，退市上市公司最终还是无法真正退市，只能划定一个特殊时间段依然利用沪深交易所的系统（包括电子自动撮合系统）进行交易活动。其中最主要的机制问题是，对任何一家退市上市公司的流通股持有者（即中小股东）来说，由于手中拥有的都是电子股票，在上市公司退市的那一刻，这些股票处于完全同一的时空点，同时，受制度、技术及其他因素制约，他们又不可能将电子股票进行私下交易，由此，假定有个投资者意欲购买10万股的股票，他应与谁商议交易价格？又应选择哪个股东的股票先买？这样一个简单的问题都变得复杂化了。退市的上市公司

---

① 在反省1929年纽约股票交易所股市暴跌过程中，一些学者认为："这些庞大的金融超市对股市下跌消息的传播起到了推波助澜的作用，也应该对这次危机负有一定的责任。国民城市银行巨大的私人通讯网络和销售部门意味着越来越多的客户可以及时的顺潮流而动，否则的话，情况很有可能不是这样。规模在此时变成了一种不利的因素，良好的沟通意味着快速的市场反应。国民城市银行和其他一些大的集团曾经通过这个渠道传播发财致富的福音。现在，情况正好相反，毁灭性的坏消息也因此得以不胫而走。"（引自【美】查理斯·R·吉斯特著《华尔街史》，经济科学出版社2004年版，第170页。）这段话是值得深思寻味的。

依然留在沪深股市中，其可能引致的风险是显而易见的，因此，多年来有关方面想方设法"拯救"这些公司，试图使它们恢复上市（包括降低这些公司恢复上市的条件）。

第三，经纪人机制难以成长。股票经纪人是以服务股票交易为职业的群体。在没有电子自动撮合交易的条件下，股票交易是由经纪人（自然人经纪人或机构经纪人）完成的。其主要程序是，股票买卖客户将他们的买方信息或卖方信息以某种方式告知经纪人，然后，由这些代理股票买卖的各个经纪人彼此之间通过以拍卖机制为基础的集中交易来实现各自代理的股票交易。在这个过程中，由于存在着从股票买卖委托到股票代理交易之间的时空差，同时，经纪人又是通过提供股票交易服务来获得佣金收入的，所以，在股票种类繁多、交易方式复杂和市场竞争日趋激烈的条件下，不仅经纪人彼此之间形成了一定的专业分工和业务协作关系，而且每个经纪人也都从切身利益出发尽力为客户提供满意周到的服务。从提高服务质量、满足客户需求的角度看，经纪人发挥着三方面机制作用：其一，寻价机制，即从服务于客户利益出发，经纪人在交易市场上为客户寻找到某一确定时点上最好的买价或者卖价；其二，增值机制，即经纪人努力通过信息处理、经济分析、走势预测和咨询服务等为客户提供增值服务；其三，开发机制，即经纪人通过开发新的投资品种、投资方式和投资机制来发掘和满足客户潜在的投资需求。

但在运用电子自动撮合交易系统的条件下，投资者只需按照最新成交价的信息指示，决定投资意向，刷卡敲单，将买卖信息直接输入电脑主机，由此，股票买卖和股票交易成为同一个行为的两种不同用语，经纪人发挥其寻价机制缺乏立足之点。其次，由于电子自动撮合交易系统只接受经监管部门和交易所批准上市交易的电子化股票，在 10 多年实践中，这些股票都是公开发行的社会公众股，每时每刻的成交结果都通过实时行情显示系统告知每一个市场参与者，代理买卖机构和投资者几乎同时获得这些信息，由此，经纪人想通过信息处理、经济分析、走势预测和咨询服务等为客户提供增值服务，是十分困难的。更不用说，最高佣金封顶、"政策市"、信息披露不真实等诸多因素致使这种增值服务的高成本如何收回成为问题。最后，电子自动撮合交易系统按照固有的软件程序运行，要随机地容纳经纪人随时随刻开发的各种投资新品种（包括组合投资品种，代客理财品种等）、投资方式（如以实物券交割为基础的远期交易、期权交易和其他交易）和投资机制（如融资融券机制）等，不仅存在着诸多技术难题，而且开发新的软件耗时长久，难以满足投资者的随时性需求，受此限制，经纪人的开发机制也很难发挥。

在 A 股市场实践中，几个突出的实例是：其一，尽管证券业界要求实行做市商制度已持续多年（尤其是 1999 年以后呼声渐高），但迄今它难以付诸施行。基本原因是，在电子自动撮合交易系统中，做市商是不可能形成的。一个简单的技术问题是，如何进行双向报价？其二，大额交易难以真实实现。仅仅大额交易的买卖信息是否输入电脑主机由其撮合交易就是一个难点。其三，3000 多家证券营业部联系着数千万投资者，但几乎没有一家证券营业部能够比较充分地了解到其大多数客户（且不说全部客户）的系统信息和潜在投资需求，更没有一家证券营业部积极开发适合不同分类客户的投资产品、投资方式和投资机制。对绝大多数投资者来说，证券营业部实际上就是一个进行 A 股市场投资的专营通道，如果能够像自动取款机（ATM）那样，将刷卡敲单的终端设置在街边，也许他们就不必再到证券营业部去了，由此可以看到，证券公司花费大量资金设立证券营业部的经济价值。

一个简单的问题是，电子自动撮合交易系统的主机和大部分软件是沪深交易所从海外（尤其是美国）引进的，但海外迄今并没有运用这种交易系统，进行买卖各方直接刷卡敲单输入买卖信息，然后，全面由电脑主机自动撮合交易。这是为什么？

# 三、机构：缺乏经纪人业务的券商经营服务

在中国，证券公司是专门从事证券经营业务的机构。虽然在 1998 年以前，能够从事证券经营业务的法人机构还包括信托投资公司等其他金融机构，但自从 1998 年 12 月《证券法》规定，证券业与银行业、保险业和信托业实行"分业经营"以后，股票的承销、代理交易、自营和咨询等业务就成了证券公司的专营业务，未经金融监管部门依法批准，其他机构（包括金融机构）不得从事这方面的经营活动。

根据《证券法》的规定，综合类证券公司的业务范围主要由证券经纪、证券承销、证券自营和其他业务构成。从 1999 年以后的经营状况看，证券公司的业务比较普遍地具有五个特点：

第一，业务收入结构与利润结构有着明显的反差。不论是在股市走高从而交投活跃的年份（如 2000 年），还是在股市走低从而交投清淡的年份（如 2002 年以后），在经营收入结构中，证券经纪业务的收入大多占主要地位（某些证券公司的这一比重可高达经营收入的 70% 以上），但利润却主要来源于证券自营（某些证券公司的这一比重可高达 70% 以上），这反映了券商业务结构的尴尬格局，也反映了券商的经营成本主要耗费在证券经纪业务方面（这又主要由场面宏大、豪华装修的营业大厅费用所引致）。

第二，承销业务是券商竞争的重心。在大多数年份，新股发行成为券商的竞争重点，也是衡量券商业务能力的重要指标（每年对此进行排名）。但不论是指标制还是通道制或是保荐人制，受行政机制的制约，每年发行的新股家数相当有限，每家券商可承销的新股更加有限，由此，引致券商之间在争取主承销商资格上的激烈竞争。券商争夺新股承销资格的内在机理是，担任一只新股的主承销商大致可获得上千万元乃至上亿元的承销费收入，而为此花费的代价远低于此数额；同时，在股票严重供不应求的条件下，承销商的风险极低，在绝大多数场合，甚至可以忽略不计，但因每年可承销的证券只数和规模极为有限，所以，除个别机构（如中金公司）外，承销业务收入占券商经营收入的比重通常不高。

第三，自营业务成为许多券商的首位业务。主要表现有四：一是券商高管层将主要精力投入自营业务。在相当多券商中，董事长、总经理不仅直接管理自营业务，甚至每日盯盘，直接操作经营业务。二是券商的主要资金投入于自营业务。在一些券商中，不仅资本性资金几乎完全投资于自营业务，而且债务性资金的融入也主要用于自营业务，由此，使得自营业务的资金投入可占其流动资产的 70% 以上（甚至 80% 以上）。三是在可支配资金不足的条件下，通过大量挪用客户保证金来增加自营资金，由此，引致一系列问题发生。四是为了保证股市投资的自营收益，一些券商选择了"坐庄"方式操纵股价，投入的资金有时高达数十亿元，从而，一段时间内，股市中流行着"无庄不成市"的说法，一些股评人士也公开以"由主力资金介入"、"庄家出货"等用语来评价股票的投资价值。

第四，客户保证金的利息成为券商收入从而成为利润的一个重要构成部分。尽管有关法规早就规定，券商应当支付客户交易保证金的利息，但由于投资者对此不上心、操作技术上存在一些困难以及其他方面的原因，迄今这一利息的支付依然不甚了了。

第五，委托投资业务亏损成为券商严重亏损的主要成因。2002年以后，在股市持续走低的背景下，为了扩大经营收入、增加利润来源，券商普遍展开了代客理财业务，接受相关机构的股票投资委托；2004年10月以后，在清理这些委托投资账户后，券商的股市投资亏损状况猛然凸现，由此，拉开了新一轮券商整合的序幕。

"交易"是股市的核心机能。在股市运行中，买卖各方的意向和要求，通过券商的运作而转化为"交易"，因此，券商不应处于股市的中心地位，发挥导向功能。但在1992年以后的10多年历史中，中国券商并没有真实有效地发挥这种作用，这可从五方面得到印证：

第一，股市交易规则的形成。在发达国家历史上，经纪人不仅创造了股票交易市场，而且制定了一系列股市交易规则（包括股票交易所的交易规则）。20世纪30年代以后，虽然随着政府监管机构建立，监管部门介入股市交易规则制定的情形有所加重，但监管部门主要是从股市的公共性、维护投资者权益等角度依法进行股市交易监管，股市交易的运行规则依然以经纪人为主制定。但是，中国A股市场自设立伊始迄今，交易规则基本是由交易所和监管部门制定的，券商至多属于征求意见范畴，因此，它们既缺乏制定交易规则的权利，也缺乏修改交易规则的机制，在很大程度上只能按照既有的交易规则从事股票交易活动，难以激起在实践过程中探讨新规则的热情，更不用说，对已有规则进行实质性改革了。这一体制格局决定了，券商不是也不可能是中国A股市场交易规则的主要制定者。

第二，"通道式"经纪服务。经纪服务应是券商的立足之本，也是各项业务延伸展开之源，但在A股市场中，经纪服务基本上仅剩提供刷卡敲单的通道服务。如果说在2002年规定最高佣金率之前，为了争取开户数增加，各家证券营业部还采取各种吸引客户的手段"拉客户"和"稳定客户"的话，那么，2002年5月以后，连这点简单的"营销策略"都省略了。在证券公司经营活动中，有四个现象是相当普遍的：一是在交易所闭市日，证券营业部也关门，员工基本放假回家。很少有人认识到，这个时间该为客户提供些什么服务；二是虽然每家证券营业部都有一大批开户客户，但几乎没有 1 家证券营业部（乃至证券公司）能够将这些客户视为他们业务展开的"投资者群体"，至多只是从代理交易佣金和保证金数额等方面关心客户的去留；三是尽管几乎每家证券公司都有研究部门，但这些研究部门的研究内容很少从经纪业务的客户需求出发，研究成果也很少应用于经纪业务的客户；四是经纪业务本是各项证券业务创新之源，但 10 多年历史中，证券公司很少从此出发进行业务创新。毫无疑问，这种"通道式"经纪服务的状况，与 A 股市场的体制格局是密切关系的，或者说，它是这种体制格局的必然产物。

第三，顺应体制的经营活动。在 A 股市场体制框架中，证券公司的机能发挥极为有限，受各方面因素制约，许多业务扩展由不得他们自主选择和自担风险；早些年，一些证券公司也曾有所尝试（例如，1996 年，有的证券公司一次性拿出了 12 个创新产品方案），但结果相当不如人愿，只好放弃退缩。在此背景下，证券公司的经营活动逐步形成四种情形：一是业务趋于同质化。突出的现象是，在 1999 年《证券法》实施后，130 多家证券公司都在努力成为"综合类"券商；2004 年以后，随着"创新类"和"规范类"的推出，目前各家券商也在努力先达到"规范类"然后再向"创新类"进军。这种情形的发生，固然与监管部门的导向直接相关，但更重要的是，在 A 股市场模式中，证券公司经营业务的可运作空间十分狭窄，另起炉灶，独辟新境地进行具有特色的专业化经营，不仅监管体制不允许，而且公司运作将面临步入经营困境的危机，因此，不得不选择顺其自然地从有限的"桶粥"中尽可能多争得一些"粥饭"。二是客户犹如流水。客户是证券公司业务扩展的基础，但在 10 多年中，证券公司很难稳定住已有的客户。一个突出的现象是，担任 IPO 主承销商的证券公司，在客户再融资时继续担任主承销商的比率低得令人吃惊，由此，形成了"熊掰棒子"式的投行业务走势，即不断地开发新客户但同时不断地丢掉老客户，以至于很难有几家证券公司谈得上其稳定的客户队伍有多少。这种情形的发生，固然与对方行政部门的干预和其他复杂因素相关，但与每家证券公司都缺乏建立在专业化基础上的专门机能和专门技术也密切相关。三是自营投资"靠天吃饭"。自营投资是证券公司利润的主要来源，但自营投资的成效在很大程度上取决于股市走势。2001 年 7 月以后，随着股市持续走低，券商自营业务越来越难以达到预期目标，由此，坐庄操纵个股价格、挪用客户保证金、打探监管部门的政策动向等现象愈演愈烈。券商作为金融机构，本来以分散风险为经营的基点，但在自营投资中却不断地制造风险和累积风险，走出了一条与原本业务定位相反的经营之路。四是难以落实经营发展战略。一些券商为了推进业务发展也曾制定了若干年的经营发展战略，但由于开发市场极为困难，同时，监管取向和监管政策的不断变化难以预测，所以，这些发展战略在实施过程中基本陷于纸上文章的境地。

第四，难以把控的被动式创新。在 10 多年的发展中，A 股市场也涌现了层出不穷的新情况，这迫使券商深入探讨，拿出解决方案，进行各种创新，但总的来看，这些创新主要是被动的，创新的可能成效从一开始就处于券商难以把控的境地。比较有代表性的创新事件大致有三：一是公司并购、资产重组。1996 年以后，随着实现经济增长方式的转变，调整经济结构提到议事日程，由此，大规模地推进企业间的并购重组成为一项重要的市场机遇。对此，实际上券商早已有所估计，1994 年有的券商就成立了公司并购部，试图专门从事此项业务。但是，受金融体制的制约和 A 股市场特定制度的约束，券商从事并购重组业务中，既不能通过融资或其他资产机制来满足并购重组双方（或各方）的需要，也缺乏专业技术、管理经验及其他可能吸引并购重组当事人的优势，因此，辛辛苦苦却难以获得业务收入。为了吸引有关当事人，获得并购重组业务的收入，一些券商只好选择"借壳"、"买壳"、"捆绑上市"等方式；一些券商则以"并购重组"作为股市炒作的题材，以图达到"堤内损失堤外补"的效果；另一些券商则退出了并购重组领域。二是私募基金、资产管理。1999 年以后，随着股市上行，券商开始较大规模地展开了有关机构的资金委托投资业务，并以"私募基金"予以冠名。2001 年 11 月，中国证监会有关委托投资的规则出台，在此背景下，券商感到原先以私募基金展开的业务似乎只要更名为"委托投资"就可得到制度保护，由此，在"资产管理"的总概念下委托投资业务快速发展，各家机构的委托资金单立账户核算盈亏。但好景不长，2004 年 9 月 30 日，中国证监会会同相关金融监管部门联合下文，要求券商立即清理这些违规的委托投资业务，将其并入券商账户计算盈亏，由此，引致一大批券商顿时陷入"问题券商"境地，诸如大鹏证券、汉唐证券等一些券商则关门倒闭。三是从指标制到通道制再到保荐人制。取消"指标制"是各方盼望已久之举，因此，受到券商的欢迎；但是，一些券商原先按照指标制争取到的"主承销商"资格（为此在竞争中已花费很大成本）却顿时落空。正当券商们还在忙于为增加通道而积极创造条件并为"通道制"的发审排队而努力时，发股上市制度又改成了"保荐人制"。在保荐人制条件下，保荐人的数量意味着可承销股票的只数，因此，各家券商积极花大价钱培养或引进保荐人，但这一过程还在展开之时，随着股权分置改革的推开，新股发行暂停，以每人每年数十万元薪金"养着"的保荐人只能处于"英雄无用武之地"的无奈状态。

第五，有感无行的国际化。在金融全球化的进程中，中国股市的国际化是一个必然趋势，为此，迎接国际化的机遇和挑战，中资券商早有所感。尤其是，在2001年中国加入世贸组织以后，这种感觉更加强烈。国际化大致包括外资投资银行进入中国Ａ股市场、中资券商与外资投行在中国境内的市场竞争、中资券商走出国门加入国际市场竞争等三方面内容。但迄今，外资投行是进来了，不仅与中资券商合资设立了投行公司、通过QFII进入Ａ股市场操作、通过设立中外合资基金管理公司参加Ａ股交易，也不仅利用海外优势将一大批中资股份公司推荐到海外股市发股上市，而且对中国经济社会状况进行了广泛深入的研究，大致形成了未来相当长一段时间内的市场竞争战略，与此相比，中资券商在国际化方面的行动依然没有多少实质性进展。主要表现有三：其一，中资券商与外资投行基本属于两股道上的跑车，业务上的交叉往来甚少，在外资投行加强对中资券商研究了解的过程中，中资券商却很少对外资投行进行深入细致的调研，由此形成了中资券商对外资投行的了解程度远低于外资投行对中资券商了解程度的状况。其二，中资券商在Ａ股市场上的相互竞争尚且勉强，但一涉及国际竞争，不论从业务结构、商业模式、市场营销、开发机制和创新能力等方面说，还是从管理、人才、信息和技术等方面说，都难以看出有何优势，甚至难以提及有哪些能力能够属于国际竞争力范畴。其三，尽管2005年已经解除了中资券商到境外设立分支机构的禁令，一些中资券商也在谋划之中，同时，QDII的制度探讨更加深化，但这些举措带有很强试探性色彩，何时中资券商能够从国际市场中争得一杯羹尚属不敢预期之事。

综上所述，证券公司本属股市的主导性经济主体，但受体制制约，它们从一出生就处于"小媳妇"境地，不仅机能难以有效发挥，而且严重影响了中国多层次股票市场体系的建设，为此，要推进多层次股票市场体系的建设，就必须跳出 A 股市场的体制框架，放松对证券公司的管制，给它们更多更大的开拓股市业务的自主权，充分发挥它们的能动性和创造性，在市场竞争中，锻炼、培养和提高它们的国际竞争力。

**【主要参考文献】**

1. 国务院法制办公室：《新编中华人民共和国常用法律法规全书》，中国法制出版社 2000 年版。

2. 卞耀武：《美国证券交易法律》，法律出版社 1999 年版。

3. 中国人民银行条法司：《中国证券与股份制法规大全》，法律出版社 1993 年版。

4. 王国刚：《中国资本市场的深层问题》，社会科学文献出版社 2004 年版。

5. 国际律师协会商法部证券发行和交易委员会：《证券管理与证券法》，群众出版社 1989 年版。

6. 【美】安托尼·阿格迈依尔：《发展中国家和地区的证券市场》，中国金融出版社 1988 年版。

7. 【美】查理斯·R·吉斯特：《华尔街史》，经济科学出版社 2004 年版。

# 第四章 体制创新：建立经纪人主导的新层次股票市场

建立新层次股票市场是一个创新过程。在中国目前条件下，创新首先是体制创新，即必须突破 A 股市场体制，建立符合市场经济要求、由市场机制发挥配置资源基础性作用的新体制。20 多年改革开放的经验证明，只有在体制创新背景下，才有可能展开机制创新、机构创新、产品创新和市场创新。

新层次股票市场的体制上应有的创新将主要表现在三个方面：第一，它应是一个由经纪人主导并以经纪人为中心的市场，不应是一个由政策导向以交易所为中心的市场。第二，这一市场应保障经纪人和市场的各方参与者有着充分的选择权，并且每一主体都应为自己的行为后果承担经济责任乃至法律责任，不应是一个缺乏应有选择权，各项业务基本由监管部门安排，并且最终由监管部门提供政策安排予以救助市场。第三，这一市场应有着比较完善的竞争机制和退市机制，严格贯彻优胜劣汰原则，不应是一个处处体现政策保护、差异对待和特殊处理的市场。

毋庸讳言，建立新层次股票市场是一项复杂的系统工程，需要有关各方集思广益，共同探讨，我们无力也不可能将其中的所有问题都一一厘清说明；另一方面，正如世上一切事物都有其正面效应和负面效应一样，新层次股票市场也将是一个有着积极效应和消极效应的市场，我们无法也不可能设计出一个尽善尽美（或完美无缺）的新层次股市（更何况，任何事物的不同效应是依条件变化而显示和发生的），因此，我们只能就新层次股票市场的一些主要方面提出设想，以供继续研讨之参考。

# 一、新的平台：经纪人主导的
# 股票场外交易市场

新层次股票市场应是一个与 A 股市场有着明显区别且与 A 股市场有着明显竞争关系的市场。如果说 A 股市场是交易所市场（即场内市场）的话，那么，这一新层次股票市场应是一个场外交易市场。

设立新层次股票市场的主要目的有三：一是有效改善日益增多的各类公司（尤其是成长型中小企业）对资本金的需求，着力突破在资本性资金可得性方面的体制障碍；二是培育中国股市乃至金融市场中的经纪人机制，包括经纪人制度、经纪人机能、经纪人自律规范、经纪人行为监管等，弥补 10 多年 A 股市场发展中经纪人缺位所引致的股市机制缺陷；三是发挥经纪人机能，积极开发股市发展的潜能（包括投资者潜能、运行机制潜能、证券产品潜能和交易方式潜能等等），有效推进各方面创新，由此，提高中国股市的发展质量，加快国际接轨进程。

为了达到这些目的，新层次股市的建立，除了应当贯彻"公平、公开、公正"的三公原则和切实维护投资者权益原则外，还应当贯彻五个要点：其一，充分利用现有的电子网络技术，不进行大规模投资新建类似于沪深交易所的电子自动撮合交易系统，以有效降低建立新层次股票市场的成本；其二，以证券公司为依托，以证券营业部和其他金融柜台为网点，发展以经纪人为中心的交易体系，由此，不应以行政区划来界定新层次股票市场的设立地点；其三，新层次股票市场的交易规则设计，应在监管部门的支持下以证券公司从事经纪业务活动的人员为主，同时，吸收有关专家、相关监管部门人员和海外人士参加，经充分征求意见（包括对其中的一些问题进行公开辩论）予以完善后，再付诸试行；其四，实行经纪人制度，不仅应赋予经纪人（包括经纪公司和自然人经纪人）以必要的合法职能、权利，而且应当明确界定经纪人的义务和责任，还应当实行注册制，以约束和规范他们的行为，维护新层次股市的运行秩序；其五，新层次股票市场的制度、程序和监管，一方面应有利于不同层次股市之间、经纪人之间、证券公司之间的业务竞争和创新竞争，另一方面，应有利于为投资者寻找到最好的买卖价格。

从这些要点出发，新层次股票市场的构架大致有六个特点：

第一，以证券公司为平台，通过将各家证券营业部和其他金融网点（如商业银行国债交易柜台）联网形成一个报价系统。鉴于证券公司正处于整合时期，且新层次股票市场的设立运行还有一个试探性过程，因此，进入新层次股票市场探索创新的证券公司，在先期可考虑在目前的创新类和规范类证券公司中产生，但为了保障交易的有效展开，介入新层次股市建设的证券公司数量不宜过少，否则，难以形成群体效应，不利于新层次股市的展开。

第二，以注册经纪人为中心。经纪人可分为公司经纪人和自然人经纪人两种，其中，自然人经纪人是基础，公司经纪人是平台。不论是公司经纪人还是自然人经纪人，都应进行注册并缴纳一定数额的经纪人保证金。具体来说，应当有三方面界定：其一，证券公司从事新层次股票市场的经纪业务，应有最低数量自然人经纪人的限制。例如，从事 1 只股票的经纪业务，应当有 3 个以上自然人经纪人；从事 2～5 只股票的经纪业务，应当有 5 个以上自然人经纪人；从事 6～10 只以上股票的经纪业务，应当有 8 名以上自然人经纪人；从事所有股票的经纪业务，应当有 12 名以上自然人经纪人。没有自然人经纪人，证券公司不可从事新层次股票市场的经纪业务。其二，公司经纪人可根据公司的性质（如有限公司、股份有限公司和合伙制）分别承担有限责任和无限责任，但自然人经纪人应当为他们的违法违规行为承担无限责任。一旦发生公司经纪人或自然人经纪人违反有关法律法规的规定进行股市操作，经监管部门查证无误，首先在他们缴纳的经纪人保证金范畴内进行处罚或赔偿，如果数额较大，超过了经纪人保证金，则以"有限责任"和"无限责任"的规定继续追缴。其三，经纪人资格的降档和撤销注册资格。大致有三种情形：一是证券公司的自然人经纪人少于对应经纪业务所需的自然人经纪人数量，应立即降档；如果自然人经纪人少于 3 人，就应立即停止其经纪人资格。二是公司经纪人和自然人经纪人在受到处罚后，其缴纳的保证金已不足额，如果不能在规定时间内（如 24 小时）补足，其注册资格应当撤销。三是不论是公司经纪人还是自然人经纪人，一旦发生破产清算、刑事处罚或其他失去民事主体地位的情形，则其注册资格自然撤销。

第三，入市股票的经纪人推荐制。进入新层次股票交易市场的股票，由公司经纪人推荐；为了保证该股票入市的合法合规，除实行股票的注册备案外，每只股票还应有若干个公司经纪人（如 3 个）联合推荐，并且每个公司经纪人至少应有一名自然人经纪人在备案资料和推荐书上签字。这意味着，一旦发生被推荐的入市公司信息披露没有达到规定要求（包括作假、推荐人不尽职等），公司经纪人和签字的自然人经纪人就要准备对其行为后果承担经济责任乃至刑事责任。

第四，股票交易的做市商制度。做市商是经纪人机能在股票交易中的表现，因此，做市商必须是经纪人（但不能反过来说，经纪人必须是做市商）。这意味着，做市商只能从注册经纪人中产生。实行股票交易的做市商制度，有五个要点是需要强调的：其一，每只入市交易的股票应有最低数量做市商。例如，每只股票最少应有 3 家做市商。一旦已入市股票的做市商数量少于最低数，则这只股票自动退出交易市场。其二，做市商应为每只做市股票缴纳规定数额的交易保证金。这种交易保证金，既可按照做市股票的某种价格（如面值、发行价等）的一定比率计算，也可规定为绝对值（如 1 只股票 10 万元人民币）。当每日闭市结算之后，交易保证金少于规定数额，做市商就应在规定时间内补足（如 48 小时），在此时间内，如果做市商不能补足交易保证金，就不能为这只股票继续做市；超过这一时间，做市商的资格自然撤销（但其经纪人资格依然保留）。其三，做市商对其做市的股票必须提供双向报价（即既报买价又报卖价），如若投资者按其报价提出交易，做市商必须接受（不论对做市商来说是盈是亏）。另一方面，应规定做市商每日必须达到的做市股票最低成交股数（例如，1000 股）。这意味着，如果没有投资者买卖做市股票，做市商之间必须进行该股票的最低股数交易，以维持股票交易价格的连续性。其四，做市商可以为自己买入或卖出做市股票，也可以代理客户买卖做市股票，但二者必须在业务台账上严格区分。做市商的交易业务实行台账登记制，为自己买卖的做市股票和为客户代理交易的做市股票应分别记账，其中，有三个界定是重要的：一是做市商为自己买卖的做市股票不应向交易对方收取代理佣金，为客户代理交易的做市股票则应当收取佣金；二是在同一时点上，为自己买入的同一做市股票价格不得低于为客户代理交易的价格，为自己卖出的同一做市股票价格不得高于为客户代理交易的价格，以体现客户优先的原则，同时，也避免做市商伤害客户利益；三是在代理客户交易中，每笔成交的买卖双方客户不应是同一做市商的客户，以避免做市商利用客户信息优势或误导客户来获得佣金收入。其五，做市商可以（而且应当）向其客户推荐可供买卖选择的股票，但这种推荐中的信息应当是凭据真实可靠的，不应是传播股市谣言、捕风捉影式地编造行情及其他可能明显误导客户的不真实信息。这意味着，一旦有确凿证据可证明做市商利用信息不对称有着误导客户买卖，监管部门就应对其依法进行处罚。

第五，股票交易的融资融券制度。股票交易中的融资融券，既是经纪人向客户提供的一项重要业务（从而，是经纪人展开业务竞争的一个重要机制），也是经纪人的重要收入来源。融资融券的重心在于融资，其直接效应是扩大了客户进行股票买卖的能力，提高了股票交易能力。在融资融券中有五个要点是需要把握的：其一，融资的直接债务承担者是经纪人，但这些资金的落脚点是客户。其基本程序是，相关金融机构（如商业银行、结算公司等）将资金借贷给经纪人，经纪人再将这些资金借贷给自己的客户，因此，从借贷关系的两极来看，经纪人实际上只是融资链条中的中介环节。这意味着，不应将股票交易中的"融资"与经纪人自身经营中的借贷相混。其二，为了避免将股票交易中的融资与经纪人经营中的借贷相混，同时，也为了避免经纪人挪用这笔融资资金，应将这笔融资资金与经纪人账户分立。具体机制是，相关金融机构根据经纪人提出的融资申请和抵押品情况，授权对应额度的一笔贷款给该经纪人，但这笔贷款不划入经纪人的财务账户，只是根据经纪人的指令划入其客户的资金账户，从而，实现"猫看得见鱼却吃不到鱼"的效应。其三，为了保障融资资金的安全性，经纪人应向相关金融机构交存一定数额的结算保证金并按照有关规定提供质押证券。在股票和其他证券的市值下落引致质押证券不足价时，经纪人应按照提供融资资金的金融机构要求补足质押证券价值或减少融资数额，否则，该金融机构有权按照当时市价将质押证券卖出，并继续要求经纪人补足融资资金的缺口。其四，在融资链条中，经纪人从相关金融机构获得的融资额度属批发性资金，同时，又有结算保证金和质押证券为保障，因此，利率相对较低；但经纪人将这些资金转贷给客户时，这些资金就具有了零售性质，因此，利率就可能提高。融资过程中的这种利差，是经纪人的一项主要收入。其五，为了保障经纪人的权益，在融资安排中，一旦客户的证券资产价值减少可能威胁到融资资金的偿还，经纪人就应提醒客户；如若客户证券资产的价值低于融资资金数额，经纪人就应催促客户补足证券资产价值，否则，就应及时出售这些证券资产，并要求客户补偿差额，由此，需要解决两个问题：一是经纪人对客户证券资产的权利。在实行融资交易的条件下，经纪人应当拥有对当事客户的证券资产予以处置的权利，具体处置条件，可由融资合同规定。二是客户证券资产的托管。客户证券资产的托管大致可分为集中托管和经纪人托管两种。在集中托管条件下，既要建立经纪人能够及时卖出融资客户所持证券资产的机制，也应建立防范经纪人挪用融资客户所持证券资产为自己牟利的机制。在经纪人托管条件下，问题比较容易解决，但依然需要建立防范经纪人挪用融资客户所持证券资产为自己牟利的机制。

第六，最低佣金制度。为客户提供相关经纪服务，经纪人理应获得对应的佣金收入。但由于不同的客户要求差别极大，经纪人可能提供的服务内容也不尽相同，这就要求不应实行同一佣金制度或最高佣金制度；另一方面，为了开发客户潜力和市场潜力，经纪人也在不断研究调查的基础上进行着业务创新、服务创新和提高服务质量，在这种背景下，采取同一佣金制度或最高佣金制度也显然不利于经纪人的这些业务拓展和深化。实行最低佣金制度有两个含义：其一，在代理客户进行股票交易中，实行最低交易佣金制度，以便于经纪人根据客户委托和提供服务的差异，增加佣金数额；其二，只规定一部分最基本的经纪业务（如代理交易）的最低佣金，其他的经纪业务（如咨询、代理资产管理等）则由经纪人与客户谈判商定。

在交易佣金制度中，应改变按照交易额的一定比例收取佣金的制度，实行按照交易笔数收取浮动佣金的制度，由此，鼓励大额投资者进行股市投资，限制小额投资者频繁买卖股票。

## 二、入市股票：由经纪人选择的交易对象

股票交易市场以股票为交易对象，这是毋庸置疑的。但是，作为交易

对象是什么股票，却大有文章。A 股市场发展的 10 多年历史，实际上与
公开发行的社会公众股所形成的一系列导向直接相关。具体来看，A 股具
有五个特点：一是无纸化，即一律实行电子股票方式；二是记名式，即 A
股股票均为记名式股票；三是增量股份制，即股份公司的股份中只有以社
会公众股名义发行的增量新股（包括首发、配股、增发新股等方式）可入
市交易，由此，形成了股权分置格局；四是以融资为目的，即增发新股的
目的在于募集资金；五是审批制，即各种增量新股均需经过行政审批。新
层次股票市场如若继续延续 A 股的这些特点，则经纪人的业务拓展空间基
本局限于 A 股范畴内，经纪人制度的建立没有太大意义，新层次股票市场
即便建立了，也将是一个 A 股市场的复制品，因此，需要对新层次股票市
场的交易对象——股票进行新的界定。

　　事实上，股票特性，不仅直接制约着股票市场的特点，而且严重影
响着经纪人和其他参与者的运作空间。从建立由经纪人主导的新层次股
票市场出发，同时，也从激励中小企业（尤其是成长型中小企业）发展
的需要出发，在新层次场外交易市场中，股票应当具有 8 个方面的特
点：

　　第一，有纸化和无纸化股票相联结。有纸化股票和无纸化股票各有
优缺点。无纸化股票的主要优点包括成本较低、不易造假、递送快捷和
保管方便等等，但也存在一些缺点：一是在缺乏对应电子系统的场合，
它不便使用，由此，给身份验证、股票赠与、遗产继承、公司并购和公
司退市等带来种种困难；二是它不便质押处置，尤其是当债务人清偿能
力不足时，债权人很难及时将质押股票随机处置；三是不利于经纪人和
投资者的运作选择、组合创新和衍生开发。有纸化股票可以较好地克服
无纸化股票的这些缺点，同时，也有一些缺陷，如印刷成本、保管成本、
递送成本等较高且易于造假等。为了有效发挥有纸化股票和无纸化股票
各自的优点，并以这些优点替代缺点，可以考虑实行有纸化股票与无纸
化股票相联结的模式。具体来说，可分为三个环节：在股票发行、投资
者买卖委托等过程中实行有纸化股票方式；在投资者将有纸化股票委托
给经纪人后，经纪人将这些有纸化股票交付托管机构，转为无纸化股票，
进入交易环节；在股票成交并交割后，如果客户需要从经纪人处取回股
票，则以有纸化股票付与。在这种模式中，如若公司退市，也可将托管

中有纸化股票归还持有人。

第二，记名股票和无记名股票相联结。记名股票和无记名股票各有优缺点。记名股票的主要优点是，便于持有人和有关部门管理（包括身份管理、数量管理和丢失后的补给等）；缺点是，不便转手且转手成本较高（如有纸化股票条件下的背书）。无记名股票的主要优点是，便于转手（不仅包括交易，而且包括赠与、继承等）且成本较低。为了充分发挥记名股票和无记名股票的优点，并以这些优点替代缺点，可以考虑实行记名股票与无记名股票相联结的模式。具体来说，可分为三个环节：股份公司发行的股票实行无记名的有纸化股票方式，以便于股东随机且多方式地处置其持有的股票；在公司入市以后，客户可将这些股票委托给经纪人，经纪人接受这些委托后，将无记名的有纸化股票转为记名的无纸化股票；在成交且交割完毕后，如若客户需要将股票取回，则经纪人付与他无记名的有纸化股票。在这种模式中，一旦公司退市，无记名的有纸化股票就将退还给客户，由此，客户可根据自己的需要随意处置。

第三，增量股票与存量股票并存。A股市场以发行增量股票为特征，由此引致股市以公司融资为中心的现象严重发生，新层次股票市场应摆脱这一误区，回归到股市以"股票交易"为中心的定位，因此，不应继续以融资量为首要指标来讨论制度安排。从深层关系上说，"融资"是公司（尤其是高管层）的要求，而"交易"是股票持有者的要求。这两个要求虽有不少的一致之处，但也有许多重要的差异之点。股市作为一种市场激励机制，不仅需要激励入市公司的融资，更重要的还是激励各种社会资金勇于投入众多的成长型中小企业，并通过这些中小企业的成长，给股市发展带来源源不断的新的入市公司。由此来看，着力推进存量股票入市，应是新层次股票市场的主要着力点。

由于股份公司为数众多，其中不乏质优公司，由此，在以存量股票入市为重心的条件下，经纪人就有了较为宽广的选择空间，也将有了业务创新的各种可能。另一方面，改变以增量股票所形成"融资"导向状况，有利于改变为了获得巨额融资，各家公司不惜血本大比拼所形成的"千军万马过独木桥"状况。毫无疑问，入市公司有着"融资"要求，因此，在一定程度上增发股票是必然的。但增量股票不应成为主导方式，更不应是唯一方式。在新层次股票市场建立的一段时间内，应贯彻"存量股票入市为主、增量股票发行为辅"的理念，以促使股份公司着力将自己的主业做好和公司质量提高。

第四，资金资本股票和人力资本股票相兼容。资金资本股票，是指由资金投入和相当于资金资本的实物资本投入所形成的股票；人力资本股票，是指由高管人员和高级专业技术人员的人力资本投入所形成的股票。迄今，A 股市场只是承认了资金资本股票，在此背景下，中国不可能有比尔·盖茨，也不可能有微软。要建立股市激励高科技企业的发展和高新技术产业化的机制，必须建立承认人力资本机制，由此，就需要形成资金资本股票与人力资本股票相兼容的机制。这一机制的具体内容还可做进一步研讨，但取向应当清晰明确。

第五，持股人数。A 股市场以增量股票为基础，要求上市股票应有不少于 1000 名持有者（每个持有者持有的股票面值不低于 1000 元）。如若坚持这一规定，存量股票的入市将面临严重障碍；尤其是，考虑到新《证券法》规定"向特定对象发行证券累计超过二百人的"视为公开发行，则存量股票的入市交易几乎没有可能。要摆脱这一困境，就必须打破原有的限制，选择分段计算的方式。例如，在存量股票入市时，持股人数不做限制；但这一股票在入市后的一段时间（如 20 个交易日）内，持股人数必须达到规定数量，否则，做退市处置。

第六，盈利要求。投资者购买股票的直接目的在于获得股利收益，因此，对入市股票的盈利要求是合理的。但是，"盈利"是一个相当复杂的指标。在相当多场合，满足股东追逐眼前盈利要求并不符合公司业务长期发展的需要，更不用说，一些高科技公司可能在一段时间内没有盈利可能。鉴此，新层次股票市场不应继续贯彻 A 股市场对上市公司的盈利水平要求，而应贯彻新《证券法》关于"具有持续盈利能力，财务状况良好"的规定。

第七，存量股票入市的注册登记制。在股票发行方面，A 股市场迄今实行的是审核批准制度。新《证券法》再次明确了"国务院证券监督管理机构设发行审核委员会，依法审核股票发行申请"的制度，由此，A 股发行的申请还将在一个漫长的审核批准程序中运行。新层次股票市场以存量股票入市为重心，并不涉及新股发行，同时，又大大强化了经纪人的职责，以做市商为特征，因此，应当考虑突破 A 股的发审制度约束，实行存量股票入市的注册登记制度和信息公开披露制度。

第八，新股发行的买断式包销。新层次股票市场以中小企业（尤其是成长型中小企业）的入市为基本定位。这些企业的重要特征是，成长性较高，但同时因尚不成熟所以风险较大。由此，为了保障投资者权益，也为了强化证券公司的风险责任，除了对存量股票入市实行做市商制度外，对增量股票（包括 IPO、配股和增发新股等）应实行买断式包销制度，即经纪人一次性将发行人发行的股票按照竞标确定的每股价格全额买断，然后，再由承销团分销给投资者。在这个过程中，如若发生股价变动，则风险由承销团承担。这种方式的好处是，既有利于强化承销商的责任意识，提高他们承销股票的抗风险素质，又有利于拓宽证券公司在股票承销市场中的运作空间，还有利于实现股票发行市场与交易市场的分立，改变由 A 股市场形成的发股上市连为一体的状况。

# 三、退市安排：新层次股市的机能和防范风险的重要机制

入市公司退市，既是股市实现优胜劣汰、防范风险的重要机制，也是入市公司调整运作、提高股票价值的重要机制，还是经纪人化解风险和拓展业务的重要机制。在过去的 10 多年中，A 股市场的上市公司整体质量出现了逐步下降的趋势，一个主要原因是，缺乏有效的退市机制，以至于鱼龙混杂，不仅给上市公司造成了一种"上市终身制"的误导，而且给证券公司、投资者和股市运行都带来了严重风险。新层次股票市场不应重蹈 A 股市场的这一覆辙，需要建立有效的退市机制，以强化经纪人的推荐责任和入市公司的负责机制。

所谓退市，就是入市公司的股票退出该股票交易市场，不再在该股票市场进行交易，因此，不应发生在该股市另设一个市场予以交易的现象，犹如 A 股市场中的特别处理。新层次股票市场中的退市，大致有六种情形：

第一，因做市商数量不足引致的退市。例如，在每只入市交易股票需要三个以上做市商的条件下，某只股票的做市商因少于三个且不能在规定

时间内补足到三个，则该股票做退市处置。

第二，因交易价格不合规定引致的退市。例如，在规定入市股票的交易价格不得低于 1 元/股的条件下，如果某只股票的交易价格持续低于 1 元/股且在 30 个交易日内无力改善，则该股票做退市处置。

第三，因交易量过小引致的退市。例如，在规定入市股票连续 30 个交易日的交易累计量不得低于总股份 5％（或某一绝对值）的条件下，如果某只股票连续 30 个交易日的交易量低于规定且在此时间界限内无力改变，则该股票做退市处置。

第四，因股份回购引致的退市，即入市公司通过回购自己的股票而主动退出交易市场。

第五，因公司被并购、股份转换而退市，即在入市公司被其他公司并购的条件下，入市公司已不再作为一个独立的法人机构，此时，并购公司将入市公司的股份转换为自己的股份，由此，引致原入市公司的股票退市。

第六，因公司违法或倒闭引致的退市，即因公司的某种经营行为违法违规引致公司受到处置，无力继续支持入市股票的交易，或者由于某种原因致使公司倒闭，使得入市股票的交易无法继续，由此，引致该股票退市。

与 A 股市场相比，在这些退市情形中，有三个要点值得进一步探讨：

其一，入市公司的财务盈亏是否应作为是否退市的主导性标准？入市公司的经营盈亏是投资者买卖该股票的主要选择性指标，但股市的核心在于"交易"，不在于入市公司的经营盈亏。假定 1 家入市公司的经营状况优秀，有着出乎预料的发展前景，使得持有其股票的投资者基本不愿卖出交易，造成该股票持续有行无市，那么，该股票就失去了可交易性，如其继续报单交易，不如做退市处置。反之，假定有 1 家入市公司亏损了，但对应股价下跌，投资者的买卖依然持续活跃，那么，将其立即做退市处置就没有必要。在入市公司信息公开披露的条件下，应当相信投资者自己（从而群体）对入市股票的买卖会做出自己的理性选择，因此，某只入市股票是否退市的关键在于，它是否继续具有良好的可交易性。

其二，退市股票的恢复入市。退市股票因其可交易性丧失（或已不适合）或者支持可交易性的条件明显改变（如公司被并购、公司倒闭等）而退出股票交易市场，当引致退市的因素消解后，某些退市股票可能申请恢复入市。对此，A股的实践是，申请恢复上市的公司，其条件可以低于申请初次上市的公司。例如，初次上市公司需要有连续3年以上的盈利业绩，而恢复上市的公司只需有6个月的盈利业绩。这种状况事实上造成了入市标准的不公平，也给退市公司以"特权"，因此，在新层次股票市场中不应延续。在新层次股票市场中，恢复入市应当完全看作是一次新的入市申请，其标准应与其他入市公司一样，不能有任何优惠，否则，公平就将因一个又一个的特殊而变得不公平。

其三，公司退市后的股票处置。A股市场因实行统一的电子化股票，所以，一旦公司退市，如何解决股票持有者的股票凭证，就成为一个大问题。新层次股票市场实行有纸化与无纸化相联结的股票，一旦公司退市，就可将有纸化股票退还给每个股东，以满足其身份鉴别、私下转让、捐赠送与、文物鉴赏等方面的需要，也可满足其等待该公司东山再起的期待心理的要求。需要指出的是，这些股票的私下交易是股票的一种交易方式，不应简单以违法违规论处，更不应简单予以强制取缔。如果私下交易的股票具有较强的可交易性，新层次股票市场就应考虑如何（包括修改入市规则和交易规则）将它们吸入到交易市场中；如果私下交易的股票在可交易性方面较差，即便保留这一交易方式也不会对正式的股票交易市场产生多大负面影响，反而，有利于解决退市股票的"出口"，何乐而不为？须知，竞争乃是市场经济的核心，多一个竞争机制比少一个竞争机制要好；另一方面，有比较才有鉴别，从而，才有改进和发展。新层次股票市场不应再是一个体制上封闭的垄断市场。

【主要参考文献】

1. 王国刚：《中国资本市场的深层问题》，社会科学文献出版社2004年版。

2. 卞耀武：《美国证券交易法律》，法律出版社1999年版。

3. 国际律师协会商法部证券发行和交易委员会：《证券管理与证券法》，群众出版社1989年版。

4.【美】安托尼·阿格迈依尔：《发展中国家和地区的证券市场》，中国金融出版社 1988 年版。

5.【美】约翰·S·戈登：《伟大的博弈——华尔街金融帝国的崛起》，中信出版社 2005 年版。

6.【美】查理斯·R·吉斯特：《华尔街史》，经济科学出版社 2004 年版。

# 第二篇
# 股权分置改革
# 的理论根据

# 第五章　惊险一搏：
## 股权分置改革的
## 种种难题与风险

## 一、引　子

　　始于 2005 年 5 月的股权分置改革，是中国股市的一次重大制度变迁。在 1 年左右的时间里，股权分置改革进程以超乎早期预料的顺利程度有序展开，表现出了参与和关心股市发展的各界人士的聪明才智和监管部门的操作艺术。在这个过程中，监管部门的开放式思维、市场化取向和支持股市发展的一系列措施得到众人赞许，证券公司、上市公司推进机制创新和产品创新的精神令人振奋。然而，时至今日，支持这次股权分置改革的理论基础依然不甚坚实，虽然一些人提出了"流通股含权"说、"非流通股股东承诺"说和"合同对价"说等等，也有人认为股权分置改革将导致"国有资产流失"，但这些说法在解释股权分置改革中的各种问题时总显得缺乏足够的说服力和逻辑的严谨性，因此，我们认为，需要重新探讨股权分置改革的理论根据。

　　探讨股权分置改革的理论根据，需要遵守如下几项原则：第一，这一理论应是共识的，不是根据股权分置改革这一特殊实践而编制的；第二，这一理论不仅应能解释股权分置改革中的"对价"现象，而且应能解释这一过程中的其他现象；第三，这一理论不仅应能解释股权分置改革，而且应能解释中国 10 多年来股市实践中的主要事件，甚至能够解释中国经济体制改革过程中的诸多重大选择；第四，这一理论不仅在经济学逻辑上是成立的，而且在法学原理上也是成立的。我们认为，支持股权分置改革的经济学理论应是"公共利益"。

# 二、股权分置的负面效应

股权分置改革直接关系到股市相关者各方面的利益调整和股市日后的发展走势，因此，受到广泛关注。要深刻认识此次改革的重大意义，首先需要着实把握为什么要进行股权分置改革，即股权分置造成了哪些负面效应。

股权分置是中国股市从起步伊始就由体制因素所造成的一种特殊现象。10多年来，随着上市公司的增加，非流通股数量从1992年初的几十亿股快速增加到2005年5月底的4700多亿股[①]，与此同时，由非流通股所引致的各种问题也愈加严重。

第一，从上市公司的运行机制转换来看，国有企业改制为股份有限公司后，虽然产权关系多元化了，但受国有控股的制约，行政机制继续支配着国企上市公司的各种运作，国企上市公司的运行机制并没发生根本的改变。鉴此，一些人将国企上市称为"国有化"进程。由于运行机制没有根本转换，在上市公司由国企机制引致的种种弊端，不仅愈演愈烈而且更加严重，以至于到了"一股独霸"的境地。主要表现有四：一是一些公司利用控股股东权利，控制股东大会、董事会和高管人员，轻视甚至忽视中小股东权益，形成了对上市公司各项重大决策和主要业务活动的"独断专行"状况。二是一些公司将募股资金看作是"无成本资金"，不重视募股意向书中披露的投资项目和预期收益的导向性，随意改变资金用途，造成大量资金损失和效益损失；利用大股东（或实际控制人）的便利，大量占用募股资金和上市公司中的其他资金，或者通过关联交易转移上市公司的收入和盈利。三是一些公司制造和披露虚假信息和财务报表，进行虚假并购活动，利用募股资金进行股市炒作（甚至操纵本公司股票），使投资者上当损失。四是在有经营利润的条件下，一些公司吝啬于现金分配，同时又时常谋划通过高价再融资继续扩大可支配资金的数量，使中小投资者对

---

① 资料来源：中国证监会网站。

股利的期望处于"可见不可得"的境地。

在民营上市公司中，虽然由行政机制引致的运行机制问题相对较弱，但由家族控股引致的各种问题并没有因股权结构变化而明显改变；同时，在"普照之光"之下，上述的四种情形也明显存在。不仅如此，鉴于非流通股不能通过股份交易而收回投资，一些民营上市公司的大股东借助于非公平的关联交易、资产置换、项目投资和其他路径转移上市公司收入和收益的情况更加严重。

由此，与上市公司的股市行为直接相关的"圈钱"、"提款机"、"地雷"等形象化说法应运而生。

第二，从股市运行来看，虽然可交易的股份均属流通股范畴，但这些股份的发行、交易和运作都受到非流通股的严重影响，由此，产生四个矛盾现象：一是股市估价体系以上市公司的股权分为流通股和非流通股为基础、以非流通股长期不可流通为前提，由此，形成了这样一种内在逻辑：股市估价实际上仅是流通股的估价，而可流通股的投资收益和股价走势最终又将取决于非流通股股东支配下的上市公司经营业绩。二是在股票发行市场中，非流通股股东关注的是公司发股融资，投资购股者关注的是发行价与上市价之间的差额，公司披露的有关治理结构、投资项目和预期收益等方面信息在很大程度上形同虚设。三是在股票交易市场上，股价走势与上市公司的业绩相关程度甚低，投资者常常利用与非流通股的股权变化（如并购等）相关的各种"题材"进行短期炒作，一些上市公司动用募股资金（甚至与中介机构联手）加入到炒作股票的行列，由此，股票似乎成了与上市公司经营状况无关的一种交易符号。四是股市各项功能（如股权价格的发现功能、资源有效配置功能等）的发挥不仅无法实证，而且常常背道而驰。一个令人啼笑皆非的实例是，一些人运用西方的资本市场有效性理论对中国股市进行分析得出的结果居然是，中国股市属全球各国和地区中最为有效（即"最强"）范畴。

股市作为资本市场的重要构成部分，是一个长期投资市场。但10多年来，中国股市却成了一个短期投机的市场。尽管诸多人士的批评指责不断，可投机问题一直难以消解。究其内在原因，上市公司每年创造的利润常常少于每年股市交易所缴纳的税收和手续费，由此，就整体投资者而言，中国股市处于收益来源的入不敷出状态决定了，进行长期投资所面临的直接结果在大多数情况下只能是投资本金的损失。在这个过程中，一些投资者获得了投资的差价收益，是因为其他投资者损失了更多的投资本金。

第三，从股市监管来看，由于股权分置状况的存在，股市监管处于多重困难之中：一是非流通股（尤其是国有股）的股权关系、投资关系和人事关系等涉及到多个政府行政部门，如国有股权属国资委管理、外资股权属商务部（原先属外经贸部）管理、投资项目属发改委（原先属国家计委）管理、高管人员属组织部门管理等等，因此，使得股市监管关系大为复杂。在此背景下，股市运行中发生的一些严重违法违规现象很难通过公开渠道予以解决，更多的是通过内部行政机制协调进行处置，时常发生的情形是"大事化小、小事化了"，由此，股市监管中"公开、公平、公正"和"保护投资者权益"的原则受到严重挑战。二是监管部门对股市运行的监管活动处于两难选择：一方面要推进新股发行，以扩大股市的融资能力，国有企业、地方政府和有关部门每每以此作为衡量中国证监会工作成效的一个主要业绩指标。另一方面又得关注股市走势，内在机理是，股市走势的高低成为投资者、证券经营机构、有关政府部门（包括地方政府部门）乃至媒体评价监管水平和监管业绩的重要指标。可是新股发行与股市走势又时常存在此消彼长的对应关系，由此，股市监管部门既要运用行政机制"调控"股市走势，又要运用行政机制安排新股发行步速。三是上市公司股票交易和转让的分离。同股同权是上市公司股份的基本规定，但在股权分置条件下，流通股的交易可通过股市监管予以实施，非流通股的协议转让在监管上因涉及多个政府部门而相当复杂，同时，它也常常影响到流通股的市价走势，由此，股市主要的监管部门如何统一监管这些股份的交易就成为一个难点。

总之，要规范上市公司、股市运行和市场监管等方面的行为，推进中国股市健康快速可持续发展，就要着力解决由股权分置所引致的各种制度性和体制性问题，由此，就必须着实展开股权分置改革。

# 三、实施股权分置改革的难点

股权分置的各种弊端，早已为关注中国股市的各方面人士所认识。自

20世纪90年代中期以后，主张解决这一顽疾的呼声也不绝于耳，尤其是1998年以后，理论界和实务界进行了多次规模较大的研讨，同时，也提出了一些解决问题的政策建议。但是，股权分置改革作为一项牵动股市基础性制度调整的重大举措，其实施受到诸多方面因素的严重制约：

第一，股市投资者的股市损失。10多年来，在股权分置的条件下，投资者在股市中的投资损失严重。股市投资者的损失有多少，可以有不同的计算：

其一，根据监管部门的有关统计数据，截止2005年6月9日，上市公司在A股市场上共筹集资金8305.93亿元，投资者因股票交易而上缴国家的印花税达到2119亿元、缴纳的交易佣金达到2158亿元；但同期，A股上市公司累计向投资者派现仅为3106.79亿元（含税），其中向流通股股东派现总额为758.92亿元，减去20％所得税后的数额仅为607.14亿元，相对于A股的募集资金而言，15年期间二级市场投资者累计现金红利收益率仅有7.31％，远低于同期银行的储蓄存款利率[①]。

其二，通过对1992—2003年的12年间二级市场投资者的股票投资进行货币购买力损失补偿（即考虑物价上涨因素）和股市投资风险补偿（即考虑投资者承担了作为公司股东的风险所预期获得的补偿）后，有人得出计算结果说："投资者对国内A股从1992年以来的预期投资收益为亏损5309.79亿元"，在同时扣除二级市场投资者所必须支付的交易费用之后，"我国二级市场投资者对国内A股市场从1992年以来的预期投资收益为亏损8909.79亿元。"[②]

其三，根据股市走势和股价变动，计算投资者的股票市价损失。以图5.1[③]为例，A股算术平均股价在2001年6月13日是为17.22元/股，到2004年9月13日下落到6.23元/股，每股市值降低10.99元，按此计算，如果可流通股份数量为1984.84亿股，则其市值损失达到21813.39亿元。

---

① 资料来源：印花税数据来源于"中国证监会网站"，交易佣金数据来源于"巨潮网"，分红数据来源于"WIND资讯"，2003—2005年的每年佣金率按0.2％计算。

② 波涛：《股市走入困境的根本原因是不能公平对待二级市场投资者》，见《中国证券报》2003年10月20日。

③ 图5.1数据来源于《沪深A股市场2005年8月份数据月报》和《沪深A股市场2005年10月份数据月报》，见《上海证券报》2005年9月2日和11月2日。

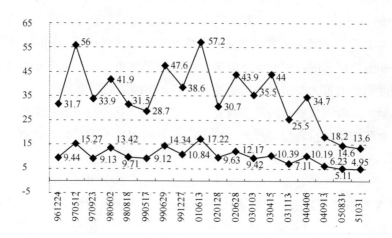

**图 5.1　股市 A 股走势图（1996—2005.10）**

15 年来，究竟股市投资者损失了多少资金和可得收益，根据不同计算可能得出不同的具体结果。但是，有两点是清楚的：一是投资者就总体而言亏损严重；二是在实行股权分置改革中，在政策层面上应对这种投资损失有一个比较明确的回应。但政策层面如何做出回应确是一个实实在在的难题。2001 年国有股减持所以不能继续下去，最后不得不暂停，一个重要原因就在于，未能对投资者的股市损失做出明确的回应。这也证明了，做出这种政策回应是相当困难的。

第二，股市走势大幅下落。股权分置改革在直接关系上解决的是非流通股的全流通问题，由此，一旦占上市公司股本总额 2/3 的非流通股进入股市交易，就很容易引致三类现象发生：其一，股市定价体系全面调整。20 世纪 90 年代初以来的 A 股定价体系是以 2/3 股份不可流通为前提的，一旦这些股份进入了股市交易（或有了比较明确的入市时间表），已有的股市定价体系就将瓦解。但取而代之的新的定价体系是什么，恐怕没有人说得清，由此，投资者的首选对策将是抛股离市，闻风而"逃"。其二，在资金供给跟不上的条件下，大量非流通股进入股市，必然使股市供求关系发生实质性调整。鉴于非流通股是以较低资本数额（通常是 1 元/股）形成的，只要高于这一价格出售就可获利，因此，股价和股指的大幅下跌是很可能发生的。其三，股权分置改革的目的在于规范股市运行、推进股市的健康快速发展，但如果因非流通股大量入市引致股指暴跌（更不用说，某些人担忧的"股市危机"）或股市长期低迷，则事与愿违，股权分置改革的意义就难以凸显。从这个意义上说，2001 年国有股减持的失败，与股指和股价暴跌直接相关。从图 5.1 中可见，从 2001 年 6 月 13 日到 2002 年 1 月 28 日，沪市 A 股算术平均股价从 17.22 元/股急速下落至 9.63 元/股，跌幅深达 44.08％，投资者的市值损失达到 10000 亿元左右。有了前车之鉴，自然股权分置改革必须关注股市走势。但是，如何避免或防范这些现象的发生，着实不是一件容易之事。

第三，股市的融资功能丧失。10 多年来，中国股市尽管存在着各种各样的问题，但每年通过发行新股（包括 IPO、配股、增发新股和可转债等）还能融资几百亿元到上千亿元。实施股权分置改革，意味着 4000 多亿股的非流通股将入市流通，其扩容盘子远远超过每年新股发行的几十亿股到 100 多亿股的规模，由此，将严重限制新股发行。

如果新股发行的暂停期限较长，不仅将严重影响股市的融资功能发挥，而且将严重影响拟发股上市的众多企业的选择以及它们的发展前景。一个突出的情形是，中资商业银行的资本充足率较低，2006 年 12 月加入世贸组织的过渡期结束后，它们必须按照 1988 年的巴赛尔协议规定达到资本充足率 8％以上的水准，由此，发股上市成为一项战略选择。但股权分置改革期间，新股发行暂停，使得它们实际上陷入多重为难境地：境内发股上市在一段时间内无望，而到海外上市又受到"高质量公司纷纷外出"的指责；如果在这段时间内不发股上市，又将受到巴赛尔协议的制约。

20 世纪 90 年代以来，发行新股并由此带入新的投资者和资金，是中国股市逐步走高的一个主要原因。一旦股市融资功能暂停，实际上意味着这一时期内不再有新的投资者和新资金的入市，这对股权分置改革后的股市走势将产生何种影响，是不容易说清的。2001 年 6 月，国有股减持仅对发行新股的公司实施，它所引致的后果如此严重，以至于不得不暂停，那么，股权分置改革针对所有上市公司的非流通股存量实施，其后果将是什么，的确是一个极难回答的问题。

第四，对社会稳定的负面影响。沪深股市的股东账户数有 8000 万户左右，尽管实际入市投资的人数没有这么多，但每个自然人股东都联系着 1 个家庭或其他一系列利益相关者。在股指和股价大幅下落的背景下，这些人所持有的股票市值将快速缩水，由此，保不定其中的一些投资者情绪激昂、铤而走险，给经济社会生活秩序造成不稳定。另一方面，在委托理财数额巨大的背景下，管理人（如证券公司、咨询公司和投资顾问公司等）一旦发生资金链断裂也将引致一系列不利于稳定的现象。实施股权分置改革过程中，这些现象将在多大范围、以何种程度、持续时间多长、负面影响有多大等等都难以具体回答和把握。

从这些难点中不难看出，股权分置改革实际上存在着众多风险和变数，一旦掌控不好，后果不堪设想，因此，股权分置改革的实施，不仅需要极大的勇气和胆识，而且需要有极高的聪明才智和操作艺术。

# 四、不利的时机

股权分置改革起步于 2005 年 5 月，从各方面情况来看，这都不是一个最有利的时机。

第一，股市处于下行走势。从图 5.2 中可见，延续 2001 年 7 月以后的股指下落走势，2003 年股指继续呈现下落走势，虽然在 11 月份以后有将近 5 个月的上行行情，上证指数从 11 月 18 日的 1316 点上升至 2004 年 4 月 6 日的 1778 点（这期间，2004 年 1 月 30 日"国九条"出台给股市继续展开上扬走势以明显推动），升幅达到 35% 左右。但好景不长，2004 年 4 月中旬（尤其是 4 月下旬）以后，随着宏观经济紧缩，中央银行和监管部门收紧银根，股指走势就急转直下，到 2005 年 4 月 29 日，上证指数已落到 1159 点，下跌幅度深达 34.8%，离所谓的"1000 点政策底"仅剩一步之遥。在此背景下，"五一"长假后的 5 月 8 日推出股权分置改革试点文件，并随之公布了 4 家第一批试点上市公司名单，不能不说有着相当大的市场风险。

第二，机构投资者的实力严重削弱。20 世纪 90 年代中期（尤其是 1999 年"5·19"行情）以后，机构投资者成为 A 股市场的主力军，由此，股市中有着"无庄不成市"一说。这些机构投资者主要由三部分构成：证券投资基金、证券公司和民营机构（包括类似于民营的机构，如咨询公司、投资顾问公司等）。

2004 年 4 月的银根紧缩，首先使一批通过吸收委托投资进行股市操作

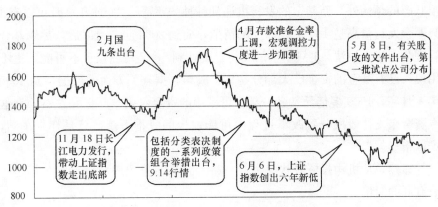

图5.2 上证指数走势图

的民营机构在资金链断裂的条件下陷入财务困境，其中，曾有股市"大鳄"之称、据说可调动数百亿元资金进行股市运作的德隆集团轰然倒塌，经过5—7月份的股市洗礼，民营机构基本失去了股市的作战能力，一部分已"牺牲"、一部分陷入"苟延残喘"境地、一部分则"割肉"出局，剩余被"套牢"的已无兴风作浪之力。由此，股市机构投资者主要的构成部分成为证券投资基金和证券公司。

9月14日，在国务院有关推进资本市场发展会议精神的鼓舞下，一轮新的行情拉起。上证指数从9月13日的1260点快速上升至9月29日的1420点，升幅12.7%，但就在此时，有关部门出台了清理证券公司委托理财账户的政策。这一政策要求，证券公司应立即对原先单列账户核算的委托理财资金进行清理，限期清算盈亏，并将委托理财账户并入证券公司的财务账户，由此，一批委托理财账户中资金亏损严重的证券公司因陷入资不抵债境地（其中，比较突出的如"大鹏证券"、"汉唐证券"等）而倒闭，一些大型证券公司也因委托理财账户中的资金亏损严重而陷入一蹶不振境地，无力（也无心）继续进行实质性股市操作。在这个过程中，清理出的证券公司亏损高达数百亿元之多。由此，证券公司这一机构投资者基本落入溃不成军状态。证券投资基金几乎成为唯一的机构投资者，因此，有了"基金独霸天下"的说法。

但是，基金的日子也不好过。除了在股市下落走势中高位筹码处于亏损状态的烦恼外，新基金的发行也遇到种种"寒情"。2004年3月可以有1只基金发行量高达100亿元以上的情形，而到2004年6月以后，尽管基金管理公司想方设法，1只基金的发行量要达到50亿元也几乎不可能。更不用说，已有基金的资金已大部分购买了股票，据有关方面的数据，到2005年4月底，4000多亿元基金份额中可动用的资金仅剩200亿元左右，靠这点资金来支持股权分置改革过程中可能发生的股指下落，只是杯水车薪，难以指望。

显然，从机构投资者状况来看，2005年5月推出股权分置改革不是一个有利的时机。

第三，经济运行情势纷繁复杂。进入2004年以来，中国经济运行发生了一系列重要变化，经济情势变得更加复杂，不稳定现象也有所强化。主要表现有四：一是从年初开始，投资增长率就居高不下，物价上涨、经济增长过快、资源紧张、能源供给不足等现象似乎预示着新一轮经济过热趋势正在展开，为此，中央采取了一系列紧缩政策，银根明显收紧。二是矿难事件频发，苏丹红、猪链球菌、禽流感、水灾和旱灾等灾害相继而来。三是商品住宅价格的高涨令社会各界广泛关注，所谓泡沫破灭将引致的种种后果使人担忧；银行改革全面展开，大量不良贷款的披露及其处置备受关注；企业效益下滑①，库存增加，对后续经济走势的影响也使人不安。四是在国际市场上，一方面石油价格高涨，矿产品价格也逐步攀升，由此，给中国相关企业和物价以重要影响；另一方面，出口产品屡屡遭到反倾销调查，人民币汇率升值问题成为一些国家限制中国经济"走出去"的重要口实，中资企业海外收购受到种种非公平待遇。在这种"多事之秋"的背景下，展开股权分置改革，就推进经济社会生活秩序稳定而言，不是一个有利的时机。

在不利时机展开股权分置改革，不仅需要胆识和智慧，而且需要有周密的安排、风险防范机制和后续政策措施，因此，是一项难度极大的系统工程，用"惊险一搏"予以形容并不为过。

---

① 2004年9月，鉴于上市公司上半年业绩达到历史高点而股市走低，我们曾指出，此时股市已具有很高的投资价值。但进入2005年以后，与2004年相比，上市公司的经营业绩明显下滑。

# 第六章 意外效应：各种说法的内在矛盾与外部效应

股权分置改革是中国股市发展中的一项重要制度变迁，它理应有足够的理论支持，为此，在2002年国有股减持暂停之后，学术界和实务界就没有停止过对解决非流通股可流通的相关理论研究。3年多来，除了将原先"股票全流通"命题改为"股权分置改革"外，先后提出的具有内在关联的主要说法有如下几种：

## 一、"流通股含权"说

2002年国有股减持暂停后，在探讨非流通股入市应给予流通股股东以"补偿"的过程中，有人提出了"流通股含有流通权"的观点，认为："股权分裂的前提或必要条件是股权分置，即允许一部分股流通，而不让另一部分流通。但股权分置并不必然导致价格变异扭曲即股权分裂……股权分裂的充分条件是分置的暂不流通股权变相流通，形成协议转让的第二交易市场，从而形成了客观存在的价格差异。流通股与非流通股的分置，二者分别交易并形成价格的重大差异，加上产权定义和政策信息披露的严重不足和含混，这才构成了股权分裂的充分必要条件。从我国证券市场的历史发展过程来看，正是从94年、95年起，有关部门严格区别两类不同股份的分置，严厉惩罚任何违规流通的行为，同时敞开了场外低价协议转让的大门，1996年中才出现了所谓'价值发现'其实是股权分裂的革命，流通股股价大幅攀升，而且从此居高不下，形成了股权分裂基础上的流通股相对高价格认同。"① 由此，这一观点强调："A 股含权是股权分置改革理论的基石。因为如果 A 股不含权，即与非流通股同股同权，那么，股权分置的提法就没有意义，所谓改革也就成了无的放矢。"②

"流通股含权"，是 2003 年以后探讨股权分置改革的依据中具有较强理论性的观点，也具有明显的新意，但这一观点的成立是比较困难的。主要理由有三：

第一，不合理论规范。"流通股含权"在理论上是不成立的。首先，在经济学中从来没有关于"流通"属于某种特殊权利并具有对应特殊价值的理论。内在机理是，在市场经济中，某种商品（包括金融产品，下同）是否可交易（即"流通"），是由商品的供求关系决定的。某种商品只要符合市场需求而供给者又愿意出售，它就自然可以进入交易市场进行流通。因此，不存在流通权问题，也不存在是否需要向已交易的商品供给者（或需求者）缴纳除商品供求关系决定的价格之外的另一笔费用问题。其次，在一些特殊场合，由法律法规规定，某些商品属专卖范畴（如烟草、食盐等）。这些商品进入交易需要经特别批准，由此，与不需要特批的一般商品相比，入市成本可能高些。但即便在这种条件下，这些商品是否能够进入流通也仅存在法律法规的限制，并不存在除此之外的所谓"流通权"问题，也不存在经行政批准的部分要比不经行政批准的部分具有更高的价值问题（须知，行政批准并不创造价值）。从上市公司股权来看，在中国的各项法律法规中历来强调"同股同权"、"股权平等"，上市公司股票又不属于专卖范畴，因此，不存在流通股因含有流通权而具有较高价值、非流通股因不含流通权而价值较低的问题。再次，不论从中国还是从海外的民法、公司法、证券法以及其他相关法律来看，都没有所谓的"流通权"概念，也不存在流通"含权"的规定，因此，"A 股含权"是不符合法律机理的。最后，如果流通股因含"流通权"而具有较高价值，那么，这一原理在不同股市间是否也成立？如果成立，是否意味着 H 股要比 A 股具有

　　① 华生：《全流通改革几个要点的理论说明》，"搜狐财经"2004 年 5 月 26 日，详见华生著《中国股市的经济学思考》一书。

　　② 华生：《总结试点经验推动股改顺利进行——股权分置改革试点的得失、启示与前景》，见《中国证券报》2005 年 8 月 25 日。

更高价值、N 股要比 H 股具有更高价值，从而，同一公司的上市股份从后一个股市转入前一个股市交易时，应向前一个股市的流通股股东进行"补偿"？如果不成立，理由又是什么？

第二，与历史事实不符。主张"流通股含权"的观点认为："从我国证券市场的历史发展过程来看，正是从 94 年、95 年起，有关部门严格区别两类不同股份的分置，严厉惩罚任何违规流通的行为，同时敞开了场外低价协议转让的大门，1996 年中才出现了所谓'价值发现'其实是股权分裂的革命，流通股股价大幅攀升，而且从此居高不下，形成了股权分裂基础上的流通股相对高价格认同。"从中国股市的发展历史来看，这段话至少有三个方面是不符合的：其一，"从 94 年、95 年起，有关部门严格区别两类不同股份的分置"，但实际上，至少在 1992—1998 年期间，没有任何政府部门出台过有关非流通股不可流通的行政法规、部门规章及其他类似的制度规定，因此，不存在"有关部门严格区别两类不同股份的分置"的现象。在这个过程中，存在的是，各个行政部门均不受理非流通股股东关于股份流通的申请，同样，非流通股股东也不知该向谁提出申请，由此，使得非公开发行的股份事实上处于不可流通状态。其二，非流通股的协议转让并非出现在 1994（或 1995）年以后，实际上，在 1992—1993 年间就有相当多的非社会公众股（甚至包括一部分发起人股）进行了转让，二级市场中的一些投资者也曾用由此形成的"并购"题材进行炒作。其三，1996—1997 年间的股市高涨，就主要成因而言，不是由非流通股的协议转让引致的，而是由沪深两地政府部门推动的，主要题材是"香港回归"，借助题材包括：两地政府部门给予上市公司优惠政策、降息和宏观经济走好等等。因此，"敞开了场外低价协议转让的大门，1996 年中才出现了所谓'价值发现'其实是股权分裂的革命，流通股股价大幅攀升，而且从此居高不下"的说法是不符合这段历史事实的。

第三，逻辑矛盾。逻辑矛盾的主要表现有二：其一，循环论证。所谓循环论证，是指以一个因素为原因来证明某个结果存在的客观性，同时，又以这个结果的存在来证明前一因素为原因的客观性这样一种情形。在"A 股含权"的论证中，我们可以明显看到这种循环论证。"A 股含权是股权分置改革理论的基石。因为如果 A 股不含权，即与非流通股同股同权，那么，股权分置的提法就没有意义，所谓改革也就成了无的放矢"，这段话先是以"A 股含权"来证明因股权分置所以要进行股权分置改革，然后，以要进行股权分置改革来证明股权分置是存在的从而"A 股含权"是成立的。换句话说，如果不进行股权分置改革，A 股就不含权；或者如果A 股不含权，也就不需要进行股权分置改革。这种论证，实际上是一个同义反复，不能证明"A 股含权"。其二，自相矛盾。由于"流通股含权"在理论逻辑上难以成立，由此，主张这一观点的人提出了："股权分置并不必然导致价格变异扭曲即股权分裂……股权分裂的充分条件是分置的暂不流通股权变相流通，形成协议转让的第二交易市场，从而形成了客观存在的价格差异。"这一表述存在着明显的逻辑矛盾。按照这一说法，流通股所以"含有流通权"是因为非流通股选择了"变相流通"（即协议转让）的方式。假定这种说法是成立的，那么，是否意味着，如果非流通股不进行协议转让，流通股就不具有"流通股"的价值了？显然，不能成立。如果非流通股因协议转让而使流通股的"流通权"拥有了价值，那么，非流通股入市交易岂不令流通股的"流通权"最大化了？

## 二、"溢价补偿"说

从探讨国有股全流通伊始，"溢价补偿"的说法就很得股市投资者的赞赏。这一说法的基本含义是，上市公司中的国有股（实际上，"国有股"只是"非流通股"一个通称）是按照 1 元/股的价格形成的，社会公众股（即流通股）的发行价通常在 5 元/股以上（最高的可达 38 元/股），由此，流通股股东的持股成本明显高于非流通股。由于溢价收入在计入上市公司净资产以后，股东以其拥有的股份比例而占有净资产比例，因此，非流通股股东获得了巨额差价收益。假定，某上市公司原有股份 1 亿股，净资产数额等于股份数额。IPO 发行股份 5000 万股，发行价为 7 元/股，股票发行总额为 3.5 亿元，则股票发行结束后，该公司的注册资本为 1.5 亿元，净资产总额为 4.5 亿元，每股净资产 3 元。由于非流通股占注册资本的比重达到 2/3，与此对应的净资产数额为 3 亿元，由此，非流通股通过溢价发行股票而获得了新增 2 亿元的净资产收益。一些人认为，这些新增净资产实际上是非流通股股东放弃流通权所得到的收益，由此，如果非流通股要进入股市，非流通股股东就必须给予流通股股东以"补偿"，即补偿因溢价发行股票给流通股股东带来的损失。

就现象而言，这一说法似乎是公平的也是有道理的，但只要仔细一深究，就不难看到，它是缺乏说服力的。

第一，不符合溢价发行的内在机理。溢价发行股票是第一次产业革命以来200多年历史中在各国（和地区）股票市场中存在的普遍现象。马克思《资本论》中就有"创业资本"、"创业利润"的理论。所谓创业利润，是指股份公司创办人所发行的股票出卖的价格总额同实际投入企业的资本总额之间的差额[①]。创业利润存在的内在机理主要有二：其一，股息收入的资本化。股票价格是股息收入的资本化过程，即"人们把每一个有规则的会反复取得的收入按平均利息率来计算，把它算作是按这个利息率贷出的资本会提供的收入，这样就把这个收入资本化了"。[②] 假定，每年的股息收入为0.2元/股，平均利息率为5％，则股票售价为4元/股。这4元/股减去股东实际投入的1元/股，剩余3元/股就是创业利润。这种情形发生的基本原因是，对股东来说，他出售股份后每年通过将所得资金存入银行由此所得到的利息收入应与他通过持有股份所得到的股息收入相等。其二，上市公司价值。在市场竞争激烈且产业进入门槛不断高置的背景下，创办一家成规模的企业并非易事，通过企业经营管理获得较高收益更不是一件简单之事。以中国为例，据一些统计数据，小企业的平均寿命在3.5年左右。这意味着，如果有5％的小企业能够将其经营年限延长到7年以上从而发展成为中型企业的话，那么，就可能有95％的小企业经营年限不足3年（按1994年公司法规定，公司需要有3年盈利业绩方才有资格申请发股上市）而关闭。因此，那些有可能发股上市的公司，是在市场竞争中通过优胜劣汰从众多同类中脱颖而出的。这些公司不仅探寻了一条具有较高商业价值的资本运作路径，而且有着较好的业务模式、管理模式、盈利模式和市场营销模式，理应具有较高的价值。从这个意义上说，股票溢价作为一个发挥市场机制的社会过程，既是对这些公司发股前的经营成效的肯定和奖励，也是对其他企业的激励和鞭策。

---

① 参见许涤新主编《政治经济学辞典》，人民出版社1980年版，第560页。
② 马克思：《资本论》第三卷，人民出版社1975年版，第528—529页。

在中国，上市公司只实行了增量股份公开发行上市的方式，由此，将投资者的思维单向引自对股票发行溢价现象是否合理的考量。如果换一种方式，可能问题会更清楚。在海外股市中，200多年来存量股份上市和增量股份上市是并存的。如果以存量股份上市替代增量股份上市来讨论，股票溢价问题将一目了然。以上例为背景，假定该公司不是公开发行5000万股，而是按照1元/股先向其原有股东发行5000万股（理由是，在新股发行中，原有股东拥有优先认购权），然后，再申请将这些股份上市交易，上市开盘价假定为7元/股，其结果是：一方面公司资本增加了5000万元，公司资本总额增加到1.5亿元，每股净资产依然为1元；另一方面，出售5000万股股份所得的收入3.5亿元归公司原有股东所得，这些原有股东获得了3亿元的创业利润。将此结果（每股净资产1元）与上一结果（每股净资产3元）对比，很容易发现，哪一个对流通股股东更为有利。

第二，不符合实际情况。股票溢价发行是在发行市场中发生的，迄今，1300多家上市公司中的绝大多数（比例可达99％以上）股票的上市价格均高于IPO发行价格，由此，在中国股市中形成了一个"发行价不败"的购股认知。仅此而言，从IPO发行市场中购得股票的投资者不仅没有多少投资损失，反而有着较高的投资回报，既然如此，又何谈"补偿"？股市投资者的损失主要是在三个情形下发生的：一是在交易市场中购股价高于售股价；二是上市公司业绩下滑，使得股利收益小于预期水平；三是上市公司再融资（如配股、增发新股等）时发行价太高引致股价贴水。这些损失是实实在在的，但与IPO的溢价发行本身没有直接的内在联系，因此，从IPO发行溢价中来讨论二级市场投资损失是没有道理的。

第三，不符合股价形成的逻辑。"溢价补偿"的主张强调，投资者在二级市场投资中的损失是因为股票市价过高，而股票市价过高是因为IPO发行价格太高，因此，投资损失的本源在于发行价格太高。且不说，发行价格高低并无准确标准，即便假定发行价格为1元/股，也不见得在二级市场交易中没有投资者将面临投资损失的风险。股价形成的内在逻辑是，假定供求均衡条件下，某一股票的正常市价应为10元/股，那么，当IPO发行价为7元/股时，上市价为10元/股，发行市场的购股者可得收益为3元/股；当IPO发行价为5元/股时，上市价还为10元/股，发行市场的购股者可得收益为5元/股；当IPO发行价为1元/股时，上市价依然为10

元/股，发行市场的购股者可得收益为 9 元/股。如果发行市场的购股者以低于 10 元/股的上市价出售股票，所发生的只是他们与二级市场投资者之间的收益分配，与上市公司无关，因此，交易市场中的投资损失与发行价格之间没有直接关系。

# 三、"合同"说

这种说法认为，股权分置改革的主要理论依据是，流通股股东与非流通股股东之间曾经以某种方式达成了一个合同。该合同的内容是，非流通股不享有上市流通权，不能在证券交易所内上市交易；如果非流通股要入市交易，就意味着变更了持股合同内容，由此，必须向流通股股东支付违反合同的"补偿"，以获取流通权。

"合同"说以合同的存在为基点。关于合同的存在形式，有两种解释：

其一，认为在流通股股东与非流通股股东之间存在着默认的合同条款。一些人认为，在我国公司法、证券法以及其他法律法规中确实从未出现国有股、法人股不能流通的字眼，相反，1993 年的《公司法》第 130 条规定，股份必须同股同权利；1998 年的《证券法》第 3 条规定，证券发行必须公平、公正、公开。就此而言，我国国有股和法人股似乎并非不具有上市流通的权利。然而，仔细研读该公司法，可以看到其中有"国有股和法人股暂时不上市流通"之类的用语，却是再明白不过的"潜规则"。例如，《公司法》第 74 条规定，股份有限公司的设立，可以采取发起设立或者募集设立的方式。发起设立，是指由发起人认购公司应发行的全部股份而设立公司。募集设立，是指由发起人认购公司应发行股份的一部分，其余部分向社会公开募集而设立公司。公司法的这条规定，为不流通的发起人股——主要体现为国有股和法人股——与流通的社会公众股共存于公司中，提供了制度平台。又如，《公司法》第 152 条规定，股份有限公司申请其股票上市必须符合"向社会公开发行的股份达公司股份总数的 25％以上"的条件，从表面上看，这是为了满足股票市场对公司股权流动性的要求，但更深的层面在于，它隐含着一个假定，即只有向社会公开发行的股份才能上市流通。进而，《公司法》第 147 条规定，发起人持有的本公司股份，自公司成立之日起 3 年内不得转让，更加强化了这种理解。所以，几乎所有的流通股股东都认为，发起人在发行股票时，对非流通股有"暂不流通"的承诺，它已经构成了投资者在成为流通股股东之前的心理预期，直接决定着他们以相当高企的市盈率购买股票。因而，非流通股"暂不流通"，可以被认为是一个具有约束力的默认的合同条款。如果要对该条款进行更改，按照《合同法》第 77 条规定，只有一种情况，即："当事人协商一致，可以变更合同。"换言之，非流通股股东要变更当初的约定，需要有流通股份持有者的同意。在没有达成一致之前，非流通股不具有流通权。只有给流通股股东以合理的补偿，合同各方才可能"协商一致"，进而变更合同，实现非流通股的流通。[①]

这种解释的逻辑是：流通股与非流通股之间并没有订立明确的股份不能流通的合同。暂不流通的承诺是通过相关法律规定推导出来的。在推导出这种暂不流通的承诺以后，流通股股东有了非流通股暂不流通的心理预期，因而，以较高的价格购买股票。

其二，认为非流通股股东与流通股股东订有明确的合同，这一合同体现于《招股说明书》、《上市公告书》和《公司章程》等文件中。这种解释认为，合同关系是这样形成的：首先，非流通股股东（募集设立）或上市公司（发起设立）以《招股说明书》为要约，流通股股东以认购股票作为承诺，完成了一项合同的订立；其次，在民事主体（机构或个人）成为上市公司股东之后，共同缔结并履行《公司章程》这一法定契约性文件，也可视为完成了一项合同的订立。在《招股说明书》或《章程》中均有明确约定：非流通股股东的股票暂不上市流通，流通股股东的股票上市流通。这就是股权分置法律关系的实质，即基于平等的民事主体缔结合同之后形成的契约或合同关系。股权分置是前述主体缔结的合同中的一项重要内容（或者说重大条款）。依据《合同法》的规定，未经合同当事人协商一致，任何一方均不得擅自变更合同，否则，应当承担相应的违约责任。[②]

这种解释的逻辑是：由于上市公司在《招股说明书》、《公司章程》和

---

① 罗培新：《非流通股流通方案的法律解析》。

② 方立：《民法通则公平原理：非流通股股东当然应该补偿》，载《第一财经日报》2005 年 8 月 11 日。除此之外，还有很多学者主张这种观点，比如华生：《市场转折的信号——股权分置改革试点通知评》，载《中国证券报》2005 年 5 月 10 日。

《上市公告书》等具有法律效力的文件中有非流通股股东的股票暂不上市流通、流通股股东的股票上市流通的明确约定，因此，如果非流通股要上市流通，非流通股股东就应给予流通股股东以违约"补偿"。

"合同"说不仅提出了一系列如何理解有关法律条款的问题，同时，也提出了一系列值得深究的理论问题。本书限于篇幅，只能就其中的几个主要问题予以商讨：

第一，是否存在"默认"的合同条款。合同是平等的当事人之间达成的能够产生法律后果的合意，即合同以意思表示为要素。合同法上同"默认"相关的术语有两个：一个是默示合同条款，另一个是默示意思表示。

"默示合同条款"是英美合同法中的一个概念。在英美合同法上，双方当事人经过协商，通过一次或数次要约和承诺的过程，并支付法律允许的相应对价之后，合同宣告成立。合同的内容由合同条款来确定。能够确定合同内容的条款，首先是合同中明确规定的明示条款（express terms），这是确立当事人权利义务的基础。但是，并非所有的合同内容都需要以明示的方式规定在合同之中。除了双方曾明示的条款外，合同内容也可以根据其已有的内容，衍生出其他条款，或经习惯或经法律或经法院之推论而成，这就是所谓的"默示"条款。① 从根本上说，英美法中的默示合同条款理论，是确定合同内容的一种方式，是在当事人对合同内容约定不明的情况下解决争议的一种方式。包括中国在内的大陆法系合同法中并不存在类似于英美法上的默示合同条款理论。对于合同当事人对合同内容的争议，一般是通过合同内容的解释来实现的。但是，无论是通过默示合同条款理论还是通过合同解释，它们都有一个前提，即合同当事人之间已存在一个明确的合同。在英美法上，这个合同是通过明示条款来确定的，而在大陆法上合同解释的前提是存在合同，合同的主要内容是合同当事人明确确定的。

"默示意思表示"是大陆法系合同法上的概念。所谓默示意思表示，是指以社会的非习用方法进行表达，他人根据具体情况才可推知表达外观意思的情形。② 默示的意思表示所采用的意思表达方式，可以是行动，也

---

① 参见杨桢著：《英美契约法》，北京大学出版社 2000 年版，第 292 页。
② 参见龙卫球著：《民法总论》，中国法制出版社 2000 年版，第 508 页。

可以是沉默。一般情况下，默示的意思表示都是依行动的意思表示。只有在特殊情况下，有当事人约定或法律直接规定的前提下，沉默才可以被视为意思表示的方式。我国最高人民法院关于《民法通则》的解释第66条认为，在一定情形下，意思表示可以采用默示方式，即"一方当事人向对方当事人提出民事权利要求，对方未用语言或文字明确表示意见，但其行为表明已接受，可以认定为默示。不作为的沉默只有在法律有规定或者当事人有约定的情况下，才可以视为意思表示。"

那么，"合同"说中有关"默认"合同条款的说法属于哪一种情况呢？如果属于第一种情况（即"默示合同条款"），那么，即便不考虑中国法律是否承认默示合同条款的问题，在流通股与非流通股东之间也应当首先存在一个明示的合同条款，并且这一明示的合同条款的内容必须与默示合同条款的内容相关。但不论是募集设立还是发起设立，上市公司在IPO的《招股说明书》、《上市公告书》和《公司章程》等文件中都没有有关非流通股东的股票不能上市流通方面的"默示合同条款"规定。因为在这些文件中都明确记载着如下一段文字：本次发行股票为普通股，同股同权，同股同利。这就意味着，发起人持有的股票与公开募集股东持有的股票享有完全相同的权利，自然也包括上市流通权（如果存在此种法定权利的话）。如果属于第二种情况（即"默示意思表示"），那么，非流通股股东与流通股股东订立的关于股票不上市流通的合同就必须是一个独立合同，它独立于股份认购合同。因为股份认购合同明显不是双方当事人通过默示意思表示订立的合同。合同经过要约和承诺而成立。中国《合同法》第22条规定，"承诺"应当以通知的方式作出，但根据交易习惯或者要约表明可以通过行为作出的"承诺"除外。根据该条规定，"承诺"可以以默示的方式做出。但要约是希望和他人订立合同的意思表示，按照《合同法》的规定一项有效的要约必须符合两个条件：一是内容具体确定；二是表明经受要约人承诺，要约人即受该意思表示约束。很显然，要约作为一种意思表示是必须明示的，因为单纯的沉默肯定不能表示出意欲订立的合同的具体内容，而某种行为也很难使要约的内容明确具体。因此，如果认为非流通股股东与流通股股东之间有通过默示方式订立的合同，那么，该合同的要约也必须是通过明示方式发出的，但是，迄今找不到这种明示的要约，因此，这种合同是不存在的。

第二，公司设立方式是否含有股权分置的制度规定？"合同"说认为，股份公司设立方式分为募集设立和发起设立两种，这为股权分置确定了法律制度平台。但这种认识既不符合法理，又不符合逻辑，还不符合各国和地区的实践。

首先，中国《公司法》规定的股份公司两种设立方式，是大陆法系国家通常使用的公司设立方式，我国台湾地区公司法、日本商法典、韩国商法典中都有类似规定。如果据此认为，这为公开募集的流通股与发起人的非流通股的划分奠定了法律制度平台，那么，在我国台湾地区、韩国以及日本证券市场上就应当也存在股权分置问题，但事实上，这些国家和地区的股市中不存在股权分置问题。

其次，究竟是发起设立方式引致了股权分置，还是募集设立方式引致了股权分置，或是两种方式都引致了股权分置？如果是发起设立方式引致了股权分置，那就意味着募集设立不引致。在我国实践中，曾有几家上市公司是通过募集设立方式形成的，可它们也处于股权分置状态。如果是募集设立方式引致了股权分置，那么，在沪深股市中上市的绝大多数公司都是发起设立的，它们应当没有股权分置问题，但事实上，它们都必须进行股权分置改革。如果发起设立和募集设立都会引致股权分置，那么，除这两种方式外，还有哪种股份公司的设立方式？如果没有，进行股权分置改革岂不荒唐。因为，今后还将以这两种方式设立股份公司，这些股份公司中的一部分还将发股上市，由此，还将继续"制造"股权分置。

再次，从《公司法》中关于上市条件的规定中，无法推出只有社会公众股才能上市流通的结论。如果从"向社会公开发行的股份达公司股份总数的 25％以上"这一规定中可以推论出，非社会公众股不能流通的法律依据，那么，类似的规定在发达国家股市中比比皆是，是否也可以做出如此推定？如果不能，理由又是什么？

最后，关于发起人所持股份在一定时间内锁定的法律限制，在发达国家的历史上是一个通常的规定（虽然现在很多国家《公司法》中已经废止），但这并没有引致在锁定期之后这些股份依然不能流通问题。中国《公司法》规定的是："发起人持有的本公司股份，自公司成立之日起 3 年内不得转让"，不是"暂不"流通（值得指出的是，调整用语是无济于事的），因此，有着明确的时间界线。如果由此可以推定出，"即便 3 年期限已满，发起人持有的股份依法仍然不能转让"这一所谓"潜规则"，那么，依据同一推理，就可以得出一系列极为荒唐的司法结果。例如，在某一罪犯依法被判处 10 年徒刑的条件下，由于《刑法》上或判决书上没有讲"10年期满就应当被释放"，所以，根据所谓"潜规则"的推理，10 年期满后就可以不让其出狱。事实上，且不说法学专家，就是一般百姓也都能理解，"3 年内不得转让"的法律含义是 3 年期满后可以依法转让。因此，从这一条中无论如何也不能推导出，在锁定期满后发起人股票依然不能上市流通的结论。

第三，关于非流通股股东与流通股股东订有明确的合同。"合同说"认为，上市公司在《招股说明书》、《上市公告书》中记载有非流通股不上市流通的承诺。但事实上，在 2001 年以前发股上市的公司中没有 1 家在这方面有过任何承诺。能够查寻到的只是，在中国证监会于 2001 年 3 月 15日发布的证监发〔2001〕42 号文件——公开发行证券公司的信息披露内容与格式准则第 7 号《股票上市公告书》中第 7 条要求披露的事项中，包括了对首次公开发行股票前股东所持股份的流通限制及期限这一规定。据此，可以确定，至少在 2001 年 3 月以前的发股上市公司没有这方面的"承诺"，也就不存在所谓的"合同"关系。

其次，即使是《招股说明书》、《上市公告书》中有这方面记载，是否就一定意味着存在"合同"关系呢？从性质上来说，这些文件是上市公司向投资者或股东就公司发行股票和股票上市这一事实所发出的告知文件，属于上市公司单方的意思表示。就其自身来说，因为没有双方当事人的合意，显然不是一种合同。另一方面，为了满足监管部门的要求、实现发股上市，一些上市公司在信息披露中写上这些所谓"承诺"的字句，但"信息披露内容与格式准则"既非部门规章也非法规文件更不是法律文件，其法律效力是不充分的，以此来确定所谓"合同"关系与理不通。再一方面，从内容上看，该记载表明股票暂不上市流通的原因是，国家法律法规的规定以及证监会关于核准发行股票的通知中的要求，不属非流通股东与流通股东之间达成的合同范畴。

最后，在我国的《公司法》和其他相关法律法规中再三强调，非流通股（国家股、国有法人股和法人股）与社会公众股的"同股同权"、"股权平等"，甚至明确指出，这些股份拥有转让流通的权利。例如，在原国有资产管理局 1994 年 3 月 11 日颁布的《股份制试点企业国有股权管理的实施意见》第三条第四项规定，持股单位可通过上市转让、协议转让等方式转让部分国家股股权。这表明，如果把该"实施意见"视为国家法规性文件，那么，国家就没有关于国家股和国有法人股不能上市流通的强制性规定，反而是赋予了国有股上市流通的权利；如果把该"实施意见"视为国有股的内部管理规定，如同一个私人主体内部关于股权管理的规定一样，那么，国有股就没有做出不上市流通的承诺。因此，中国证监会的"公开发行证券公司的信息披露内容与格式准则"要求不具有设立流通股股东与非流通股股东之间合同关系的效能。

上述分析表明，将"合同论"作为股权分置改革的理论依据是不能成立的。

# 四、"对价"说

在"合同"说的基础上，一些人提出了"对价"说。他们认为，既然非流通股股东曾经承诺过股份暂不流通，并且与流通股股东达成了"合同"关系，那么，如今非流通股入市流通就是违反合同约定的行为，由此，非流通股股东就必须为自己的违约行为支付"对价"，即补偿流通股股东的损失。但如上所述，"合同"说是不能成立的，非流通股入市从而股权分置改革没有违反任何法律法规的规定，也没有违反所谓的"合同"关系，与此对应，建立在"合同"说基础上的"对价"说也是不能成立的。

同理，一些人将"对价"说建立在"流通股含权"说或"溢价补偿"说基础上，由于这些说法均难以成立，因此，对应的"对价"说也难以成立。

# 五、意外效应

上述各种支持股权分置改革的说法，虽然在理论上、逻辑上和实践依据上难以成立，但从 6 个多月来的股权分置改革的实践来看，在直接关系上，它们并无多少负面影响，相反，还收到了意外的积极效应。主要表现有三：

第一，这些说法在一定程度上满足了流通股股东的心理要求，稳定了他们的市场行为取向，提高了他们的投资预期。

第二，这些说法在一定程度上为非流通股股东所接受，使他们认同了以"对价"方式补偿因非流通股入市可能给流通股股东带来的利益损失，从而，支持了股权分置改革的顺利展开。

第三，这些说法在一定程度上为政府部门和监管部门所接受，成为实施股权分置改革的重要内容。

因此，对这些说法的积极意义不应否定，也许在中国股市发展史中还应记上一笔。

# 第七章 公共利益：政府政策的基本点

　　始于 1978 年底的中国经济体制改革，在直接关系上，是由中央政府推动的。20 多年来，中国经济改革过程中的历次重大举措也都在政府推动下实施，此次股权分置改革也是如此。一个简单明了的事实是，如上所述，就时机而言，此次股权分置改革的时点并不有利，如果不是中央政府在权衡各方面利弊之后断然决策，也许股权分置改革还有待日后再实施。由此，提出了一个最基本的问题，政府部门重大决策的理论依据是什么？

　　众所周知，维护经济社会生活秩序稳定是政府部门最基本的职能。在现代社会中，无论是发达国家还是发展中国家，概莫能外。维护经济社会生活秩序稳定的理论根据是什么？无论在西方经济社会体制中，还是在中国的传统计划体制中，或是在建设市场经济新体制过程中，公共利益都是支撑政府职能和政府重大决策的最基本理论根据。以往的无数实践也证明，政府维护公共利益理念下推动的改革，通常是社会利益均衡的最佳选择。对政府部门而言，维护公共利益的行为表现为政府职能的公共性。

## 一、政府的公共性

　　政府是一个国家在经济社会活动中为了协调各类主体利益关系、规范相关行为、维护公共利益而建立的机构。由于经济社会生活是复杂的，所以，政府的公共性也就具有复杂的内容。虽然在一些场合，政府的公共性主要表现为经济政策，但其深刻的内涵绝不仅仅局限于经济领域，常常有着社会、政治、人文和其他方面的多重含义。

在现代经济学中，政府的公共性理论主要建立在"市场失效"（或"市场失灵"）学说基础上，基本要点有三：其一，经济活动中的个人和企业趋于追求自身利益的最大化，缺乏维护公共利益的意愿和能力，由此，为了在整体上协调和增进社会（包括个人在内）的整体福利水平，必须建立公共秩序以协调各个个体之间的利益关系。与此对应，以公共事务治理为职能的实体——政府就应运而生。其二，由于市场机制在一些场合无法达到资源的优化配置，或者市场对以社会目标为主的活动无能为力，因此，需要以政府为主体的公共活动的介入和干预，由此，派生出公共部门经济问题。从广义上来看，主要的市场失效问题涵盖了公共产品和劳务、外部性、不完全竞争、非对称信息、失业与通胀、分配不公等多个层面。其三，政府在履行公共性职能过程中，一方面公共资金的管理和使用必须符合公共利益、获得公众认可并接受公众监督。这种权力的规制，是克服权力异化的根本途径，是实现政府公共性的重要保证。另一方面，公共利益的表达需要有一套特定机制，防止政府政策服务于某个特定利益集团的需要。它强调介于国家和社会之间的公共领域，是公民参与并表达"公共理性"的场所，是克服权力异化的重要力量。

# 二、实现政府公共性的基本原则

政府的公共性通过政府政策和政府行为贯彻于经济、社会、政治、人文等各个方面。在这个过程中，政府的一项政策举措能否在社会体系内体现其公共性特征，既是这项政策举措合理性和合法性的基础，也是判别这项政府行为有效性的基本标准。在改革开放的20多年进程中，如下三方面原则是中国政府始终坚持的：

第一，创造经济社会可持续发展的环境基础。改革开放是一个复杂的经济社会系统工程。党的十一届三中全会公报指出：它要求"改变一切不适应的管理方式、活动方式和思想方式，因而是一场广泛、深刻的革命。"①在这个过程中，要保障经济社会的发展，就不能片面地进行"一步到位"的改革开放，"决不允许损害社会主义现代化建设所需要的安定团结的政治局面"②，因此，要始终注意处理好稳定、改革和发展三者的关系。其中，经济社会秩序的稳定，既是改革开放的前提和保障，又是经济社会可持续发展的基础条件和重要表现，所以，在 20 多年历程中，"稳定压倒一切"。为了保持经济社会的稳定，中国政府做出了艰辛努力，付出了巨大代价，甚至采取了一些非常措施。

第二，坚持"以人为本"。经济社会的一切活动是人的活动，一切利益归根到底是人的利益。"以人为本"，中国自古有之。2000 多年前的春秋时期，管子说道："夫霸王之所始也，以人为本。"坚持以人为本，一方面要处理好社会公众的局部利益和整体利益，既要避免某些社会群体只重视局部利益而牺牲整体利益的倾向，也要避免某些社会群体为了自己的利益而伤害其他群体的利益，还要避免某些群体利益处理不当引致整体利益受到损失。另一方面，要处理好社会公众的短期利益和长期利益，既避免因追求短期利益而忽视长期利益，影响经济社会的可持续发展，又避免片面强调长期利益而忽视社会公众的眼前需求，使长期利益成为一种"可见不可得"的辞藻。

第三，协调公平与效率的关系。从理论上说，政府应着眼于公共利益，因此，应以维护"公平"为各项政策的基础。但在中国改革开放进程中，面对经济、技术、管理各方面都比较落后，缺乏"公平"的物质条件的现实，在一定时期内，重视"效率"有其内在的必然性。实际上，在 20 世纪 70 年代末以后的一段时间内，"效率"本身具有公共利益含义，即如果中国不加快步伐，提高经济、技术、管理及其他方面的水平，缩小国际差距，就将面临"被开除球籍"的危险。20 多年来，在实现公共利益的过程中，中国政府一直面对着协调好公平与效率的难题。先是提出了"效率优先、兼顾公平"的政策，由此，最大限度地激发制度创新的活力，推进了经济总量提高和社会生活质量改善；在此基础上，开始实施"促进效率、重视公

① 《中共中央文件选编》，中央党校出版社 1994 年 9 月版，第 85—86 页。
② 《中共中央文件选编》，中央党校出版社 1994 年 9 月版，第 86 页。

平"的政策，以实现全面小康、建立和谐社会；随着经济实力进一步增强、物质财富更加丰富、国家竞争力更为坚实，"公平优先、兼顾效率"将成为政策的基本取向。

# 三、公共利益的实践含义

在经济社会实践中，"公共利益"的含义是丰富复杂的。一般来说，涉及全体公民利益或社会公众利益的事件、行为和活动都存在公共利益问题，但在实践过程中，真正涉及全体公民（或社会公众整体）利益的事件、行为和活动是不多的，绝大多数事件、行为和活动涉及的是部分公民（或部分社会公众），对此，是否也属于公共利益问题，由此，是否需要政府部门以维护公共利益方式履行职能？从中国实践来看，至少以下几种情况是比较突出的：

第一，治理环境污染。环境污染的具体类型很多，其中包括：水、空气、垃圾、病毒等污染。就单一污染事件而言，它所涉及的人口数量和空间范围都是有限的（中国迄今没有发生过在全国范围内影响全国 13 亿人口的污染事件），尽管如此，每一污染事件从而治理每一污染源均属公共利益范畴。

第二，处置重大人员伤亡事件。重大人员伤亡事件包括交通肇事、矿难、飞机失事、工程伤亡、食物中毒和火灾等等，虽然每一具体事件涉及的人员只有几个、几十个乃至几百个（上千人伤亡的事件是很少发生的），空间范围更是有限，但它依然属于公共利益问题，因此，不仅政策上而且法律法规上有着明确的规范性条款。

第三，保障无收入和低收入家庭（或个人）的生活。中国 13 亿人口并非都处于无收入和低收入状态，无收入或低收入家庭（或个人）在全国城镇人口中也不占多数，而且每个城镇差别甚大，但保障这些人口的最基本生活还是属于公共利益范畴，为此，各级财政支出了一笔可观的费用。

第四，治理自然灾害。诸如水灾、旱灾、虫灾、地震、非典、禽流感及其他自然灾害，就单一事件而言，涉及的人口和地理范围都是有限的，但治理这些自然灾害、恢复经济社会运行秩序还是属于公共利益范畴，因此，各级政府部门不仅付出了大量财政资金，而且付出了大量人力物力，以防范于未然。

第五，救助下岗工人。下岗工人是人口中的一部分，在下岗期间属于就业人口的一部分，但各级政府采取各种方式（包括提供财政资助、进行再就业培训、介绍就业岗位等）予以救助，其内在机理是，这也属于公共利益范畴。

第六，扩大公共福利设施和增加公共产品供给。不论是公园、博物馆、图书馆、绿地还是城市道路、照明、社区健身设施等都受各种因素影响都不可能发生同一时点由所有的人使用，但这些公共产品供给依然属于公共利益范畴。

还可以继续列举，但上述现象已足以说明，并不是只有涉及所有的人口在全国范围内发生的事件、行为和活动才属于"公共利益"范畴。

# 四、维护公共利益的实现方式

与公共利益的实践含义丰富复杂的状况相对应，维护公共利益的实现方式也多种多样，并且可以从不同角度予以分类。从费用支付角度看，大致可分为如下几种：

第一，政府财政支付。由各级政府财政拨款支付治理自然灾害、治理环境污染、保障无收入和低收入家庭（或个人）的生活、救助下岗工人、扩大公共福利设施和增加公共产品供给等等，是比较常见的方式。

第二，企业支付。在治理自然灾害、治理环境污染、处置重大事故、保障低收入家庭（或个人）的生活和救助下岗工人等方面相关企业常常支付一定的费用。企业的支付方式又可分为直接支付和间接支付。前者为直接开支，如增添环保设备，投入人力、物力、资金等治理自然灾害，给予低收入家庭（个人）以补助；后者为间接开支，如投保，按期缴纳保险费，一旦发生被保事件，由保险公司予以赔偿。

第三，当事人支付。在发生重大事故、自然灾害、环境污染等条件下，处置这些事件的一部分、大部分直至全部费用可能是由当事人支付的。在某些条件下（如环境污染、火灾等），当事人不仅要支付处置的费用，还要支付罚款等费用。

第四，社会公众支付。在一些涉及社会公众利益的场合，其费用由社会公众支付。例如，城市生活垃圾的处理需要支付大笔费用，由此，向社会公众收取垃圾处理费；又如，城市中停车场有限，为了限制停车，向社会公众收取停车费。

第五，复合支付。在一些场合，维护公共利益的费用是由多个主体共同承担的，既有政府财政，又有企业，还有当事人。

此外，也还有各种捐助、彩票等方式。不论维护公共利益的实现方式有多少种类多么复杂，一个基本目的都在于维护经济社会生活秩序的稳定。内在机理是，经济社会生活秩序的稳定，是公共利益的基本点。

# 第八章　稳定股市：股权分置改革的生命线

## 一、股市公共性

　　股市是否具有公共性？是理论界长期忽视而实践中又至关重要的问题。西方理论一般认为，市场是一个由商业性规则支配的交易场所，厂商、家庭等是市场活动的主体。所谓"商业性规则"，主要的是追逐利益的规则，正是在多元主体的利益追逐过程中形成了市场规则和市场配置资源的机制，因此，基本不研究市场本身的公共性问题。但下述三个现象却令我们必须深入探讨市场的公共性：第一，从1825年西方国家发生第一次经济危机到1929年的世界经济危机，西方经济学从主张政府充当"守夜人"到凯恩斯主张政府干预经济，实际上，意味着市场的公共性在客观上要求政府部门发挥其公共职能来保障市场的平稳运行和健康发展。第二，中国的经济改革和经济发展，在政府部门的直接推动下展开。不论是弱化计划机制、推进市场机制形成还是完善市场体系、有效发挥市场机制在配置资源方面的基础性功能都离不开维护经济社会生活秩序稳定这一基础性条件，而这一基础性条件本身就是一个公共性问题。第三，股权分置改革是股市重大制度改革。这一改革，不仅直接涉及到几千万投资者的利益，1300多家上市公司和数万个股东机构的利益，100多家证券公司、52家基金管理公司和众多中介机构的利益，而且涉及到众多期待发股上市的公司利益、商业银行的发展利益、保险资金和社保资金的投资利益等等，因此，是一场涉及众多利益关系的改革。在改革过程中，能否有效地维护股市运行秩序的稳定，不仅关系着这些利益关系的调整结果，也不仅关系着股权分置改革能否顺利展开，而且关系着股市的未来发展和中国金融体系完善，因此，具有明显的公共性。

从股市发展历程来看，中国股市的公共性至少有着三方面含义：第一，股市的稳步发展，不仅直接关系着股市参与者的利益，而且关系着金融体系的完善和市场经济新体制的建设；第二，股市运行秩序的稳定，不仅关系着股市投资者的预期和投资行为的展开，而且关系着经济社会生活秩序的稳定；第三，股市基础性制度的缺陷和运行机制的不完善，不仅严重制约着股市功能的有效发挥，而且严重影响到中国经济运行中的储蓄向资本的转化、资本形成、国有企业产权改革的推进、金融机构资本充足率的提高、项目投资资本比例的保障以及公司治理结构的完善、财务制度的健全、经济结构的调整、市场从商品竞争向资本竞争的发展等一系列问题。

## 二、稳步发展与中国股市历程

从20世纪80年代开始有股票交易以来，中国股市发展的沿革过程就是在以稳步发展为主要政策取向的背景下展开的。具体来看：

第一，股市的发展历程。中国股市萌芽于1984年底。在试点股份公司过程中，当最初几只股票向社会公众发行后，私下的股票交易就应运而生了。这种股票市场的主要特点是，分散且不易成交，连续性、稳定性都比较差，难以发展成为大规模的交易市场；同时，交易中容易发生种种纠纷，给市场发展带来不稳定因素。

1987年1月，中国人民银行上海分行出台了《证券柜台交易管理暂行办法》，这标志着柜台交易市场的产生。这种市场组织方式，在一定程度上克服了私下交易的某些缺陷，较好地促进了股票交易的连续性、稳定性，形成了最初的股票交易市场秩序，因而，相对有效地平抑了每日股票交易价格的大幅波动。到1990年，上海已有16个证券交易柜台和40个证券交易代理点，深圳有10个股票交易柜台。

1990年底，为了适应股票发行数量的增加和投资者数量的增加，改变在柜台交易条件下由于投资者云集可能引致的经济社会问题，经中央政府批准，上海和深圳先后建立了证券交易所，股票交易纳入交易所市场。由此，准备了中国股市快速发展的市场条件。

中国股市的这一发展历程，尽管留下了许多值得进一步探讨之处，从建立多层次股票市场体系来说，也还有许多值得回味的地方，但有一点是清楚的，它充分考虑到了，中国特殊条件下的股市公共性因素，从政府的角度来看，是为了防范经济社会风险，强化股票市场的稳定发展是首要的。同样，1998年，国务院办公厅转发《证监会关于清理整顿场外非法股票交易方案》，由此，清理了除交易所以外的所有证券交易中心和自动报价系统，形成了由同一规则支配下的沪深两个交易所架构，也主要从这一角度考虑。

第二，股市运行中的政策干预。在1992年以后的股市发展中，监管部门屡屡运用行政手段和政策措施直接干预股市走势，以维护股市稳定发展。对这些政策措施和实施方式，市场参与者和学术研究者颇有微词，但其中的良苦用心也许只有政策制定者和市场监管者能够体会。略举几例：

其一，1994年5月以后，股市持续走低，到7月底沪市综指跌至325点、深市成指跌至96点。在此背景下，7月29日，中国证监会出台了"救市"三大政策，由此，促进了股市走势翻转上行。

其二，1995年初，国债期货市场发生了"327事件"。有关监管部门和地方政府部门为了稳定国债期货市场的发展，对有关违规机构和人员进行了查处，同时，出台了《国债期货交易管理暂行办法》等监管文件。但随后，国债期货市场中违规事件还在频频发生，为防范由此引致的种种风险，当年7月，中国证监会发出紧急通知，暂停国债期货交易的试点。

其三，1996年4月以后，沪深股市在两地政府部门的推动下持续走高，伴随着"香港回归"、"减息"等题材，市场投机气氛越加浓厚，违规炒作事件层出不穷，鉴此，从1996年12月中旬到1997年5月，国务院和证券市场监管部门连续出台了一系列（后被称为"十二道金牌"）政策措施，致使股价走势回落。

其四，2001年6月，国务院出台了《减持国有股筹集社会保障资金管理办法》，国有股减持宣告正式启动，但随后，股市大盘大幅下落（虽然成因并不仅有国有股减持因素）。10月23日，经国务院批准，中国证监会宣布暂停国有股减持，沪深股市止跌走稳。

这些实例（以及其他实例）可以从不同角度予以研讨，但就历史上的政策选择来看，都反映了监管部门对稳定股市的目标追求。这一目标深含着，股市稳定是"维护公共利益的要求"这一思路。

第三，国外案例。在海外，股市发展已有100多年的历史，政府部门和股市监管部门的一项主要职责就是，维护股市运行的稳定、保护投资者合法权益。本世纪以来的一个典型实例是，2001年12月，美国最大的能源公司——安然公司突然申请破产保护，随后，世通、施乐、骑士等一批公司相继陷入财务造假丑闻。这些事件"彻底打击了投资者对资本市场的信心"（Congress report，2002）。2002年7月25日，美国布鲁金斯学会公布的一项研究报告指出，安然等公司的造假丑闻使得美国经济损失了370亿至420亿美元。这些损失大部分来自于股票下跌。股市大跌的后果，无疑将使企业投资恢复更慢，同时，还有可能冲击美国经济第一大支柱——占国内生产总值2/3的个人消费开支，由此，将进一步影响到失业、通货膨胀和外国投资等。

为了迅速地遏制财务造假丑闻的扩散，恢复美国上市公司在股票市场上的公信力。2002年7月，美国国会和政府加速通过了《萨班斯－奥克斯利法案》，即"公众公司会计改革与投资者保护法案"。该法案的主要内容包括：成立独立的公众公司会计监察委员会，监管执行公众公司审计职业；要求加强注册会计师的独立性；要求加大公司的财务报告责任；要求强化财务披露义务；加重了违法行为的处罚措施；增加经费拨款，强化SEC的监管职能等。

这一法案的实施，必然增加上市公司的成本与负担，很可能引致一批上市公司撤离美国股市。但从稳定股市的政策目标出发，政府部门以某种方式介入股市，要求上市公司承担这些费用，对保护广大公众投资者的利益、恢复投资者信心，是必要的。

## 三、股权分置改革中的"稳定"政策

股权分置改革是一项艰巨复杂的重大制度调整。4000多亿股的非流通股入市，一旦给股市投资者预期造成严重的冲击，引致股市大幅下跌乃至崩盘，非但这一改革不能继续，更重要的是股市的进一步发展将受到严重影响，因此，有着严重的政策风险。另一方面，在一个不利的时点展开，又有着 2001 年国有股减持的前车之鉴，政策风险更加严重，因此，将其称为"惊险一搏"不之为过。

从 1 年左右的实践来看，此次股权分置改革是稳步推进的，迄今为止的顺利程度超乎意料，这与改革过程中始终坚持"稳定"原则直接相关。具体来看：

第一，分散决策。与国有股减持相比，此次股权分置改革的一个特点是，将是否批准非流通股股份入市流通的决策权交给了各家上市公司的流通股股东。由此，形成了一个分散决策的格局。在这个过程中，根据对非流通股股东提出的改革方案，流通股股东进行表决。表决通过的，就立即着手实施；表决不通过的，就日后再议。中国股市通过电子自动撮合系统，将几千万投资者集中于两个交易所系统中，这是一个变分散风险为集中风险的格局。国有股减持未能打破这一格局的局限，继续贯彻集中决策（IPO 公司都减持 10％的国有股份），这是引致风险集中释放从而不得不叫停的一个重要原因。股权分置改革突破了这种格局，变集中决策为分散决策，使得每家上市公司的股权分置改革方案的通过，虽对其他投资者有影响（尤其是"效仿效应"），但又不至于打破他们的期望和改变他们的投资行为。这种高明的决策方式，有利于保障股市运行的稳定。

分散决策的另一个方面是，通过逐步实施股权分置改革，分散了由上市公司集中进行这一改革可能带来的震动。从 2005 年 5 月起，先是试点，在两批试点结束且股市运行比较平稳的条件下，按照每星期 10 多家的步速，有节奏地展开其他上市公司的股权分置改革，形成保持稳定性所需的一个重要条件——有序性。

第二，大胆创新。股权分置改革将改革方案的决策权交给股市投资者的同时，也将具体的改革措施交给了股市投资者，由此，相关投资者和股市其他参与者群策群力，发挥聪明才智，进行一系列创新。从股份对价到股本权证（包括认购权证、认沽权证等），从送股送现金进行对价到缩股、承诺最低价（即某些上市公司大股东承诺如果股价低于某个价位，就将动用资金予以购买）和延长锁定期等等，都既体现了创新精神，也开拓了股市新面貌。

　　第三，通力协调。作为一项重大制度改革的系统工程，股权分置改革涉及诸多政府部门职能范围，为此，在国务院主持下，各相关政府部门通力协调，出台了一系列政策措施。从 2005 年 4 月底到 10 月底的半年左右时间内，证监会、国资委、人民银行、财政部、商务部、税务总局等部门联合或单独出台的有关股权分置改革的文件就多达 17 项之多，涉及范围从股权分置改革的原则、政策、内容、程序和步骤到各类股份的处置、管理再到有关税收问题、上市公司回购社会公众股份问题和控股股东增持社会公众股份问题等，其中一部分政策措施突破已有的法律法规规定（如减免税收、准许上市公司及其控股股东购买可流通股）。这些政策措施既体现了中央解决股权分置问题的决心，也对稳定股市运行起到了积极重要的作用。尤其是，在 6 月 6 日后，股市走势创出近 6 年来的新低，一度跌破 1000 点大关，在此背景下，6 月 13 日至 6 月 17 日，证监会、国资委、财政部和税务总局等部门连续出台 5 个文件，既表明了国有资产管理部门对推进股权分置改革的政策取向，又通过减免税收等政策提高投资者对股权分置改革的信心。不仅如此，在股权分置改革进入全面展开过程以后，各地方政府纷纷表示了支持这一改革的态度，积极组织和安排本地上市公司股权分置改革的进程及相关事项，这也与中央的有效协调直接相关。纵观中国股市 15 年，在这半年时间内，各级政府部门出台的有关股市的政策措施是最多的，协调程度是最高的，力度也是最大的，这反映了中央对这一改革的关切程度和支持程度。

　　另一方面，为了支持股权分置改革，人民银行、银监会、保监会等金融监管部门，积极配合证监会，采取一系列措施解决高危证券公司问题，从融资等方面支持证券公司、基金管理公司等证券经营机构，同时，积极支持商业银行创办基金管理公司、保险资金和社保资金入市、设立投资者保护基金等等，动用资金上千亿元，也都有效保障了股市走稳。可以说，股权分置改革以后的半年多间内，是各家金融监管部门协调配合最好的时期，也是他们对股市支持力度最大的时期。

　　无庸赘述，迄今为止的股权分置改革出乎意料的顺利，是在中央积极领导下各方面协同作战、通力合作的结果，目标有二：一是避免股市大幅下跌以至崩盘；二是为股市的来年发展创造一个有利的制度基础，因此，"稳定压倒一切"。

# 四、又提"国有资产流失"

在股权分置改革中，鉴于非流通股以对价方式将一部分股份送给流通股股东，其中涉及到国有股的对价，因此，有人强调由国有非流通股股东向流通股股东支付对价，是国有资产的流失，并对股权分置改革的合理性和合法性提出了质疑。

在中国 20 多年的改革进程中，"国有资产流失"既是一个经济命题也是一个政治命题，有着很强的政策性。如何看待"国有资产流失"，需要具体分析：

第一，从职能来看，国有资产是否属于国家由于维护经济社会生活秩序稳定（或公共利益）所需要的资产范畴？如果不是，国有资产的最基本职能应当是什么？如果是，那么，股权分置改革过程中，为了维护股市稳定或者为了避免因股市暴跌给经济社会生活秩序带来大的负面影响，为什么不应使用国有资产？如果这也属于国有资产流失，那么，抗洪救灾、防治非典和禽流感、处置重大人员伤亡事件等过程中动用的国有资产，是否也属国有资产流失？因此，是否国有资产流失，首先需要弄清楚是为了公共利益还是为了某个人（或某几个人小团体利益），而不是只要触动国有资产使用就盖上"国有资产流失"的帽子。

第二，从收益群体看，在股权分置改革的对价中，受益群体是由机构投资者（其中包括证券公司、基金管理公司、保险公司、社保基金以及其他机构投资者）和个人投资者构成。与治理环境污染、处置重大人员伤亡事件和治理自然灾害中的单一事件相比，这些股市投资者不论是在数量上还是在资产上以及对经济社会生活秩序的影响都并不低，那么，为何在解决前些事件中可以运用财政资金（这也是国有资产的一部分）和国有资产，在解决股权分置改革引致的股市投资者群体利益损失中就不能运用国有资产呢？

第三，从逻辑关系看，通过对价，非流通股股东将一部分可能的利益让渡给流通股股东，其中，既有国有股股东持有的股份，也有非国有股股东持有的股份。如果说国有股股东让渡股份引致国有资产流失缺乏合理性和合法性，那么，非国有股股东让渡股份是否属合理合法范畴？假定非国有股股东让渡股份是合理合法的，那么，为什么它是成立的，而国有股股东的让渡行为却是不成立的？假定非国有股股东让渡股份也是不合理合法的，那么，为什么只提"国有资产流失"，不提"非国有资产流失"？是否国有资产是重要的，而非国有资产是不重要的，这符合哪个法律法规？

第四，从历史成因看，从国有股减持到股权分置改革，各层面对股市走势担忧甚多（且股市走势也做出了实践的回应），一个最主要的问题是，在15年的股市发展中，投资者为国企上市公司做出了重大贡献，不仅通过IPO溢价、高额配股和增发新股为国企上市公司注入了数千亿元资金，而且通过二级市场操作为国企发股上市创造了较好的发股上市条件，但国企上市公司视募股资金为无偿资金，任意损耗，不仅造成资金巨额浪费，而且对投资者的回报少得可怜（甚至远低于同期存款利率）。且不说所有的上市公司，哪怕绝大多数（甚至大多数）上市公司能够达到招股时的预期盈利水平，也许就不存在进行股权分置改革的问题。由此来看，"对价"与其说是"国有资产流失"，不如说是对已流失的非国有资产的补偿。

第五，从效果看，通过对价，6个多月来，股市走势大致平稳，同时，非流通股股东虽支付了对价股份和现金，但实际上并无实质性损失。根据对45家试点公司的股份市值计算，股权分置改革后，流通股股东所持股份的市值增长了12%，但非流通股股东的市值在支付对价后，股份市值不仅没有损失，反而有所增长，因此，支付对价，不仅没有造成国有资产的流失，而且提高了国有股股份的市值。实际上，通过股权分置改革，上市公司中的国有股份不仅市值提高，而且通过公司治理结构的完善和股市投资者监督机制的完善，能够发挥更大的效益，从而，可以在新的基础上更加有效地实现国有资产保值增值的目标。

# 五、后续过程依然艰难

股权分置改革是一个"开弓没有回头箭"的政策举措，尽管2005年的开篇比较顺利，但更为艰巨的还是2006年的收官。在棋局对弈中，收官不慎引致的前功尽弃现象绝非个别。在2006年，股市扩容依然压力巨大：其一，随着剩余1000家左右的上市公司进入股权分置改革，按照目前股份对价比例3.2—3.5计算，流通股的扩容规模大致在450亿股至500亿股之间；其二，2005年已完成股权分置改革的上市公司非流通股股份，按照5％入市，可流通股的扩容还要增加60亿股左右；其三，如果2006年需要重开新股上市（包括上市公司的发股再融资），则流通股扩容几十亿股不可避免。三项相加，2006年的股市扩容规模将达到600亿股左右，如果按照5元/股，支持现有股指和股价不大幅下落，需要有3000亿元左右的资金准备，因此，依然是一个如履薄冰的过程。为此，在新的一年中，需要重视下述几个要点：

第一，坚持稳定股市的政策。在稳定中求发展，应是2006年股市发展的基本政策取向。以稳定为取向的政策，既是保障股权分置改革和股市健康发展的需要，也是提高投资者的股市运作信心的需要。稳定并不意味着股指和股价没有波动，有上有下的波动是正常的，也是必然的，但大起大落的波动，既不利于股权分置改革的推进，也不利于提高投资者的信心，更不利于股市的健康发展。

股市运行有涨有跌，这意味着某一具体的指数不应成为政策心理底线。股市运行有其内在规律，上扬时可以突破这一指数，下落时也可以跌破这一指数，因此，在稳定股市中，运用政策机制"死守"某一指数是没有必要的，也是容易引致负面效应的。

第二，积极开拓资金入市的新渠道和新机制。不论按照市盈率计算还是按照市净率计算，中国股市都已达到10多年历史来最具投资价值的时期，由此，不仅要积极发展证券投资基金（包括银行系投资基金），扩大保险基金、社保基金和QFII等入市的资金量，而且应在落实新《证券法》的过程中，大胆创新，鼓励其他合法资金入市，其中包括运用信托机制吸收委托投资的资金，扩大创新类和合规类证券公司的融资渠道和融资规模。

第三，加快发展公司债券。发展公司债券是中国证券市场的一项基础性工作，也是落实新《证券法》的一项重要举措。公司债券不是企业债券。中国的企业债券基本上属于政府债券范畴。发展公司债券，可以考虑一方面先从已完成股权分置改革的上市公司开始，由此，既减轻由于股本再融资给股市带来的扩容压力，又促使上市公司提高使用资金的守信意识和守信机制；另一方面，准许创新类和合规类证券公司发行中长期公司债券，支持证券公司之间的整合，提高证券公司的运作能力。

第四，适当调整交易机制。一方面，在条件成熟时，应当考虑将目前的 T＋1 交割方式调整为 T＋0 交割方式，由此，提高入市资金的使用效率，在一定程度上，克服由流通股扩容与入市资金不足所形成的矛盾。无庸讳言，T＋0 的效应是短期的，但它对于缓解股市的暂时压力有着积极效应。另一方面，调整股市交易的佣金收取方式，变按照交易额收取高限佣金为按照交易笔数收取低限佣金，由此，鼓励机构投资者和大额投资者的交易行为，逐步减少小额（甚至超小额）的交易现象大面积发生，推进股市投资者的结构调整，同时，促进证券经纪商的服务质量提高。

第五，适时推出股指期货交易。随着股权分置改革的完成，股指期货的设立条件也日臻成熟，由此，顺势推出股指期货有利于促进投资者的预期形成和股市走稳。

第六，积极出台股权激励机制。上市公司质量提高是股市健康发展的基础，股权激励机制有利于促使上市公司高管人员从关心自己利益出发积极提高上市公司经营业绩和长期发展，关心股价走势，因此，是一项既有利于上市公司发展又有利于股市发展的重要机制。出台股权激励机制，应既重视激励效应，又重视约束效应，还要防范由此可能引致的各种风险（包括各种违法违规的风险）。

2006 年，是中国股市发展的关键一年，也是中国股市迈入"十一五"时期的第一年。开局如何，对未来 5 年中国股市的健康快速发展有着重要影响。只要政策取向正确和政策措施得当，股市的各方参与者继续发挥聪明才智和创新能力，同心同德，协调一致，就一定能够创造中国股市发展的新局面。

# 第九章 体制改革：中国股市
# 持续健康发展的根本

中国股市是在双重体制保存条件下建立和发展的。10多年来，尽管就上市公司数量、每日成交额等数量概念而言，我们超过了某些发达国家和地区用100多年走过的历程，但是，就运行机制而言，我们迄今没有达到发达国家最初的股市水准。始自1978年底的中国经济发展，起步于经济体制改革。20多年来，中国经济发展中取得的各项成就，与坚持改革开放密切相关。

股权分置是计划经济体制在中国股市中的重要表现，它不是中国股市的根本问题。中国股市的根本问题是，计划机制从而计划体制依然占据主要地位，发挥主导作用，因此，深化体制改革、发挥市场机制的基础性作用是中国股市的根本所在。10多年来，中国股市发生的种种现象，诸如IPO的行政定价、证券公司挪用客户保证金、上市公司财务造假、大股东调用上市公司资金、证券公司违规理财、庄家操纵股价等等，都与股权分置缺乏直接关联，但却是计划体制继续发挥作用的产物。股权分置改革是股市体制改革的一项重要内容，但它不可能解决股市发展中的根本问题，因此，不能掉以轻心，将股权分置改革看作是包治百病的灵丹妙药，以为只要股权分置改革完成了，中国股市运行和发展中的根本问题就解决了。事实上，对中国股市的发展来说，深化体制改革还是一项任重而道远的艰巨任务。

深化体制改革，推进中国股市持续健康发展，需要注重解决好以下几方面问题：

# 一、公共利益与市场机制

在市场经济体制中，有相当多的经济社会问题不可能通过市场机制调节而解决，这是引致政府部门为维护公共利益而介入市场过程的一个主要原因。市场失灵有诸多表现，如整体物价水平持续上升形成通货膨胀或整体物价水平持续下降形成通货紧缩，充分就业不能满足而形成高失业率，技术进步缓慢而严重影响竞争力，进出口利率发生逆差而外汇储备不足等等。在这些现象发生得比较严重时，政府都需要采取对应的宏观经济政策予以缓解或改变其走向。与此对比，股市的公共性问题只是一个特殊表现。但另一方面，政府也有失效问题，这是需要建立以市场机制为基础的资源配置体系的基本原因。因此，政府部门维护公共利益，是弥补市场机制不足的过程，但不是取代市场机制的理由。

值得注意的是，维护公共利益曾是传统计划体制得以长期实行的一个主要根据。在双重体制状况依然存在的背景下，很容易发生以"维护公共利益"为口实继续运用行政力量贯彻计划机制的现象。因此，在维护公共利益的场合，应防止政府部门运用行政机制过度介入股市运行。换句话说，如果政府政策在维护稳定性和公共利益的同时，过度损害市场机制本身，那么，不仅会进一步形成某种意义上的"政策市"，而且会使政府本身成为优化股市生态环境中的非稳定因素。

在股权分置改革的特殊背景下，有些政策措施是必要的，但这绝不意味着，在股权分置改革完成后还可以用同一机理继续贯彻。例如，股权分置本来是作为民事主体的流通股股东与非流通股股东之间的事务，对价与否、对价比例和对价方式等均与作为法人机构的上市公司并无直接利益关系，因此，一方面股权分置改革的成本不应由上市公司支付，控股股东维持最低股价而购入流通股的资金不应从上市公司中支取，另一方面，一家上市公司是否进行了股权分置改革，不应成为它是否可以进行股权再融资的前提条件。又如，在股权分置改革中，监管部门暂停了新股发行且既无公告也无明确的期限，这与行政透明的要求是不相符的。再如，为了支持股权分置改革，税务部门将股息的所得税减半征收，这也不符合税法的要求和税理。凡此种种，在特殊背景下，是不得已而为之的，其目的在于维护公共利益，保障股权分置改革过程中的股市走势稳定。但是，在股权分置改革完成后，如果借助"公共利益"，继续实行差异化政策或者不规范的行政管理，不仅不利于公平原则的贯彻，而且将引致种种负面效应。

20多年改革以来，在某些领域中某种程度"体制复归"现象一直是值得关注的问题。在缺乏经验积累、难以应对复杂多变的市场环境背景下，一些政府部门更倾向于运用行政机制处置各种问题，而计划机制的核心就是政府部门运用行政机制直接管理经济活动中的各项事务，由此，"体制复归"的情形就容易发生。体制复归将严重影响市场机制的发挥，制约市场经济新体制的建设。实际上，在15年的股市发展中，体制复归倾向始终没有消解。股权分置改革不仅涉及到众多市场主体的利益，而且关系到诸多政府部门的利益，在这一过程中，尤其需要防止行政机制的过度扩张，建立适当的行政均衡机制。如果为了解决股权分置问题而导致股市持续稳步发展建立在有缺陷的非市场基础上，那显然是得不偿失的。

深化股市体制改革，需要着力解决好如下几个方面的问题：

第一，调整部门职能，改变多头监管和分割监管的行政体制。证券市场是一个有着内在有机联系的市场。股票的发行量、价格走势和融资功能等与公司债券、政府债券直接相关。但中国证券市场迄今依然处于根据证券品种的不同而由不同监管部门分割监管的格局中，这种状况长此以往，是不利于发挥市场机制的基础性作用，形成有着内在联系且走势互动的证券市场的。为此，在贯彻新的《证券法》过程中，应当进一步理顺证券市场各家监管部门之间的职能，逐步实现证券市场的统一监管，以避免由"政出多门"所造成的种种摩擦和矛盾，给市场参与者一个充分可选择的空间，推进证券投资组合的优化。

调整监管部门职能，一方面要着眼于证券市场大发展的长远利益，避免因过于强调部门利益而妨碍证券市场的发展和金融体系的格局调整；另一方面，应分清职能边界，避免因职能边界不清而引致多头监管或监管缺位的现象发生。

第二，强化监管机制，弱化主管机制。"监管"和"主管"是两种有着实质性差异的管理机制。"监管"中贯彻的是以市场机制为基础以依法治理为目标的管理原则，"主管"中贯彻的则是以行政机制为基点以主管部门目标为取向的管理原则。中国证券市场管理中，"主管"色彩相当浓厚，改变这种状况，应是体制改革的一项基本工作，也是建立发挥市场机制基础性作用的股市新体制的基础性建设。变"主管"为"监管"，需要解决好三方面问题：

其一，变机构监管为业务监管。中国的证券市场应是所有参与者的市场，不应是某类特殊经营机构的垄断市场。如果将证券从业机构仅仅定义为证券公司、基金管理公司等范畴，不仅将严重限制证券从业机构之间竞争，不利于证券市场的创新和竞争，不利于证券从业机构的整合，而且将严重限制社会资金入市，不利于拓展证券业的社会服务面，不利于证券市场有机地融入金融市场体系。因此，证券监管部门应变原先的机构监管为业务监管。

所谓业务监管，是指证券监管部门将监管重心放在从事证券市场活动的各种行为上的状况。只要合法合规，任何机构都可以进入证券市场从事相关业务活动，但这些活动必须符合有关法律法规的规范。在业务监管条件下，证券监管部门不再特别维护某类机构的利益，而是将立足点放在维护市场运行秩序和保障证券业的持续健康发展等方面。

其二，变"政策调控"为"严格执法"。股市只能监管不能调控。中国股市中一些问题，与前些年的所谓"调控"是直接相联的，甚至有些问题就是由"调控"所引致的。要改变不时地运用政策机制"调控"所带来的股市运行秩序不稳、投资者预期难以形成，必须将监管重心从"政策调控"转向"严格执法"。事实上，监管的真谛就是严格执法，即坚决打击违法违规行为。如果连违法违规现象都可以"大事化小、小事化了"，那么，监管从而维护股市运行秩序就只能是大打折扣。

其三，变"业内行政"为"透明行政"。业内行政与机构监管相对应，透明行政与业务监管相对应。在机构监管格局中，监管部门实际上成为所辖机构的最高利益代表者，运用行政机制管住管好所辖机构成为各项工作的基点，由此，为了所辖机构的利益可以弱视市场的利益（甚至可以牺牲市场的利益）。透明行政建立在业务监管（或行为监管）的基础上，以保障市场机制的有效发挥为前提，由此，其行政面不仅包括证券从业机构而且包括所有市场参与者。透明行政，不仅需要做到各种监管信息的透明和依法行政的工作程序透明，而且需要做到监管取向、监管机制、监管政策和事件处置透明。

第三，强化备案机制，弱化审批机制。审批制是行政机制的一个主要表现，它建立于对被审批者的不信任基础上，试图通过审批，筛选出合格者(或所谓"好人")。15 年来，中国股市的实践证明，审批制有着一系列负面效应：一是提高了被审批者的运作成本，降低了经济活动的效率，同时，成为某些监管部门工作人员显示"权威"的立足点，甚至成为"寻租"的根据。二是增强了监管部门及其工作人员行政工作的随意性，不利于被审批者形成稳定的预期以及在此背景下的经营活动安排。三是强化了监管的不透明程度，在审批的"暗箱"操作条件下，各种"攻官"现象滋生，不利于廉政建设。四是弱化了负责机制，在审批制条件下，经监管部门审批的事项，一旦发生违法违规，究竟应由谁承担后果常常处于难以说清状态。

强化备案制，就是要将相关责任落实到当事人，使其承担因行为不当引致的后果。在实行备案制条件下，监管部门将主要精力集中于维护股市运行秩序和查处违法违规行为，由此，将大大提高股市的法治化程度，同时，也将给股市参与者创造一个健康有序的生态环境。

# 二、建立多层次股票市场

"十一五"规划建议中指出：要"积极发展股票债券等资本市场，加强基础性制度建设，建立多层次市场体系，完善市场功能，提高直接融资比重。"①建立多层次市场体系包括建立多层次股票市场和建立多层次债券市场，这既是一项推进市场发展的工程，也是一项基础性制度建设的工程。

在证券市场中，多层次债券市场主要表现为债券发行市场的多层次状态，而多层次股票市场则表现为股票交易市场的多层次格局。多层次股票

---

① 引自《中共中央关于制定国民经济和社会发展第十一个五年规划的建议》，见《经济日报》2005 年 10 月 19 日。

交易市场不是按照交易组织机构数量划分的，而是按照不同的交易规则划分的。一方面，同一个交易组织中由于交易规则不同，可能形成不同的交易市场，例如，美国 Nasdaq 市场有着四个层次的交易规则，由此，有着四个层次的股票市场。另一方面，同一交易规则可能被不同的市场组织所采用，例如，中国的沪深证券交易所在股票交易规则方面基本一致，因此，实际上是同一层次的市场。

2004 年，深圳证交所提出了中小企业板市场，这实际上是打了折扣的深交所恢复新股上市，不是建立了一个新的层次的股票市场。理由有三：其一，在 2000 年以前，深交所是一个可以容纳各种 A 股发行规模上市的股市。2000 年为了设立创业板市场，深交所暂停了新股上市。如今中小企业板只是将 A 股 IPO 规模在 3500 万股以下的上市公司纳入深交所的市场范畴（IPO 规模在 5000 万股以上的上交所上市，IPO 规模在 3500 万股—5000 万股之间的上市公司取决于两家交易所之间的协调），这与 2000 年之前相比，深交所在承接新股上市规模方面是打了折扣的。其二，中小企业板贯彻的依然是 A 股交易规则，并没有实行另一个与 A 股不同的交易规则，因此，这只是 A 股中的数量划分。这种数量划分不会导致交易规则的变化，也不可能形成一个新层次的交易市场。正如一个学校招收了 200 名高一学生，无论是不按成绩地划分四个班还是按照成绩高低划分为四个班，它们都是高一班。不可能发生，一旦按照成绩划分为四个班，成绩高的就成了高二班，或成绩低的就成了初三班。如果这种数量划分能够建立多层次股票市场，那么，非常简单，我们只需要继续在 A 股中划分出大型企业板、超大型企业板，或者按照产业分类划分为商业板、能源板、高科技板等等，也就建立了多层次股票市场。其三，多层次股票市场不仅需要满足不同的公司发股上市需要，也不仅需要满足不同的投资者入市操作的需要，而且需要满足各地区的差异，因此，需要有不同的交易规则、与其相对应的特色股票和各自独特的监管制度，与此相比，中小企业板差距甚远。

建立多层次股票市场，需要着力解决好如下几个问题：

第一，制定不同的交易规则，形成不同的交易市场。沪深证交所实行的以电子自动撮合为基础的集中竞价交易系统，就科技含量来说，是当今各国和地区的股市中最高的。但这种交易体系也有着明显缺陷，主要表现至少有三：其一，经济活动以时空差为客观前提，但在电子自动撮合交易系统中，股票交易的时空差基本被消解。这固然有利于降低投资者的交易成本，可将众多投资者的投资风险同时集中于一个交易系统内，却增大了交易市场的风险，既容易形成单边市场走势，也不利于交易市场风险的分散。其二，股票交易活动是由若干不同交易环节所形成的一个过程。在这个过程中，不同的证券中介机构发挥着不同的职能，从而，有着提高服务质量和服务内容的运作空间。但在电子自动撮合系统条件下，证券营业部实际上只是一个专营机构，如果将报价终端像ATM机那样搁在街边，投资者自己操作，同样可以完成交易申报，而电子撮合系统同样可以完成交易。在这种背景下，要形成真正的经纪商、做市商和做空机制等都是很困难的。其三，股票有上市必然也就有退市，但在电子自动撮合系统中，上市股票的退市极为困难。一个简单的问题是，所有股票在退市那一刻都处于同一时空状态，以至于退市后的交易难以展开。假定某上市公司的流通股为 5000 万股，在退市时，这些股票的时空概念是完全一样的（即没有先来后到的客观顺序）。在此背景下，如果有个投资者欲购买 10 万股，那么，该由哪个持有者持有的股票卖给此投资者？这是为什么在沪深股市中，退市股票还要借助沪深股市的电子自动撮合系统单开一个市场进行交易（从而实际上没有退市）的主要原因。

建立多层次股票市场体系，不是对电子自动撮合交易系统的否定，而是在此之外发展其他的股票交易系统。可考虑的至少有两个：一是建立以"拍卖"为基础的集中竞价系统，二是建立以做市商双向报价为基础的柜台交易系统，由此，突破仅仅由电子自动撮合交易系统所形成的单一市场格局。

第二，贯彻市场机制，避免行政化。建立多层次股票市场必然将增加市场组织机构，由此，涉及到三个主要问题：其一，产权关系。市场建设需要有投资，这些投资由谁出？鉴于沪深交易所的历史经验和中国双重体制并存的现实，应当避免由政府财政和国有独资机构投资建设新的股票市场，将建设股市的投资交给市场参与者去解决。其二，市场组织机构的待遇。10 多年来，沪深股市在发展过程中行政级别不断提高，这与以市场为取向的改革是不一致的。新建的股市应当贯彻市场机制，改变运用行政机制给市场组织机构定位和定级的做法，使其真正作为一个法人实体，享有民事主体的权益，承担的民事主体责任。其三，制度建设。建立新的层次股票市场需要有新的制度体系，这些制度应当从市场发展需要的角度予以设计，不应简单在 A 股模式中探究，否则，一旦制度成为 A 股模式的翻版，新的市场运行将重复 A 股的已有缺陷。

第三，建立多层次股票市场监管体系。多层次股票市场体系应当是一个有利于风险分散的市场体系，与此对应，监管体系的多层次也应是一个符合市场机制要求的规范化体系。建立多层次监管体系的含义是，根据不同层次的股票市场，设立对应的监管制度和监管指标，选择不同的监管方式，形成有着内在联动但又相对独立的监管体制。建立这种多层次的股票市场监管体系需要解决好三个问题：其一，着力进行制度建设。制度建设是防范风险的第一屏障，凡是制度规定不允许做的，通常是风险最大或最容易引致严重风险的行为。其二，严格执法。应将监管重心放在纠正和打击违法违规行为方面，切实保护投资者的权益，监管部门不应直接介入股票操作，用政策手段或行政机制直接影响股市走势。其三，强化对股市走势状况的研究分析，建立股市预警系统和预警指标体系，提高防范系统性风险的能力。

# 三、股市的国际化

20 世纪 70 年代末以后的中国经济发展直接得益于改革开放。"改革"和"开放"相辅相成，相互促进。可以说，没有改革就没有开放；同样，也可以说，没有开放就没有改革。从股市来看，与海外股市相比，虽然境内的发股上市成本较低，股票发行溢价程度较高，但依然有大量公司倾向于到海外发股上市。截止 2004 年底，中国在海外上市的公司数量已达 265 家，流通股市值已达国内沪深股市可流通股市值的 2.47 倍（具体情况参见表 9.1）。面对境内大量优质公司海外上市的现实状况，一些人大声疾呼应予以限制。然而，中国企业海外上市的成因是复杂的，其中既有国际化、全球化因素，也有海外上市募资数额较大、等待时间较短且易于把握、股份全流通、可享受外资待遇等因素，还有再融资比较方便、有利于促进公司治理结构等因素。与这些因素相比，境内股市的确存在着诸多需要在开放过程中进一步解决的问题。

**表 9.1　2004 年底中国企业海外上市情况**

单位：亿美元

| 上市地点 | 上市公司家数 | 流通股市值 |
| --- | --- | --- |
| 香港 | 195 | 2358.59 |
| 美国 | 37 | 1050.52 |
| 新加坡 | 64 | 82.93 |
| 海外合计 | 265 | 3492.04 |
| 中国境内 | 1377 | 1413.38 |

在加入世贸组织过渡期已即将结束、外汇管理体制改革进一步深化和资本账户加快开放的背景下，股市的进一步对外开放和国际化趋势也在快速展开。这意味着，实际上留给中国股市体制改革和运行机制转变的时间已经不多了。从未来几年看，要有效推进中国股市的国际化，需要着力解决好如下几个问题：

第一，加快对内开放的步伐。受计划机制影响，中国股市自 20 世纪 90 年代起步伊始就一直处于严重的行政管制格局中。就市场机制和法理而言，发股上市、再融资等行为本来是股份公司自己的事务，应由上市公司自主决策，但中国实践中，这些权力为政府行政部门所垄断，从而，出现了申请审批，"指标制"、"通道制"，其步速不仅上市公司无法预期和把握，就是监管部门也常常难以有序安排。缺乏"对内开放"，相关条件不成熟，要进行对外开放是比较困难的。"对内开放"要求监管部门落实"凡是市场能解决的问题交由市场去解决"的理念，一方面放开对发股上市公司的层层审批（或核准），放开对上市公司再融资的层次审批（或核准），将这些事务交由证券公司等中介机构去负责，实行备案制；另一方面，将股市的产品创新交由上市公司、证券公司、证券交易所等中介机构去解决，让市场机制发挥主导作用和基础性作用；再一方面，开放对新设证券运作机构的审批，鼓励各种专业化的经纪机构、投资机构和服务机构的设立，促进证券市场中的机构竞争，发挥优胜劣汰机制。在"对内开放"背景下，监管部门将主要精力集中于监管（即纠正和打击违法违规现象）和维护股市运行秩序方面。

第二，加快制度体系建设。股票市场的国际接轨有着五方面含义，即制度接轨、机构接轨、品种接轨、交易接轨和监管接轨。近年来，通过外资参股于证券公司、基金管理公司，机构接轨有所推进；通过 QFII 机制的安排，交易接轨有所体现；通过产品创新，诸如股本权证、股指期货等的推出，品种接轨也在积极进展之中，但是，各种接轨中最重要的是制度接轨，在这方面实质性进展还相当欠缺。实现制度接轨，需要解决四方面问题：一是股票发行与上市交易相分离，实现股票发行市场和交易市场的相对独立运行，推进存量股票的上市交易；二是发挥证券交易场所的组织者机制，实现交易场所组织者与监管部门的脱钩，使证券交易场所组织者的权力和责任真正到位；三是强化稳定的信息披露制度，改变经常性修改信息披露内容和格式的做法，给投资者和上市公司一个相对稳定的信息披露、信息索取和信息比较的制度环境；四是将非系统风险交由微观主体自己去承担，避免越俎代庖引致的风险。在 15 年的股市实践中，我们出台的各种法规和部门规章相当多，甚至多于发达国家，但成效却难以尽如人意。一个主要原因是，这些制度总是以"管住"为取向，将股市中的大小事务都揽于监管部门手中，缺乏运用市场机制让相关主体自主选择的政策理念，鉴此，在强化制度建设过程中，应特别注重股市参与者作为经济活动主体的合法权益和对应的法律责任。

第三，加快建立金融体系的协调机制。股市是金融市场的一个构成部分。从金融安全的角度看，20 世纪 90 年代以后，国际热钱的冲击主要是从股市和汇市入手；从国内金融发展来看，股市不可能单独推进，它的国际化进程必然要与金融市场的国际化进程相协调，因此，需要注重从金融体系的国际化角度考虑和安排股市的国际化进程。在这个过程中，有三个问题需要予以重视：一是股市的国际化应重视防止国民资产的流失，一些发展中国家在这方面是有深刻教训的。二是股市国际化应防止成为"形象工程"、"政绩工程"的一部分，避免为"国际化"而国际化。需要指出的是，加入世贸组织并没有对股市的国际化做出强制性安排或承诺，因此，股市国际化属国家经济主权范畴，应坚持以我为主的立场。三是股市的国际化应重视与汇市、债市及其他金融市场的国际化相衔接。

**【主要参考文献】**

1. 马克思：《资本论》第三卷，人民出版社 1975 年版。

2. 王国刚：《中国资本市场的深层问题》，社科文献出版社 2004 年版。

3. 杨桢：《英美契约法》，北京大学出版社 2000 年版。

4. 龙卫球：《民法总论》，中国法制出版社 2000 年版。

5. 华生：《全流通改革几个要点的理论说明》，"搜狐财经"2004 年 5 月 26 日，详见华生著《中国股市的经济学思考》一书。

6. 孙笑侠：《论法律与社会利益——对市场经济中公平问题的另一种思考》，载《中国法学》1995 年第 4 期。

7. 王保树、邱本：《经济法与社会公共性论纲》，载《法律科学》2000 年第 3 期。

8. 刘圣中：《从私人性到公共性——论公共权力的属性和归宿》，载《东方论坛》2003 年第 1 期。

9. 藤淑珍：《公平原则与公平责任原则之辨析》，载《政法论丛》2003 年第 4 期。

第三篇
中国股票市场
运行机制分析

# 第十章　中国股权场外交易市场的发展历程

资本市场是我国社会主义市场经济的重要组成部分，在国民经济发展中有着不可替代的重要作用。党的十六届三中全会通过的《关于完善社会主义市场经济体制若干问题的决定》不仅深刻阐述了发展资本市场的战略意义，而且明确提出建立多层次资本市场体系。而在这一过程中，一项重要的任务是促进场外交易市场的发展。可以说，没有一个健全、规范的场外交易市场，建立多层次资本市场体系就是一句空话。因此，回顾场外交易市场的发展历程，分析其运行机制，探讨其政策动向，对于构建多层次资本市场有着十分重要的理论和现实意义。

## 一、场外交易市场的发展历程

谈到场外交易市场，就必须从这个市场所赖以产生和发展的企业制度的变迁说起，这就是股份制改造。中国企业的股份制改造始于 20 世纪 80 年代，到 20 世纪 90 年代初，为解决股份制公司发行股票上市的问题，上海、深圳两个证券交易所相继成立，接着，国家体改委等 5 部门于 1992 年 5 月 15 日联合颁布了《股份制企业试点办法》和《股份公司规范意见》。在这一形势的推动下，全国各地股份公司的设立风起云涌。据统计，从股份制改造开始，到 20 世纪 90 年代中期，全国共成立股份有限公司 6000 多家。这些股份有限公司可分为两大类型，一类叫社会募集公司，一类叫定向募集公司。社会募集公司的股份可以向社会公开发行，并且其股票可以申请在证券交易所挂牌上市，定向募集公司的股份只对包括社会法人和内部职工的特定对象发行，并且在它转化为社会募集公司以前，不能申请股票上市。在当时成立的 6000 多家股份有限公司中，公开募集公司的数量很少，绝大多数是定向募集公司。

有了股份公司的股票发行，股票的交易也就成了必然。不管是公开发行，还是定向发行，也不管是上市，还是不上市，反正股票的天性就是要流通。上市股票的流通股在沪深两个正规的股票市场流通，而上市股票的非流通股如法人股和非上市公司的股票则通过各种渠道进入民间的、自发的或是非正规的股票市场流通。随着时间的推移，在这些非正规股票市场交易的股票品种不断增加，交易规模不断扩大。正是在这种背景下，我国的场外交易市场一步一步地发展起来。大致上，可以将其发展历程分为以下 6 个阶段：

第一阶段：20 世纪 90 年代初，大量的定向募集公司的内部职工股开始成为交易对象。

定向募集公司由于募股对象严格限于内部职工和社会法人，所以对于股票转让有严格限制。比如，内部职工股的转让要在公司内部进行，不能面向社会；法人股的流通要在法人之间进行，不能面向个人。但从实际情况看，这些规定都被变相的渠道突破了。比如，内部职工股大量流入社会成为社会公众股，法人股名义上说是法人购买，但在事实上很多却为个人所持有，这就是所谓的"内部股公众化"、"法人股个人化"的现象。于是，定向募集公司在事实上成了社会募集公司。鉴于此，国家体改委于 1994 年 6 月通知立即停止定向募集公司的审批，在已成立的定向募集公司中，停止审批和发行内部职工股。然而，对已经成立的 6000 多家定向募集公司来说，它们所发行的内部职工股和法人股的股票客观上存在着流通的需要。所以，这些股票便通过各种渠道流入各种场外交易市场。可以说，从股份公司设立之日起，除了在两个证券交易所进行股票的场内交易外，股票的场外交易从来就没有停止过。当时，在全国范围内，在股份制改造的活跃地区，形成了成都、济南、海口等场外交易市场的典型代表。

第二阶段：以非上市法人股为交易对象的 STAQ 和 NET 两系统开通并投入运行。

STAQ 和 NET 两系统都以交易法人股为主，因此，它们一度也被称为"法人股流通市场"。不过，参与两系统交易的公司都是定向募集公司。作为除沪深证券交易所之外的全国性证券交易市场，两系统投入试运行后，在投资者的追捧之下业务曾一度火暴。不过，好景不长，5月20日，随着中国证券业协会向两系统发出"暂缓审批新的法人股挂牌流通"的通知，两系统的指数遂调头回落，并从此一蹶不振。

几乎是在两系统运行的同时，在各地方政府有关部门的推动下，从20世纪90年代初到1998年的六七年时间里，全国范围内成立了相当数量的区域性股票交易市场。这些区域性股票交易市场多以"证券交易中心"、"证券交易自动报价系统"或"产权交易中心"为名，它们的基本功能，就是为非上市股份公司发股筹资、股权上柜交易提供场所，有的市场还通过自己的交易系统为非上市公司的分红配股提供便利。据统计，在最为繁盛的时候，此类区域性场外交易市场多达100多家，形成规模的30多家，有辐射力的达16家。

以山东淄博的股票市场为例，有56家定向募集公司在这里挂牌交易；挂牌企业的股本总额16.5亿元，流通股本7.9亿元，1997年10月底的股票市值50亿元。许多多年不能使其股权流通的定向募集公司，把股权流通的希望寄托在到区域性证券交易市场挂牌上。调查显示，在16家区域性市场挂牌的公司先后有215家，总股本为68.74亿股，其中流通股为28.96亿股，累计成交量为159.06亿股，成交金额为491.34亿元。

1998年4月，为了防范金融风险，整顿金融秩序，根据国务院10号文件精神，政府有关部门着手对场外证券交易进行清理，原在这些市场挂牌的公司逐一被摘牌清退。自此，这些企业的股票失去了公开、合法的流通渠道。于是，大量的股票交易便转入地下股票市场进行。

第三阶段：从1998年起，场外交易市场开始兴起一种新的交易品种，并采取了一种全新的交易方式，就是法人股拍卖。

中国资本市场的又一特色，就是上市公司中存在着大量非流通的国有股和法人股。设法让这些股份流动起来并从中牟利的想法，一直吸引着很多人。国有股和法人股的协议转让，就是使这些股份流动起来的一种方式。1998年，一些拍卖公司受法院委托，开始强制拍卖欠债的上市公司法人股。由于法人股流动性差、投资回报低，竞拍者屈指可数，拍定价格大部分在股票面值左右，且流拍的拍品很多。但是，无论如何，非正规股权流通的一种新方式——法人股拍卖由此拉开序幕。

第四阶段：2000 年以来，"高科技板"、"二板"、"创业板"越来越成为股票市场中大家所熟悉的名词。

根据《创业板股票发行上市条例（草稿）》，创业板上市企业公开发行前的股票在公司上市满 1 年后可以逐步流通。由于有这种良好的上市预期，造成全国范围内新一轮股份公司设立的热潮。"实现创业板上市"成为很多新设立的股份公司的共同目标，于是准备到创业板上市的这些企业所发行的股票也迅速地加入了场外交易市场流通的大军。据不完全统计，仅 2000 年以来，全国新成立的股份公司就有几千家。据不完全统计，目前已设立的 2000 多家拟上市企业大约有 800 多亿的股份在场外交易市场流通。

第五阶段：2001 年 6 月，为妥善解决原 NET、STAQ 系统"历史遗留"问题，中国证券业协会发布并实施《证券公司代办股份转让服务业务试点办法》，代办股份转让系统也于同年 7 月正式运行。

代办系统的设立本身是一种创新，为我国"建立多层次资本市场体系，完善资本市场结构"发挥了一定的作用，但是从实质上讲，代办系统仍具有柜台交易市场的性质，因为从目前来看，它并不具有证券市场最基本的融资功能。

目前，代办股份转让试点范围已经囊括原 NET、STAQ 系统挂牌公司和沪、深证券交易所的退市公司。到 2003 年底，在代办系统挂牌的公司有 12 家，股票 14 只，流通股份 14 亿股、流通市值约 50 亿元。在 14 家挂牌公司中，从原 NET、STAQ 系统转入的公司 9 家，其余是从主板退市的公司。而据透露，有退市风险、有可能进入代办系统的主板公司预计有 17 家。

代办系统承担着完善中国退市机制、探索建立多层次证券市场体系的任务。根据目前的态势，可以预见随着这些退市公司的逐步加入，代办系统将面临一轮较大的"扩容"。

第六阶段：2003 年 12 月，以国资委、财政部联合颁布《企业国有产权转让管理暂行办法》为契机，产权市场异军突起，成为促进国有产权转让以及非上市股权流通的重要平台。

从时间上看，产权市场的出现要早于股票市场。早在 1984 年 7 月，保定市纺织机械厂、保定市锅炉厂以承担对方全部债权债务的方式分别兼并了保定市针织器材厂和保定市风机厂，产权市场的雏形由此在我国显现。不过，由于监管当局对于正规证券市场之外的市场形态一直持有谨慎乃至排斥的态度，产权市场如同其他形态的场外交易市场一样，也经历了一波三折的过程。

2003 年 12 月 31 日，国资委、财政部联合颁布《企业国有产权转让管理暂行办法》。该办法提出，企业的国有产权转让必须进行产权交易，并根据资产归属，在指定的产权交易所进行。以此为契机，产权市场异军突起，在全国范围掀起了大调整、大发展的热潮。如今的产权市场，已不再仅仅是实物型国有资产转让、过户的场所，服务内容已发展到包括股权转让、并购策划、价格发现、政策咨询等在内的更为广泛的领域。

根据以上对场外交易市场发展历程的回顾，我们可以得出这样的结论：所谓"场外交易市场"，指的就是为解决目前国内已设立的股份有限公司发行的、具有一定上市流通可能的、但按规定暂时又不能流通的股权交易所形成的证券市场。场外交易市场在创建初期，主要功能是解决我国资本市场中的历史遗留问题，以弥补主板市场的功能缺陷。

# 二、场外交易各种市场形态的运行机制分析

通过分析场外交易市场的发展历程，我们可以看出，它存在着区域性证券市场、自发性证券市场、法人股拍卖市场、STAQ 和 NET 系统、产权市场等不同的市场形态。我国的场外交易市场之所以能在基础条件尚不完善的情况下得以迅速发展，并涌现出多种市场形态，主要原因在于它们适应了一定时期经济发展和改革开放的需要，在转化社会闲散资金、拓宽居民投资渠道、优化资源配置以及分流银行金融风险等方面发挥了重要作用；毋庸置疑，各种市场形态在其运行过程中也暴露出种种弊端。回顾各种形态资本市场的成长历程并分析其运行机制，对于我国建设多层次资本市场体系，无疑有着重要借鉴意义。

## 1. 区域性证券交易市场

在我国，最早建立区域性证券交易市场的是山东省淄博市。后来，随

着其交易量的增大及知名度的提高，其他省市也纷纷仿效。截止到 1998 年
3 月，全国各地共有 16 家这样的区域性证券交易市场，分布在淄博、青
岛、济南、武汉、宜昌、珠海、成都、乐山、郑州、沈阳、大连、天津、
鞍山、无锡、重庆、义乌。

(1)市场参与主体

在区域性证券交易市场挂牌的公司先后计有 215 家，会员约 300 多家，
拥有股民约 900 多万。挂牌公司基本上是国有中小企业和一些重点乡镇企
业，总股本为 68.74 亿股，其中流通股为 28.96 亿股，占 42%（详见表
10.1）。此外，各地还有一些在"产权交易"名义下进行的股权交易活动，
其中有的已形成市场，有的尚未形成市场，具体范围和规模欠精确估计。

**表 10.1　215 家挂牌公司概况**

| 总股本<br>(亿股) | 国家股<br>(亿股) | 发起人股<br>(亿股) | 社会法人股<br>(亿股) | 流通股<br>(亿股) | 累计成交量<br>(亿股) | 累计成交额<br>(亿元) |
|---|---|---|---|---|---|---|
| 68.74 | 31.62 | 5.96 | 2.20 | 28.963 | 159.06 | 491.34 |

资料来源：文宗瑜：《非上市公司购并研究》，载《资本市场杂志》，1999(6)：39。

调查显示，挂牌公司的股本结构比较复杂，除了具有与上市公司一样
的国家股、法人股、社会个人股以外，还有发起人股、职工股。在各家区
域性证券交易市场挂牌交易的是各公司的职工股和社会个人股，合称为流
通股。各地的投资者（股民）之所以积极参与挂牌公司的流通股交易，主要
是在各区域性证券交易市场挂牌的公司的股价较低，投机风险相对较小。
16 家区域性证券交易市场前后涉及的股民（以开设的股票账户计算）约 86
万户。这 86 万户股民中的 93.6% 同时买卖深沪证券交易所的股票。在区
域性证券交易市场最为繁荣的 1997 年 8 月，分流的资金（包括资金头寸）约
49 亿元，占不到同期居民银行储蓄存款的千分之一。

(2)交易方式

一般来说，各地的区域性证券交易市场的交易方式具有以下共同点：

第一，交易时间及开市、收市的时间与沪深证券交易所同步，而且各
自都制定了本市场的交易指数，每个交易日都有开市指数、收市指数以及
每只股票的昨日开盘价、收盘价等；

第二，实行席位制与会员制，但是席位制形同虚设；

第三，投资者必须单独在各地市场开设证券账户，但资金账户可与沪深证券交易所的资金户同户，方便股民买卖沪深证券交易所及地方证券交易市场的股票；

第四，利用电视、报刊等媒体及时公布区域性证券交易市场行情，介绍挂牌公司的情况；有的区域性证券交易市场还自己出版报纸。

（3）交易品种和交易价格

在各个区域性证券交易市场交易的品种主要是在该市场上柜的定向募集公司发行的职工股和社会个人股（合称为流通股），也有一些上市公司按规定未能上市的内部职工股权证以及"历史遗留问题"公司的职工股权证，以及沪深证券交易所的股票。不过，由于上柜公司股票的价位低，投资风险相对较小，所以更能吸引当地的投资者。

关于这些市场的交易价格，由原国资局研究人员文宗瑜主持的课题组于 1998 年选取 100 家上柜两年以上的公司作过一个调查，调查显示，上柜公司的平均发行价为 1.08 元，上柜以后的交易价格一般都高于发行价，市盈率平均在 5 倍左右。但是，交易价格受政策影响而波动较大。对 1996 年 12 月 25 日、1997 年 5 月 27 日、1997 年 12 月 25 日、1998 年 4 月 15 日 4 个交易日的平均收盘价统计如下表 10.2：

表 10.2　100 家挂牌公司 4 个交易日的平均收盘价概览

|  | 平均收盘价（元） | 跌破发行价家数 | 跌破发行价家数比例 |
| --- | --- | --- | --- |
| 96.12.25 | 2.15 | 0 |  |
| 97.05.27 | 3.05 | 0 |  |
| 97.12.25 | 1.28 | 46 | 46% |
| 98.04.15 | 1.29 | 44 | 44% |

资料来源：文宗瑜：《非上市公司购并研究》，载《资本市场杂志》，1999(6)：40。

从统计中可以看出，区域性证券交易市场在 1997 年年中达到鼎盛期，但从 1997 年年底开始走下坡路。这主要是因为当时盛传国务院要对区域性证券交易市场采取整顿措施，投资者出于恐慌心理，纷纷抛售手中的股票。当时由于有人卖，无人买，各个市场每日的交易量迅速萎缩，股价直线下跌。1998 年 4 月 3 日国务院有关文件正式下发后，市场进入全面低迷阶段。

（4）存在的问题

从各个区域性证券市场的运作情况来看，不同程度地存在着一些问题。

第一，法律制度不健全，交易规则不完善。各地的证券交易市场大都是自发成立的，而且组建仓促。各地过分注重已有股票的流通及公司的筹资功能，忽略了法律制度的建设。虽然各地都制定了地方性的股票交易规则，但这些规则往往相互矛盾，甚至有的地方制定规则只是为了应付上级管理层的清理整顿。由于法律制度不健全，上柜标准参差不齐，上柜公司的质量得不到保证。除此之外，由于信息披露不规范、不及时、不完整，参与证券交易的股民不能在公开、公正、公平的环境中投资和竞争，其合法权益得不到有效保护。随着各地证券交易市场规模的扩大，因合法权益受到损害而发生投诉和控告的案件越来越多，这在一定程度上影响了这些市场的发展。

第二，人员素质较低，管理带有行政色彩。就全国区域性证券交易市场从业人员的整体素质来看，非专业人员占大多数。这些人员除了业务素质不能胜任证券交易的需要外，其中许多人也不具备从事这一行业的职业道德。许多区域性证券交易市场上发生的垄断操作、欺诈假冒等损害投资者的行为，固然与相关制度不健全、规则不完善有关，但与市场从业人员的素质低下也不无关系。另外，各地的区域性证券交易市场在组建过程中，一般都是由某个政府职能部门来牵头，管理人员往往是由相应政府职能部门委派。因此，管理往往带有很浓的行政色彩。

第三，缺乏做市商队伍，交投不够活跃。按照证券交易规则，任何一只交易券种都要有至少两家做市商做市。由于做市商必须按规则持续报价并承担所报价位上一定数量的买卖业务，从而保证了市场价格的延续性和交易的活跃性；而且，做市商越多，越容易形成报价上的竞争，防止垄断，从而有利于投资者选择较好的价位进行股票交易。然而，当时绝大多数区域性证券交易市场都未建立起做市商制度，有的甚至对做市商还比较陌生。由于做市商队伍的严重缺乏，使得各区域性证券交易市场很难形成相互竞争和相互制约的局面，从而对交投活跃产生了极为不利的影响。

### 2. 自发性证券交易市场

所谓自发性证券交易市场，是指并不存在固定的交易"场所"，而是由一批市场参与者、一定的交易方式和一组交易规则所构成的一种市场机制，故可视其为典型的无形市场。

（1）市场参与者

自发性证券交易市场的参与者主要由两部分人构成：直接交易者和中介商。

从直接交易者的情况看，卖方多为股份公司的内部职工。他们参与股票交易一般不以赢利为目的，主要是因急需现金而出卖股票。买方多为来自全国各地的专业炒股者。他们政策信息灵敏，资金实力雄厚，出于投资赢利或炒作赢利的目的，往往对所购股票的公司的未来前景抱有信心。

在直接交易中，作为卖方，持股量是相对分散的，其单笔出售量也就受到限制；而作为投资者的买方则相对集中，单笔交易的需求量也比较大。为解决这一供求矛盾，中介商便应运而生。

中介商所经营的证券业务主要属于自营业务，也有的经营经纪业务。就自营业务而言，中介商既可以充当买方也可以充当卖方，从中赚取买进卖出的差价，并且客观上在小量的供给和大量的需求之间起着撮合作用。就经纪业务而言，中介商介绍交易双方直接见面，撮合成交，然后向双方当事人收取一定佣金。

（2）交易方式

在自发性证券市场中，证券交易是由买卖双方通过一对一谈判达成的，具体可分为现金交易和票票交易。所谓现金交易，就是在双方谈好价格后，一手交钱、一手办股票过户手续。所谓票票交易，就是双方以各自持有的某一公司的股票相互交换并过户予以确认。无论是现金交易，还是票票交易，如果交易数额较小，一般是当场成交；如果数额较大，则往往到住所或茶楼、宾馆成交。这种交易方式的特点是，买卖双方直接交易，不受时间、地点的限制，具有较大的灵活性和自由性，且交易成本较低。正是由于交易方式的这一特点，自发性证券交易市场成为证券监管的灰色地带，尤其是1998年公开的场外交易市场被关闭以后，它成为非上市公司股权流动的重要场所。

(3)交易品种及其价格形成机制

自发性证券交易的品种主要有以下几类：一是上市期限未满 3 年的公司所发行的职工股股票；二是"历史遗留问题"公司发行的股票；三是定向募集公司的职工股和法人股股票；四是发起设立公司的股票或股权托管卡。

从以上交易品种的价格形成机制来看，国家经济政策的走势以及股票发行公司的上市预期是最主要的影响因素，与公司本身经营业绩好坏并无密切联系。至于个股的价格高低，则直接取决于公司的上市可能性，上市的可能性越大，消息越明朗，其价位越高，大致遵循以下的顺序：第一，上市公司职工股股票，由于这种股票很快会上市，因此价位最高；第二，"历史遗留问题"公司的股票，这种股票的上市只是早迟问题，因此也有不少投资者愿意购买；第三，定向募集公司的股票，由于这种公司也有可能上市，因此其股票的价位一般在前两种股票之后；第四，发起设立的股份有限公司的股票或股权托管卡，这种公司由于成立时间短，股票的价位一般在票面值上下，其中有些经营业绩差的，长期不给股东分红，其股票价位最低，往往在票面值以下。

(4)存在的问题

第一，信息不对称。在这一市场上，交易参与者主要依靠非公开媒体传播的小道消息来获取不完全的股票信息，存在着较严重的信息不对称的问题。一些中介商和大户往往利用这一点，通过制造、散播虚假消息来哄抬或打压价格，控制市场价格走向，以获取暴利。

第二，中介商素质低下。股票交易原本是专业性很强的经营业务，然而这一市场的中介商基本上由下岗人员、离退人员和无业人员组成，他们既无专业背景，更谈不上经过业务培训，其服务质量可想而知。

第三，股票的流动性较差。由于没有固定的交易场所，同时也缺乏规范的交易规则和信息披露制度，因此这一市场的交易分散、交易量不稳定且不连续，即股票的流动性较差。

### 3. 法人股拍卖市场

这一市场由于有着固定的交易场所、相对规范的交易方式和相对完整的信息披露制度，可被视作一种典型的有形市场。

(1)市场参与者

从法人股的出让方来看，大多数是中小型企业持股者，他们为了盘活企业资产，急于套现；还有一些欠银行债的企业则急于转让法人股以还债。此外，"黄牛"也是法人股的主要供给者。他们往往利用拍卖地与其他地区的信息不对称性，在外地以较低价格收购大量法人股，然后在拍卖地拆细后用高价委托出售，以获取差价收入。

从竞购方来看，主要包括这几个部分：一是规模很大的投资企业，包括国有公司和民营企业。它们并不太在乎被拍卖的法人股何时上市，而是希望通过竞购取得大宗法人股，掌握上市公司的参股甚至控股权，从而参与上市公司的资本运作。二是从事中长期投资的企业，主要是在二级市场上靠炒作股票起家的民营企业。这类企业的地位比较灵活，它们可能作为投资者，在法人股上市时放盘，也可能作为投机者，在法人股市场价格高时就转让。三是个人或个人的组合。他们以公司的名义买下法人股，一旦看到合适机会就高价转出。从发展上看，由于拍卖市场比较规范，致使股票的流动性增强，后两类投资者趋增，并且逐渐成为主宰法人股资金流向的主要力量。

在法人股拍卖市场，拍卖行提供信息发布、交易场所、交易程序保证等一系列服务，故其中介地位极为重要。拍卖行之所以进入法人股市场，主要是看中了法人股成交后的丰厚利润（拍卖佣金），据调查，拍卖行一般向转让双方收取相当于成交额 3%～5% 的佣金，这使得它们在行业性市场疲软中找到了新的利润增长点。

(2)交易方式

法人股拍卖的方式是，在拍卖行通过竞价拍卖形成法人股的交易价格，然后在中央证券登记结算公司通过股权转让过户完成整个交易。在《拍卖法》的法律框架下，拍卖市场基本是一个有法可依、有章可循的规范市场。相对于无形市场而言，由于拥有固定的交易场所、一定的信息披露要求、公开的竞价方式和规范的交易程序，拍卖市场的交易更集中、股票流动性更强，因而是一个更有效率的交易市场。2001 年 8 月，为防止投机者恶意炒作法人股，使法人股变相流通，证监会下文紧急叫停法人股拍卖。但实际上法人股拍卖并未就此罢手，而是在"司法委托"的遁词下兴旺依然。

（3）价格形成机制

在法人股拍卖市场，行情的变动与股票发行公司的经营业绩有着比较密切的关系，但也反映出政策的作用。具体分析，拍卖市场的价格表现出这么几个特点：首先，要看被拍卖的是老股还是新股，老股老办法，新股新办法。因为老股全流通的可能性更大，更值得看好，而不少新股的流通股股价甚至已跌破净资产，其法人股自然拍不出好价钱；其次，遵循一定的倍率，一般而言，流通股的价格是被拍卖的法人股的4～5倍；再次，看行业背景，像申能、原水这样的股票，拍卖的价格就会较高；最后，看是否有分红派息，如果有的话，投资价值会大大增加，拍卖价也会相应提高。

不过，法人股毕竟尚未上市流通且流通预期具有一定长期性，因而其定价带有很多不确定因素。从市场交易的总体情况看，其价格基本上以每股净资产值为基础；另外，与总股本与法人股总量、二级市场的股价走势等密切相关。统计显示，二级市场大受追捧的股票，其法人股同样表现不俗。二级市场的利好对于法人股和公众流通股来说都是共享的，因而流通股价对法人股价有很强的比照作用。

（4）存在的问题

法人股拍卖市场存在的问题主要是：

第一，拍卖信息不公开、不完整。法人股拍卖通常是拍卖行以刊登广告的形式公布拍品的拍卖时间、地点和数量。对于投资者来说，信息来源庞杂，可靠性难以保证。另外，由于拍品来源对投资者保密，投资者无法判断拍品是否存在法律隐患，极易导致过户纠纷。

第二，市场价格操纵。由于市场承接力度不够，大宗拍品经常流标或成交价格相对较低，因此几乎所有的拍卖行都将大宗拍品拆分成数个小标的（一般不超过30万股），以提高成功率。一些持有法人股数量巨大的大户往往会借此机会先将一小部分法人股委托拍卖，让关联公司高价竞拍，人为地抬高行情，达到以较高价格放出手中法人股的目的。

**4. STAQ 系统和 NET 系统**

STAQ 系统全称是全国证券交易自动报价系统，由中国证券市场研究中心于1992年7月创办。NET 系统的全称是全国电子交易系统，由中国证券交易系统有限公司于 1993 年 4 月创办。

(1)市场参与者

在 STAQ、NET 两系统挂牌交易的公司均为定向募集公司。定向募集公司是指由发起人组织，向发起人、其他法人和内部职工定向募集资金而设立的股份有限公司。由于这类公司的法律地位界定不清、经营机制很不规范，1994 年 7 月 1 日《公司法》正式生效后，被明令禁止设立。然而，对于已设立的 6000 多家定向募集公司来说，如何使已发行的股票流通是一个不容回避的问题。于是，两系统应运而生。

至于两系统的投资者，按照规定必须是法人，但在实际的交易中，有相当数量的个人进入市场，两系统流通的法人股实际上已经个人化。根据一份统计资料，截止到 1998 年 6 月，两个系统的开户数达到 10.5 万户，投资者分布在 20 多个省市，其中比较集中的就有四川、湖南、福建、北京、广东、海南等 6 个省市。

(2)交易品种和交易价格

由于两系统的交易品种都以法人股为主，因此，它们一度也被称为"法人股流通市场"。根据一份统计资料，截至 1998 年 6 月，STAQ、NET 系统内共有 13 家挂牌公司，总股本 25.18 亿，流通股本 2.17 亿，平均每家流通股本 0.936 亿。作为除沪深证券交易所之外的全国性证券交易市场，两系统投入试运行后，在投资者的追捧之下业务曾一度火暴。STAQ 系统的股指曾由 1993 年 4 月底的 100 点左右曾攀升至 5 月 10 日的 241 点，系统内所有股票都创出历史最高价位；同时，NET 系统的指数也是芝麻开花节节高，5 月 11 日达到历史最高点 225 点。然而，5 月 20 日，随着中国证券业协会向两系统发出"暂缓审批新的法人股挂牌流通"的通知，两系统的指数遂调头回落，并从此一蹶不振。STAQ 系统挂牌公司股价均跌去了90％以上，一些最高点达十几块的股票只剩下了 1 毛多钱；据说 NET 系统则有股票瞬间跌到过 1 分钱。

(3)存在的问题

第一，挂牌公司和投资者数量有限，市场规模过小。两系统开通后，挂牌公司最多时也就 13 家，开户数最多时约 10.5 万。作为全国性的证券交易市场，这样的市场规模别说与沪深证交所相比，就是与淄博证券交易自动报价系统这样的区域性证券交易市场相比，也显得过小。

第二，投资者注入资金有限，市场波动剧烈。两系统的投资者名义上是法人机构，实际上占流通总额约 70％的股份为自然人持有，因而投资者资金实力有限，加上市场规模和政策因素的影响，使得绝大部分投资者只是在最初注入一定的资金，其后并不追加新的投资。这使尚处起步状态的法人股市场因资金不足显得十分脆弱。

### 5. 产权市场

产权市场由原体改委及国资委系统组建的产权交易所和由科委系统组建的技术产权交易所两大部分组成，其主要业务是为国有企业的产权转让提供交易平台。截至 2004 年底，全国共有产权交易机构 200 多家。

（1）市场参与者

由于产权市场的定位是作为国有产权转让的平台，所以，这一市场的供给主体是国有企业。尤其是 2003 年 12 月 31 日国资委、财政部联合颁布《企业国有产权转让管理暂行办法》，规定国有企业的产权转让必须根据资产归属，在指定的产权交易所进行，所以参与产权市场交易的国有企业日益增多。此外，也有一些非国有产权的出让通过产权市场进行，之所以如此，是因为产权市场能够提供比较周全的信息中介服务。

产权市场的需求方很广泛，境内国有企业、民营企业构成产权需求的主体。不过，近年越来越多的境外企业也参与到并购国有产权的行列中来。

各地产权交易机构提供信息披露、资格认证、法律政策咨询、产权过户等一系列服务，它们在产权市场中扮演着极为重要的角色。但另一方面，目前的产权交易机构都是在政府部门的特许甚至是直接介入下建立起来的，因而具有很强的垄断性。

（2）交易方式

在实物型产权交易的情况下，交易方式以协议转让为主，也有些交易机构采用拍卖的形式。在股权交易的情况下，交易方式理应更为灵活一些，然而，监管当局为制止交易中的投机行为，规定"不搞柜台交易、不搞拆细交易、不搞连续交易"，因而压抑了产权市场的活力。

（3）交易价格

我国产权市场迄今尚无统一的、市场化的定价方法，因而在产权转让特别是国有产权转让应如何定价的问题上存在着激烈争论。一种观点坚持以账面净资产作为国有产权定价的基础，并且认为交易价格不应低于净资产价格，或即便低于此价格也不应超过一定幅度，否则就是国有资产流失。另一种观点认为，以账面净资产作为定价的基础存在着不合理性，因为它不能反映资产的实际盈利能力。因此，应当以资产的实际盈利能力作为国有产权定价的基础。不过就目前来看，前一种定价方法更具有普遍性。

（4）存在的问题

第一，市场功能的定位模糊。本来，产权市场的重要功能是提供中介服务。然而，目前许多产权市场在其业务介绍中赫然写着"寻找买方"、"组织谈判"乃至"起草文件"等本应由专业律师事务所来承担的职责。像这样集裁判员、教练员、运动员等不同角色于一身的政策安排，使产权市场在国有产权交易的过程中俨然成了一个无所不能的超级机构。

第二，市场结构处于人为分割、各自为政的状态。目前，我国各种产权交易机构虽然已达 200 家，但基本上处于人为分割、各自为政的状态：其一，从组织体制来看，各地的产权交易机构差异较大，有的采用事业单位制，有的采用公司制；有些是营利性机构，有些是非营利性机构，从而给跨区域合作造成体制上的障碍；其二，从信息传导来看，各地产权市场间渠道不畅，反馈不灵，且在信息披露的内容、形式、范围等方面标准不一，不利于信息交流和资源共享；其三，从交易制度来看，各地产权市场的规则不同，政策有别，甚至连统计口径也不一致，使得跨区域的企业并购和资产重组困难重重。

# 三、我国场外交易市场形成与发展的原因

## 1. 对监管当局金融抑制政策的反映

我国场外交易市场之所以存在和发展，其原因，首先是对监管当局所选择的金融抑制政策的反映。在国内储蓄大于投资因而货币资本并不短缺的情况下，之所以还存在着游离于体制之外的这种非正规市场，主

要原因是金融监管当局垄断了体制内金融资源的控制权，而且，监管当局在分配资源的过程中又存在着严重的所有制偏见。举例来说，迄今为止，发展 10 多年的正规股票市场并没有给民营企业和乡镇企业以太多的支持。正因为如此，在改革以后发展起来的民营企业和乡镇企业基本上都是通过体制外资本市场来融资的。既然融资如此，其股权的交易自然也随之游离于正规的股票交易市场之外，于是，体制外股权交易市场的出现就是必然的了。

**2. 弥补了正规资本市场的结构性缺陷**

结构缺陷是我国正规资本市场一个突出的制度缺陷。这就是，缺乏与不同经济发展层次相适应、与不同规模企业的筹资要求相对应、与企业不同发展阶段的资金要求相吻合、多层次的市场体系和市场结构。我国现有的沪深两个证券交易所，在组织体系、上市基准、交易方式和监管结构等方面几乎完全同构，这在世界上都属罕见。由于这两个交易所要求上市公司的股本总额必须达到 5000 万元以上，必须有连续 3 年的盈利记录，并且，多年来国有大中型企业在这两个证券交易所公开发行股票和上市享有特权，致使占企业总数 95％以上的大量具有内在潜质和发展前景的中小型优质企业被排斥在这两个股票市场的大门之外。这不但不利于形成我国经济运行和发展的层次结构，也不利于在市场上形成分层次的竞争。

必须清醒地认识到，在一个"瘸腿"的市场结构中，资本市场的总体资源配置功能是很难充分实现的。而在解决这一问题的过程中，场外交易市场可以发挥重要的作用。因为通过这个市场的运作，可以积累宝贵的经验，从而能够为建立我国多层次资本市场体系作出有益的探索。

**3. 推进现代企业制度建设的必然要求**

发展场外交易市场更是深化国企改革、推进现代企业制度建设的必然要求。这是因为，要深化国企改革，就必须按照现代企业制度的要求，对它们进行股份制改造。而要促进股份制改造，离不开资本市场的大发展。我国目前已改组设立的股份有限公司中，仅有 1 千余家实现了在深沪两地证交所挂牌上市，尚未上市的公司占绝大多数。这些未上市公司既不能利用股票市场从事融资活动，又不能利用股票市场开展必要的并购活动，实现优胜劣汰，其发展受到了极大的约束。国内外股份制发展的实践都证明，无论是上市公司还是非上市公司，其股权都要流动，只是流动的方式不同而已。如果股权不能自由流动，股份有限公司的股票就只是一份收入分配的凭证，而称不上资本的所有权证书，股票持有者便无法真正行使股东的权利。对股份公司来说，股东权利的行使是通过"用手"投票和"用脚"投票这两种方式来进行的。而当股权不能流动、不能交易时，股东最多只能行使"用手"投票的权利，而被剥夺了"用脚"投票的权利。进一步看，今后，我国还要有大量的企业改制成为股份有限公司。如果没有活跃有序的、多层次的股票流通市场，这些企业的股份制改造将徒有虚名。正是从这个意义上，我们说场外交易市场弥补了正规证券市场的不足，为股份公司尤其是非上市的股份公司的股权流动提供了广阔的出路，从而促进了股份制改造的深入发展。

### 4. 提高资源配置效率的重要手段

产权自由交易、资本自由流动，是市场经济存在的前提，也是其正常运作的保证。没有产权的自由交易和资本的自由流动，就不会有资源配置的高效率和企业运作的高效率。在中国目前实行经济转轨的特定时期，我们认为，只有发展场外交易市场，才能实现更大范围内的股票自由流通，从而使股票的持有者能够根据自身的需要，灵活地调整投资方向、构建新的资产组合；能够有效地启动市场化的企业购并机制，促使股权向更善于经营的投资者手里集中；同时也有助于交易所场内交易市场的上市公司真正实现优胜劣汰。假若应退市的公司没有"出口"，出于投资者利益等因素的考虑，证券监管部门很容易对上市公司退市的裁决优柔寡断，标准把握不严。这样，经营不善、扭亏无望的PT公司就难以被及时淘汰出局。"劣"不易汰，"优"也就不易胜，这样一来，资源也就难以在上市公司之间实现有效配置。不仅如此，既然劣质公司不能被及时淘汰，便难免仍然像以往那样以重组幻象等虚假信息的散布被热炒、被追捧，形成资金资源由高效优势企业流向低效劣势企业的扭曲局面，造成上市公司整体素质的低下，进而产生严重的股市泡沫，加大金融风险。

另外，在股权不能流动、不能交易的情况下，导致资本的低效率，使得股权不能向更关心企业发展的投资者集中，市场化的收购兼并机制无法启动，难以实现对资产的重组和对资源的优化配置。

### 5. 为投资者变现股票提供了一条便捷的通道

从 20 世纪 80 年代我国开始实施股份制改造以来，产生了国家股、法人股、内部职工股、历史遗留问题股、STAQ 和 NET 系统法人股等等众多从不同角度划分的、暂不可流通的股票品种，要看到，这些股票的投资者为了支持股份制改造，多年来付出了很高的持股成本和资产流动性损失。所以，只有建立场外交易市场，才能给这些不流通股创造一个流通的平台，使投资者的合法权益得到有效保护；同时，在一定意义上，它也实践了政府政策的许诺。特别是 2001 年上半年，我国证券交易所启动了上市公司的退市机制。场外交易市场对退市公司的吸纳，使其股票在新的交易平台上得到重新评价，最大限度地保证了原有股东的权益，减少了退市机制对市场发展的震动。对持股的股民而言，相当一部分人在国家医疗制度、住房制度改革过程中和一些职工面临下岗的情况下，希望能变现股票或股权证以应急需；还有一些股民因工作调动或家庭迁移，也不想再持有原来的股票。在没有合法交易市场的情况下，体制外交易市场自然成为这部分股民变现股票的唯一渠道。尤其是自发性交易，它不受时间、地点、方式的限制，不论是成都市"冬青树"大发电器城这样集中的交易市场，还是淄博市各证券营业部门口相对分散的市场，以及其他零星的交易点，股票买卖随时、随地都可以进行。交易中，当事人各方可以不受严格的交易规则的限制，而按约定俗成的习惯进行交易；不仅大额股票可以成交，小额零星的股票也同样可以成交，投资者甚至可以不通过中间商直接进行交易。正因为如此，自发性交易比起在公开、合法的证券交易市场所进行的交易，具有较大的自由性和灵活性，交易成本也较低，是许多股民变现股票的一条便捷的通道。

通过对场外交易市场运行机制的分析，我们可以得出这样几点结论：

其一，这个市场基本上是一个自发形成的市场，较少有政府干预的色彩；当然，不可否认，在发展过程中，一些要想为地方企业发展"做些实事"的地方政府，特别是那些抱着要创建"第三家证券交易所"的不切实际想法的地方政府，也曾对这个市场的创建与发展发挥过积极的推动作用。

其二，在这个市场流通的股票都具有一定的上市预期，参与者的目的不仅在于看好该市场、投资某企业，更重要的是想以这个市场为桥梁，等股票将来上市后在正规股票市场获取更大的收益。

其三，这个市场仅仅承担了未上市股票流通的功能，而基本不具有企业在其中发股筹资的功能，因此，它是一个功能不完整的市场，是在中国特殊的体制环境下，在特殊的经济转轨过程中形成的非正规金融市场的一部分。

# 四、有关场外交易市场的政策动向

## 1. 已出台的相关政策

可以说，在上个世纪，监管当局对于场外交易市场的发展问题并没有给予足够的重视，致使该市场基本上处于放任自流状态。进入新世纪以来，随着规范化发展成为市场的主流趋势，监管当局也开始对场外交易市场给予了越来越多的关注。其中，代办股份转让的规范问题，法人股拍卖转让的规范问题，产权市场的规范问题构成监管当局关注的三大主要领域。

(1)《证券公司代办股份转让服务业务试点办法》的颁布和实行

2001年6月12日，中国证券业协会发布了《证券公司代办股份转让服务业务试点办法》。该办法的总则中称："为解决原STAQ、NET系统挂牌公司的股份流通问题……，特制订本办法；代办股份转让服务业务，是指证券公司以其自有或租用的业务设施，为非上市公司提供的股份转让服务业务。"该办法第八十条同时指出，"其他经批准可进行股份转让的股份有限公司的股份转让服务业务活动，参照本试点办法执行。"由此看来，"代办股份转让"虽然仅从解决STAQ、NET系统遗留问题出发，却给广泛开展未上市股票交易留下了余地，它标志着一直处于整顿和禁止状态的场外交易市场又被提到了议事日程。

目前，中国证监会共批准6家券商(318家营业部)从事代办股份转让业务，分别是大鹏证券、申银万国、国泰君安、国信证券、辽宁证券、闽发证券。投资者须先到以上券商的营业部，开立非上市公司股份转让账户和资金账户，才可进行转让交易。同时规定了严格的交易规则，每周只交易 3 天(周一、周三、周五)；以集合竞价的方式一次性配对撮合；不设转让指数；5% 的涨跌幅度限制等等。

据深交所统计，从 6 月 29 日开始受理开户至 7 月 13 日半个月时间内，六家指定券商的开户数累计 32842 户，其中 13 日开户数就多达 8474 户。市场进入资金在 12 亿元到 24 亿元之间。这些事实充分说明，"代办股份转让"符合投资者需求，完全能够激发广大投资者的参与愿望。截至 2003 年底，在代办系统挂牌的公司有 12 家，股票 14 只，流通股份 14 亿股、流通市值约 50 亿元。在 14 家挂牌公司中，从原 NET、STAQ 系统转入的公司 9 家，其余是从主板退市的公司。而据透露，有退市风险、有可能进入代办系统的主板公司预计有 17 家。该系统的投资者开户数为 10 万户。

在解决了 2000 年的"29 号文件"中所提到的 NET、STAQ 两家法人股市场摘牌企业及主板退市企业股份流通的硬性任务后，该系统在未来可能将进一步出台扩容政策。诸如，吸收 1998 年关闭全国各地场外交易柜台时所遗留下来的 574 家企业中资产质量、运营良好的企业进入系统挂牌交易；吸收申请沪深市场上市已进入辅导期的公司，进入系统挂牌交易并实施监管辅导；吸收高新技术企业进入系统，为其股权融资提供一个市场化平台等。

另外在系统交易频率、涨跌幅度、交易网点以及市场化监管机制的建立等方面可能也会出台一些措施，推进该系统的发展，使其真正成为我国场外交易市场的主体，发挥其初级资本市场的功能与作用。

不过，从总体来看，代办股份转让的规模还小，有必要进行扩容。管理层也有意加大市场的改革步伐，并已经采取了一系列积极的举措，例如，2002 年 8 月 29 日发布通知，明确将退市公司纳入代办股份转让试点范围。2005 年 12 月国务院颁布的《国家中长期科学和技术发展规划纲要》也提出逐步允许具备条件的未上市高新技术企业进入代办系统进行股份转让。

(2)法人股拍卖的规范意见

法人股拍卖进入 2001 年的持续升温，引发了各界对其合法性的广泛讨论，赞成者有之，反对者有之，莫衷一是。特别非上市公司的股票拍卖，比如2001年5、6月份以来，"拟上创业板企业自然人股"进入拍卖市场，立即招致舆论界一片反对之声。2001年6月8日，上海市拍卖行业协会发出紧急通知，要求全市拍卖行从当天起暂停非上市公司的股票拍卖。7月19日，中国证监会新闻发言人谈话，一方面肯定"上市公司非流通股股东有权转让其所持股份"，另一方面指出"有关转让活动应当依法进行"，"如果向社会非特定对象公开发布股份出售意向，将构成公开发行股票行为，必须事先获得国家证券监督管理部门的批准。"这之后，非上市公司股权拍卖被公开叫停，上市公司股拍卖虽未被明令禁止，但其明显属于"向社会非特定对象公开发布股份出售意向"，是否应事先获得批准，尚无明确的说法。受此影响，法人股拍卖市场骤然冷落下来，法人股拍卖的公告越来越少，即便在少有的几场拍卖会上，流标也变得司空见惯。

不过，从2002年起，对法人股过户的限制出现了放松的迹象。这一年3月，证监会下发了关于国有股和非国有股股权协议转让过户问题的通知。根据这一通知，上市公司非国有股权协议转让只限于转让股数占上市公司总股本比例5％以上（含5％），且仅限于法人之间"一对一"转让。

可以认为，这一新政策的出发点主要是为了给上市公司资产重组打开一条通道，但是从客观上看，这一政策的变化也预示着非流通股过户问题的解决已经提上了议事日程。因此，该政策的出台无疑将给沉寂多时的法人股市场带来新的活力。

（3）《企业国有产权转让管理暂行办法》的颁布和实行

2003年12月31日，国资委、财政部联合颁布《企业国有产权转让管理暂行办法》（又称三号令），之后又陆续出台了若干个细化文件，业内称之为一拖八文件。这批以三号令为核心的有关国有企业产权流转的规范性文件，奠定了中国国有资产转让和产权市场建设的法制基础。

接着，新《公司法》和《证券法》的出台和实施，为产权市场成为我国多层次资本市场的组成部分进一步打开了希望之门。据保守估计，新法实施前，我国公开发行未上市股份的公司数量约1万家，存量股份公司总数约6万家，而在深、沪两交易所上市的股份公司不到1400家。新法实施后，由于降低了股份公司设立门槛，以及设立审批方式作了有利的调整，预计我国股份公司数量将呈爆炸式增长，股份公司股票发行和转让的市场需求将更加迫切。由于未来产权市场定位于非上市股份的转让，因而具有巨大的发展空间。

目前，国资系统以上海产权交易所为龙头组织了长江流域产权交易共同市场，成员为长江流域省市的产权交易机构；以天津产权交易所为龙头组织了北方产权交易共同市场，成员为长江以北地区及京津地区的产权交易机构。科委系统自 1999 年 12 月在上海成立我国第一家技术产权交易所以来，目前全国各地已成立技术产权交易机构 40 多家，这些交易机构全部都是由当地政府部门牵头发起设立的。

不过，目前各省市设立的 200 多家产权交易机构规模小，技术落后，力量分散，难以形成规模效应；同时，由于缺乏统一的监管主体和法律规章，政出多门，规则各异，其蕴涵的潜在风险不容低估。

**2. 有关政策建议**

在监管当局已出台了上述相关政策的基础上，场外交易市场究竟该怎样发展？针对其中不同种类的遗留问题，我们认为，依据公开、公平、公正的原则，应当允许多种解决方式的并存。

(1)对于定向募集公司的内部职工股，可考虑在公司公开发行上市时随公众股一起上市流通。

关于 1995 年制定的"定向募集公司的内部职工股在公司挂牌上市满 3 年后可以流通"的政策，是根据当时特定的历史情况制定的。这一政策有效地缓解了当时较多定向募集公司、较大数量内部职工股集中上市，而将会给二级市场带来的冲击(当时的二级市场容量很小)，同时也防止了股份公司设立时间不长、内部职工股持股期短、个人"一夜暴富"现象的发生。但是，从今天的情况来看，对于新挂牌上市的定向募集股份公司，其内部职工股锁定 3 年已经不存在太大的意义。一方面，二级市场已经发展到相当规模，相对数量不大的内部职工股直接安排上市流通不会对市场造成较大影响；另一方面，即使从停止审批内部职工股的 1994 年算起，至今持股锁定期已逾十年，持股者的持股成本很高。因此看来，定向募集公司内部职工股可考虑在公司公开发行上市时随公众股一起上市流通，应是一个合理而简便可行的安排。

(2)对于上市公司法人股，继续探索以拍卖为主的场外交易。

在《拍卖法》的法律框架下，拍卖市场基本是一个有法可依、有章可循的规范市场。相比无形市场而言，它具有确定的交易场所、一定的信息披露要求、公开的竞价方式、规范的交易程序，因而其交易更集中、股票流动性更强，是一个更有效率的交易市场。应该说，法人股拍卖为上市公司的法人股流通探索了一条很好的道路。

作为上市公司股本的一部分，法人股的交易相对于其他未上市公司的非流通股存在一些特殊性：其一，同一上市公司的股份，不宜在层次不同的市场上分割交易。这一问题与我国现已存在的 B 股、H 股情况有所区别，它们是应特定需求而产生的；其二，根据交易所的有关要求，已上市公司的信息披露是相对规范、完整和及时的，公开度、透明度也很高；其三，由于是法人机构持有的股份，交易往往存在大宗的特点。

由此，相对于其他类型的遗留问题，上市公司的法人股益采取一种相对独立的交易方式，拍卖市场便是很好的选择。我们认为，在现有法人股拍卖市场发展的基础上，通过明确监管机构、认定市场主体资格（比如拍卖行和拍卖师的资质管理）、加强信息披露、引导投资者的操作理念等措施，可能将竞价拍卖活动发展成为一种规范、高效、与国际惯例接轨的上市公司法人股流通方式。

（3）对产权交易机构进行清理和整合，逐步建立一个全国联网报价、分散成交、统一监管的电子化非上市公司股份转让的产权市场。

为使产权市场能够担负起这一重任，有必要对其进行如下整顿和调整：

首先，应尽快明确产权市场的定位。这包括两个方面，一是要对产权市场的功能进行重新定位，使其从目前无力胜任的全能式的角色中摆脱出来，集中精力履行好其应当履行的中介角色的功能。二是要对产权市场的驱动机制进行定位，使其从主要依靠行政力量驱动向主要依靠市场力量驱动回归。如果说，在产权市场发展的初期，在新旧经济体制激烈冲突的特定环境下，行政力量的驱动有一定合理性的话，那么时至今日，政府的作用应限定在引导、规范和协调方面，而不是直接进行行政干预。

其次，是要促进产权市场交易方式的创新。产权交易中目前奉行的"三不"准则是在 1997 年爆发亚洲金融危机和国内股市受到场外交易市场冲击的背景下出台的。应当肯定，它对于稳定金融秩序和防范金融风险发挥了一定作用。但自那时以来，形势已发生重大变化，故对于"三不"准则应根据现时情况作具体分析：

"不搞柜台交易"——在涉及国有产权转让的情况下，固然应在依法设立的产权交易机构中公开进行，因为这便于堵塞交易中的漏洞，防止国有资产流失；然而，民营或私有企业的产权转让，其间不存在资产流失或腐败问题，只要产权合法、债权债务关系清晰，至于进场交易还是进行柜台交易或其他场外交易，是产权所有者的权利，监管当局对此不宜作硬性规定。

"不搞拆细交易"——在事实上，为了增强对社会金融资产的吸引力，提高产权转让的成功率，相当多的产权交易机构都在不事声张之中，悄悄地进行股权分拆交易，只不过分拆的份额大小有别而已。与其睁只眼闭只眼，不如公开承认其合法性，使其作为一种交易方式创新而登台亮相。这对于提高标的的流动性，活跃整个产权市场，对于广泛吸纳社会分散资金，进一步拓宽通过资本市场融资的渠道，无疑会起到重要作用。

"不搞连续交易"——产权交易理论告诉我们，流动性是产权市场的灵魂。产权只有在其自身不停的运动中，或者说在实物形态、证券形态和货币形态不断相互转化的过程中，才能实现资本的价值增值，使产权市场完成优化资源配置的任务。因此，应考虑修改这条规定，以放宽产权市场的准入标准。在这一过程中，可建立和培育专业的经纪商队伍，这对于保持交易的连续性和提高产权市场的活跃程度将起到重要作用。

再次，是要构建统一互联的产权市场体系。产权市场必须摆脱目前这种人为分割、各自为政的状态，朝着联系密切、运行有序的产权市场体系方向迈进，才能更好地发挥其应有的功能。一是要按照市场经济的要求对产权市场进行整顿，包括规范其组织体制，完善其治理结构，统一其信息披露标准等。在此基础上，按照"全局统一、纵横结合"的原则构建产权市场的网络体系。

# 五、建立多层次资本市场的若干构想

通过上述分析，我们看到，我国的场外交易市场作为一种自发的金融创新活动，尽管在其发展过程中出现各种各样的问题，尽管与监管当局的目标发生过不同程度的偏离，然而从总体上看，它对于优化金融资源配置所起的积极作用是显而易见的。正因为如此，监管当局对它的态度经历了一个从抑制到默许、认可的过程。

然而，目前得到默许和认可的代办股份转让系统、法人股拍卖市场以及产权市场的交易品种单一，市场容量有限，远远不能满足需要。综观许多发达国家的资本市场，不仅是多层次的，而且不同层次的市场有不同的进入门槛和不同的接纳对象，越是低层级的市场，门槛越低，接纳面越宽，呈现金字塔形状。而在我国，无论代办股份转让系统、法人股拍卖市场，还是产权市场，其规模与主板市场实在无法相提并论。这种倒金字塔形状的市场结构既不符合国际惯例，也与市场经济规律相左。

我们认为，既然场外交易市场在现实经济生活中有其存在的客观必然性，则堵塞不如疏导，不如对它的法律地位进一步予以明确，使其由一种自发的、民间的金融创新活动变成在政府主导下的制度安排，最终形成一个覆盖全国的、具有一定规模的现代场外交易市场，并使其成为我国多层次资本市场的一个重要组成部分。

**1. 建立多层次资本市场应遵循的原则**

第一，多层次资本市场建设必须注重制度建设和体制创新。多层次资本市场的发展过程，本身就是对原来形成的单一资本市场体制的突破和制度创新。

其一，多层次资本市场的建设必须推动资本市场组织结构的创新。资本市场是为企业服务的，企业的多样性从根本上决定了资本市场应当是多层次的，而不应当是当前行政管制下的单一模式，因为企业的经营和发展是分阶段和分层次的，即使是同一家企业，在生命周期的不同阶段，其融资需求也是有差异的，这就必然在客观上要求资本市场体系具有一个完整的多层次结构满足企业不同发展阶段的需要。多层次资本市场的发展过程，本身就是对原来形成的单一资本市场体制的突破和制度创新。

其二，多层次资本市场建设必然推动融资结构的调整和创新。20世纪90年代中期以后，在中国的金融体系中开始出现资金相对过剩和相对短缺相并存的格局。其中的一个重要原因，就是缺乏一个多层次的资本市场，使得金融体系过于依赖银行体系、过于倾向大型企业，而忽视了直接融资、忽视了中小企业。

其三，多层次资本市场的发展必然会推动监管体制的创新。单一层次的证券市场的融资和资源配置功能总体上非常有限，而且将不同风险偏好的企业集中在一个较高标准的主板市场上市，同时缺乏其他可供选择的直接融资渠道，那么，这种单一市场不仅不能满足各个层次的融资者和投资者的需求，而且还会导致资本市场金融资源的错位配置，助长投机行为。

其四，多层次资本市场的建设有利于提高中国金融市场的整合程度，降低其分割程度，从而推动金融体制的改革。当前，不同行业和地区企业的资金利税率相差迥异，就是当前金融市场分割的一个重要显示指标。缺乏一个多层次的、具有良好流动性的金融市场，降低了中国的金融资源的配置效率，也在事实上形成了中国金融领域的二元结构现象。

其五，多层次资本市场的建设必然需要法律制度的创新。目前，新《证券法》虽然问世，然而在建设多层次的资本市场方面，现行的证券法是存在很多缺陷的，需要根据新的市场发展需要进行调整。

第二，多层次资本市场建设应当尊重群众的首创精神。各地的中小企业已经开创了多种形式的直接融资形式，值得积极予以总结和引导。

首先，基于中国差异性极大的区域金融市场特征，实际上各地的中小企业已经开创了多种形式的直接融资形式，这可以说也是特定发展阶段的多层次市场的组成部分，值得积极予以总结和引导，至少应当对群众的首创精神给予必要的尊重。

从实际融资格局看，近年来一些中小企业、非国有企业极难得到银行的贷款支持，但实际上中小企业的发展依然迅猛，这表明目前中小企业从非正规渠道的融资量非常大，银行方面的统计数据对此也间接提供了有力的支持，其中就包括相当比例的场外交易。这反映了群众对于多层次资本市场的强大需求，仅仅依靠封杀是不能解决问题的。

其次，原来对于区域性证券交易的清理，在很大程度上忽视了对于群众首创精神的尊重，因此在一些地区留下了不同程度的后遗症。实际上，在现实金融需求的推动下，区域性证券交易在中国的资本市场发展史上出现得相当早。然而，面对这一现实，监管机构却一直没有及时给予引导，没有及时制定相关的政策法规，使得这一市场形态出现了不少问题，最后不得不被迫采取强制性的行政举措进行清理。

第三，多层次资本市场建设必须正确处理改革发展与稳定的关系。多层次资本市场的建立，会逐步形成风险程度存在明显差异的不同子市场。

首先，多层次资本市场的建设，必然会对原来的计划管制形成不同程度的冲击，因此，此时不应借口稳定而再次像1997年那样对全国的区域性市场进行清理，因为这可能赢得了暂时的、局部的稳定，但是却直接制约了改革的深化和经济增长潜力的发挥。

其次，中国多层次资本市场的建设，选择的是迥异于西方成熟市场的发展道路。当前中国的资本市场的单一性，决定了中国的多层次资本市场不太可能像美国那样一夜间在全国建立起3000个区域性的市场，也不可能等待这些区域性市场的逐步整合进而形成一个更大规模的市场，而可能是一个同时推进的过程。在这个过程中，处理好改革发展和稳定的关系就显得尤为重要。

再次，多层次资本市场的建立，会逐步形成风险程度存在明显差异的不同子市场，有的市场投机气氛相对要强烈，对于这些不同风险程度的市场的监管，同样应当把握好改革发展和稳定的关系。在原来的单一管制的市场中，不同类型的融资者、投资者集中于同一市场，加大了市场的投机性；而且不同层级资本市场的信息披露方式、市场监督方式、监督成本、交易成本是不一样的。进行市场的分层之后，应针对不同的市场特征制定不同的上市标准、信息披露方式等。

第四，多层次资本市场建设必须协调好改革进程中的各种利益关系。多层次资本市场的建设，会触及到当前经济金融体系中已经形成的利益格局，因此，需要协调好各种利益关系。

首先，要合理界定不同层次市场的功能定位。如果从目前看，中国的资本市场应当包括证券交易所市场、法人股拍卖市场、产权市场和代办股份转让市场等几个层次的话，那么，究竟这几个层次应当如何确定其定位，需要慎重研究。

其次，多层次资本市场的发展会触及当前金融结构的一系列固有格局。目前，中国的金融市场上，间接融资占据主导地位，间接融资中商业银行则是主导性的，银行贷款偏重国有大中型企业、偏向大中城市，多层次资本市场的发展必然会对这些现有的利益格局形成冲击。

再次，多层次资本市场的建设需要合理界定中央统一监管和地方政府监管的职能。从 20 世纪 90 年代区域性资本市场的发展看，当时的许多参与筹资的公司大部分是由国有企业转制而来，这些企业和地方政府往往把重点放在资本市场的融资上，而企业改制往往被忽略，因此，许多国有企业在面向资本市场融资的同时，并没有建立适应市场运作机制要求的多元股权结构和公司治理结构。因此，如何在中央和地方之间合理划分对于区域性资本市场的约束权力和责任，也是一个重要的问题。

第五，多层次资本市场建设必须树立全面、协调、可持续的发展观。如果仅仅只有单一的标准，那么这个标准对于经济相对落后的地区和中小企业往往会形成事实上的制约。

首先，多层次资本市场的建设是整个金融市场协调和可持续发展的基础。2002 年以来证券市场融资能力之所以下降，不能很好地显示中国经济快速增长的良好趋势，关键原因是单一的、行政管制的主板市场并没有很好地满足多层次的企业融资的需求。从理论上说，资本市场只有通过面向需求进行最大可能的细分，以最大限度地满足多样化的市场主体对资本的供给与需求，才能高效率地实现供求的均衡，这样的资本市场才可能是全面、协调和可持续发展的。从市场监管的角度看，如能对企业多层次的融资需求作出合理的、多层次的市场体系安排，监管部门相应地就能针对不同市场上企业的特点作出不同的监管安排，这样也是有利于市场的协调发展的。

其次，多层次资本市场的建设，将主要是满足中小企业、高科技企业的融资需求，而这些企业正是中国经济增长中最为活跃的因素，通过为这些活跃的市场群体提供有力的金融支持，能够提高中国经济可持续增长的潜力。

再次，多层次资本市场的发展带动的直接融资和间接融资结构的调整，对于改变过于依赖以银行贷款主导的间接融资的融资结构具有积极的作用，而单一的间接融资结构往往具有很强的脆弱性，往往是难以持续协调发展的。

最后，多层次资本市场的发展有利于降低金融领域的二元结构，推动落后地区的金融发展。众所周知，当前中国的经济发展程度差异相当明显，不同企业之间的发展状况也有很大的差别，如果仅仅只有一个单一的标准、仅仅只有一个单一的行政管制下的市场，那么这个标准对于经济相对落后的地区和中小企业往往会形成事实上的制约。这从总体上显然是不利于中国经济的可持续发展的。

### 2. 多层次资本市场的框架设计

初步设想是，按照企业股票上市交易的门槛的高低、风险性的大小及股票流动性的强弱，我国股权交易市场可形成五个层次的发展框架，即主板市场、创业板市场、现代场外交易市场、分散的柜台交易市场和金融衍生品市场，各个不同层次的市场对应不同的企业，各有一个不同的筛选机制，从而形成一个完整的市场结构体系。

（1）主板市场。深沪两个证券交易所从 1990 年底开张运作迄今，已有 10 多年历史，成绩不小。但与成熟市场相比，我国主板市场还存在着很多问题，如股权分割问题、股权全流通的问题、交易行为的规范问题、市场监管的问题等等，有待今后逐步加以改进，这里不必重复。这里要强调的是，在我国多层次的资本市场体系中，主板处于最高层次，只有那些已步入产业化阶段后期和市场化阶段的大型或特大型股份制企业，才可能进入主板上市。具体来看，上交所现在的目标已比较明确，就是一个主板市场，类似纽约证券交易所。

（2）创业板市场。创业板市场又称二板市场，是相对于主板市场而言的，旨在满足那些一时不符合主板上市要求但又具有高成长性的中小股份制企业股权融资和股权交易的需要。由于国内外多方面因素的影响，至今我国创业板市场仍未建立。2004 年 5 月在深圳证券交易所设立的中小企业板，虽然被看作是建设创业板市场的第一步，但与真正意义上的创业板市场相比尚有很大差距。

不过，国务院"关于发展资本市场的九条意见"明确指出要分步推进创业板市场建设，并指出其功能定位是完善风险投资机制，拓展中小企业融资渠道。基于这一文件精神，我们认为在创业板市场的设计方面，应遵循市场规律，调整原有的重点服务于高新技术企业的设计思想。通过全球网络股泡沫的破灭及发达国家新兴资本市场遭受重大冲击的事实，我们清楚地看到，仅仅依托高科技企业而设计创业板市场是缺少广泛而坚实的基础的。因此，应正视我国民营经济迅速发展壮大、广大中小企业急需资本市场支持的现实，对现有的创业板市场的设计思路进行修改，将其定位于为高成长型中小企业包括为民营企业上市融资服务的新兴市场。

从长远来看，拟设在深圳的创业板市场与香港创业板市场的联体运行应是我国资本市场发展的必然要求。"9·11"之后，由于美国打击恐怖活动的军事行动及其所带来的国际关系的变化，使得我国与周边一些国家的战略合作关系也相应地发生了变化。因此，在美国经济正处于恢复阶段、日本经济尚未走出低谷之际，在加快陆、港、台经贸合作的同时，抓住机遇，积极推进中国与东南亚国家的合作是维护国家利益的战略举措。而要加快发展陆、港、台区域性的经贸合作，必须要充分发挥深圳、香港各自的优势，重新整合深圳、香港现有的资本市场，使其成为一个开放的、与国际接轨的、有相应产业支撑的、能够承接国际间接投资及大规模跨国并购资金的新兴市场。

香港由于其厂方租金及人工成本远高于内地，已经失去发展制造业的优势。因此，应充分利用和发挥香港金融服务国际化程度高、信息集中、国际化人才众多、运行机制与国际接轨和深圳拥有较强的产业基础、人才及服务成本低的优势，打造深港金融中心。深圳创业板市场推出后，经过一定时间的运行，可与香港创业板市场联体运行，两个市场进行有机整合，形成优势互补、共同发展的新格局。如果能够在这个新市场的运行中采取特许准入的方式，引入港币进入新市场进行证券投资，则可以率先启动人民币与港币可控制下的兑换，为人民币逐步进入东南亚、逐步走向国际化作出有益的探索和尝试，也为我国资本市场体系的多层次、开放性打下相应的基础。

（3）现代场外交易市场。现代场外交易市场可以考虑利用代办股份转让系统和产权交易机构的基础设施，并与其业务相衔接。在创建初期，它的主要功能是解决我国资本市场中的历史遗留问题，以弥补主板市场的功能缺陷。

从远期看，随着股份制改造的深入和现代企业制度的完善，现代场外交易市场不能仅仅作为股权流通的场所，还应具备股权融资的功能，以形成一个具有完整功能的证券交易市场。不过，与主板和将要设立的创业板相比，现代场外交易市场的门槛应更低，对入市企业的要求应更为宽松，以便为达不到主板、创业板上市要求的企业尤其是处于创业阶段的中小企业提供更加广泛的融资和退出渠道。此外，还可考虑让其承担公司债券的发行与流通、开放式基金的销售与赎回等功能，因为这些金融产品品种多，变化性强，最适合在证券场外交易市场交易。

在交易方式上，宜采用"统一报价、分散交易"的方式。现代场外交易是一个无形市场，但它不同于传统场外交易的主要之处，是实行"统一报价、分散交易"的方式。"统一报价"就是采用计算机技术和现代通讯技术，形成一个全国性的证券场外交易自动报价系统，以实现信息的充分披露和快速传递。此系统不必另起炉灶，可以在原 STAQ、NET 系统的基础上进行技术改造，再通过公用数据交换网或专用高速网络将其联结起来，构成自动报价系统的一级网站；此外，对于开展代办股份转让业务的证券公司、各地的产权交易机构以及经审定合格的原地方性证券交易市场，应对其现有的电子网络进行技术改造并实行联网，构成自动报价系统的二级网站，最终形成一个覆盖全国的、具有一定规模的证券交易自动报价系统。

"分散交易"是指证券交易自动报价系统只是提供证券的报价，证券交易则是在客户和自营商之间以及自营商双方之间通过一对一的谈判进行的，成交后再通过清算系统完成交割。这里的自营商实际上具备了做市商的功能。国际经验表明，在完善计算机交易系统的基础上加入做市商制度，不仅极大地提高了市场的流动性，保证了在场外交易市场挂牌的每一只股票在任何时候都交投活跃，而且由于做市商之间的相互竞争，也保证了交易价格的合理性。

在监管制度上，宜实行集中监管和自律性监管相结合的原则。为确保现代场外交易市场的正常运行，防止出现前一阶段地方性证券市场各自为政、管理混乱的状况，必须建立一个高效率、低成本的监管体系。这个监管体系之所以是高效率的，是因为场外交易涉及的企业众多、地域广泛，并且发行公司规模小、交易量分散，非如此，不能确保交易的公开、公平、公正；这个监管体系之所以是低成本的，是考虑到参与场外交易的法人主体是中小企业，而任何加大人力成本的行政监管都会导致中小企业交易成本的增加，从而会降低场外交易市场对它们的吸引力。据此，现代场外交易市场宜遵循集中监管与自律性监管相结合的原则。

所谓集中监管，是指由现代场外交易市场的行政主管机关如国家证监会统一制定并颁布有关运行规则，主要包括：证券发行规则、上柜规则、交易规则、结算规则、监管规则、信息披露规则等；同时，还应对行情显示系统、交易系统、资金清算系统和股权登记过户系统等作出统一的规定，防止各地自行其是，各搞一套。

所谓自律性监管，是指由全国证券业协会作为自律性机构，直接承担管理现代场外交易市场的责任，主要包括：建立一套在自律和约束方面行之有效的会员制度；负责上柜企业挂牌交易的申请登记工作；根据国家产业政策，指导场外交易市场的投资方向。总之，它不仅要贯彻政府主管部门的意志，还要体现大多数会员的意志，更要保护广大投资者的利益。

（4）分散的柜台交易市场。在市场经济发达国家，柜台交易是十分常见的交易方式，美国的 NASDAQ 就是从"一对一交易"的柜台市场发展起来的，而且，在其高度发达的现代形式之外，美国目前仍然保留有最原始的柜台市场。为什么是这样呢？因为企业规模有大有小，发展程度有高有低，所以，它们的融资需求也必然是多种多样的。如果确认金融的根本目标就是"跟随顾客"，就是满足客户的需要，那么，客户有什么样的融资需求，就应当创造出什么样的金融产品来满足这种需求；反之，如果不以筹资者的需求为导向，如果无视筹资者的需求，而是自以为是地认为应该这样、不应该那样，那就是本末倒置。

我国在沪深证交所成立之前，大量的股票交易也是以柜台交易的方式进行的。在某种程度上可以说，自发性证券交易也具有柜台交易的性质。这种交易市场之所以屡禁不绝，本身就说明有其存在的客观合理性。我们认为，与其让它处于地下状态，不如正视它的存在，在规范的前提下让它合法化，以成为上述三个层次市场的补充。

（5）金融衍生品市场。我国主板市场这两年交易冷落、股价低迷，已严重影响到证券市场功能的正常发挥和整个金融系统的稳定。虽然其中原因多种多样，但与我国资本市场缺少避险交易品种有很大关系。因此，在建立我国多层次的资本市场体系的过程中，不仅要考虑如何满足中小企业的融资需求，还应考虑金融衍生品市场的建设问题。世界金融期货创始人、芝加哥商业交易所永久名誉主席利奥·梅拉梅德曾说过，美国乃至世界其他金融市场的发展历史证明，金融衍生产品在规避风险、提高资本利用效率等方面发挥的作用不可替代。加入世界贸易组织后，我国已经从过去封闭的计划经济体系中摆脱出来，我国国民经济正日益紧密地与世界经济融为一体，因此，建设金融衍生品市场对于维护我国金融市场的稳定、促进我国经济发展具有举足轻重的意义。

## 【主要参考文献】

1. 文宗瑜：《非上市公司并购研究》，《资本市场杂志》1999 年第 6 期。

2. 胡金焱：《非上市公司：一种非规范公司形式的规范化运作》，《经济经纬》1999 年第 5 期。

3. 张恩众：《定向募集公司分析及其解决思路》，《山东大学学报》2002 年第 4 期。

4. 四川省社科院公司研究课题组：《定向募集公司的规范思路分析》，《四川金融》1997 年第 5 期。

5. 周茂清：《试论建立我国多层次证券市场体系》，《财贸经济》2001 年第 2 期。

6. 周茂清：《我国非上市公司的产权交易》，《当代财经》2003 年第 12 期。

7. 周茂清：《场外交易市场运行机制探析》，《财贸经济》2005 年第 11 期。

8. 李应军：《论多层次资本市场的创新与发展》，《证券日报》2005 年 4 月 10 日。

# 第十一章　中国Ａ股市场运行 的五个机制分析

## 一、证券交易中的融资与融券

随着证券市场的改革不断深化，融资融券业务也提上了议事日程。原来以为这只是一个开与不开的问题，但在看过一些方案或草案之后却发现业内的理解却是大相径庭。把融资融券这四个中文字译成英文，我会译为 Margin Account Transaction，其对应词是 Cash Account Transaction。因为在我看来，融资融券是证券交易过程中的标准流程之一，而且是一物两面，不可分离。这一标准化流程的关键点，其一在于融资对券不对商，即要把对证券的融资和对券商的融资严格区别开来，保持券商资产和其客户资产的分离；其二在于融券对账户不对个股，即要把起始的融资额度（Initial Call）和账户的动态融资额度（Maintenance Call）严格区别开来，形成两级限额的信用额度管理。

如果把融资融券业务限定为交易过程中的借贷行为，就需要进一步明确借方与贷方以及借贷过程中的资金来源和质押载体，这就涉及到作为质押载体的证券本身的托管。在美国证券业，客户在开户时如果没有明确要求只做现金账户（Cash Account Only）和实名取券（Ship Only），则所有客户持有的证券都注册在券商名下，这就是业内所说的二级托管，英文称之为 Street Name（街名）。因此，券商可以通过其清算行（Clearing House）获得可质押证券（Marginal Securities）总额一倍以上的信用额度，间接对其客户的信用账户进行融资交易，资金来源或者由其清算行提供，或者通过其清算行进入联邦银行系统获得授信。这种贷款称之为经纪公司贷款(Broker Loan)，同一笔钱在客户方就称之为证券质押贷款(Margin Loan)，二者之间有 1.75％以上的息差，这笔收入在证券公司的会计收入中称之为净息差利润(Net Interest Profit)。所以我们说，银行信用做的是存贷差，证券融资做的是贷贷差。长期以来，这笔收入占美国和香港证券业执照业务收入的 20％左右，图 11.1 和图 11.2 分别是美林证券和香港的新鸿基证券的收入结构，可以由此看出两家公司的证券融资收入占比。

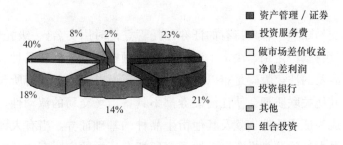

■ 资产管理／证券
■ 投资服务费
□ 做市场差价收益
□ 净息差利润
■ 投资银行
■ 其他
□ 组合投资

**图 11.1　美林证券 2005 年净收入构成**

信息来源：美林公司 2005 年年报。

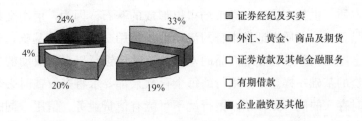

□ 证券经纪及买卖
□ 外汇、黄金、商品及期货
□ 证券放款及其他金融服务
□ 有期借款
■ 企业融资及其他

**图 11.2　新鸿基 2004 年上半年营业额(总额：380,211,000 港元)**

信息来源：新鸿基公司 2004 年年报。

　　在证券交易的融资融券流程中，最为关键的一点是证券公司是否直接介入对其客户的质押融资。如果是银行或清算行直接对客户融资，证券公司本身的净资本和其他信用指标就没有直接的相关性，券商在融资融券交易中所获得的收益是净息差收入和放大交易额所获得的增量佣金收入。但由于托管行或清算行承担着客户"暴仓"逃贷的风险(这种情况多半发生在股市崩盘之时)，托管行或清算行通常要求其清算会员公司在该行存入一定数额的信用交易保证金(美国的行业惯例是不低于 50 万美元)，以支付对

"暴仓"逃贷客户的平仓差额。所以在美国证券业，券商不仅拿不到客户的钱，也截不走客户的信用额度，清算行却能够随意挪用券商的信用保证金来支付意外的投资人账户平仓亏损。以清算环节为标准，证券公司又被区分为两类：一类是规模较大的自主清算券商（Self-Clearing B/D），另一类是中小券商，即通过其他证券公司的清算行进行融资清算的券商。但即使是自主清算券商，其清算行和证券公司可能同名但也要各自独立注册，且必须按照监管规则的要求达到"三分离"：账户分立；机构分设；法人分离。

信用交易账户中客户持有的证券在托管登记时用实名（一级托管）还是用街名（二级托管）之别，决定了证券交易的融资融券规模和品种。因为实名托管所涉及的法律障碍是难以逾越的，甚至可以说实名托管所包含的诉讼风险及其他关联质押会使任何证券都不具备市场交易的流动性，因此也就不可能成为证券质押贷款及其他衍生品种的基础证券。当有人评说二级托管制度最大的问题是投资者无法了解所拥有证券的实际存放状态，也不知道券商是否用投资者的证券从事了衍生交易？是否将不同国家投资者拥有的不同证券组合起来进行了质押？然而，这正是证券业融资融券制度的精髓和本质，也是多层次证券市场得以形成的基石。因为，信用交易账户的主体是证券，可质押证券本身的流动性是信用交易制度的基础，也是各种衍生金融工具和结构金融产品的基础，这就像银行以自由流动的货币为银行信贷的基础一样。如果银行的每个存款人都要求将来取钱时必须取出他们当时存入的同一张钞票，银行就不可能有信贷业务。信用一词的中文含义就是：信者，用也。不能用何以为信？所以关键问题不是券商能否用，而是怎么用！

融资融券交易的授信模式有三种选择：一、集中授信；二、多元授信；三、分级授信。集中授信是日本模式，即由国家核准的证券金融公司统一管理证券市场的授信额度。多元授信是美国模式，客户信用账户融资的资金来源可以来自于证券公司，也可以来自于其清算行，也可以通过清算行进入联邦银行系统进行拆借。直接授信和多元授信都可以采取分级授信的模式，这主要取决于证券信用交易的规模和产品类型。

从图11.3中可以看出，授信额度的发放可以直接对客户的证券信用账户，也可以间接通过证券公司对其客户进行融资，这就出现了两种模式：

前者是直接融券；后者是间接融券。

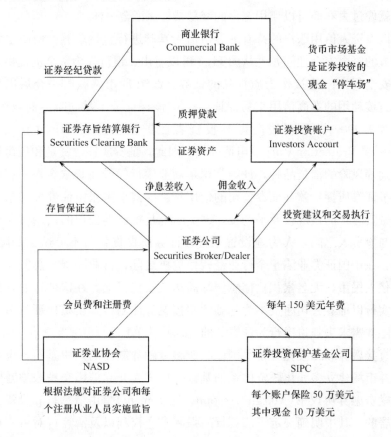

**图 11.3**

　　直接融券显然不涉及证券公司本身的信用等级和净资本存量，因为在这个流程中，证券公司仅仅是中介，一个二元的中介：一手为证券经纪，从中收取佣金；一手为证券融资，从中收取息差。这是美国模式，因此美国对证券公司的最低净资本要求并不高，多年来始终分为三个等级：5,000 美元为纯经纪类；25,000 美元为一般类；100,000 美元为综合类，除此之外再执行各项执照业务所要求的净资本规定，比如说中小券商存放在清算行的信用交易保证金就不能同时又计为净资本。但是在间接融券的制度中，证券公司本身的信用资质和净资本决定其对客户融资业务的规模，从而大大限制了证券市场融资融券的总规模。此外，由于证券公司直接介入了客户的融资流程，信用交易就包含了券商挪用客户信用额度的风险，就像过去券商可以挪用客户的交易结算保证金一样。

以投资人信用账户的持有证券市值为基础进行直接融券，解决了资金提供方的资金安全性问题。从图11.3可以看出，银行作为资金的提供方有三个安全阀：1. 直接作为质押品的证券；2. 在股市暴跌时平仓后出现负数可直接动用的券商信用交易保证金；3. 该保证金不足同时券商破产了，银行和客户一样可直接向证券投资者保护基金公司 SIPC（Securities Investors' Protection Corp.）申请补偿。因此，证券质押融资是和住房抵押贷款同等风险的信贷品种，证券公司是商业银行的最优贷款客户。有些人混淆了证券质押贷款和证券公司的信用贷款，甚至主张由证券公司来行使对其融资客户的核准权及平仓权，这实际上是把证券公司的信用横在银行资金与投资人之间，人为地设置了开办证券质押贷款所不可逾越的障碍。因为，在中国证券业陷于全行业经营性危机之际，行业净资本总额已不到七百亿人民币，无名累积负债总额却高达三千亿以上。在这种行业背景之下，实行以证券公司净资本为基础的间接融券体制，其实是挟证券市场的融资融券需求来强迫银行为证券业的"黑洞"埋单！

直接融券和二级托管是美国证券业融资融券制度的两块基石，也是美国证券市场建立多元化融资体系的基础。投资人开立信用交易账户时所签订的融资融券协议书（Margin Account Agreement）是由清算行和投资人直接签署的，其中明确规定了清算行的强制平仓权利以及清算行对可质押证券的解释权。因此，在证券质押交易的实际操作过程中，清算行对每个账户的实时监控必须有三个关注点：其一是对可质押证券的实时确认。除了对可质押证券的起始认定之外，而且当股票价格低于某一价位时，原来已认定的可质押证券也可能变为不可质押的证券，清算行就会把该证券从信用账户移到现金账户，核定降低该账户的授信额度；其二是关注每个账户的授信额度使用情况，按照约定的额度上限及时发出要求投资人限时增资的电报指令通知；其三是强制平仓，即当账户所使用的授信额度达到约定的平仓点位而没有及时增资到位之时，清算行自行决定抛售该账户所持有的部分或全部证券。

由于证券市场的价格波动瞬息万变，证券的交易清算和质押贷款势必成为一项专业性和时效性都很强的金融业务。时至今日，美国的证券清算行已经独立为专业化银行服务，既独立于商业银行的常规业务，又独立于证券公司的常规业务。虽然美国的证券清算行有三种形态：一是独立的金融公司，如 FISC 和 TriMart；二是在证券公司旗下，如美林证券收购的 Herzog，高盛证券收购的 SLK；三是商业银行的存托管业务部。但是从运营流程看，证券的存管，清算及质押已经演变为相对独立的银证中间业务，形成了流程化的银证融资平台，并衍生出许多新的功能。所以，不管融资融券业务开始于集中授信还是多元授信，也不论是独立的金融公司还是隶属于银行或证券，其最终结果都是融资融券业务相对独立的专业化。证券清算及融资业务的独立和专业化客观上构成了证券市场和货币市场之间的"防火墙"，从而降低了银证关联融资的系统性风险，扩大了融资融券市场的信贷品种和资金规模。

　　多层次的证券市场建设要求有合法的融资融券，融资融券业务作为银证融资平台又要求有其独立性和专业性。天下事，合久必分，分久必合。无论是站在证券一方，还是站在银行一方，我们都必须尊重市场规律，合力构建相对独立的专业化银证融资市场。这是解决当前证券市场融资融券难题的关键，也是从根本上克服我国金融业银证分割之诸多弊端的关键。

# 二、做市商和再做市商机制

　　做市商（Market Maker，缩写为 MM）是美国纳斯达克市场的交易主体。NASDAQ 的英语原意是券商公会会员自动报价，其中 NASD 是指券商公会，或译为证券业协会，A 是自动，Q 是 Quoting。自动报价在上世纪 70 年代初纳斯达克市场启动时并不代表电子化交易，因为电脑进入华尔街是在 1989 年才开始的，人为的报价叫 Quoting，所以，当时在纳斯达克上市的股票价格叫 Quote，纽约证券交易所的报价才叫 Stock Price。

　　报价是做市商们自己报的，早期是填单子，20 世纪 90 年代初才用电脑。而且在一开始电脑只处理小额交易，不允许机构投资者进入，这就是第一套电子化交易系统 SOES（Small Order Execution System），中译就是小额订单交易系统。有了 SOES，纳斯达克市场就有了双轨交易，一是填单报价，二是电脑报价。但直到 20 世纪 90 年代初，这两种方式都没有进入纽约证券交易所，也就是本来意义上的华尔街，因纽约证券交易所设立在 Wall Street 而得名。

纽约证券交易所的交易方式是由爱尔兰人从英国带来的拍卖制（Auction），主持拍卖的必须是纽约证券交易所的场上专家（Specialist），交易席位来自于原创股东的家族世袭，但可以转让。纽约证券交易所的原创股东有 440 人，后来扩大到 1339 人，但同时决定不再增加席位。这些人在华尔街有一个俗称，叫爱尔兰帮，据说纽约证券交易所上股票价格的绿涨红跌就是由于爱尔兰人的民族色是绿色。

拍卖制的原则是中介，专家不参与交易，所以交易主体是买卖双方的投资人。做市商制则不同：第一，它没有一个场，看不见人；第二，报价者必须是做市商，后面有没有客户接单是他们自己的事；第三，报价有买卖价格之差，就像我们现在常见的外汇牌价一样；第四，做市商不能收佣金（Commission），靠买价和卖价之间的差额（Spread）赚钱；第五，为区别于纽约证券交易所，法规要求分离会计，后来就形成了两套系统：ATS 和 PTS。收佣金的走 ATS（Agency Trading System），收差价的走 PTS（Principal Trading System）。所以在证券公司的财务报表上，两项收入必须是分离的。国内有不少文章把 Principal Trading 当做是证券公司的自营投资，这是一个常识性的错误。

拍卖制和做市商制是两种不同的规范，因此有两种不同的从业资格。这并不是谁主观设计的，而是美国的"历史遗留问题"。纽约证券交易所有 200 多年的历史，远远早于证监会的设立和《证券法》的出台，因此在 1933－1934 年美国制定《证券法》时必须先承认纽约证券交易所的规则，这就是法律界的"老祖父法则"（Grandpa Rule），先法驳后法。证监会依法成立了券商公会，但该会一成立就发现纽约证券交易所是垄断性的，大的证券行几乎都是纽约证券交易所的会员，券商公会能管的只是地方性市场，参与交易的也主要是中小券商。为了打破纽约证券交易所对证券市场的垄断，券商公会才组建了纳斯达克市场，起初是把不同地方性市场的股票价格归集到一个报价平台，以避免同一股票在不同市场上的差价引起套利投机行为，后来才逐步形成了统一的做市商市场。

在这个市场上，券商自己交钱做市，做一只股票交 5000 美元，交足 10 万美元就可以自由选股做市。不管什么原因，报价就必须接单，有客户给客户，没有客户就自己买卖。举例说，假如有 500 个券商，每家平均做 10 只股票，场上就出现了 5000 个报价，供求双方就通过这样一个无形的报价平台完成了交易。由于买卖价差是做市商的利润来源，券商做市与股票流通量或流动性之间就有了相关性。股票流通量大意味着参与做市的券商报价多，差价就自然缩小；反之，股票流通量小意味着参与做市的券商报价少（每只股票的做市商起初规定不得少于三家，最近改为不得少于五家），买卖之间的价差就放大，因此，无论交易额大小，券商的利润都是有保障的。

我 1990 年刚进美国证券业时在一家做市商公司工作过三个月，这家公司是做小股票出名的，当时的报价单位还是英制式，最低价格是 1/32，3 分多钱，下一个价位就是 1/16，就是 6 分 2 厘 5，中间的差价就有 3 分多钱。券商在市场上做市可以收进这种最低价股票，均价每股 3、4 分钱，这时有客户买的时候，价格就是 6 分 2 厘 5；一批客户买完了，做市商就可以抬高一个价位到 3/32，也就是 9 分多钱，买卖之间的差价就有 6 分多了。早期纳斯达克市场上有这样的合法利润，于是就出现了一批小股票做市商，俗称 Penny House。券商有了自己的利益驱动，就有动力把一些小公司送上市场，其中也不乏有一些在若干年后成为大公司的股票。纳斯达克市场公司上市的门槛低，而且盈利指标赦免，于是在中小券商和中小公司的自身利益驱动下，这个市场就做得越来越大。在 1999 年其交易量开始超过纽约证券交易所，一度还大有取而代之的迹象，以至于在 2000 年，道琼斯工业指数破例吸收了两家在纳斯达克上市的股票，一是 Intel，另一个就是 Microsoft。

随着纳斯达克市场的迅速崛起，纽约股票市场也不得不求助于做市商。由于在纽约上市的股票可以不受限制自由进入纳斯达克，但纳斯达克的股票却不能在纽约挂牌，久而久之，原来在纽约市场上交易的股票也通过做市商转到了纳斯达克市场。到 2000 年初，在纳斯达克市场上交易的纽约股票就占到了纽约证券交易所股票流通量的 40％以上。纽约股票在纳斯达克市场上成交的收入归做市商，但交易量统计还是算做纽约证券交易所的。

华尔街的电脑化从 1992 年才开始全面推动，并由于网上交易的兴起而迅速普及。电脑化与做市商的结合形成了一个新的平台，叫

ECN(Electronic Communication Network)，这个平台的出现一下子敲掉了许多做市商的饭碗。因为它消除了做市商的差价做市，引入了拍卖制的同价成交，因此推出了按交易次数收费的盈利模式，从而产生了以交易次数为导向的网络券商。为了适应交易速度的加快和交易量的剧增，纳斯达克市场的电子化不断升级，从 SOES 升级到岛屿(Island)，去年初又推出了超级蒙太奇(Super Montage)，从而使做市商们可同时报 5 个不同的价格，还可以做期权期货。在此期间，纽约证券交易所也推出了它的超点交易执行系统(Super Dot)，于是两个市场同时进入了现代的电子化交易时代。值得一提的是，包括中国在内的新兴证券市场在电子化交易方面技术上并不落后，他们几乎是与美国同时起步的。

电子化交易引进的同价做市撮合机制使做市商利润急剧减少，一些做市商适应这一变化开发出新的再做市商模式(Market Re-maker)，把做市商制与结算银行(Clearing Bank)系统相结合，将证券质押贷款所提供的信用额度和动态投资组合融为一体，创造了人机结合的现代做市商。在美国，把 20 家中小结算行合并成为第一大做市商的是骑士集团(Knight Group)，它把做市商的差价成交制转变为非同时成交的信用交易差价，让做市商交易员(Trader)在现代风险控制技术的监控下通过频繁交易获取差时差价利润。骑士集团的老板本人是交易员出身，当了总裁之后仍坚持每天"坐台"一两个小时，结果在 2001 年他本人的交易利润分成是工资的近 40 倍。

做市商的交易员们在原来单纯做市的基础上引入了个股追踪交易，根据其做市和追踪个股的经验，在电脑背后完成客户交易和自营交易之间的随机选择，以寻求短期市场波动中的差价利润。再做市商制是以现代电子化交易和证券融资平台为基础的，它通过交易员的人机对话和公司的风险监控在短期市场波动中获利，结果进一步强化了纳斯达克市场的波动性和投机性。

# 三、股市应建立退市机制

退市机制像一个城市的垃圾处理一样，是证券市场生态环境健康的基础。中国证券市场自开办以来已经有很多公司退市了，为什么还要讲上市公司不退市呢？因为这里讲的是程序性退市和主动退市。

纽约证券交易所有 100 多年的历史，现在挂牌的上市公司有 2800 多家，其中 1995 年以后上市的超过一半，换言之，1995 年以前上市的公司不到 1400 家。纽交所的程序性退市是自动的，上市公司每季度要有季报（10－Q），每年必须有年报（10－K）。到期报告出不来，股票代码（Ticket Symbol）后面就多一个 E，代表 Exception（赦免），也就是有 90 天的赦免期。过了 90 天如果还没有报告，这个 E 就变成了 C，代表 Conditional Listing（有条件挂牌），再给 90 天的赦免期。过了 90 天还没有报告，C 就变成了 D，代表 Delisting（停牌）。这时该公司就只有 30 天的寿命，30 天之后就自动从纽交所退市，进入粉单市（Pink Sheet）。国内有很多人写文章说美国有 4 万多家上市公司，这是一个错误的数字，因为这里包括了两万多家粉单市的股票，而粉单市上的股票已经不是上市公司了。有些公司在美国买"壳"上市，其实是把粉单市上的"壳"公司重组上市。粉单市是美国证券市场的"垃圾箱"，所有退市的股票都自动进入粉单市，所以粉单市也被称为"粉红色的屎"（Pink Shit）。粉单市得名于三联单的粉红色第三联，因为它已经不是上市公司了，但仍然可以交易并保持记录，券商保持记录用的是粉红色的第三联。

纳斯达克市场的退市程序更简单，由于没有对上市公司的赢利要求，主要参考指标是净资产和股价。纳斯达克一级市场上市只要求上市前净资产连续 30 天不低于 400 万美元，上市后净资产连续 30 天不得低于 200 万美元，连续 30 天低于 200 万美元就自动降级。此外，纽交所的定期报告制度也同样适用于纳斯达克。网易的退市风波就是因为到期没有提交报告，据说是因为其中有一笔关联交易的收入界定有些争议，而没有这笔收入公司的净资产值就低于上市的净资产规定，后来这笔收入经会计师事务所确认后入账了，公司主动申请恢复上市，经过听证后就恢复了。纳斯达克一、二级市场的退市程序中还有一条规定，就是当股票价格连续若干天低于 1 美元就自动退市。但同时允许公司召开董事会通过合股决议（Reverse Split），也就是说股价跌至 5 角，董事会通过十股合一股变成 5 美元一股就能继续挂牌。

程序性退市是市场保持流动性的制度保证，没有程序性自动退市机制就可能把退市变成政治行为或机构博弈。一个市场的场内风险是系统性风险，场外风险是非系统性风险。按照这个定义，任何来自于场外的干预都会增加场内的不确定性。如果把退市变成一种场外协调或机构博弈，允许合法地注资"救壳"，场内就会派生出以"救壳"为背景的市场投机。于是，壳资源的虚拟价值上升了，投资者不是在追求股票的预期成长，而是在追求市场之外的机构行为，或者说是投机于"政府买单"，这是对市场投资价值的伤害。在小说中我们常常会看到"英雄救美"的陷阱，股市也是一样，只要有"求救"的需求和利益，就要支付"被救"的成本和风险。"救壳"的供求法则把外部干预上市公司的资产运营纳入市场行为，久而久之，外部干预就会成为常态，引导场内投资人投机于场外干预，从而弱化场内投资的价值发现动机。

上市公司的程序性退市也是股票周期波动的自动平衡器。华尔街的金融理论是行为金融学，与理论金融学相比，行为金融学引进了两个基本概念：一是时间，二是心理。所谓市场周期，本质上是价格背离价值的非均衡运动，而在这种非均衡运动的背后是市场投资人的心理波动周期。当市场信心严重缺失之时，股价低于价值，甚至会低于上市公司的净资产值。这时上市公司就会主动退市，因为谁也不愿意把自己的公司贱卖还要给市场交费。反之，当市场被一两个新兴行业或某些行业的超常规成长激起投机风潮的时候，股市开始发泡。泡沫越大，市场的投资价值就越高，投资越活跃，市场的泡沫就越大。所谓"牛市"，通常就是投机风潮带动的成长泡沫，背后常常是新兴产业崛起和传统周期性产业的循环更替。

每个新兴产业大都经历过从春秋到战国，再从战国到三国，这是一个产业的生命周期。从群雄并起到三国演义，必然使很多公司在疯狂中崛起，又在绝望中消失，于是出现了上市公司之间的并购重组，这是主动退市的另一种形态。上市公司的并购重组可能有两种动因和结果：一是"救壳"，二是"灭壳"。两个上市公司合二为一是"灭壳"，这对于证券市场来说，和程序性退市的结果是一样的，因为它降低了壳资源的虚拟价值。而"救壳"的并购重组是为了保持或提升壳资源的虚拟价值，在这里我们看到了证券市场的两种泡沫：一是成长泡沫，二是制度泡沫。

成长泡沫来源于产业周期。新兴产业在春秋时期，市场广阔无垠，这时开公司就赢利，就像跑马圈地一样。由于存在这样一种喇叭口式的预期成长，投资人可以有丰富的想象空间，并可能由此派生出疯狂的非理性冲动，该产业的上市公司便成为一种稀缺资源，其股价在非理性的投资冲动中大幅飙升。股价的飙升又驱动资本市场向该产业配置资源，风险投资家和产业投资人蜂拥而至，市场迅速形成一个牛市主题，成长的泡沫就出现了。每一个牛市都有一个主题，也都有一堆泡沫，当春秋战国时代结束后，泡沫一个一个地破裂，上市公司像多米诺骨牌一样相继陷入流动性陷阱和资金链断裂，牛市又因此结束，成长的泡沫化为乌有。这时，一个产业会留下三五家幸存者，从而进入成熟期。产业生命周期的循环如潮起潮落，云卷云舒。每一个牛市都代表着一次非理性冲动，但很难有一头牛跑两趟车的机遇。换言之，上一个牛市的主题很难重复出现，上一次拉车的壮牛很难再拉第二趟车，它们在下一个牛市中充其量是牛蹄或牛尾。在这样一个惊心动魄的产业循环中，上市公司之间的并购像打扫战场一样消灭壳资源，从而为下一个牛市留下孕育成长泡沫的空间。在这里，我们看到了一个动态的市场波动周期，它包含着两个关键的函数：一是淘汰率，二是新增率。新增率越高，下一个牛市的主题就越强；淘汰率越高，上一个牛市的垃圾就越少。换一个角度看，一个市场的新增率代表着一个市场的成长性和成熟性；一个市场的淘汰率则代表着一个市场的风险性和波动性。美国纳斯达克市场的波动性和淘汰率比纽交所高一倍，两市同期的涨跌幅经常会有一倍之差，有时甚至更高。美国纳斯达克市场的淘汰率也明显高于纽交所，如果把纳斯达克的一二三级市场都算在内，每年退市停牌的股票在 10%～15% 之间，而纽交所只有 3%～5%。2001 年我亲身经历的股市大崩盘之中，纳斯达克市场整体下跌 70% 以上，有 80% 的股票跌幅超过 80%，37% 的股票面临退市，迫使纳斯达克暂停自动退市操作。

　　证券市场的制度泡沫就不同了，它是在制度化的机构博弈中产生的壳资源溢价。和成长泡沫的生成机制相反，市场的淘汰率越低，制度泡沫就越高；退市的程序性越弱，机构博弈的空间就越强，壳资源的价值就越高。美国的粉单市是上市公司的垃圾箱，由于有大量的垃圾储备和持续的程序性退市，壳资源溢价比率就很低，几十万美元就可以找一个壳，而且主要是"洗壳"所用的律师费。在中国，由于没有程序性自动退市，退市操作中有较大的机构博弈空间，由此产生的壳资源溢价使上市公司的股价很难低于净值，因此也就很难产生因资产价值高于市值所驱动的主动退市，这就造成了中国证券市场的低淘汰率和高新增率。

　　程序性退市、主动退市和场内并购退市构成了一个证券市场的淘汰机制，资本市场本质上是把企业当做商品来交易的市场，因此吐故纳新是证券市场流通系统的制度保证。上市公司不退市必然强化证券市场的制度泡沫，弱化成长泡沫，从而抑制整体牛市的动能。如果按照新兴市场的平均淘汰率来衡量中国股市，1999 年以前上市的公司应该有近 50% 退出市场。这样看来，股票市场能够维持在上证综指 1350～1750 点之间是一个大牛市，因为市场中积累的"准退市股"所占的比例很高。在只有 20% 左右以新增股票为主导的"小牛"拉车时，能托住整体市场不下滑就很不容易了，这就是我在去年底所界定的"隐形牛市"。按照索罗斯先生的市场周期概念：市场的心理周期是"在绝望中落底，在欢乐中升腾，在疯狂中毁灭"。如果中国股市能够在"二八"结构上大幅飙升，说明市场中的"准退市股"也飞起来了，市场就进入了疯狂状态，所以跌不下去就是牛市，涨得太多就是疯狂，市场一进入疯狂状态就必然急转直下。

# 四、从业人员的投资机制

　　中国股市中存在着一个悖论，即投资专家不投资。这是说我们证券业不允许从业人员自己开立账户参与市场投资，目的在于防止从业人员利用行业的信息优势为自己谋利。但问题是，这些人天天给客户讲如何投资，甚至替客户管理投资，如果证券从业人员比如基金经理没有用自己钱投资的经历，怎么会珍惜别人把钱交给他投资的机会呢？笔者在国外开证券公司时，不仅鼓励员工投资，甚至在某种情况下是公司给钱让员工去投资。

　　当然，有人会说，这里面存在利益冲突的问题。在美国，利益冲突是靠一些规定去解决。

　　第一条规定是从业人员投资的双份报告制度，任何交易，给交易员一份交易记录的同时，另外一份交易记录就到了交易员所在的公司。交易员买什么股票，公司必须知道。

　　第二条规定是同一天同一只股票存在不同价格的时候，最好的价格给客户，不管什么时间成交，这是纽约证券交易所的规定，NASDAQ 没有这个限制。很多证券交易所和基金公司都有这个制度，这一条限制了很多人为自己赚钱的机会，因为手头拿到了大客户的订单，如果把自己的订单放进去，市场涨起来就能获得收益。

第三条规定是证券分析师不能够买卖你自己推荐的股票。

第四条规定是证券分析师不能够在公司承销业务股票上参与利润分配。当然，这个界定有时候就比较麻烦，里面有一个灰色地带，如金牌分析师格罗曼年薪 3700 多万美元，当时他推荐的股票上涨，还能拿到奖金。分析师分配的这些奖金，相当大一部分是从投资银行拿出来的，这里面还存在问题。

第五条规定，如果分析师推荐公司本身参与承销或是做市的股票，他必须在他的报告下面加上一条提示，告诉投资者本公司可能持有或放空，让投资人自己去取舍。

第六条规定，同一天在同一个经纪业务办公室发生了一只股票买进和卖出的时候，必须有一方是非做市股票，也就是说你绝对不能在同一天推荐老张买进，推荐老王卖出，然后你们俩一对账，你赚钱。这个叫做内部交易(Cross-trade)，在同一个办公室如果出现内部交易。那么，稽核人员就会来找客户，调查是不是有一个人推荐你做交易，如果两个人都说是推荐，就吊销你的执照。这些具体操作，就能够限制这个行业的从业人员参与内部交易。

在美国不是对每一笔交易都进行非常细致的监控，而是每年年检的时候定向抽查，抽查某年某月某日某笔交易，同一天所有的交易记录都拿出来。如果有违规，马上惩罚。这些规定保证了交易的透明。

参与投资是证券从业人员职业生涯和投资服务必要的能力。当然，要限制这种交易和这种操作带来的风险，但是不能让这些人员连自己投资的经验都没有。因为他在客户给人讲投资的时候，如果他自己从来没有亲身经历过投资，他怎么讲投资，又怎么会珍惜用别人钱投资的机会？我一直强调一点，只有用自己的钱公开透明地亲身参与过投资，才会真正地替客户管理好投资。风险的博弈是我们必须的代价。衡量一个人是不是投资银行家，很简单，就看他有没有被投诉过，如果他没有被投诉过，那就说明他不是投资银行家。

对于"投资专家不投资"这个悖论不能消极看待，虽然监管部门制定这条规定的初衷是不让证券从业人员利用行业信息优势为自己谋利，但实际情况是，没有透明的规定，在监管部门监督不到的地方，反而容易出现更多问题，加重行业的信用危机。所以，与其衍生灰色地带，还不如学习美国的经验，让证券从业人员在公开透明的情况下进行投资，既给从业人员积累投资经验的机会，又能让监管部门进行有效监控，更重要的是，要让投资专家们像管理自己的钱一样珍惜管理别人钱的机会。

# 五、全球化背景下的证券市场定价权

最近，证券市场的定价权突然变成了技术标准之争，甚至被少数人解读为"意识形态问题"。如此演绎下去，股票价格的变动岂不就成了"意识形态领域的阶级斗争"？所以有必要站在国际化的角度谈谈证券市场的定价权问题。

证券市场的定价权永远是资本的权利，也就是投资者的话语权。但由于市场上的投资者往往是沉默的多数，或者是寡言的机构，证券业把原本属于投资人的话语权转变成自己的职业，并通过这种"代议制"的话语权来经营着市场的涨跌预期，创造着证券的流动性，而证券的流动性就是证券业的生存基础。每一个特殊的证券市场由于投资者的偏好差异而形成了不同的价值取向，不同市场价值取向的差异又构成了证券业的重要利润来源。

香港证券市场的偏好是金融地产和大众消费，因此托起了建行交行，造就了国美传奇。由于香港股市和中国 A 股市场的天然联系，香港股市的偏好也就逐渐渗透到了国内 A 股市场，而在此前，A 股市场的偏好是第二产业的有形资产，所以钢铁、石化、交通运输的资产定价占据主导地位。美国的纳斯达克市场是成长导向，所以它接纳了新波、搜狐、网易等第一批中国网络股，又捧红了盛大、百度、分众等第二批中国网络股，而这些公司甚至到现在都不具备在中国 A 股上市的基本资格。美国股市投资人的定价权为中国生产了若干股市富豪，同时又把"美国梦"中"麻雀变凤凰"的神话在中国变成了活生生的现实。具有成长性的中国概念股又一次成为美国纳斯达克市场"新宠"，美国资本市场的神奇力量吸引着中国企业家的眼球，从而促使他们按照纳斯达克市场投资人的意志"量身定制"新的上市公司。可以预见在不久的将来，旅店业的"如家"和"莫泰"，还有其他什么行业的连锁经营店又将在纳斯达克上市了，因为它们的运营和扩张模式几乎完全是纳斯达克同类上市公司的复制品。

　　证券市场的价值取向不同，而且在同一市场也不是恒定的，这就是证券商品的"价无价"。因为在现实的市场交易中，证券投资人本质上是非理性的理性人，每一次非理性的群体冲动都带来了市场的繁荣，每一次理性的回归又将市场的过度繁荣或"泡沫"转化为结构性调整。席勒教授的名著《非理性繁荣》其实论证的是在投资领域内，常常只有在非理性冲动占主导时才有市场的繁荣。从这个意义上讲，证券业通过经营投资人的话语权和经营市场的预期把自己变成了证券商品的制造业，一手经营市场预期，一手经营符合未来预期的优质商品。从这个角度来看证券业，现代证券业是由三个基本环节构成的产业链：投资—做市—交易。其对应的运营主体也分别可以简化为：产业基金—投资银行—证券市场。

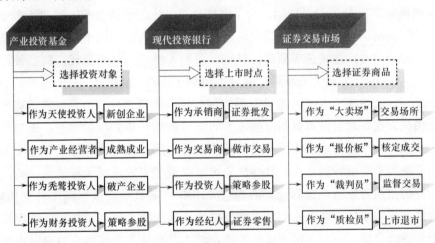

**证券商品制造的"产业链"**

　　从这个产业链中投行的功能定位看，中美投资银行的业务流程有两大差别：1. 美式投行"投承并重"，中式投行"承而不投"；2. 美式投行"承易销难"，中式投行"承难销易"。从蒙牛上市到平安保险上市后的交易，我们看到了高盛等投行早已作为战略投资人参与了这两个上市公司的"制造"过程，而并不仅仅是作为承销商。实际上，高盛作为全球最大的投行之一，其总收入中承销业务所占的比重逐年下降，1998 年还占 39.5％，到 2004 年仅占 16.4％，而以投资者身份参与各种交易所获得的收入在 2004 年占到了 64.9％的历史新高。所以，现代投行的新股定价权一方面来自于"代议制"的客户话语权，另一方面也来自于其自身作为投资人的话语权。

　　中国证券发行制度从指标制到核准制，又从核准制到保荐制，但在投行的承销流程中的"销"权却主要是在交易所。所以中国的证券发行是"承难销易"，美国的发行制度是"承易销难"。由于"销难"，所以美式投行的制度建设重点在于"销"。一些大投行的上市前营销主要靠 VP 制，而 VP 经常被中文误译为公司的副总裁，其实 VP 通常都是没有注册执照业务资格的客户经理，俗称"跑客户的"。客户跑来后的证券承销通常以承销金字塔式的"辛迪加"组织分为三个层次：第一层是主承销和副主承销，负责证监会注册和承销团的协调；第二层是承销团，即辛迪加；第三层是分销商。纽交所通过会员资格的世袭制维持着原创的会所式拍卖制，至今仍保持着全球独一无二的高承销费率（7％～8％），而全球其他证券市场的发行承销费率都在 1％～3％之间。为了维持高百分比的承销费率，纽交所多年来始终坚持面向全球领袖级公司的蓝筹股定位，入市门槛中最硬的一条是新上市公司必须连续三年赢利，且每年赢利不低于 500 万美元。这条硬门槛直到 1999 年才改为三年累计赢利不得少于 1500 万美元。一个三年，一个赢利，就把 90％的中小企业排斥在纽交所的大门之外。于是纳斯达克市场借机而起，通过做市商制度创造了非交易所的开放式报价平台，面向中小企业和中小券商形成为最具成长性的证券市场。在定价程序上，纽交所的路演对象是机构加富人，其会员公司是以世袭家族成员为标准的；纳斯达克的路演对象首先是券商，因为它要求有一定数量的做市商参与交易，合格券商要填表交钱后才能参与做市报价。美国两大证券市场，一个定位于领袖级公司，一个定位于成长型企业，二者合计占全球股市总流通市值的四成左右，从而构成为当代全球证券市场的中心。

　　证券业的产业化是现代证券市场的基础，企业的商品化是现代企业制度的基础，二者的相互作用推动了国民财富的证券化。证券市场的产业化程度越高，国民财富的证券化水平就越高。在经济全球化的背景之下，证券市场的产业化就必然带来市场的国际化，统计数据和相关图示说明了各国证券市场的量级和差别。可以看出，在全球证券市场上，中国证券业还是个小 Baby，所以有很大的成长空间。

　　但这些数字也说明当今全球股市的基本格局是：美国一国独大，公司

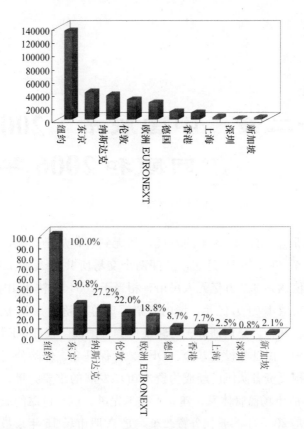

富可敌国。全球化的证券市场必然主要以美国多年形成的游戏规则为标准，而中国若不参照美国的标准来发展证券业，就难以避免被边缘化。中心市场和边缘市场的差异是客观存在的，是不以人的主观意志为转移的，更不是所谓意识形态之争。边缘市场可以因小而独，始终保持自己的"特色"。但市场规模越大，特色必然越少；标准化程度越高，独立性也就越低。这是一个两难的选择：或者小而有特色，保持边缘市场的独立性；或者大而标准化，接受中心市场的话语权。

# 第十二章　中国股市：2005年回顾和2006年展望

　　中国A股市场经过15年的发展，从无到有，从小到大，取得了巨大的成就。截至2005年12月底，沪深两个交易所共有A股上市公司1358家，市价总值达到3.2万亿元人民币，相当于2004年中国国内生产总值的24％，流通市值1.01万亿元，境内股票筹资总额超过9000亿元。目前已经形成股票、基金、公司债券、可转换债券、国债、权证、ETF等丰富多样的投资品种；由证券投资基金、QFII、社保基金、保险公司以及其他机构组成的机构投资者队伍已经成为资本市场发展的重要力量；初步建立了较完整的A股市场监管体系；建立了技术先进、运行可靠的股票交易技术系统。尤其是2005年的股权分置改革，是A股市场15年来最深刻的一次制度变革，为A股市场的进一步发展奠定了重要基础。从这个意义上讲，2005—2006年的两年是中国A股市场发展中值得记录的历史。

## 一、股权分置改革破冰

　　股权分置是指上市公司中流通股和非流通股分立并由此引致权益分离的现象。股权分置问题是A股市场中的一个重要的不确定性因素和基础性制度障碍。它极度扭曲了流通股股东和非流通股股东的利益行为机制，从制度上割裂了股票价格围绕企业价值波动的客观规律。

　　股权分置的存在，导致对上市公司拥有控制权的非流通股股东无法分享股价上涨带来的收益，当然，也不会因股价的下跌而蒙受损失。同时，流通股股东在上市公司中缺乏有效的话语权，搏取价差基本上成为其唯一的获利渠道。它不仅使公司治理结构形同虚设，上市公司质量改善的内在机制被弱化，使股票价格难以准确反映公司业绩，造成投机盛行，而且使资本市场的资源配置和定价功能无法从根本上得到发挥。虽然股权分置问题不是 A 股市场的最根本问题，但它却是一个主要的基础性问题。

2005 年 5 月展开的股权分置改革，是 A 股市场发展过程中的一次重大制度变革，改革方向必须坚持，舍此别无他途。否则资本市场就无法走上规范化、市场化和国际化的发展道路。A 股市场由此开始了与 15 年 A 股市场历史的"新老划断"，为 A 股市场的规范化建设创造了必要条件。当然，在股权分置这一制度性障碍以外，体制改革的深化依然是根本问题，A 股市场还面临其他诸如公司治理、金融产品创新、资本市场诚信制度、证券业重整、A 股市场国际化等一系列的制度变革，但不能本末倒置。

在股权分置状态中，诱致性变迁方式往往是无效的，所以，股权分置改革的试点推出遇到重重困难，但在监管部门全力推进后，市场逐步从认可到追捧。任何一个股市形成有序的竞争和完善的制度都不是一蹴而就的。发达国家的股票市场通过 100 多年的发展，已经逐步形成了一套比较完整的制度安排，但随着经济环境的变化，仍然处于不断发展之中。对于我国股权分置这一基本制度的变革，必须考察制度变迁方式对制度变革结果的影响。

从制度变迁的推动力来看，有两种情况：一是强制性变迁。政府作为制度变革的第一推动力，制定新的制度框架，通过法律和规定的形式进行强制性推广，最终达成目标的制度安排，它是自上而下的制度变迁过程，往往是激进式的。二是诱致性变迁。由于外部环境的变化导致制度不均衡，从而引致外在利润的自发性反应，当制度变迁的预期收益大于预期成本时，有关群体就会设法通过契约的形式发展新的制度，从而推进制度变迁。这是一种自下而上、从局部到整体的渐进式的制度变迁过程。

股权分置试点方案的逻辑是期望通过政府（或监管部门）的引导，由市场主体（上市公司、非流通股股东、流通股股东）进行博弈，达成一个多方满意的均衡结果，以点到面，逐步完成整个市场的改革。从单个上市公司来看，这一方式是有效率的，因为结果体现了多方共同的愿望。这种以合作博弈为基础的诱致性变迁也体现了"市场化是人类合作秩序不断的扩展"

的精神。不考虑市场上上市公司之间的信息传递，那么单个公司的效率改善也会有助于整个市场的效率增进。

但是，如果考虑到目前的市场环境（制度变革的逻辑起点）及A股市场的固有特征，那么，采取的诱致性变迁方式从市场整体而言是没有效率的，往往会导致一个最差的结果，即股市不断下跌，而制度变革无法完成。

首先，股市试点之时，正是股市经历4年多的持续低迷，使投资者损失惨重。投资心态相对脆弱，对不确定性的担忧显著增强，对不利的市场预期会明显放大，投资行为上往往容易出现偏差。同时，上市公司的诚信制度远未建立，对大股东向二级市场投资者支付流通权对价的幅度心存疑虑。市场对全流通的预期显著增强。

其次，金融市场，尤其是A股市场具有特殊性，其行为方式通常以预期而不是现状来决定行为。这意味着渐进式变革过程也无法避免与激进式改革方式同样的最终结果，甚至因为预期混乱，结果更差。因此，历史上，凡是重大的金融制度变革，无一不是通过强制性、激进式的一揽子改革方案来促成的，如美国通过废除《格拉斯·斯蒂格尔》法案，通过《现代金融服务法案》，一举改分业经营制度为混业经营制度。英国和日本也分别进行了"大爆炸"式的一揽子改革方案，降低银行、证券和保险之间的壁垒，奠定混业经营的制度基础。

诱致性解决方式的要点有三：一是自愿性；二是对价幅度没有明确的规则；三是解决时间没有明确规定。这三点导致了市场的不稳定预期：一是谈判主体地位不平等，方案都由非流通股股东提出，结果往往有利于非流通股股东；二是目前解决方式使得不愿意减持的非流通股股东可以无限期拖延，市场无法形成良好的对价预期；三是大股东有套现意愿的上市公司最具备积极性，这一类的公司往往质地较差或发展前景较差，而如果依靠公司自愿的原则选择全流通试点公司，可能造成"劣股驱良股"的效应；四是还有一些公司根本无法补偿，这些公司的股票必然加速下跌。

由于股权分置状况的解决需要通过"对价"予以支持，静态来看，这是一种零和博弈，没有足够的强制性，个人理性与集体理性之间存在着利益冲突，这是诱致性、渐进式的股权分置解决方式本身无法克服的。同时，诱致性方式到一定阶段还会出现路径依赖问题，届时难以退出，产生"锁定"现象，即部分上市公司会决定永远不支付对价，不进行股权制度变革。因此，不同的变革方式带来两种结果：一是市场继续下跌，投资者继续遭受损失。二是对价较高，投资者预期明确，市场下跌趋势得到扭转，逐步走出低谷。单纯的诱致性、渐进式的股权分置解决方案，不仅会导致预期混乱，而且无法避免股市直接、快速向全流通预期下的结果大踏步迈进。因此，以目前的市场情况以及 A 股市场的特征，必须要有强制性的制度安排，才能使市场形成稳定预期，扭转下跌趋势，逐步走出低谷。

随着有关措施的逐步到位，投资者预期变得异常明朗。至此，市场对股权分置改革的态度发生转折，从不认可到认可再到追捧。

### 1. 基本情况

2005 年 4 月启动股改试点，"五一"长假结束后，证监会就立即公布了《上市公司股权分置改革试点业务操作指引》。5 月 9 日，首批股权分置改革试点名单公布，它们是：三一重工、金牛能源、紫江企业和清华同方。首批股改中，仅清华同方一家的股改方案因流通股支持率不足 2/3 而遭到否决。6 月 20 日第二批 42 家股改试点公司跟进，这批公司的股改方案在随后的股东大会表决全部顺利过关。9 月中旬开始，股改正式全面推开。至 2005 年底，参与股改的公司已经达到 426 家，占到沪深两市公总数的 31.37%，总市值约占沪深两市总市值的 46%。完成股改程序的 G 股公司达到 228 家，其市值占到两市总市值的 20.12%，占流通市值的 25.90%。股改公司平均支付对价为 3.14 股，支付对价股数总量达到 156.17 亿股。而随着各方力量的协作推动，股改正在加快步伐，朝着预期的目标迈进。

中小板市场率先与 11 月 21 日完成股改。上证所也于 2006 年第一个交易日发布新上证综指，新上证综指以沪市所有 G 股组成，以 2005 年 12 月 30 日为基日，以该日所有样本股票的市价总值为基期，基点为 1000 点。随着越来越多的上市公司完成股改，"G 股指数"将成为主导市场的核心指数。

### 2. 对价

在法律上，对价（consideration）或称约因，是指一方为取得合同权利，而向对方当事人所作的给付。缺乏对价，一项合同不可能成立或变更。非流通股要取得流通的权利，必须支付"流通的对价"。因此，股改中"对价"的涵义可以理解为非流通股股东为取得非流通股的流通权，向流通股股东支付的相应的代价。

对价成为流通股股东和非流通股股东博弈的关键内容。对价形式、对价多少，需要上市公司非流通股股东、保荐机构、流通股股东进行多方的沟通和协商。从截至 2005 年底完成股权分置改革的 408 家上市公司情况来看，送股成为了主要的对价形式，大多数公司推出了"每 10 股送 3 股"的初步方案。完成股改程序的 228 家公司，股改公司平均支付对价为 3.14 股。

除了送股之外，还出现了多种对价方式。如以 ST 公司为代表的绩差上市公司推出了资产置换、注入资产这类重组式对价，如 ST 中西，上药集团向中西药业注入现金人民币 3.5 亿元，以及价值人民币 4300 万元的上海远东制药机械总厂权益性资产，并承担部分债务；ST 农化还采取了"10 送 1.5 股加重大资产置换"的对价。另一些公司采用了股改后一定时间内设定规定股价的"预期"型对价，如农产品承诺：流通股股东在股改一年后有权以 4.25 元的价格向大股东出售股份，该方案受到了大资金的追捧。而一些大盘股，则引进了创新的"权证"式股改。

**表 12.1　2005 年股权分置改革方案一览表**

| 方案 | 操作概述 | 适用标准 |
|---|---|---|
| 配售类 | 非流通股股东将其持有的股份按照一定的比例以较低的价格转让给流通股股东。转让后，被转让的股份成为流通股，其余的非流通股获得流通权 | 业绩较好 |
| 权证类 | 非流通股股东向流通股股东无偿发售权证，并开设权证市场进行交易，通过权证的行权达到全流通的目的。权证分两种，一种是认股权证，权证持有者有权在一定的期限内或时点向非流通股股东以约定的价格购买股权。另一种是认沽权证，发售这种权证的非流通股股东必须在市场上购买这种权证才能获得流通权 | 主板公司：最近 20 个交易日流通股份市值不低于 10 亿元；最近 60 个交易日股票交易累计换手率在 25％以上；流通股本不低于 2 亿股；<br>中小企业板公司：最近 20 个交易日流通股份市值不低于 3 亿元；公司流通股本不低于 3000 万股；申请上市的权证不低于 3000 万份 |
| 非流通股股东送股或现金 | 非流通股股东将其持有的股份按照一定的比例无偿转让给流通股股东，或支付现金作为对价的一部分 | 原则上适用于所有公司，但要考虑非流通股股东持股比例 |

续表

| 方案 | 操作概述 | 适用标准 |
|------|---------|---------|
| 非流通股缩股 | 非流通股股东将其持有的股份按照一定的比例缩股，流通股股东的持股数量不变 | 原则上适用于所有公司，含 B 股 H 股公司除外 |
| 流通股扩股 | 流通股股东持有的股份按照一定的比例扩股，非流通股股东的持股数量不变 | 原则上适用于所有公司，含 B 股 H 股公司除外 |
| 上市公司送股、转增后非流通股股东放弃 | 上市公司以资本公积金或未分配利润转增股本给流通股股东，非流通股股东不参与转增，其股份数量保持不变 | 上市公司每股未分配利润＋每股资本公积＞0.5 元，含 B 股 H 股除外 |
| 回购 | 公司拿出一定资金回购一定比例的流通股，并以注销或作为库存，此方式宜作为配套方案 | P/B＜1，现金流较高 |
| 注入优质资产 | 大股东拿出一定的资金或其他优质资产注入上市公司 | 绩差公司 |

### 3. 回购成为创新点

2005 年 10 月 31 日，辽河油田、锦州石化和吉林化工三公司在停牌三天后发布了大股东中石油全面要约收购的报告。中石油的要约收购价格为：吉林化工 H 股 2.8 港元，A 股 5.25 元，锦州石化 A 股 4.25 元，辽河油田 A 股 8.8 元。此次要约收购，开创了国内资本市场的多个第一：国内首次以终止上市为目的要约收购、首次同时收购三家上市公司、涉及多个资本市场。12 月 16 日，辽河油田、锦州石化要约收购期满，符合退市要求，两公司即日起终止上市。

中石油的回购价格较上市公司的股价有一定的溢价水平，给二级市场带来了套利机会。中石油的成功回购，也给同样是母公司在香港上市，具备回购条件和要求的"中石化系"、"中铝系"等下属 A 股上市公司带来预期，上市公司主要有扬子石化、齐鲁石化、山东铝业、兰州铝业和焦作万方等。一时间，深沪市场具有上述概念的个股受热捧。

### 4. 中小板市场率先完成股改

中小板市场股改起始于 2005 年 6 月 20 日中捷股份等 10 家中小板公司进入第二批股改试点，完成于 11 月 21 日最后一家公司的股改方案表决。

历时 155 天,中小板市场率先完成股改。由此开始,中小企业板开始了全流通时代。

统计显示,50 家中小板公司平均对价水平为 10 送 3.384 股,比主板前八批股改公司平均对价高 5%左右;在方案表决方面,中小板公司的对价方案也获得了投资者的较高评价,50 家公司平均投票赞成率为 98.01%,其中流通股股东投票赞成率平均为 86.40%,流通股股东参与投票率为 41.32%。

随着中小板股改工作的全面完成,深交所决定在 12 月 1 日起推出独立的中小板指数。12 月 1 日中小板指正式亮相,该指数的基准日为 2005 年 6 月 7 日,基日指数为 1000 点,因此,中小板指首日参考开盘为 1438.99 点,事实上该指数首日以 1436.46 点低开亮相,以 1403.15 点报收,跌幅为 2.49%。此后四天里,中小板指继续回落,但是在探低 1321.03 点之后指数出现企稳反弹,随后走出了稳步盘升的走势。

## 二、新《公司法》与《证券法》的通过

我国资本市场是在经济转轨时期发展起来的,初期的制度设计由于受当初各种条件的约束,在基本制度的建设上有很多缺陷,需要在市场发展过程中不断完善。现行《证券法》是 1998 年 12 月 29 日第九届全国人民代表大会常务委员会第六次会议通过、1999 年 7 月 1 日起实施的。现行《公司法》于 1993 年 12 月 29 日通过、1994 年 7 月 1 日起正式实施后,曾分别在 1999 年 12 月和 2004 年 8 月作过两次较小的改动。随着经济和金融体制改革的不断深化,A 股市场的不断发展,原有的《公司法》和《证券法》已经不能完全适应新形势发展的客观需要,需要补充和完善。

作为 A 股市场的基础性法律,新《公司法》、《证券法》吸收了 A 股市场发展的经验和成果,本着市场化原则对有关公司设立、股份转让、证券的发行、上市、交易制度等内容作了全面修改,放宽了制约市场发展与创新的许多限制性规定,进一步强化了公司董监事及高管人员的诚信义务,完善了对上市公司治理结构的要求和信息披露制度,加强了对上市公司、证券公司及其他市场参与主体的监管,健全了民事责任和民事赔偿机制。因

此，新《公司法》、《证券法》是 A 股市场法制建设的重要里程碑，将从根本上改变目前法律制度建设滞后于资本市场发展的状况，为资本市场发展打开了巨大的空间：

第一，突破了分业经营和分业管理模式。原来的证券法实行严格的分业经营、分业管理。但在 WTO 下对外资金融机构全面开放的情况下，分业经营和分业管理模式制约了国内金融机构的竞争力的提升，并且目前实践中已存在金融混业经营，如中信集团、光大集团等都具有混业的金融控股集团的雏形。此次修订既保留了原来分业经营的格局，但是将来银行、证券、信托、保险等行业交叉发展后，有一个向综合经营发展的要求，修订中加了一款，即"国家另有规定的除外"，为以后推行综合性经营留下伏笔。

第二，打开了市场边界。原来的证券交易只能在交易所进行，新证券法规定则增加了"国务院批准的其他证券交易场所"，这为创业板市场、三板市场、柜台交易、报价系统、做市商交易市场都留有余地。

第三，打开了产品边界。原《证券法》只允许现货交易，而修订后改为"证券交易要以现货和国务院规定的其他方式"，而且在调整的对象当中，在总则中加强了一条，为将来期货、期权等金融衍生产品的发展预留了空间。

第四，打开了资金边界。新证券法为国企及国有控股企业资金入市解了禁，为银行资金入市开了闸，为上市公司回购股票松了绑，为非现货交易和信用交易预留了空间，可以说为社会各方资金进入市场提供法律保障。

第五，新证券法对融资融券问题进行了松绑。事实上，此前证券法对融资融券的禁止主要是基于对过去发生过的风险的担忧。此次新法对上述业务开闸的同时，还规定券商的客户保证金需托管在商业银行。这样一方面能有效地控制风险，另一方面则顺应了成熟市场发展趋势，增加了市场的流动性。

第六，加强保护投资者权益。《证券法》规定，证券公司不得欺诈客户，不得挪用客户的资金，证券公司的从业人员私下透露客户的资料、股东和实际的控制人，如果在幕后怂恿或者指示，也要承担相应的责任。新闻媒体做新闻报道时一定要真实，不能够散布虚假的信息，扰乱 A 股市场。另外还有登记结算制度，比如客户开户资料的保护问题。又建立证券投资者保护基金，资金来源有证券公司和国家通过其他途径筹资等。规定投资者的交易资金要由商业银行存管，要由第三者进行存管。禁止任何单位和个人挪用客户的证券和资金。在交收环节上规定侵犯交收的证券和资金，不得随意挪用，也不受强制执行。除非客户自己愿意，或者是其他的法律规定，才能够对交收的资金或有价证券进行执行。另外，在信息披露方面提高透明度，并加大了这方面的民事责任条款。此外，在法律责任方面，对侵害投资者利益的违法行为，这次也加重了处罚力度。处罚的手段和所列举的行为更加详细，这些都是总结了这几年来市场货币交易过程当中出现的问题后进行的。

第七，完善监管执法机制和监管责任制度，强化执法权力，提高执法效率。修订后的法律增加了证券监管部门的执法手段，扩大了监管权力，为进一步提高监管的有效性提供了有力的法律保障。同时，也明确了其相应的监管责任，对建立证券监管部门行政执法的约束机制作了规定，有利于强化证券监管部门的监管责任，促使其责、权、利相匹配，相对应。

因此，新修订的《公司法》和《证券法》，对于提高上市公司总体质量，激发 A 股市场活力，提高股市运行效率，推进其持续、稳定、健康、和谐发展将产生积极重要的影响。

# 三、产品创新开始进入实质性阶段

权证是 2005 年 A 股市场的一大亮点。7 月 18 日，《上海证券交易所权证业务管理暂行办法》出台，8 月 22 日，宝钢权证上市，宝钢股份成为首个在股改中发行权证的公司，其后武钢股份、深万科、新钢钒等多家上市公司也在股改中采用了权证。作为市场创新，拓宽市场广度和层次的重要成果，权证成为 2005 年市场异军突起的热点。

权证随股改重登历史舞台，并以其独特的 T＋0 交易制度获得了投机资金的青睐，极大地激发了参与热情。宝钢权证上市首日，开盘就直接以 1.263 元封住涨停板，2 天后涨到 2 元上方。在上市的 3 个月时间里，二个月暴跌了 67％，之后的一个月又暴涨了 209％。11 月 30 日，沪市 3 只权证的成交额为 74.18 亿元，首次超过沪市成交额 49 亿元。之后 2 天，3 只权证的成交额继续超过沪市。同时 3 只权证的成交额从 11 月 25 日起连续 5 个交易日超过香港上千只权证的成交额。12 月 6 日，两市 6 只上市权证的交易量突破百亿元大关达 101.8 亿元，超过了沪深股市全部股票的交易额。权证的大起大落，引发了市场激烈的争议。

为平抑权证的过度投机，上交所发布了《关于证券公司创设武钢权证有关事项的通知》，就证券公司创设武钢认购权证和武钢认沽权证的相关事宜发布通知。权证的创设一定程度上平抑了权证价格过度高估。

通过对大量账户的统计，发现权证参与者具有 6 方面特征：

第一，权证交易者主要是游资。1% 的投资者完成了 77.05% 的交易量。排名前 1% 的 150 个账户，买入权证总金额高达 51.31 亿元，占全部账户总成交金额的 77.05%，实际动用资金量 1.1 亿元，占实际参与权证交易资金量的 28.6%。

第二，权证交易者分布较窄。样本账户信息表明，八月份以来共有 132726 个近期活跃账户。其中，仅参与权证交易的账户非常少，为 480 个，同时参与股票和权证交易的账户共 11229 个，只占活跃账户的 8.46%，91.17% 的投资者持观望态度没有参与权证交易。

第三，"T+0"交易放大了权证交易量。样本账户参与权证交易的总资金量约 3.84 亿，这笔资金制造了 66.59 亿元的成交量。按照样本账户交易额在整个权证市场的份额，我们估算出市场参与权证交易的账户共约 24 万个，真实资金约为 61 亿左右。但整个权证市场成交金额约 1062 亿，充分体现了"T+0"机制的资金放大效应。

第四，权证交易对股市资金分流作用有限。通过样本账户信息，我们发现投资者在买入权证的前一交易日确实出现了净卖出股票的行为，但在不进行权证交易时，分流的资金又回到股票市场，整个阶段仍然表现为净买入股票行为。具体数据为：在样本统计区间内，在权证交易前一日，平均每个投资者累计从股票账户调出的资金为 12786.94 元，9213 个账户共计调出资金 1.2 亿。因此可能有一部分权证交易金是从股票账户中抽取的。但在投资者不参与权证交易期间，分流的资金又流入了股市，出现了净买入股票交易。因此，同时参与了股票和权证交易的账户在样本统计区间并没有净卖出股票，反而在样本区间内净买入 0.96 亿元股票。

第五，权证交易者卖出股票的行为未造成该股票下跌。通过样本账户数据统计了在 8 月 22 日～11 月 28 日时间段内，权证投资者卖出金额最多的十大股票，这些股票同期的日平均收益率为 0.66%，要高于同期上证指数的收益率－0.047%，这表明，投资者卖出的股票的行为并没有造成该股票下跌。

第六，权证交易不会对标的证券造成负面影响。对 G 宝钢和 G 武钢的走势分析表明，G 宝钢在 2005 年 8 月 19 日～2005 年 12 月 2 日区间内走势与海通钢铁指数持平，8 月 22 日宝钢权证上市后并没有对 G 宝钢的走势造成冲击。G 武钢走势明显要好于海通钢铁行业指数。权证创设概念对未上市权证的标的证券也有一定的正向促进作用，G 新钢钒在 11 月 22 日～12 月 2 日九个交易日内的平均收益率为 1.12%，大大高于海通钢铁行业指数收益率－0.013%。同样，G 长电在 11 月 22 日～12 月 2 日九个交易日的平均收益率为 －0.088% 也要高于相应的海通电力行业指数收益率－0.187%。

基于上述实证分析，我们认为，权证的负面影响小，而正面作用大，必将在 2006 年获得更大的发展。

# 四、证券业的重组与整合

自 2001 年 6 月份以来，我国 A 股市场已持续四年半深幅调整，市场行情低迷，使整个证券业的经营环境日益恶化，经营压力日益增大，造成证券业陷入整体持续亏损的窘境。2004 年度 114 家证券公司实现营业收入 169.44 亿元，利润总额为－103.64 亿元，扣减资产减值损失后利润总额为－149.93 亿，全行业处于亏损状态。与此同时，证券业存在的各种问题集中暴露，系统性风险集中爆发，使证券公司面临残酷的生存危机。

进入 2005 年，"扶优劣汰"的宗旨下，券商行业经历着严酷的洗牌。2005 年 8 月以后，14 家券商获批成为创新试点券商，13 家券商获批成为规范类券商，有 15 家以上的问题券商被创新及规范类券商托管或关闭，南方证券正式退出了历史舞台，取而代之的是"中国建银投资证券有限公司"。而申银万国、国泰君安、银河证券等多家券商先后通过汇金、建银

的注资，来度过资金危机。此外，瑞银集团斥资 17 亿收购北京证券 20％
的股权，成了北京证券的最大股东，瑞银集团成为中国首个通过直接收购
获取国内证券综合业务牌照的外资公司。可以肯定的是，未来 130 多家券
商将在这场行业整合中消失一半以上。

第一，从资本结构来看，当前的市场结构还是体现出原子式过度竞争
的特点，处于行业发展的初期，前 10 家大券商的资本集中度只有
35.21％。高盛、摩根、美林三家大投行的股东权益达到了 706.19 亿美元，
资本集中度达到了 56.59％。行业整合不可避免。

第二，证券公司面临的行业挤压十分严重。目前我国证券公司的业务
种类还较为单一，除了经纪、承销、受托资产管理和自营等传统业务外，
诸如兼并收购、财务顾问、研究咨询和基金服务等延伸业务开展得还很不
够，而项目融资、资产证券化、MBO 和战略管理等创新业务则刚刚启动
或几乎是一片空白，使得大多数券商的业务结构趋于同质化。

经纪业务方面，总佣金收入明显下降。截至 2005 年 12 月 27 日，A 股
和 B 股合计成交额为 17880.29 亿元，较 2004 年大幅减少 32.45％；（2）证
券投资基金和 ETF 成交额。截至 2005 年 12 月 27 日，证券投资基金和
ETF 合计成交额为 519.57 亿元，较去年增长 1.09 倍；（3）A 股、B 股、
基金和 ETF 合计总成交额。截至 2005 年 12 月 27 日，A 股、B 股、基金
和 ETF 合计总成交额为 18399.86 亿元，和去年相比，减幅达 31.14％。

投资银行业务方面，国家开发银行和四大资产管理公司目前都具备企
业债券的承销资格。在委托理财业务方面，券商投资管理部门的竞争力也
逐渐低于经营相对规范的基金管理公司。商业银行、保险公司的业务向证
券业的延伸，综合性金融控股集团在金融体系中日益占据重要的地位。商
业银行自行设立基金管理公司，保险公司设立资产管理公司，都进一步侵
蚀了证券公司的传统业务。

第三，国外券商的严峻挑战。2002 年 12 月 19 日，中国加入 WTO 后
的第一家中外合资证券公司——华欧国际证券有限责任公司正式获中国证
监会批准设立。华欧国际证券由湘财证券和法国里昂证券（CLSA）合资组
建，注册资本为 5 亿元人民币，其中湘财证券持有 67％的股份，里昂证券
持有 33％的股份。这是《外资参股证券公司设立规则》出台后成立的首家中
外合资券商，标志着中外合资券商的组建由此拉开帷幕。在华欧国际成立

之后，长江巴黎百富勤、海际大和、高盛高华和华安美林等公司也陆续获准组建。

随着国际上知名投资银行进入中国，国内证券公司的高端业务必将受到进一步的压缩。如随着中外合资投资银行的陆续成立，内资证券公司的投资银行业务已经受到了较大的冲击。中金公司在投行业务的领先地位自不必说，华欧国际证券公司作为中国加入 WTO 后经中国证监会批准设立的首家中外合资证券公司，在 2004 年共完成 7 单主承销和保荐业务，其中包括 5 单 IPO 项目和 2 单再融资项目，总融资额近 30 亿元。尤其需要迫切注意的是，在大量境内企业海外上市过程中，内地券商无一能够提供境外承销服务，已经与这一高端投行业务隔离，并且时至今日，没有丝毫改变的迹象。可以说，作为证券公司最重要业务之一的投资银行业务，与国外投资银行的竞争中，已经处于非常不利的地位。

第四，市场监管过度，证券公司创新空间和创新能力不足。尽管我国对证券业的行政管制逐步放松，但事实上我国证券业仍然是一个受高度管制的行业。证券公司监管体制基本上还是以审批性监管手段为主，对证券公司创新业务的开展、融资渠道的拓宽等方面存在监管过度倾向，政策性限制依然较多。比如，对已经获得创新试点资格的证券公司的业务创新活动仍然实行逐项审批制，不利于券商增强自主创新能力和推动创新业务的正常开展；证券公司融资方式单一，融资渠道狭窄，远远不能满足券商开展正常业务的需要。同时，由于证券公司受到严格的行政管制和过多的政策束缚，加上自身的创新动力不足和创新能力欠缺，难以向其他金融业务领域渗透。

在此背景下，作为 A 股市场上最重要的中介服务机构，证券公司理应有的 A 股市场"润滑剂"和"稳定器"功能被大大削弱。证券公司的整合已经拉开序幕，业务分化已经初露端倪，优质券商将强者恒强，越做越大，而问题券商则将被市场抛弃。

# 五、投资者结构不断优化

市场投资主体结构继续优化，机构投资者力量在迅速壮大，对市场的影响力日益增强。

第一，投资基金总数已经达到了 218 只，总资产达到 5303.04 亿元，较上年底增长了 49.71％。其中封闭式基金 54 只，资产规模 534.9 亿元，开放式基金 164 只，资产规模 4768.14 亿元。

第二，QFII 不断扩充。2005 年 7 月份证监会宣布在现有 40 亿美元 QFII 额度的基础上增加 60 亿美元的 QFII 额度，增幅高达 150％。目前已批准 32 家，获批投资额度达到 56.45 亿美元，其在市场中的影响日见增长。

第三，证券公司的影响力有所增强。中央汇金投资公司 6 月份以来陆续向银河证券、申银万国、国泰君安等进行了上百亿的注资和流动性贷款，券商理财产品接连在市场发行，使得券商在 A 股市场上的投资规模和影响力得到部分恢复。从理财产品来看，已有国泰君安的君得利、光大证券的"阳光理财"、广发证券的"广发理财 2 号"、长江证券的"超越理财 1 号"、中信证券的"避险共赢"、东方证券的"东方红 1 号"和招商证券的"基金宝"、华泰证券"紫金 1 号"10 只。这些资金已经部分投入了市场，如三季报显示，"东方红 1 号"以持有 149 万股列湘电股份前十大流通股股东第五位，还持有烟台万华 400 万股、华兰生物 100 万股、轴研科技 108.14 万股和宝钛股份 158.89 万股。

第四，社保资金、保险资金投资力度加大，也成为市场上愈显重要的投资力量。截至 2005 年 11 月底，社保基金用于债券和股票的投资额度达 987 亿元，占当期总资产的比例上升为 50％。同时，社保基金自设立以来，实现总收益达 7.3％，按资本加权计算，累计收益率达 11.48％，年均收益率 2.87％[①]。另据中金公司首席经济学家哈继铭估计，2005 年我国养老和保险资金进入股市的规模，社保基金约为 23 亿～133 亿元，企业年金约为 4 亿～10 亿元，保险资金约为 281 亿～747 亿元，总数将处于 300 亿～900 亿元之间。

中国保监会 2 月 17 日联合中国银监会下发《保险公司股票资产托管指引（试行）》和《关于保险资金股票投资有关问题的通知》，明确了保险资金直接投资股票市场涉及的资产托管、投资比例、风险监控等有关问题。自

---

① 姜楠：《机构投资者队伍壮大 社保和保险资金获高收益》，《证券日报》，2005 年 12 月 14 日。

此，保险资金直接入市拉开了序幕。中国人寿、平安保险、太平洋保险、中国再保险、泰康人寿、华泰保险、新华人寿等保险公司已经迅速地进入了乍暖还寒的股市。

　　截至 2005 年底，保险资金运用余额已达到 14315.8 亿元，比年初增加3357.2 亿元。各家保险投资机构在股票市场直接、间接投资额共计 845.6亿元，并持有国债 3588.3 亿元、金融债 1785.1 亿元、企业债 1207.6 亿元[①]。但保险公司的股权投资规模仍有上升空间。按照现有的规定，股权投资包括封闭式基金、开放式基金、投资股票的数量上限是 20%，而根据保险公司公布的 2005 年半年报来看，目前保险公司中股权投资占比最高的人保财险，今年上半年占比是 7.8%。

# 六、市场价值回归

　　2005 年是 A 股市场持续调整的第 5 个年头，在此 5 年中，市场一直处于价值回归的过程。上证综指 12 月 29 日收盘于 1169.86 点，较上年末下跌了 96.64 点，跌幅为 7.63%，年内最大跌幅为 21.18%。深证综指则下跌 34.11 点，较上年末跌幅为 10.8%。从市值的角度观察，沪深两市股价总值目前为 33008.41 亿元，较上年末减少了 3.47%；两市 A 股流通市值为 10114.18 亿元，较上年末减少了 2.65%。

　　2005 年 6 月 6 日，上证综指跌破 1000 点，最低点为 998.23 点，创出了 1997 年 2 月以来 8 年多的新低（不考虑新股上市对上证综指的影响）。此时也预示着"千点保卫战"的开始，当天大笔资金迅速拉升中国石化、长江电力等大盘股，使千点大关失而复得，带动了市场人气，直接形成此后的"6.8"井喷。7 月 12 日和 7 月 19 日，上证综指两度到 1004 点，神秘资金两度出手化解危机。7 月 22 日人民币首度宣布升值，沪指跳空上扬，并在此后的近两个月时间演绎了一波幅度超过 20% 的中级行情。至此，上证综指 2005 年的"千点保卫战"以多方的胜利而告终。

　　中国 A 股市场 2005 年市场大部分时间都处于比较低的估值水平，在

---

　　① 曹海菁：《保险资金股市投资总额将翻番》，《中国证券报》，2006 年 1 月 18 日。

2005 年 12 月初，G 股的加权平均市盈率水平下降到 10 倍，比理论的估值水平明显偏低。经过 5 年的调整，A 股市场的投资价值开始显现。

### 1. A 股市场隐含股权风险溢价处于历史高点

以海通自下而上的盈利预测，2006 年增速为 8.8%，2007 年维持趋势增长率 10%（相当于 GDP 的名义增长）计算，当前市场所隐含的股权资本成本为 13%，考虑到当前十年期国债收益率约为 3.6%，则隐含股权风险溢价为 9.4%。

以海通自上而下的盈利预测，2006 年下滑 12%，2007 年维持趋势增长率 10%（相当于 GDP 的名义增长）计算，当前市场所隐含的股权资本成本为 11.9%，考虑到当前十年期国债收益率约为 3.6%，则隐含股权风险溢价为 8.3%。

CSFB 估计的 MSCI 中国自由指数自 1998 年以来隐含股权风险溢价平均为 7.6%，标准差 2.3，高盛估计的十年以来 MSCI 中国自由指数相对美国十年期国债收益率的隐含股权风险溢价平均为 7.5%，标准差 2.6。综合看来，中国在海外上市公司过去十年的股权风险溢价在 7.5% 左右。而历史上投资者对中国在海外上市公司给予的估值水平是相当低的。如表 12.2 所示，这样的风险溢价与韩国、马来西亚持平，高出中国台湾地区、新加坡 1%，高出印度 1.5%，高出澳大利亚、中国香港地区 3%。我们可以看到无论是采用自下而上的较为乐观的预测还是自上而下较为悲观的盈利预测，在不考虑股改送股进一步降低投资者持股成本的情况下，海通 250 家重点公司的隐含股权风险溢价也已经超过 MSCI 中国指数过去 10 年的平均值。

表 12.2　1998 年以来 MSCI 亚太市场隐含股权风险溢价的平均水平

| 中国大陆 | 马来西亚 | 韩国 | 新加坡 | 台湾地区 | 印度 | 香港地区 | 澳大利亚 |
|---|---|---|---|---|---|---|---|
| 7.6 | 7.6 | 7.5 | 6.5 | 6.4 | 6 | 4.6 | 4.5 |

资料来源：CSFB，海通证券研究所。

从以上沪深 300 和海外公司的比较估值，和海通 250 家重点公司的绝对估值来看，国内市场尤其是以沪深 300 为代表的市场主流从整体上而言其估值水平处在历史低点，与海外上市公司的比价也经历了由溢价到折价的过程。

### 2. 市盈率具有比较优势

截至 2005 年 12 月 29 日收盘，以三季度业绩计算，两市 A 股平均市盈率为 18.09 倍，上证 A 股的市盈率为 16.32 倍，上证 50 指数市盈率为 11.86 倍，上证 180 指数市盈率为 13.17 倍。沪深 300 指数市盈率为 13.66 倍，深成指市盈率 11.5 倍，深证 100 指数市盈率 13.57 倍。228 家 G 股的平均市盈率为 11.06 倍。

如表 12.3 所示，虽然市场共识对 2006 年中国盈利增长预测并不高，但以 2006 年的预测市盈率看，MSCI 中国指数在区域内仍具有较强的吸引力。同时对 2006 年较温和的增长预期反映了市场谨慎的心态，也可能意味着未来将有更多盈利预测上调的机会。

**表 12.3　亚太区盈利预测对比(2005 年 11 月 25 日)**

| 年份<br>类别 | EPS growth(%) | | | P/E | | |
|---|---|---|---|---|---|---|
| | 2004 | 2005E | 2006E | 2004 | 2005E | 2006E |
| 澳大利亚 | 28.3 | 14.7 | 8.8 | 14.9 | 13.7 | 13.1 |
| 中国 | 32.6 | 18.8 | 8.1 | 13.3 | 11.2 | 10.3 |
| 香港地区 | 37.2 | 33.7 | −8.0 | 18.9 | 14.1 | 15.4 |
| 印度 | 17.8 | 15.1 | 16.2 | 19.9 | 17.3 | 14.9 |
| 印尼 | 25.1 | 15.5 | 20.8 | 12.4 | 10.8 | 8.9 |
| 日本 | 42.9 | 22.5 | 11.3 | 15.3 | 20.2 | 18.2 |
| 韩国 | 65.9 | −1.4 | 14.3 | 10.7 | 10.8 | 9.5 |
| 马来西亚 | 13.8 | 0.8 | 12.2 | 15.0 | 14.9 | 13.3 |
| 菲律宾 | 44.8 | 5.4 | 15.2 | 16.2 | 15.4 | 13.4 |
| 新加坡 | 34.1 | 5.3 | 7.7 | 15.5 | 14.7 | 13.7 |
| 台湾地区 | 61.0 | −19.7 | 23.5 | 11.8 | 14.7 | 11.9 |
| 泰国 | 12.0 | 10.9 | 2.8 | 10.7 | 9.6 | 9.4 |
| 亚太除日本 | 62.4 | 0.9 | 11.3 | 13.9 | 13.8 | 12.4 |

资料来源：I/B/E/S，MSCI，海通证券研究所。

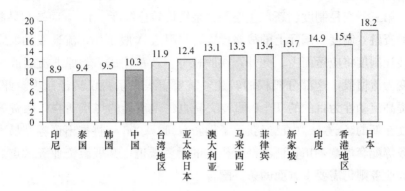

**图 12.1　亚太区 2006 预测市盈率比较（2005 年 11 月 25 日）**

资料来源：I/B/E/S，MSCI，海通证券研究所。

# 七、2006 年股市创新将继续展开

2006 年将是 A 股市场创新继续展开的一年，这主要表现在：

第一，证券发行制度创新。2006 年融资的重新启动，需要进行多方面的创新，以形成一个合理、完善、高效的证券发行制度：一是研究推出首次发行股票公司存量发行试点；二是鼓励拟上市公司引入境内战略投资者；三是推出上市公司定向发行制度；四是进一步完善股票发行定价的市场化机制；五是推动首次公开发行股票资金申购，开展超额配售选择权试点等多样化的发行方式创新；六是推出首次公开发行股票上市预披露制度，强化社会监督；七是修订证券发行上市保荐办法，研究中介机构并购重组财务顾问制度，落实保荐机构等中介责任，规范发行行为，强化市场约束。

第二，固定收益类投资产品和权证产品的创新发展。2005 年沪深两市共推出 7 只权证产品，中国联通和莞深高速两只资产证券化产品。2006 年，除了标准化的资产证券化产品（ABS），今年还会有推出上市公司债券、附认股权公司债券等多种固定收益类投资产品，以及证券投资基金投资资产证券化产品。为配合股权分置改革而实行的权证发行和上市交易制度，2006 年仍会继续实行，权证市场规模将由此获得进一步的发展空间。

第三，交易制度创新，主要是大宗协议转让制度、T＋0回转交易制度和融资融券制度。国际上的战略投资者将引入A股市场，流通股的大宗协议转让制度将应运而生。此外，在股权分置改革完成后，原非流通股也将转变为流通股，这部分股权的转让，需要引入大宗协议转让制度。此外，以提高流动性为目的的T＋0回转交易也将是市场的焦点所在。融资融券制度在新的《证券法》中已经获得了创新空间。2006年将推出证券交易融资业务等配套规章，拓宽证券经营机构的融资渠道，开展融资业务试点。而融券业务则仍需要多方面的条件配合。

第四，股指期货与国债期货的上市步伐将加快。在证券期货监管工作会议，中国证监会权威人士表示：现在要开始研究金融期货，要积极研究推出股指期货、国债期货等金融期货交易品种。此次会议上还透露，要配合国务院法制办推动《期货交易管理暂行条例》的修改，研究修改和制定配套管理办法，完成《国有企业境外期货套期保值业务管理办法》的修改。

市场普遍认为，金融期货交易所的筹建工作已经获得了批准，这意味着我国将诞生一家专门从事金融衍生品交易的新的期货交易所。新的金融期货交易所，将由证监会牵头，由两家证券交易所、三家期货交易所共同出资组建。此前不久，中国证监会副主席范福春还在首届中国国际期货大会上表态，金融期货各项准备已经水到渠成。全球期货市场金融期货交易量占总期货交易量的90％，而商品期货仅占10％。金融衍生品的出现，将改写我国现有的期货市场竞争格局。

另外，推出符合条件的境外投资者参与国内期货市场部分成熟品种的交易试点；继续支持符合条件的机构从事境外期货业务；落实CEPA要求，推出期货公司在香港设立分支机构试点。

# 八、2006年入市资金渠道将进一步拓宽

近几年，机构投资者的发展较快，多元化的机构投资者发展格局已经初步形成。2006年，管理层还将采取一系列措施推动以机构投资者为主体的场外资金入市，使股市形成新的资金平衡。

基金、保险、企业年金、社保基金、QFII、证券公司等合规机构在

2006 年将共同构成市场入市的主流机构。以潜在规模以及影响力来看，证券投资基金无疑还是市场的中流砥柱，保险资金继续发挥决定性的作用，QFII 还将继续引领市场的投资方向，证券公司的实力也将得到一定的恢复，对市场资金的贡献将改变净流出的局面。

第一，从基金的资金看，2006 年的基金发行规模有望保持乐观，因为有银行系基金的加入。目前内地市场合计有 49 家的基金管理公司，其中三家银行系的基金管理公司。假定 46 家非银行基金管理公司在 2006 年每家发行一个股票型或者配置型基金，每只基金的发行数量达到 10 亿，那么，保守估计的基金发行规模将达到 460 亿；乐观预期，三家银行系基金公司在 2006 年发行股票型、配置型基金的规模每家将达到 100 亿，那么，在 2006 年基金新发行的规模将达到 760 亿份。

目前市场的基金规模从依靠新发到新发与老基金申购并重，在 2006 年预期市场向好的情况下，老基金的净申购将成为 2006 年基金规模扩张的重要手段。但是，保守估计我们暂时不考虑老基金申购带来的资金，我们假定老基金的申购能够抵消新基金发行后的赎回压力，那么，2006 年的股票型基金以及配置型基金的规模增量为 760 亿份，这是一个保守的估计。按照这类基金平均仓位 60％～70％计算，入市资金将达到 456 亿～530 亿元。

第二，从保险入市资金看，数据显示，截至 2005 年 10 月底，保险总资产已达 14724 万亿元，而在 2004 年 9 月，保险资金运用余额已达 11308 亿元，预计 2005 年保险资金增加幅度 3500 亿～4000 亿元，以此保守估计 2006 年保险资金增加 2000 亿元资金，保险资金规模增加到 17000 亿元。按照规定，保险机构投资者投资股票的比例，可控制在本公司上年末总资产规模的 5％之内。新增加的 2000 亿元保险资金为 A 股市场带来 100 亿元的潜在直接入市资金。

按照 2006 年末保险资产规模 17000 亿元的规模来看，可以直接入市的资金数量在 850 亿元，而截至 2005 年 9 月底，保险业直接投资股票和股权 98.7 亿元，全年直接股票投资的规模在 100 亿元左右，经过了 2005 年的尝试后，在 2006 年我们预期保险资金直接入市的规模将明显超过 2005 年的水平，保守估计，2006 年保险资金直接入市的规模在 150 亿～200 亿元。

第三，从 QFII 来看，根据外管局披露的信息估算，2006 年，QFII 额度将可能增加 40 亿美元，折合人民币为 320 亿元左右。以持仓 50％计算，

2006 年，QFII 新增额度用于买 A 股的资金大约为 160 亿元人民币左右。

第四，从社保资金与企业年金可供资金看，2005 年 9 月底，社保基金股票投资比 2004 年底增加了 68 亿元，估计全年投资 A 股的资金在 100 亿元，我们预计 2006 年社保资金 A 股投资规模还将达到 100 亿元的规模。

目前企业年金通过理财方式的资金存量约 60 亿元。我们估计，2006 年企业年金规模将达到 300 亿元。考虑到，企业年金直接投资股票的比例不高于净资产的 20%，企业年金 2006 年可直接投资股票最多 60 亿元。

第五，从券商的委托理财（入市资金）看，资金净流出的状况将得到改善，证券公司的违规资金流出在 2005 年已经基本结束，在 2006 年证券公司的理财产品将增加证券公司资金入市的规模。13 家创新类试点券商将增加入市资金 130 亿元，估计直接投入 A 股市场的资金将达到 100 亿元。

第六，从社会资金的入市估算看，场外的资金入市的规模也不可小视，目前由于上海房地产市场开始处于低迷的状况，部分资金将转战到股票市场，据统计，上海房地产市场囤积的资金在 4000 亿元左右，如果有 10% 进入到 A 股市场将达到 400 亿元。

**表 12.4　2006 年 A 股市场新增资金估算**

单位：亿元

| 类别 | 增加资金量 | 入市规模 | 备注 |
|---|---|---|---|
| 证券投资基金 | 760 | 500 | 股票型、配置型，股票仓位 60%～70% |
| 券商集合理财 | 130 | 100 | |
| QFII | 40 亿美元/300 亿人民币 | 150 | 股票仓位 50% |
| 保险直接入市 | 750 | 150～200 | |
| 社保资金 | 100 | 100 | |
| 企业年金 | 60 | 60 | |
| 合计 | 2100 | 约 1100 | |
| 社会资金估算 | | 550 | 400 亿的房地产资金、150 亿的外汇投机资金 |

资料来源：海通证券研究所根据公开资料分析整理。

另外不明外汇进入达到 1500 亿元的规模，这也是场外重要的资金力量，它的去向取决于利率水平以及房地产市场的状况。在利率水平保持比较低的状况下，A 股市场只要不继续下跌，就能提高对场外投资者的吸引力。

此外，引进战略投资者也将成为 2006 年股市的一大增量资金来源。年初，《外国投资者对上市公司战略投资管理办法》公布，外国投资者可以对 A 股进行战略投资，业内人士认为，此举将进一步推动海外资金流向 A 股市场。

由上预计 2006 年合规资金的可入市规模在 2100 亿元左右，其中可以直接投入 A 股的规模在 1100 亿元。如果考虑到社会资金的规模，市场的资金供给将能大大缓解股票供给增加的压力。

## 九、2006 年股市进入大转折的过渡时期

一方面宏观经济持续高速增长，重点上市公司的业绩增长仍在持续，另一方面是 A 股市场估值水平合理，加上政策利好，资金供给充裕，将使 2006 年进入大转折的过渡时期。具体来看：

第一，根据自下而上的预测，重点上市公司 2006 年业绩将增长 8.8％。根据一些证券公司（如海通等）行业分析师重点跟踪的 250 只个股统计结果显示，2006 年预期收益增长 8.8％，比 2005 年的预期收益增长水平 6.9％有所增加。原因在于重点跟踪的公司质地相对较好，能够在经济下滑过程中获得更多的市场份额。

2006 年业绩增长最快的行业是房地产、造纸与信息服务，预期增长率超过 30％，化工、信息设备、食品、商业贸易在 2006 年的预期增长率也超过了 20％，钢铁、有色金属行业的业绩预期增长率为负。旅游服务、煤炭、商业贸易、农业、石油天然气行业的业绩预期增长率较 2005 年的预期增长率出现下降。

第二，上半年股改为股市撑起保护伞，政策利好较多。2006 年是两法实施的第一年，是"十一五"规划的第一年，也是 A 股市场通过股改实现全流通的第一年，从中央到地方，各方力保股市顺利进行，各类政策法规频频出台并对股市产生较大影响是件比较自然的事。实际上，在新年伊始，

政策的频度就明显多于往年。一月份股市以两法为基本依据的政策频频推出。归纳起来为两类：一类指向上市公司，上市公司有可能引入战略投资者，能增加公司并购题材等；一类指向市场的交易制度，旨在活跃二级市场交易。

**表 12.5　2006 年 A 股政策面情况**

| 类　别 | 预期的政策与措施 | 预计推出时间 | 市场影响 |
|---|---|---|---|
| 上市公司 | 可以引入外国投资者为 A 股战略投资者 | 年初已推出 | 利好，并购题材 |
| 交易制度 | 融资融券 | 2006 年 11 月 1 日实施 | 利好，显著改善股市资金供给状态 |
| | 回转交易(T+0) | 预计年内 | 利好 |
| | 股指期货 | 不确定 | 中性 |
| 未来新政策 | 新股全流通发行规则 | 上半年 | 有盈利机会，但对整体有压力 |
| | 与融资融券相配售的政策 | 年内 | 中性偏利好 |
| | 上市公司股权交易方面政策 | 有可能在年内 | 中性偏空 |

　　注：《证券交易融资融券业务管理规定》正在制定中。

　　第三，增量资金能够满足市场扩容的需要。从资金需求来看，主要是 IPO、再融资开闸和股改送股以及股票解冻带来的增量股票供给造成的。近五年来，国内 A 股市场的 IPO 募资量逐年递减，但预计 2006 年有可能回升。考虑到 2006 年是新股全流通发行的第一年，上半年新股发行的可能性较小，谨慎估计 2006 年的募集资金量在 400 亿元。

　　股权分置改革条件下的扩容表现为隐性的存量扩容，总股本基本不变但上市流通供给量增加。股改存量扩容主要由两部分构成：一是股改对价支付的送股量。余下还有 1000 家公司（包括正在进行股改的公司）的股改对价中的送股将要在 2006 年陆续进入可流通状态，预计累计股改送股总量达 410 亿股。二是"锁一爬二"的股票解冻量。预计到 2006 年底解冻的股票总量将可能达到 150 亿多股，届时，二级市场的流通总量将在现有状态上增加约 7%。而且值得注意的是，解冻股的持股集中度极高，主要集中在少数几大股东手中。

**表 12.6　2005 年和 2006 年股改对价支付的送股量情况**

| 科　目 | 2006 年 1 月 23 日 | 2006 年 2 月至年底(预计) |
|---|---|---|
| 股改完成进程 | 11.27%(293 家 G 股) | 100%(余下的 1075 家) |
| 送股量累计 | 200 亿股 | 预计约 410 亿股 |
| A 股流通量的增加情况 | A 股流通量增加 9.43% | 预计在 2006 年 1 月底的基础上，A 股流通量再增加 17.67%，其影响力继续增强 |

资料来源：天相系统，统计日 2006 年 1 月 23 日。注：股权分置改革前，A 股流通总量 2119.68 亿股，这里暂时忽略公积金转股和送现金形式。

**表 12.7　2006 年锁定股票的解冻进程**

| 月份 | 6 月 | 7 月 | 8 月 | 9 月 | 10 月 | 11 月 | 12 月 | 2007 年 1 月 |
|---|---|---|---|---|---|---|---|---|
| 有多少家公司锁定股票解冻 | 2 家 | 1 家 | 38 家 | 4 家 | 29 家 | 85 家 | 75 家 | 59 家 |
| 趋势 | | | 逐月上升，2006 年第四季度增幅明显加快 | | | | | |

资料来源：天相系统，统计日 2006 年 1 月 23 日。

前述已经说明，股市资金供给也非常充裕，2006 年合规资金的可入市规模在 2100 亿元左右，其中可以直接投入 A 股的规模在 1100 亿元。将对市场起到有效的支撑。市场将由此进入大转折的过渡时期。

**【主要参考文献】**

1. 王国刚：《中国资本市场的深层问题》，社会科学文献出版社 2004 年版。

2. 杨大泉等：《证券市场面临九大突破六大创新》，上海证券报 2006 年 1 月 16 日。

3. 杨海成等：《关于发展权证市场的政策建议》，海通证券内部研究报告 2005 年。

4. 陈久红、王国光等：《中国证券市场：转折之中机会凸现》，海通证券内部研究报告 2006 年 1 月。

5. 南方：《股市：变革·转折·G 遇》，《证券时报》2005 年 12 月 26 日。

# 第四篇
# 中国公司债券市场
# 运作分析

# 第十三章　中国金融市场联动
## 分析：2000 —2004

　　在一个没有摩擦的金融世界里，市场参与者的套利行为以及对套利工具的创造均不受限制。因此，尽管各种金融市场(货币市场、债券市场以及股票市场等)的功能有所不同，驱动它们变化的随机因素也各有差异，但是，套利机制将保证各市场的收益率间存在长期和/或短期的联动关系。市场间的这种联动关系既是整个金融体系有效性的表现，也是市场化的货币政策能够得以有效实施的基础性条件。

　　从市场联动关系的变化看，中国金融市场大致经历了三个阶段。第一个阶段是在 1997 年前，如李扬和何德旭(1999)所分析，在这段时间里，货币市场(拆借、国债回购)和债券市场(主要是国债)分割为两个交易所市场、各地的融资中心以及场外大额交易市场，各市场功能定位混乱，同品种的利率间存在着巨大而且长期的差异，这说明维持市场间联动关系的套利交易并未现实地发生。期间，唯一的例外可能就是国债回购市场同股票市场间的密切联动关系(李扬，1996)。

　　第二个阶段始自 1997 年银行间货币和债券市场的成立，从此直至 2000 年，尽管货币市场与资本市场的功能逐步得以明确，市场秩序得以逐步建立，但是，我国的金融市场无疑被人为分割成了银行间和交易所两个互不关联的子市场。

　　第三个阶段是从 2000 年开始，在这个阶段，中国金融市场的统一步伐逐步加快。不仅跨市场国债品种的发行逐渐增加，更主要的是，证券、基金等非银行金融机构开始介入银行间市场，这些非银行金融机构在两个市场中的套利活动使得市场间开始建立比较密切的联动关系。2002 年又是市场统一的新起点，其标志性事件首先是 2002 年 4 月 3 日人民银行的 5 号公告，规定金融机构进入银行间市场实行准入备案制，从而极大地便利了非银行金融机构在市场间的套利活动。另一个标志性事件是人民银行于 2002 年 10 月 24 日允许 39 家商业银行在银行间市场为非金融机构法人开办债券结算代理业务，从而将潜在的套利群体扩大至更加众多的非金融企业。

2000 年以来市场的逐步统一无疑对提高中国金融市场的总体效率具有极大的意义，也将为中国货币政策的转型创造前提条件。为此，本书就将 2000 年至 2004 年我国货币市场(银行间拆借和回购市场)、债券市场(银行间和交易所国债市场)以及股票市场(上海证交所)作为研究对象，来分析我国主要金融市场中的长期均衡和短期互动关系。

# 一、金融市场联动关系的界定及文献回顾

## 1. 市场联动关系的界定

金融市场的联动关系主要是指市场收益率之间的关系，这包括三方面的内容：(1)市场收益率之间是否存在长期的均衡关系；(2)一旦偏离均衡，各收益率是否能够进行迅速的调整；(3)在均衡关系既定的情况下，各收益率之间是否存在短期的因果关系。以两市场为例，在单个市场均满足有效市场的假设下，市场 $A$ 和 $B$ 的收益率可以用如下随机游走①过程描述：

$$\begin{cases} i_t^x = \mu^x + u_t + e_t & x = A, B \\ u_t = u_{t-1} + \varepsilon_t \\ e_t = \rho e_{t-1} + \varepsilon_t & |\rho| < 1 \end{cases} \tag{13.1}$$

在 13.1 式中，$\varepsilon_t$ 是白噪声向量。13.1 式即表示，两市场收益率 $i_t^x$ 都是一阶单整过程，即 I(1)；并且，两个市场受到一个共同的随机因子 $u_t$ 的驱动。

---

① 有效市场假说意味着收益率遵循一阶单整的随机游走过程，但是，逆命题并不成立。参见 Campbell，Lo and Mackinlay(1997)。

市场联动关系的第一层含义是指各市场间存在无套利的长期均衡关系。这里，长期的均衡关系即指 $i_t^A$ 和 $i_t^B$ 是协整的，协整向量为 $(1, -1)$，两市场利 $i_t^A - i_t^B$ 差是平稳过程 $I(0)$。按照 Engel and Granger(1987)、Stock and Watson(1988)的定义，两个市场存在一个由 $u_t$ 决定的共同随机趋势（common stochastic trend）。根据格兰杰表现定理（Granger's Reprensentation Theorem），两市场系统 $(i_t^A, i_t^B)$ 具有误差修正（error correction）表现形式：

$$\Delta i_t^x = \mu^x + \phi_1^x \Delta i_{t-1}^A + \phi_2^x \Delta i_{t-1}^B + \gamma^x (1, -1)(i_{t-1}^A, i_{t-1}^B)' + \varepsilon_t$$
$$x = A, B \tag{13.2}$$

在 13.2 式中，$(1, -1)$ 为协整向量，它与列向量 $(i_{t-1}^A, i_{t-1}^B)'$ 一起决定了市场系统调整的长期均衡水平。任何对这种长期均衡水平的偏离都将通过调整参数 $\gamma^x (x = A, B)$ 来引起各市场利率的变化，这就决定了两市场联动关系的第二层含义：首先，$\gamma^x$ 应该具有正确的符号，即 $\gamma^A < 0$ 和 $\gamma^B > 0$，否则，系统将向远离均衡的方向发展；其次，$|\gamma^x|$ 反映了各市场对均衡偏离的反应速度。可以想见，如果某个市场，比如 A 市场，不对系统失衡作出反应，即 $\gamma^A = 0$，那就意味着两市场系统实现当期的无套利均衡只能依靠 B 市场。按照 Richard(1980)、Engle 等人(1983)的定义，此时的 A 市场对协整向量 $(1, -1)$ 的参数估计具有弱外生性（weak exogeneity）。

市场联动关系的第三个层面是看两市场短期的因果关系。在本例中，如果两市场存在着密切的短期联动关系，那么，$\phi_1^B$ 和 $\phi_2^A$ 都不应该等于 0。也就是说，A 市场和 B 市场之间互为格兰杰因。反之，假如系数 $\phi_2^A = 0$，即 B 市场滞后一期的变化对 A 市场没有影响，那就表示 B 不是 A 的格兰杰因。在这种情况下，如果还有 $\gamma^A = 0$，那么，整个市场系统的长期均衡关系将只能依靠 B 市场。换言之，A 市场对协整向量 $(1, -1)$ 的参数估计具有强外生性（strong exogeneity）。

如果市场系统包涵 $n > 2$ 个市场，那么，就需要估计如下向量误差修正模型（Vector Error Correction Model，VECM），其中，$I_t$ 是 $n \times 1$ 收益率向量，$n \times r$ 维矩阵 $\beta$ 和 $\alpha$ 分别是调整参数矩阵和协整向量矩阵，协整向量的秩 $0 < r < n$，$L$ 是滞后算子。

$$\Delta I_t = C + \psi(L)(1 - L)\Delta I_t + \beta \alpha' I_{t-1} + \varepsilon_t \tag{13.3}$$

与两市场系统的不同之处在于，如果协整矩阵的秩 $0 < r < n - 1$，就需

要对 VECM 中的协整向量进行识别,以寻找具有理论和实践意义的协整分量。识别过程包括估计哪些市场不进入协整关系——蕴含着这些市场与其他市场间不存在简单的无套利均衡,以及估计协整向量是否满足某种线性约束——例如,各个市场两两间的利差是否构成了协整向量的分量。至于调整参数和短期因果关系的检验基本类似于两市场情况,只不过检验统计量有所变化。

### 2. 多市场系统中的协整关系:主要文献回顾

在一个包含货币市场、债券市场和股票市场等三个子市场的系统中,每个子市场又包含若干分市场。尽管多市场间的联动关系要比两市场复杂得多,但依然表现为以上界定的三个层次。多市场系统的复杂性主要反应在市场间的长期均衡关系,即协整向量的识别上。在这里,长期均衡关系包括两个方面:第一,各子市场内部的长期均衡关系,如货币市场中拆借市场与回购市场的关系,债券市场中银行间债市和交易所债市的关系等;第二,各子市场之间的长期均衡关系。

就各子市场内部的均衡关系而言,由于各分市场的功能基本相同,推动它们的随机因素必然相同,因此,子市场内部各收益率间的利差应该是平稳的,即(1,—1)构成两个分市场的协整向量。然而,如果存在市场分割以至于各分市场的参与主体有所不同,或者,外部的宏观经济条件(货币政策、金融管制等)处于剧烈的变化中,那么,即使是功能一样的分市场也将不具有长期、稳定的均衡关系。例如,Wen-Ling Lin(1995)研究了 1980 年至 1989 年欧洲日元货币市场(离岸市场)和日本国内的国债回购市场(Gensaki Market)之间的联动关系。考虑到 1985 年发生的巨大变化,即广场协议后日本央行货币政策的变化以及 1985 年实行了大额存款(10 亿日元)利率的自由化,他以该年度作为一个结构性断点,分析了前后两个子时期离岸市场与国债回购市场间的联动关系。其主要结论是,在广场协议后,由于替代性货币市场(如商业票据市场)的出现以及债券二级市场流动性的改善(如 1984 年 6 月份后银行可以参与国债二级市场交易),国债回购市场作为垄断性货币市场的地位受到了挑战,以至于它与离岸市场的均衡关系发生了变化。

就各子市场之间的均衡关系而言,问题的复杂性要远大于对子市场内部的分析。首先,关于货币市场与国债市场之间的关系一般是在利率期限结构的理论框架中进行分析。根据附加流动性偏好的预期理论，在任意的 $t$ 时期中，期限为 $\tau$ 的长期利率 $i_t(\tau)$ 应该等于当期和预期的短期利率（例如期限为 1）$i_t(1)$ 的加权平均，再加上一个流动性升水 $\vartheta$：

$$i_t(\tau) = \frac{1}{\tau} \sum_{k=0}^{\tau-1} E_t(i_{t+k}(1)) + \vartheta \qquad (13.4)$$

因此，如果 $i_t(\tau)$ 和 $i_t(1)$ 是一阶单整过程 I(1)，并且，流动性升水 $\vartheta$ 是平稳过程 I(0)，那么，期限利差 $i_t(\tau) - i_t(1)$ 就是平稳过程，即 $(1, -1)$ 构成了长、短期利率间的协整向量。关于利率的期限结构，存在着大量的文献，例如，Engle and Granger(1987)比较早地验证了两个不同期限利率之间的协整关系；Hall 等人（1992）、Bradley and Lumpkin（1992）在 VECM 框架下检验了多个不同期限利率之间的协整关系。尽管有大量的文献证明了期限利差的平稳性，但一个显著的事实是，收益曲线倾向于在经济扩张期上翘，而在经济收缩期变得扁平。收益曲线随经济周期的这种变化似乎不利于利差是平稳过程的理论假设。

其次，就货币市场、国债市场与股票市场的关系而言，这实际上涉及到"无风险"利率与股票收益（资本收益加股息）之间的关系，即股票市场的风险溢价究竟遵循何种随机过程。根据现值模型（Present Value Model），如果市场是有效的，那么，包括资本收益和股息在内的股票收益就是不可预测的，这隐含着股票价格与股息之间存在着某种协整关系（Campbell and Shiller，1987）。至于股市与债市的关系，Mills(1991)对 20 世纪 60 年代末至 90 年代初英国金融市场（包括短期国库券、20 年长期国债和股票）的分析表明，在股票价格、股息和 20 年期的金边债券收益率之间存在着协整关系，即：金边债券收益率与股息率（股息与股价之比）呈现稳定的比例关系——这实际上暗示股票市场的风险溢价是稳定的。然而，理论和实践都无法保证这种关系能够长期、稳定地存在。

事实上，货币市场、债券市场和股票市场具有不同的功能。因此，驱动它们的随机因素也很可能不同。换言之，仅凭基础证券，很可能无法使整个市场系统达到无套利均衡，市场参与者因而也就难以通过证券组合的构造来规避系统性风险。此时，需要有一种额外的证券以建立市场间的无套利关系。Brenner and Kroner(1995)曾经在连续时间框架中研究了期货、现货价格与不同收益率之间的协整关系。假设 A、B 两种可能遵循不同

Winer 过程的资产，A 资产可以定义为一种无风险资产，A 和 B 的到期收益率分别是 $i^A$ 和 $i^B$。B 资产的现货价格是 $S$，此外，还存在一个关于 B 资产的期货 $F$。在达到无套利均衡时，存在如下关系：

$$F = S \exp(-(i^A - i^B)) \tag{13.5}$$

13.5 式两边取对数，得到：

$$\ln F - \ln S = i^B - i^A \tag{13.6}$$

对于上式，Brenner and Kroner（1995）证明，如果利差平稳，即 $(1, -1)$ 构成了两个收益率的协整向量，那么，它也是 B 资产的期货和现货价格的协整向量；反之亦然。如果 $(1, -1)$ 不是两个收益率的协整向量，即利差非平稳，那么，$(1, -1, 1)$ 构成了期货价格、现货价格和利差之间的协整向量。对此的一个直观理解是，如果两个收益率属于同一类金融市场（例如货币市场中的拆借和回购、债券市场中的银行间市场和交易所市场），进而遵循共同的随机过程，那么，它们之间就可以构造无套利的组合；反之，如果两个收益率属于不同的市场，以至于影响它们的随机因素根本不同，那么，唯有创造一个衍生品方能重建市场间的无套利关系。就本书的环境而言，这种额外的衍生品是国债期货。后面我们将会看到，2002 年后我国货币市场与国债市场的协整关系之所以被打破，就是因为它们之间没有一种稳定的套利关系。

# 二、数 据 分 析

## 1. 数据描述

本书分析的市场包括两个货币市场（银行间拆借、回购市场）、两个债券市场（银行间、交易所市场）和一个股票市场（上交所 A 股市场），数据为 2000 年 1 月 10 日至 2004 年 12 月 31 日的日交易数据。由于各市场的交易日有所不同，特别是在 2002 年 4 月份前银行间和交易所市场的差异较大，因此，只选取 5 个市场同时开放的日交易数据。对于货币市场和债券市场，选取市场加权收益率进行分析，其中，分别以 $iboff$、$ibrep$ 表示拆借和回购利率，以 $ibbond$ 和 $iebond$ 分别表示银行间和交易所国债收益率；对于股票市场，选取上证 A 股指数收盘价的自然对数作为对象，以 *istock* 表示之。显然，股指自然对数的一阶差分可以看成是股市的收益率。至于股息，缺乏日统计数据，而且，在中国的股市中股息看来并不重要。

如引言中所说，在 2000 年至 2004 年间，2002 年 4 月份后银行间市场实行的准入备案制和 10 月份允许非金融机构进入标志着市场统一的一个新台阶，因此，本书将把数据分成两个子时间段进行分析，其中，前一个时间段是 2000 年 1 月 10 日至 2002 年 3 月 29 日，每个市场包括 374 个样本；后一个时间段为 2002 年 4 月 1 日至 2004 年 12 月 31 日，每个市场有 666 个样本。经过检验，在两个子时期中，所有 5 个变量均是一阶单整过程 $I(1)$，因而适合 VECM 分析框架。除了两个标志性事件外，对数据进行这样的划分还基于如下考虑：

首先，从货币市场和债券市场的交易量来看（参见附图），两个子时期有着明显不同的特征。在 2002 年 4 月份前，银行间回购市场处于一个显著的成长期，随着市场参与主体的增加，交易量逐步攀升，直到当年的 4 月份后市场交易量才趋于稳定。债券市场也呈现出类似的特点：在准入备案制实行前，银行间国债日交易量基本都低于交易所市场，而在准入备案制实行后迅速赶上后者。特别是在当年 10 月份允许非金融机构进入后直至 2004 年底，银行间市场就稳步超越了交易所市场。这种变化说明，在决定市场利率走势方面，银行间市场与交易所的主导地位已经发生了翻转。

其次，从 2002 年开始，我国经济进入了一个新的增长周期，这使得市场参与者的行为发生了很大变化，突出表现在城市商业银行、农村信用社以及财务公司、信托公司等非银行金融机构的交易行为极其活跃，而且，城市商业银行和非银行金融机构的主要目的就是通过债券市场，尤其是货币市场融入资金[①]。伴随新增长周期的另一个外部环境变化是央行货币政策以及其他宏观调控手段的频繁实施，这使得市场预期在 2003 年 8 月份后发生了显著的逆转，突出表现为债券市场收益率的迅速上升。同时，由于外汇占款的持续、大量增加，市场流动性非常充足，货币市场收益率保持稳定甚至有所下降。在债券市场和货币市场这种一升一稳的不同趋势下，如随后所检验的那样，两市场间的期限利差不再是平稳的了，预示着两类

---

① 参见中国社科院金融研究所 2004 年的《金融蓝皮书：中国金融发展报告》。

市场套利关系的破裂。

### 2. 数据分析：2000 年 1 月 10 日～2002 年 3 月 31 日

我们首先对 5 变量进行联合 Johansen 协整检验（含截距、无趋势），发现在滞后 4 阶和 8 阶时协整向量的秩均为 3。这说明，在此时间段，我国货币市场、债券市场和股票市场存在着 2 个共同随机趋势。

这样，依据（3）式，其中，$I = (iboff, ibrep, ibbond, iebond, istock)'$，选择协整向量的秩等于 3，进行 5 变量 VECM 检验。这里还有一个关键问题：滞后阶数的选择。经过检验发现，当选择滞后 8 阶时，$AIC = -9.53$，$SC = -7.01$；当选择 4 阶时，$AIC = -9.46$，$SC = -8.03$。两个统计量给出了相互矛盾的结果。因此，还需进行似然比检验。在滞后阶数等于 4 的原假设下，似然比统计量服从自由度等于约束个数（这里为 100）的 $\chi^2$ 分布，即：

$$LR = -2(l_4 - l_8) = 186.15 \sim \chi^2(100) \tag{13.7}$$

由于 P 值等于 $3.81 \times 10^{-7}$。所以，拒绝原假设，接受滞后 8 阶的选择。

在协整向量的秩等于 3 的情况下，就涉及到协整向量的识别问题。由于股指同其他市场利率之差均不平稳，这里即以三个利差作为假定的协整向量：货币市场中的回购与拆借利差（$s_m$）、债券市场中的银行间与交易所的利差（$s_b$），以及银行间债市与货币市场回购的期限利差（$s_{bm}$）。这三个利差分别对应于货币市场内部、债券市场内部以及债券市场与货币市场间的套利均衡关系。从下表可以看到，三个利差都是平稳的。

表 13.1　三利差 ADF 检验（2000 年 1 月 10 日～2002 年 3 月 29 日）

| | $s_m = ibrep - iboff$ | $s_{bm} = ibbond - ibrep$ | $s_b = ibbond - iebond$ |
|---|---|---|---|
| 检验结果 | $-6.48(-3.45)$ | $-8.27(-3.45)$ | $-6.71(-3.45)$ |

注：括弧中数字为 1%显著性水平上的临界值。

在三个利差构成了协整向量的假设下，即意味着（3）中的协整向量 $a$ 将受到以下的约束，其中，$\phi$ 为代估参数向量。

$$a = H\phi, \quad H = \begin{pmatrix} 1 & 0 & 0 \\ -1 & -1 & 0 \\ 0 & 1 & 1 \\ 0 & 0 & -1 \end{pmatrix} \tag{13.8}$$

对以上线性约束进行检验的统计量为：

$$LR = T\sum_{i=1}^{r} \ln\{(1-\lambda_i^*)/(1-\lambda_i)\} \tag{13.9}$$

其中，$\lambda^*$ 和 $\lambda$ 分别为施加了线性约束 $H$ 前后的广义特征方程最大的前 $r$ 个特征值。以上统计量服从自由度等于 6 的 $\chi^2$ 分布。经检验，$LR=11.07$，P 值为 0.086。因此，在 5% 的显著性水平上不能拒绝原假设：三个利差构成了协整向量。下表给出了施加约束前后检验的主要效果指标，可以看出，对各变量的检验效果和模型总体指标都没有什么变化。

表 13.2 施加约束前后的 VECM 检验比较（2000 年 1 月 10 日～2002 年 3 月 29 日）

| | 无约束 VECM | | | | |
| --- | --- | --- | --- | --- | --- |
| | *diboff* | *dibrep* | *dibbond* | *diebond* | *distock* |
| 调整后 $R^2$ | 0.63 | 0.13 | 0.51 | 0.28 | 0.03 |

$AIC=-9.53$，$SC=-7.02$，Log Likelihood$=1974.34$。

| | 有约束 VECM | | | | |
| --- | --- | --- | --- | --- | --- |
| | *diboff* | *dibrep* | *dibbond* | *diebond* | *distock* |
| 调整后 $R^2$ | 0.62 | 0.13 | 0.50 | 0.29 | 0.01 |

$AIC=-9.55$，$SC=-7.20$，Log Likelihood$=1963.32$。

现在，我们将原先未得到识别的 VECM 转换成以下的"伪结构"模型：

$$\begin{cases} \Delta I_t = C + \psi(L)(1-L)\Delta I_t + \gamma H' I_{t-1} + \varepsilon_t \\ \gamma = \beta\phi', \ H'I_{t-1} = (s_m, s_{bm}, s_b)_{t-1} \end{cases} \tag{13.10}$$

以上的检验说明，就市场联动关系的第一个层次而言，在此时期，我国的股票市场不构成整个金融市场系统稳定的变量。换言之，没有任何一种套利组合可以使市场参与者避免股票市场的系统性风险。然而，债券市场和货币市场间却存在着稳定的套利关系。

为了观察市场联动关系的第二个层次，由（4）式得到的"结构性"调整参数矩阵 $\gamma$（括弧中为 $tt$ 检验值）为：

$$\gamma = \begin{bmatrix} \gamma_{11} & \gamma_{12} & \gamma_{13} \\ \gamma_{21} & \gamma_{22} & \gamma_{23} \\ \gamma_{31} & \gamma_{32} & \gamma_{33} \\ \gamma_{41} & \gamma_{42} & \gamma_{43} \\ \gamma_{51} & \gamma_{52} & \gamma_{53} \end{bmatrix}$$

$$= \begin{bmatrix} 0.430(3.609) & 0.021(0.233) & -0.077(-1.186) \\ 0.008(0.601) & 0.003(0.251) & 0.003(0.389) \\ 0.830(2.286) & -1.090(-4.023) & 0.054(0.277) \\ 0.077(0.926) & -0.218(-3.519) & 0.136(3.018) \\ -0.003(-0.243) & -0.004(-0.441) & 0.006(1.059) \end{bmatrix}$$

观察 $\gamma$ 可以发现这么结论：(1)在货币市场的利差均衡关系中，回购是弱外生变量。这个结果符合回购市场处于成长期这样的事实，此时货币市场的均衡主要依靠拆借市场；(2)在债券市场的利差均衡关系中，银行间市场是弱外生变量，这说明银行间市场的交易尚不活跃，交易所市场是维持债券市场均衡关系的关键；(3)在债券市场与货币市场的相互关系中，银行间和交易所债市都对期限利差比较敏感，但银行间市场的反应更强烈，这反映了银行间债券市场与货币市场的密切关系；(4)股票市场是对以上各利差均不敏感，说明在金融市场的均衡关系中，股票市场是弱外生变量。

为了检验市场联动的第三层关系，即各变量间的短期因果关系，将13.10 式做如下分割：

$$\begin{bmatrix} \Delta I_t^m \\ \Delta I_t^b \\ \Delta I_t^s \end{bmatrix} = \begin{bmatrix} C_t^m \\ C_t^b \\ C_t^s \end{bmatrix} + \begin{bmatrix} \Sigma m_{t-i}^m \Delta I_{t-i}^m \\ \Sigma m_{t-i}^b \Delta I_{t-i}^m \\ \Sigma m_{t-i}^s \Delta I_{t-i}^m \end{bmatrix} + \begin{bmatrix} \Sigma b_{t-i}^m \Delta I_{t-i}^b \\ \Sigma b_{t-i}^b \Delta I_{t-i}^b \\ \Sigma b_{t-i}^s \Delta I_{t-i}^s \end{bmatrix}$$

$$+ \begin{bmatrix} \Sigma s_{t-i}^m \Delta I_{t-i}^s \\ \Sigma s_{t-i}^b \Delta I_{t-i}^s \\ \Sigma s_{t-i}^s \Delta I_{t-i}^s \end{bmatrix} + \begin{bmatrix} \gamma^m H' I_{t-1} \\ \gamma^b H' I_{t-1} \\ \gamma^s H' I_{t-1} \end{bmatrix} + \begin{bmatrix} \varepsilon^m \\ \varepsilon^b \\ \varepsilon^s \end{bmatrix}$$

上式中，向量 $I = (iboff, ibrep, ibbond, iebond, istock)'$ 被分割成货币市场($I^m$)、债券市场($I^b$)和股票市场($I^s$、即 $istock$)，等式右边各项也做相应分割。

针对上式，我们检验了货币市场、债券市场和股票市场两两间的因果关系，检验的原假设包括：(1)货币市场不是债券市场的格兰杰因，即 $m_{t-i}^b = 0$；(2)债券市场不是货币市场的格兰杰因，即 $b_{t-i}^m = 0$；(3)货币市场不是股票市场的格兰杰因，即 $m_{t-i}^s = 0$；(4)股票市场不是货币市场的格兰杰因，即 $s_{t-i}^m = 0$；(5)债券市场不是股票市场的格兰杰因，即 $b_{t-i}^s = 0$；(6)股票市场不是债券市场的格兰杰因，即 $s_{t-i}^b = 0$。检验的似然比统计量

依然服从 $\chi^2$ 分布，自由度分别等于相应的约束个数。除了三个子市场之间的因果关系外，我们还检验了货币市场和债券市场内部的短期因果关系。结果见表 13.3：

**表 13.3　市场间的短期因果关系检验(2000 年 1 月 10 日～2002 年 3 月 29 日)**

| 三个子市场间的短期因果关系检验 | | | |
|---|---|---|---|
| 原假设 | 似然比统计量 | P 值 | 结论 |
| 货币市场不是债券市场的格兰杰因 | 52.43 | 0.01283 | 拒绝 |
| 货币市场不是股票市场的格兰杰因 | 15.46 | 0.491 | 接受 |
| 债券市场不是货币市场的格兰杰因 | 81.02 | $3.945 \times 10^{-6}$ | 拒绝 |
| 债券市场不是股票市场的格兰杰因 | 18.17 | 0.314 | 接受 |
| 股票市场不是货币市场的格兰杰因 | 28.70 | 0.026 | 拒绝 |
| 股票市场不是债券市场的格兰杰因 | 19.23 | 0.257 | 接受 |
| 债券市场内部的短期因果关系检验 | | | |
| 银行间不是交易所的格兰杰因 | 11.71 | 0.165 | 接受 |
| 交易所不是银行间的格兰杰因 | 3.32 | 0.913 | 接受 |
| 货币市场内部的短期因果关系 | | | |
| 回购不是拆借的因 | 56.10 | $2.70 \times 10^{-9}$ | 拒绝 |
| 拆借不是回购的因 | 6.57 | 0.5837 | 接受 |

由此，关于第三个层次市场联动关系的结论是：(1)货币市场和债券市场存在双向因果关系，联系密切；(2)在货币市场和股票市场间只有单向的因果关系，即股票市场变化会引起货币市场的相应变化，这说明货币市场已经成为证券公司等非银行金融机构筹集短期资金的场所；(3)债券市场和股票市场之间没有因果关系。就子市场内部而言：(1)债券市场内部不存在因果联系，说明这一时期银行间和交易所市场的短期互动不明显；(2)在货币市场内部，回购构成了拆借的单向格兰杰因。结合前面的结果可以知道，回购市场前几个交易日的变化会导致拆借市场的变化，而拆借市场的变化是为了维持两市场间的无套利均衡关系。

综合以上三个层次的市场联动分析，我们发现，在这一时期，我国的货币市场、债券市场内部以及它们之间都具有非常密切的长期均衡和短期互动关系。股票市场与其他市场既无长期的均衡关系，在短期互动关系方面，也仅同货币市场存在单向的格兰杰因。

### 3. 数据分析：2002 年 4 月 1 日～2004 年 12 月 31 日

对这一时期数据的分析依然采取以上的步骤。在各变量都满足 I(1)的条件下，进行了 5 变量的 Johansen 协整检验，发现在滞后 4、8 和 12 阶时，协整向量的秩都等于 2。这说明此时期市场系统发生了重要的变化——共同随机趋势由先前的 2 个增加到 3 个。由于这一时期货币市场利率同债券市场利率开始分道扬镳，而先前的三个利差中，债券市场与货币市场间的期限利差已经不是平稳的了（参见表 13.4）。为此，我们猜测货币市场、债券市场和股票市场分别由三个不同的随机趋势主导。

表 13.4 三利差 ADF 检验(2002 年 4 月 1 日～2004 年 12 月 31 日)

| | $s_m = ibrep - iboff$ | $s_{tm} = ibbond - ibrep$ | $s_b = ibbond - iebond$ |
|---|---|---|---|
| 检验结果 | $-3.87(-3.44)$ | $-2.51(-3.44)$ | $-6.45(-3.44)$ |

注：括弧中数字为 1% 显著性水平上的临界值。

在验证我们的猜测前，先依据(13.3)式进行无约束的 VECM 检验，根据 AIC 和 SC 两个指标选择滞后 12 阶。随后，对(13.3)式中的协整向量施加如下线性约束：

$$a = H\phi \quad H = \begin{pmatrix} 1 & 0 \\ -1 & 0 \\ 0 & 1 \\ 0 & -1 \end{pmatrix} \quad (13.11)$$

以上约束表示，协整向量是由货币市场利差、债券市场利差构成。在货币市场和债券之间，以及它们同股票市场之间不存在稳定的套利关系。检验的统计量依然如前。似然比统计量为 $LR = 13.408$，P 值是 0.037。因此，在 1% 的显著性水平上不能拒绝原假设：两个利差构成协整向量。从下表可以看到，施加约束前后的检验效果差异依然不大。

表 13.5 施加约束前后的 VECM 检验比较(2002 年 4 月 1 日～2004 年 12 月 31 日)

| | 无约束 VECM | | | | |
|---|---|---|---|---|---|
| | $diboff$ | $dibrep$ | $dibbond$ | $diebond$ | $distock$ |
| 调整后 $R^2$ | 0.46 | 0.19 | 0.43 | 0.25 | 0.02 |

$AIC = -12.26$，$SC = -10.03$，Log Likelihood $= 4329.128$。

| 有约束 VECM | | | | |
| --- | --- | --- | --- | --- |
| | *diboff* | *dibrep* | *dibbond* | *diebond* | *distock* |
| 调整后 $R^2$ | 0.44 | 0.20 | 0.43 | 0.24 | 0.02 |

$AIC=-12.25$，$SC=-10.09$，Log Likelihood$=4315.72$。

　　在接受以上原假设的前提下，可以看到，就市场联动关系的第一个层次来说，在 2002 年 3 月份后迄今，尽管各子市场内部依然保持着无套利均衡的关系，但是，子市场间的分割却加剧了。根据以上约束，将（13.3）改写为如下"伪结构"模型以继续分析市场联动关系的另两层含义：

$$\begin{cases} \Delta I_t = C + \psi(L)(1-L)\Delta I_t + \gamma H'I_{t-1} + \varepsilon_t \\ \gamma = \beta\phi',\ H'I_{t-1} = (s_m, s_b)_{t-1} \end{cases} \quad (13.12)$$

　　根据以下调整系数矩阵，我们可以就市场联动的第二个层次得到这样几个结论：（1）货币市场内部的均衡关系依靠回购市场，拆借市场变成弱外生变量；（2）债券市场内部的均衡关系已经转变为依靠银行间市场，交易所市场是无套利均衡的弱外生变量；（3）债券市场对货币市场内部的均衡关系没有反应，货币市场对债券市场也如是；（4）股票市场是整个系统均衡关系的弱外生变量。在这四个结论中，除了股票市场与系统均衡无关这一点没有变化之外，前三个结论都同 2002 年 4 月份前不一样。

$$\gamma = \begin{bmatrix} \gamma_{11} & \gamma_{12} \\ \gamma_{21} & \gamma_{22} \\ \gamma_{31} & \gamma_{32} \\ \gamma_{41} & \gamma_{42} \\ \gamma_{51} & \gamma_{52} \end{bmatrix} = \begin{bmatrix} 0.019(0.73) & 0.016(1.049) \\ -0.037(-2.661) & 0.010(1.277) \\ 0.169(1.540) & -0.242(-3.799) \\ 0.040(0.959) & 0.024(0.983) \\ 0.001(0.183) & 0.001(0.479) \end{bmatrix}$$

　　关于市场联动的第三个层次，依然采取先前的分割，并据此估计各子市场间以及货币、债券两个子市场内部的短期因果关系，结果如表 13.6 所示。

**表 13.6　市场间的短期因果关系检验（2002 年 4 月 1 日～2004 年 12 月 31 日）**

| 三个子市场间的短期因果关系检验 | | | |
| --- | --- | --- | --- |
| 原假设 | 似然比统计量 | P 值 | 结论 |
| 货币市场不是债券市场的格兰杰因 | 39.85 | 0.7925 | 接受 |

续表

| | | | |
|---|---|---|---|
| 货币市场不是股票市场的格兰杰因 | 40.43 | 0.0192 | 拒绝 |
| 债券市场不是货币市场的格兰杰因 | 73.74 | 0.010 | 拒绝 |
| 债券市场不是股票市场的格兰杰因 | 25.82 | 0.362 | 接受 |
| 股票市场不是货币市场的格兰杰因 | 16.75 | 0.859 | 接受 |
| 股票市场不是债券市场的格兰杰因 | 12.62 | 0.972 | 接受 |
| 债券市场内部的短期因果关系检验 | | | |
| 银行间不是交易所的格兰杰因 | 12.94 | 0.3734 | 接受 |
| 交易所不是银行间的格兰杰因 | 27.69 | 0.006 | 拒绝 |
| 货币市场内部的短期因果关系检验 | | | |
| 回购不是拆借的因 | 164.19 | 0 | 拒绝 |
| 拆借不是回购的因 | 20.48 | 0.0586 | 拒绝10%，接受5% |

　　根据表 13.6，我们可以针对市场联动的第三个层次得到这样几个结论：(1)货币市场与债券市场的短期联动关系削弱，只存在债券市场对货币市场的单向格兰杰因。考虑到这一时期债券市场价格的大幅度下滑和货币市场利率的平稳，货币市场充足的流动性并不能传递到债券市场，以制止债券利率的过度上扬。(2)与前一时期相比，货币市场和股票市场的因果关系发生了逆转，即只存在货币市场到股票市场的单向格兰杰因。这种情况反应了一个事实：证券基金等非银行机构已经不能够像前一时期那样依据股市的情况来决定货币市场融入资金的数量，货币市场的流动性开始制约股市。(3)同先前一样，股票市场和债券市场之间没有短期因果关系。就子市场内部来看：(1)在债券市场中，交易所市场在短期影响到银行间市场。这说明，尽管在保持债市长期均衡关系方面，银行间市场居于主导地位，但是，银行间市场固有的流动性不足问题使得债市的短期动态变化还是依靠更为灵敏的交易所市场；(2)在货币市场的短期变化中，回购依然主导着拆借，但拆借也在一定程度上开始影响回购，两市场短期联动日益紧密。

　　综合以上分析，我们可以看到，尽管货币市场、债券市场内部的长期均衡关系依然得以维持，但是，两个子市场之间的套利关系已经破裂，短期互动关系也受到削弱。股票市场与其他市场的关系依然如前，唯一的变化是股市开始受到货币市场流动性的制约，而股市已经变成整个市场系统均衡关系的强外生变量。

# 三、结论和启示

本书利用基于协整理论的 VECM 对我国金融市场进行了全面的分析，这种方法考虑了各个市场间的长期均衡和短期互动关系，因此属于一般均衡的分析方法。从有关结果可以看到，2000 年后各个子市场内部的联系已经非常紧密，并且，在前一个子时期，货币市场和债券市场之间也具有密切的长、短期联动关系。令人费解的是，在市场统一明显加强的 2002 年 3 月份后，货币市场与债券市场之间的长期均衡关系却破裂了。对此，我们并不能简单地将之归结于收益曲线（利率期限结构）随经济周期的变化。

如第二节所分析的那样，如果在长、短期利率之间存在着稳定的套利渠道，或者更明确地说，存在着国债期货市场，那么，即使长期利率因通胀、加息预期等原因而发生上扬，短期利率也应该发生同样的变化。其道理很简单——任何一个套利者都可以构造这样的套利组合：在货币市场以短期利率借入资金，用这些资金在国债市场购买收益率较高的国债现货，然后再卖空国债期货。当货币市场空头、国债现货多头和国债期货空头具有相同的期限时，此组合就是无风险的。因此，为了防止无风险套利的发生，货币市场和债券市场的利率必然会收敛。正如 Campbell(1991) 所证明的那样，当预期导致长期利率上升进而长、短期利差扩大时，市场有效性的表现应该是短期利率以更快的速度上升。所以，2002 年 3 月份后货币市场和债券市场之间的长期均衡关系之所以会破裂，既不在于市场参与者的分割，也不在于市场参与者都有同样的加息、通胀预期，而是在于没有可供市场参与者套利的机制——例如国债期货。从这点来看，国债期货市场的发展已经有了必要性。

就股票市场而言，本书结果表明，它与其他市场既不存在长期的均衡关系，也没有稳健的短期因果关系。也即，股票市场与其他市场存在着严重的分割问题。结合股市的现状，我们似乎不能指望仅仅依靠简单的金融创新——例如股指期货——来解决这种分割现象。其道理很简单，由于衍生品交易的杠杆效应，在股票现货市场存在着诸如股权分置这类严重问题的情况下，仓促发展期货市场将使得现货市场中的缺陷在期货市场中被成倍地放大。例如，政策当局对股权分置问题的解决办法、步骤都将严重影响股指期货价格。这就类似于1995年贸然发展国债期货市场的后果一样："327"国债期货风波在相当程度上同当时的保值贴补政策和国债贴息政策有关。

本书的分析对于我国货币政策的操作也具有启示意义。众所周知，近来关于宏观政策调控，尤其是货币政策操作存在着很多争议。其中一个主要观点是要以"市场化"的调控措施来取代"行政性"的手段。毋庸置疑，所谓"市场化"的措施，其着力点在于对资金价格，即利率的影响，并借此将政策意图传导到实体经济的运行中。简言之，是否存在顺畅的利率传导渠道是市场化调控手段得以有效的基本前提。就此，李扬和殷剑峰（2004）曾经分析了中国利率体系的现状，指出：在当前市场化利率体系和管制利率体系并存的情况下，调控利率尚不足以影响实体经济。即使不考虑管制利率（主要是存、贷款利率）以及利率变动对实体经济的影响，而只考虑已经市场化的金融市场利率，本书的分析也表明，货币市场与包括债券市场、股票市场在内的资本市场的联动关系依然是极其不稳定，甚至是有重大遗漏的。理想的货币政策应该是中央银行"舞动"收益曲线的短边，让收益曲线的长边轻轻"飞扬"，从而通过利率期限结构的变化，对中长期利率乃至利率的风险结构产生影响。然而，由于公司债券市场尚不存在，金融市场中尚无法形成合理的利率风险结构。即使就利率的期限结构而言，货币市场和国债市场在两个时期联动关系的变化也说明，由于缺乏即期和远期利率间的套利机制，后者往往会对调控措施产生过度反应，而前者也仅仅是在2003年8月底央行调整法定准备金率时被短暂地"吓了一跳"，之后依然是我行我素。所以，如果当前过分强调"市场化"的调控措施，而不去真正建设市场，那么，非但不能对实体经济产生理想的效果，反而会破坏金融市场既有的均衡关系，并使其发生剧烈波动。

总之，本书的政策建议是：第一，考虑到国债现货市场业以发展到相当规模，为了建立货币市场与债券市场密切的联动关系，需要考虑发展以国债期货为主的远期利率市场；第二，尽管银行间市场已经成为维持债券市场均衡关系的主导性市场，但短期反应依然不如交易所市场灵敏。这种状况同银行间市场没有成型的交易制度有关：它既不是做市商市场，也不是拍卖市场，而是每个交易者各自四处寻找交易对手的"集贸市场"。因此，必须尽快完善银行间市场的做市商制度；第三，尽管股指期货是股票市场与货币市场、债券市场建立联动关系的必要工具，但是，在股权分置等问题未得到解决前，应该慎重对待之；第四，货币政策操作应该顾及市场建设，提高信息透明度和保持市场参与者预期的稳定显然至关重要。

**【主要参考文献】**

1. 李扬：《中国国债回购市场分析》，《经济研究》1996 年第 8 期。

2. 李扬、何德旭：《经济转型中的中国金融市场》，经济科学出版社1999 年版。

3. 李扬、殷剑峰：《理顺利率体系、健全利率形成机制》，《中国证券报》，2004 年 6 月 30 日。

4. 米尔斯：《金融时间序列的经济计量学模型》（第二版），经济科学出版社 2002 年版。

5. 中国社科院金融研究所：《金融蓝皮书：中国金融发展报告》，社会科学文献出版社 2004 年版。

6. Bradley, M. G. , S. A. Lumpkin. 1992. The treasury yield curve as a cointegrated system. *The Journal of Financial and Quantitative Analysis*. Vol. 23, No. 3, 449-463.

7. Brenner, R. J. and K. F. Kroner. 1995. Arbitrage, cointegration, and testing the unbiasednedd hypothesis in financial markets. *Journal of Financial and Quantitative Analysis*. Vol. 30, No. 1, 23-42.

8. Campbell, J. Y. and Shiller, R. J. 1987. Cointegration and Tests of Present Value Models. *Journal of Political Economy*. 95, 1062-1088.

9. Campbell, J. Y. 1991. Yield spreads and interest rate movements: a bird's eye view. *Review of Econoic Studies*. 58, 495-514.

10. Campbell, J. Y. , A. W. Lo and A. G. Mackinlay. 1997. *The econometrics of financial markets*. Princeton University Press.

11. Engle, R. F. and C. W. J. Granger. 1987. Co-Integration and Error Correction: Representation, Estimation and Testing. *Economertrica*, 55, 251-276.

12. Hall，A. D. ， H. M. Anderson and C. W. J. Granger. 1992. A cointegration analysis of treasury bill yields. *Review of Economical Statist*. 74， 116-126.

13. Hendry，D. F. 1995. *Dynamic Econometrics*. Oxford University Press.

14. Heffernan，S. A. 1997. Modelling British interest rate adjustment: an error correction approach. *Economica*， New Series， Vol. 64， No. 254， 211-311.

15. Hurn，A. S. ， T. Moody， and V. A. Muscatelli. 1995. The term structure of interest rates in the London interbank market. *Oxford Economic Papers*， New Series， Vol. 47， No. 3， 418-436.

16. Mills，T. C. 1991. Equity Prices，Dividends and Gilt Yields in the UK: Cointegration，Error Correction and"Confidence". *Scottish Journal of Political Economy*， 38， 242-255.

17. Stock，J. H. and M. W. Watson. 1988. Testing for common trends. *Journal of American Statist*.

# 第十四章 中国公司债券市场定价研究

近年来，中国的债券市场发展很快。截至 2005 年底，包括不在中央国债公司托管的凭证式国债和可转换债券，中国各类债券存量余额为79448.1 亿元，在 GDP 中占比 43.58%；但在整个市场中，企业债券①的规模却十分有限，余额仅为 1801.5 亿元，在债券总量中占比 2.27%，占GDP 的比重仅为 0.99%。企业债券市场不发达，不利于改变当前直接融资比例过小的现状，也限制了其功能的有效发挥。

影响企业债券市场发展的因素很多，其中因政策约束和信用体系不完善而导致的定价机制扭曲，是重要原因之一。当然，这种情况正在逐步发生改变。主管部门思路的变化、投资人对发行体信用的关注以及近年来市场的频繁起伏波动，是促成这种转变的三个重要因素。虽然如此，影响企业债券定价市场化的约束条件仍然很多，前面要走的路还很长。

从操作层面看，债券定价是债券业务中的核心内容之一，其实质是要在发行人的成本控制、投资人的需求偏好和主管部门的审批要求之间，进行适当的平衡。债券定价首先是一门科学。其科学性集中表现为存在可参照的定价基准，价格是可测度的，并有各种算法能够帮助达到目的。而对债券收益率曲线的特点及其决定力量，能否充分认识并从容驾驭，实为做好债券定价的最重要的基础功课之一。但债券定价也受到很多其他因素的

---

① 在中国，对于企业或公司债券市场的提法，争议颇多。在法律法规方面，也有 1993 年《企业债券管理条例》界定下的企业债券和 1994 年《公司法》界定下的公司债券。实际操作中，两者的界限是不清楚的，法律适用上，也有相互交叉、外延模糊之处。本报告并不注重概念之争，根据习惯或必要，有时用"企业债券"，有时用"公司债券"，其意思是大致相同的。

影响，比如在特定时点投资者的需求偏好、心理预期、市场环境的微妙变化等等。此时的定价，只根据测度价格可能远远不够，还需要对市场和投资者有全面的把握，具备良好的敏感性和市场感觉，以及适度而可靠的前瞻性——这就为债券定价增加了很多其他的变量或参数。对这些变量和参数的提取和把握，使定价也成为一门艺术。

# 一、中国公司债券市场概述

## 1. 中国公司债券市场发展的体制背景

中国公司债券市场的发展是与投融资体制改革紧密联系在一起的。改革开放以来，我国投融资体制的变革经历了三个阶段：(1)财政主导型融资方式(1978—1985)。这一时期，计划经济体制占主导地位，国有企业的固定资产投资资金主要由政府部门提供，即通过国家预算内投资、计划安排的国内贷款和自筹投资。非国有企业的固定资产投资资金则基本自筹。(2)信贷投资为主时期(1986—1991)。随着"拨改贷"、"投改贷"政策的实施，企业的固定资产投资资金来源结构中，国内贷款开始超过财政投资，自筹投资迅速增加，财政投资不仅比重下降而且绝对额也明显减少。(3)直接融资比重迅速加大时期(1992年至今)。在这一阶段，企业的资金来源由主要依赖银行贷款，转为重视资本市场的作用。直接融资的比重有所增加，其中企业债券市场也开始有了新的发展。

## 2. 中国公司债券市场的主要功能

我国企业债券市场的发展起因于为企业提供固定资产融资渠道。但实际上，随着我国经济体制改革和金融体制改革的进一步推进，企业债券市场的功能已远非为企业融资这一单纯的目的。全面认识我国企业债券市场的潜在功能，并站在这一高度来致力于发展企业债券市场，具有重要意义。本书认为，我国企业债券市场的功能包括融资功能和金融功能两类，具体体现在如下几个方面：

(1)完善金融/资本市场结构。金融/资本市场体系包括间接融资与直

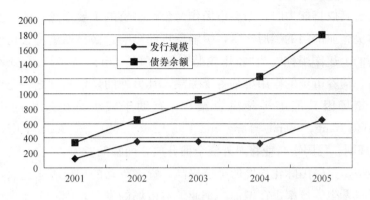

**图 14.1 企业债发行规模与债券余额（单位：亿元）**

数据来源：中央国债登记结算公司及笔者的统计。

接融资，直接融资又包括股权融资和债权融资。与发达国家相比，我国直接融资比重小，而在直接融资中，债权融资的比重也偏小。2005 年，国内非金融机构部门融资总量 31507 亿元，其中贷款 24617 亿元，占比78.1％，股票、国债和企业债融资分别为 1884 亿元、2996 亿元和 2010 亿元，占比 6.0％、9.5％和 6.4％。间接融资比重远远大于直接融资，融资结构严重失衡，资本市场尤其是债券市场需要大发展。发展企业债券市场，将在一定程度上，改善当前金融/资本市场结构的失衡局面。

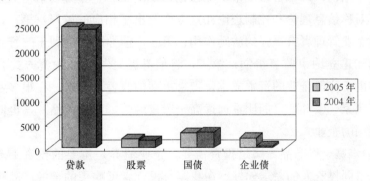

**图 14.2 中国国内非金融机构部门融资结构（单位：亿元）**

数据来源：中国人民银行。

（2）降低金融/银行体系风险。我国企业的资本结构中，银行贷款的比重过大，这使得金融风险主要集中在银行体系。美国 20 世纪 80 年代初和90 年代初的两次银行业危机清楚地表明，在银行资本基础受到急剧削弱，严重妨碍其放贷能力时，债券市场作为公司融资的重要渠道，能够及时跟进，解决企业部门的燃眉之急，缓解危机的影响。格林斯潘将公司债券市场发挥的上述作用称之为"备用轮胎"(John Hawkins, 2002)。[①] 亚洲金融危机后，债券市场的作用更是备受关注，其另外的认识角度之一是：发达的债券市场因其能够平衡融资结构，有助于减少危机发生的可能性(Guorong Jiang, Nancy Tang and Eve Law, 2001)。[②] 2006 年底，根据WTO 规则，我国银行业将对外资全面开放，面临的竞争日益加大；同时，随着经济、金融国际化程度的迅速提高，资本流动的规模越来越大，国际金融危机发生的概率也在增加。企业债券市场的发展，因其上述作用，将有助于降低金融/银行体系的风险。

(3)促进金融深化，提高金融市场效率。金融深化的过程，在某种意义上就是资本市场发展与完善的过程。作为资本市场的重要组成部分，企业债券市场的发展将对金融深化起到积极的促进作用。发达国家的企业债券市场大都十分发达，而目前包括亚洲在内的很多新兴经济体，其企业债券市场的发展也日益受到重视，正是这种要求的具体体现。

(4)满足企业融资需求，改善其资本结构，并强化约束机制

通过债券市场融资，不仅能够满足企业资金需求，同时，也有利于改善其资本结构，降低资本成本，并强化约束机制。企业融资结构的激励理论、不对称信息理论和控制理论在这方面给出了相应的解释：第一，债券融资对企业管理者有更强的激励作用；第二，债券融资有利于改善企业治理结构和建立约束监督机制；第三，将债券融资与其他融资方式合理安排，有助于降低企业的资本成本，带来更高的收益。看来，在很多发达市场经济国家，债券融资的比重远远高于股权融资，绝非偶然。这也同样适用于我国的企业。

(5)丰富金融产品，满足投资需要。企业债券是重要的投资工具，能够满足不同投资人的需求偏好。在我国，投资者可购买的金融产品相对较少，银行存款在金融资产结构中占绝对比重。近年这一状况虽有改善，但

---

① John Hawkins(2002): "Bond Market and Banks in Emerging Economies", BIS Papers, No. 11, June.

② Guorong Jiang, Nancy Tang and Eve Law(2001): "The costs and Benefits of Developing Debt Markets: Hong King's Experience", BIS Papers, No. 11, June.

还远远不够。目前我国城乡居民储蓄存款已超过 15 万亿元人民币，存款增长的速度持续超过银行贷款的增长，说明了我国金融投资产品的匮乏。完善企业债券市场，能够丰富金融投资品种，并成为投资者金融资产的重要组成部分。

（6）配合宏观经济政策发挥效力。关于企业债券市场在配合宏观经济政策方面所能够发挥的作用，主要表现有三：一是作为将储蓄转化为投资的重要渠道，有助于企业顺利筹集资金；二是货币政策和财政政策的变化，能够通过利率等信号传导到债券市场，影响债券市场的筹资行为；三是在市场足够发达时，企业债券有可能作为中央银行进行公开市场业务的储备资产。在这方面值得关注的现象是，数年前美国财政连年盈余，美国财政部曾净额购回国债。当时有过讨论，即当美国国债市场规模大幅缩减后，联储货币政策将如何实施？对此格林斯潘提出可考虑由公司债券替代国债作为美联储进行公开市场业务的储备资产。目前的情况当然已经出现了很大变化，美国财政连年赤字，国债发行规模也因此难以缩小，但由曾经的讨论，可以看出企业债券市场在宏观经济政策实施方面所具备的潜力和重要性。

### 3. 公司债券市场不发达导致功能缺损

虽然我国企业债券市场近年来有了一定的发展，但在金融体系中所发挥的作用仍然很小，与发达国家相比，更是有相当差距。2005 年，通过股票市场融资 1884 亿元，[①] 通过企业债券市场融资 654 亿元，[②] 而当年银行贷款增加额高达 2.46 万亿元，三者在国内非金融机构部门融资总量中所占比重分别为 6.26%、2.17% 和 81.65%。截至 2005 年底，我国企业历年通过股票市场融资总额约为 1.49 万亿元，通过企业债券市场融资约 4600 亿元，前者比后者多出 2 倍多。进一步看，最近 6 年，我国企业每年通过股票市场融资 1510 亿元，通过企业债券市场融资仅为 312 亿元。上述数据表明，在我国企业的融资结构中，直接融资的比重大大落后于银行贷款，而企业债券融资则远小于股权融资。

---

① 其中包括可转换债券。
② 未包括当年发行的短期融资券。

**表 14.1　国内非金融机构部门融资情况**

单位：亿元

| 科　目 | 2005 | 2004 | 2003 | 2002 | 2001 | 2000 |
|---|---|---|---|---|---|---|
| 融资总量 | 31507 | 29023 | 35154 | 23976 | 16555 | 17163 |
| 贷款 | 24617 | 24066 | 29936 | 19228 | 12558 | 12499 |
| 国债 | 2996 | 3126 | 3525 | 3461 | 2598 | 2478 |
| 企业债 | 2010 | 327 | 336 | 325 | 147 | 83 |
| 股票 | 1884 | 1504 | 1357 | 962 | 1252 | 2100 |

注：（1）非金融机构部门包括住户、企业和政府部门；（2）贷款为本外币并账；（3）企业债券 2005 年的数据包括短期融资券；（4）股票一项包括可转换债券。

数据来源：中国人民银行。

在发达市场经济国家企业的外源资金中，总体上看，直接得自证券市场的份额看来并没有人们想象的那么高。但值得注意的是，在企业得自证券市场的资金中，债券融资所占的比重大大高出股票融资。据统计，在1970—1985 年期间，股票市场在美国公司的外部融资中只占 2.1%，而债券融资平均约为股票融资的 10 倍；而从 1984 年起，美国公司已经普遍停止了通过发行股票来融资，甚至大量回购自己的股份；1994 年以后，股票市场已成为美国金融部门和非金融公司负的融资来源。另据统计，2005 年在美国证券市场上发行的公司债金额为 7017 亿美元，为同期股票发行额的5 倍。日本的情况与美国也有相似之处。

从债券市场结构看，美国 2005 年底债券市场余额为 25.34 万亿美元，其中企业债券 5.03 万亿美元，占比 19.8%，可谓五分天下有其一（参见图14.3），而我国 2005 年底企业债券余额为 1801.5 亿元，仅占在中央国债公司托管的债券总量的 2.50%，与美国的情况不成比例（参见图 14.4）。

由上述对金融体系的融资结构、直接融资的结构及债券市场结构的分析可以看出，我国企业债券市场是非常不发达的，这不可避免地导致其功能缺损。目前，发展我国企业债券市场存在着强有力的市场需求，应切实抓住有利时机，加快企业债券市场的发展，使其能够充分发挥所应起到的功能。

**4. 定价机制不合理阻碍了公司债券市场的发展**

债券定价机制是企业债券市场发展的核心要素之一。1993 年颁布实施

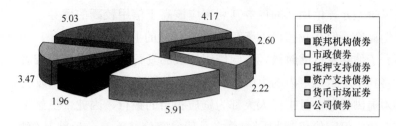

**图 14.3　美国债券市场存量分类统计(单位：万亿美元)**

注：截至 2005 年 12 月 31 日。

数据来源：www.bondmarkets.com。

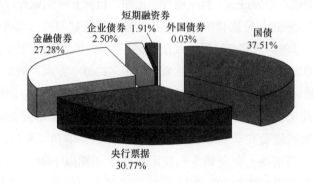

**图 14.4　2005 年底中国债券市场存量结构**

注：不包括凭证式国债、可转换债券和专项资产管理计划。

数据来源：中央国债登记结算公司。

的《企业债券管理条例》规定，企业债券发行利率不得高出同期银行储蓄存款利率的 40%。此规定出台的背景主要是为了规范当时社会上的各种乱集资行为，防范金融风险。应该说，对于整顿当时较为混乱的金融秩序确实发挥了积极作用。但时过境迁，事隔 13 年之后，目前这一规定已不再适应金融改革和债券市场发展的需要，其负面影响已十分突出。主要表现在：

第一，影响债券发行。由于此规定既不直接反映市场资金供求状况，也不体现发行人的信用水平，更未与国债利率等形成稳定的基准依存关系，因此每当市场环境发生变化，比如，资金紧张，利率大幅上升至一定程度时，因企业债券定价受到上限限制，一旦其预期回报达不到投资者的需要，发行就可能陷于停顿。这种情况自 1999 年以来已经多次出现。

第二，缺乏风险定价机制，发行利率难以反映债券的信用水平。由于存在风险差异，信用低的债券其利率应该高于信用较高的债券，作为风险的补偿溢价。但在我国，由于存在利率 40% 的上限管制，因此，当市场环境不利于债券发行的时候，不同信用等级的发行人为了吸引投资者，都倾向于将利率定至规定内的上限；而当市场环境有利时，因要求发行企业债券必须提供担保，且担保人大都为资质相当的银行，因此，虽然发行人信用有差异，但定价仍然趋同。总之，债券定价并不充分反映其信用级别，有违风险与收益匹配的市场原则。

第三，扭曲了利率的合理结构。这主要体现在，一方面对于企业而言，不同融资方式的成本差异过大，且呈刚性。比如，目前五年期银行存款利率上限为 3.6%，同期限银行贷款利率下限为 6.39%，存贷利差高达 3.79 个百分点，此时发行企业债券，其利率区间大致在 3.5% 至 5.04% 之间。同样是进行融资，通过企业债券融资的成本比银行贷款要低出很多；另一方面，债券发行利率的管制使其与流通市场的收益率水平经常出现较大偏差，导致利率倒挂。

第四，简单以银行存款利率为基准，设定利率上限，使企业债券定价缺乏参照。银行储蓄存款利率的期限只有 1 年、3 年和 5 年，没有 5 年期以上的品种。当市场上企业债券的期限都在 5 年期以下时，还可以进行参照，但企业若想发行 5 年期以上的品种，其利率如何确定？这是企业债券利率与储蓄存款利率挂钩办法的疏漏之处。根据仅有的几个期限的存款利率模拟整条存款利率期限结构的办法，虽然亦可使用，但毕竟粗糙。

第五，对企业债券利率的上限限制主要是针对固定利率的到期一次还本付息债券而设定（当时还不存在其他定价方式和付息方式的债券），不适合浮动利率债券和内嵌选择权的债券，因此，有很大局限性。

值得一提的是，自 1999 年以来发行的债券，陆续进行了期限创新、付息方式创新和定价方式创新。其中滚动发行的三峡债率先推出了 5 年期以上品种，包括 8 年期、15 年期、20 年期和 30 年期品种，其期限创新的意义不仅仅是增加了新的债券品种，更重要的是实现了无直接参照条件下企业债券定价的历史性突破，也为债券定价方法的规范化打开了空间。除此之外，三峡债还进行了付息方式（按年付息）和定价方式（浮动利率）的创新，对企业债券定价的政策意义在于通过改变债券的内在投资价值，弥补了原有利率上限规定的不足。

上述企业债券利率的确定虽然都经过主管部门的认可，但已超越了现有的利率管制办法规定的范畴。应该说，三峡债券的成功，是品种创新推动制度创新的典型案例；但只有制度发生了实质性的变化，品种创新的作用才有可能得到彻底的发挥。

# 二、公司债券定价理论的应用

## 1. 债券收益率的衡量指标

收益率概念能够在债券的不同价格之间，创造均衡。债券的买卖是基于收益率，而不是价格。这是债券与股票的主要区别，后者总是以价格为标的进行买卖。收益率是证券投资百分比回报的统称，它经常被称为回报率。在债券的语言里，这是与标明的票息率完全不同的概念。理解这些概念对于理解债券是如何定价的，至关重要。

作为一个统一的术语，收益率的内涵相当丰富。收益率的衡量指标，也因此而容易令人眼花缭乱。当期收益率（current yield）、到期收益率（yield-to-maturity）、即期收益率（spot rate）、远期收益率（forward rate）、赎回收益率（yield-to-call）、最差收益率（yield-to-worst）和平均期限收益率（yield-to-average-life）等，上述只是收益率指标大家庭的一部分，它们分别试图从不同角度，衡量债券的收益；或者说，每个收益率指标分别以自己的方式，试图在具有不同特征的债券之间创造均衡。

（1）当期收益率。当期收益率（CY）是这些指标中仅有的计算非常简单的一个，被用来比较现金流。

$$当期收益率 = 债券的年利息 / 购买债券所付资金 \qquad (14.1)$$

简单地说，你为购买债券所支付的超过其面值的金额越大，当期收益率越低。相反，相对债券面值的贴水越多，当期收益率越高。

（2）到期收益率。到期收益率（YTM）的定义是：使现金流量的现值等于债券市场价值（或价格）的利率。[①] 或者说，到期收益率是指投资者买入

---

① Frank J. Fabozzi & Franco Modigliani：《资本市场：机构与工具》，经济科学出版社1998年版，第389页。

已经发行的债券并持有到期满为止的这个期限内的年平均收益率。它是债券交易和报价的基准，其计算应用的是复利概念。然而，YTM 并不是一个完美的算法，它被广泛使用，是因为它是所有债券定价的统一标准。[①]

YTM 建立在如下假定之下：(1)持有债券一直到期；(2)所有的利息支付均以同样的利率进行再投资，其再投资利率仍为该 YTM。然而，因为利率随着时间推移不断变化，所以债券的实际回报也会变化，除非你拥有的是零息债券。比如，如果利率上升，那么你就能够以更好的利率将按半年支付的利息进行再投资，你的实际回报将会高一些。如果利率在债券的存续期中下降，则利息会以较低的利率进行再投资，你的回报将会低一些。注意，在所有这些背后的关键概念是复利。YTM 算法假定无论是按月付息还是按半年付息，每次利息支付均按到期收益率进行再投资。

到期收益率的计算公式如下：[②]

$$PV = \sum_{t=1}^{n} \frac{C_t}{(1+y)^t} + \frac{F}{(1+y)^n} \qquad (14.2)$$

其中：$PV$ 为债券价格

$C_t$ 为各期债券利息

$F$ 为债券面值

$y$ 为债券到期收益率

无论你是否理解决定 YTM 的各种因素，以及此算法得以成立的各种假定，都没有关系。不管是好是坏，YTM 作为一种算法，已被使用为债券市场的重要标尺，有助于你将一种债券与另一种债券进行比较，从而做出价值判断。

(3)即期收益率。即期收益率是指即期贷款的利率，即放款者在签约当时立即提供一笔款项给借款者，其在放款期限内所应当获取的收益率即为即期收益率。即期收益率与到期收益率之间可以相互转换，其转换公式如下：

---

① Hildy Richelson & Stan Richelson, 2002, The Money-Making Guide to Bonds, Bloomberg Press.

② 这里的到期收益率即为"单一的贴现率"。其原理及推导参见 Zvi Bodie & Robert C. Merton, *Finance*, 2000 by Prentice-Hall, Inc.，中国人民大学出版社 2000 年版中译本，第 211—212 页。

$$\sum_{t=1}^{n} \frac{C_t}{(1+y)^t} + \frac{F}{(1+y)^n} = \sum_{t=1}^{n} \frac{C_t}{(1+r_t)^t} + \frac{F}{(1+r_n)^n}$$

$$(14.3)$$

其中：$C_t$ 为债券各期的票面利息

　　　$y$ 为到期收益率

　　　$r_t$ 为各期即期利率

　　　$F$ 为到期偿付本金

　　　$n$ 为国债剩余期限

（4）远期收益率。远期收益率是指借款人在未来时点借出一笔款项给贷款人一定期限应当获取的收益。通常情况下，即期利率和远期利率之间可以相互转换，其转换公式如下：

$$f(n,n+1) = \frac{(1+r_{n+1})}{(1+r_n)^n} - 1$$

$$(14.4)$$

其中：$f(n, n+1)$ 为 n 期到 n+1 期的远期利率

　　　$r_n$ 为第 n 期的即期利率

　　　$r_{n+1}$ 为第 n+1 期的即期利率

（5）赎回收益率和最差收益率。有时债券是按赎回日而不是到期日定价的，由此，其收益率用赎回收益率（YTC）计算，不使用 YTM。当利率处于下降通道时，发行人就很可能决定行使其权利，提前兑付或购回债券。如果债券的票息率比当时的市场利率高，这种情况就更有可能发生。如果赎回权利不止一个，则债券的价格视最差收益率（YTW）而定，即你能够接受的最坏可能的收益率。

（6）平均期限收益率。平均期限收益率是在实际期限未知、甚至是估计的情况下发挥作用。比如，某只债券有偿债基金，债券在何时被赎回事先并不确定，每年债券被赎回的可能性都在提高。即使这些债券都有赎回特性，但并不意味着它们一定会被赎回。因为你不能确定你的某些债券是否会被赎回，因此需要使用平均期限收益率指标（也被称为中间点收益率），即半数债券被赎回的那一点。

**2. 债券定价理论的指导原则**

在现代金融分析中，现金流折现法是所有金融资产估值的基础。其基

本原理是任何金融资产的现值均等于预期现金流的现值。债券定价亦即债券估值，通常根据现金流折现模型（Discounted Cash Flow model）来完成。债券投资是从它们期望产生的现金流中获得价值，因现金流将在未来得到，所以需要将这些现金流折现，以获得其现值。

在债券估值中，贴现率的选取是一个关键。在此，引入利率的期限结构的概念是必要的。利率的期限结构描述的是收益与到期时间之间的关系。它在债券的定价中作用非常重要，因为贴现债券现金流用的正是这些利率。

传统的估值法是将债券的每笔现金流使用相同的利率（或贴现率）贴现，此贴现率便是基于复利的到期收益率。此种方法虽然被广泛使用，但并不能完全令人满意。其缺点之一是：到期收益率假定不同期限的现金流具有相等的利率；此假设显然与市场实际情况不符。其缺点之二是：除非收益率曲线是水平线，否则息票率不同而期限相同的债券可能存在不同的到期收益率；[①] 这使得在建立利率的期限结构曲线时，因无法进行直接比较和取舍，有时会造成选点的困难。

考虑到上述因素，后来人们采用不同的利率水平，来对不同期限的现金流进行折现。这个随期限而变化的利率就是即期利率。该方法的主要特点是：按此方式定价，市场参与者将无法获得套利收益。因此，这种估值方法被称为无套利定价法。[②]

按照此无套利定价法，有一系列现金流的债券的现值一般可用方程（14.5）计算：

$$PV = \sum_{i=1}^{N} \frac{FV_i}{\left(1+\dfrac{R_i}{m}\right)^{mn}} \tag{14.5}$$

其中：

$PV$ 为债券的理论价格

$i$ 为第 i 项现金流，i 是从 1 开始的数字

①　参见 Zvi Bodie & Robert C. Merton, Finance, 2000 by Prentice-Hall, Inc., 中国人民大学出版社 2000 年版中译本, 第 218—219 页; Frank J. Fabozzi & Franco Modigliani：《资本市场：机构与工具》, 经济科学出版社 1998 年版, 第 411 页。

②　Frank J. Fabozzi：《债券组合管理》（上卷）, 上海财经大学出版社 2004 年版, 第 253 页。

$FV_i$ 为各期现金流

$R_i$ 为第 i 个付息期的即期利率，用小数表示

$n$ 为到期年数

$m$ 为每年的付息次数

$N$ 为现金流序列中的现金流入次数，$N=mn$

分项看，债券产生的现金流是由票息 $C$ 和本金 $F$ 构成的，付息的期限和偿还本金的到期日 $t$ 通常由契约确定。从而债券的价格可以用更简单的方式，通过如下模型进行表述：

$$PV = \frac{C_1}{(1+R_1/m)} + \frac{C_2}{(1+R_2/m)} + \cdots +$$
$$\frac{C_{mn}}{(1+R_n/m)} + \frac{F}{(1+R_n/m)^{mn}} \tag{14.6}$$

其中：

$PV$ 为当期债券的理论价格

$C_i$ 为第 i 期的利息收入

$R_i$ 为第 i 个付息期的即期利率

$n$ 为债券到期年限

$m$ 为债券每年的付息次数

$F$ 为债券偿付本金数额

实际上，即期利率即纯贴现债券（零息债券）的收益率。[①] 用与支付期限相对应的即期利率作为贴现率，即为以纯贴现债券的收益率作为贴现率。其方法有两种：一是用纯贴现债券的价格；二是用纯贴现债券的收益率。[②]

尽管采用即期利率曲线最为严谨，但实际上各国债券投资机构仍然大量使用附息债券的到期收益率构造收益率曲线。需要注意的是，虽然到期收益率曲线基本保持了即期利率曲线的形状，然而它只适合于在利率波动不大或者定量要求不高的时候使用，否则，可能产生误导作用，甚至可能

---

[①] 纯贴现债券（零息债券）的特征有三：一是承诺在未来某期只支付一笔现金；二是其承诺在未来支付的金额为面值；三是购买价格与它到期所付的面值之差，就是收益。

[②] 参见 Zvi Bodie & Robert C. Merton, Finance, 2000 by Prentice-Hall, Inc.，中国人民大学出版社 2000 年版中译本，第 211—212 页。

见到即期利率曲线向上而到期收益率曲线向下的极端情况。[①]

以上为债券定价的静态分析模型。而对于变动利率条件下的债券定价行为，一般遵循如下五项原则(Burton G. Malkiel, 1962)：[②]

(1)债券价格与利率变化反向运动；

(2)在给定利率变化水平下，长期债券价格变动较大，债券价格变化直接与期限有关；

(3)随着到期时间的增加，债券对于利率变化的灵敏度是以一个递减的速度增长；

(4)由相同幅度的到期收益率的绝对变化带来的价格变化是非对称的。更具体地讲，在期限给定条件下，到期收益率降低引起的价格上升，大于到期收益率上升相同幅度引起的价格下降；

(5)债券票息率越高，由于到期收益率变化而引发的债券价格变化百分数越小。

这五项原则奠定了债券价格变动分析的基础。

关于债券价格相对利率变化的灵敏度或敏感性，也有久期(duration)和凸性(convexity)等指标来进行度量。比如久期这一概念，其在1938年便已出现，现已成为评价债券吸引力的日益普遍的分析工具。事实上，久期指标衡量的是随着利率的变化，你所持债券的价格会改变多少。其影响因素有三：到期时间、票息率和到期收益率。个别债券的评价以其久期为基础，除此之外，期限也很重要。所有你确实需要知道的是不论上升或下降，利率的变化如何影响你所购买债券的价值。就久期这一指标本身而言，它既不好也不坏——它是有关你如何解释利率风险的，而这一点最为重要。债券投资组合的久期越长，当利率变化时，价格的波动越大。零息债券的期限与其久期相同，在所有的债券中，这些债券的波动性是最大的。

除此之外，对于债券定价，还有其他一些重要的指导原则(Zvi Bodie

① 杨大楷等：《国债利率管理》，上海财经大学出版社1999年版，第120—122页。

② 这些原则最初是由Burton G. Malkiel的债券定价基本公式得出并证明。参见："Expectations, Bond Prices, and the Term Structure of Interest Rates", Quarterly Journal of Economics, May 1962, pp. 197-218. 另见James L. Farrell, Jr. & Walter J. Reinhart：《投资组合管理：理论及应用》，机械工业出版社2000年版，第104页。

& Robert C. Merton，2000）：[1]

（1）债券定价原则 1：等价债券。市场价格等于面值的付息债券，称为等价债券。假如债券的价格等于它的面值，它的收益率就等于它的息票利率。

（2）债券定价原则 2：溢价债券。如果债券的价格高于它的面值，它的到期收益率就会小于它的本期收益率，而本期收益率又小于息票利率。

对于溢价债券：

到期收益率＜本期收益率＜息票利率

（3）债券定价原则 3：折价债券。如果债券的价格低于它的面值，它的到期收益率就会大于它的本期收益率，而本期收益率又会大于息票利率。

对于折价债券：

到期收益率＞本期收益率＞息票利率

（4）除非收益率曲线是水平线，否则，息票利率不同而期限相同的债券将存在不同的到期收益率。这并不违背"一价原则"。

### 3. 中国债券定价的基本方法

目前，中国债券市场普遍采用传统估值法对债券进行定价，即采用到期收益率对债券的各期现金流进行贴现。如上所述，这种方法需要具备两个基本前提：一是债券持有到期；二是利息全部进行再投资，且再投资收益率等于到期收益率。虽然此种方法在假定前提及其具体应用上有不足之处，但在当前的市场条件下，仍然不失为一种次优的选择。

那么，在传统估值法下，如何计算债券的到期收益率（贴现率）？根据现行规定，有如下统一算法：[2]

（1）债券全价中内含应计利息的计算。到期收益率是将债券未来现金流折算为债券全价的贴现率，债券全价等于债券净价与债券应计利息之和。应计利息计算公式如下：

①固定利率债券和浮动利率债券。对固定利率债券和浮动利率债券，

---

① 参见 Zvi Bodie & Robert C. Merton，Finance，2000 by Prentice-Hall，Inc.，中国人民大学出版社 2000 年版中译本，第 213—219 页。

② 参见银发[2004]116 号文件《中国人民银行关于全国银行间债券市场债券到期收益率计算有关事项的通知》。

每百元面值的应计利息额为：

$$AI = \frac{C}{365} \times t \qquad (14.7)$$

其中：

$AI$：每百元面值债券的应计利息额；

$C$：每百元面值年利息，对浮动利率债券，根据当前付息期的票面利率确定；

$t$：起息日或上一付息日至结算日的实际天数。

②到期一次还本付息债券。对到期一次还本付息债券，每百元债券的应计利息额为：

$$AI = K \times C + \frac{C}{365} \times t \qquad (14.8)$$

其中：

$AI$：每百元面值债券的应计利息；

$C$：每百元面值年利息；

$K$：债券起息日至结算日的整年数；

$t$：起息日或上一理论付息日至结算日的实际天数。

③零息债券。对零息债券，每百元债券的应计利息额为：

$$AI = \frac{100 - P_d}{T} \times t \qquad (14.9)$$

$AI$：每百元面值债券的应计利息；

$P_d$：债券发行价；

$T$：起息日至到期兑付日的实际天数；

$t$：起息日至结算日的实际天数。

(2)债券全价与到期收益率的互算。

①按单利计算到期收益率的情况。对处于最后付息周期的固定利率债券、待偿期在一年及以内的到期一次还本付息债券和零息债券，到期收益率按单利计算。计算公式为：

$$y = \frac{FV - PV}{PV} \div \frac{D}{365} \qquad (14.10)$$

其中：

$y$：到期收益率；

$FV$：到期兑付日债券本息和，固定利率债券为 $M+C/f$，到期一次还本付息债券为 $M+N\times C$，零息债券为 $M$；

$PV$：债券全价；

$D$：债券结算日至到期兑付日的实际天数；

$M$：债券面值；

$N$：债券期限(年)，即从起息日至到期兑付日的整年数；

$C$：债券票面年利息；

$f$：年付息频率。

②按复利计算到期收益率的情况之一：对待偿期在一年以上的到期一次还本付息债券和零息债券，到期收益率按复利计算。计算公式为：

$$PV = \frac{FV}{(1+y)^{\frac{d}{365}+m}} \qquad (14.11)$$

其中：

$PV$：债券全价；

$FV$：到期兑付日债券本息和，到期一次还本付息债券为 $M+N\times C$，零息债券为 $M$；

$y$：到期收益率；

$d$：结算日至下一最近理论付息日的实际天数；

$m$：结算日至到期兑付日的整年数；

$M$：债券面值；

$N$：债券期限(年)，即从起息日至到期兑付日的整年数；

$C$：债券票面年利息。

③按复利计算到期收益率的情况之二：对不处于最后付息周期的固定利率债券，到期收益率按复利计算。计算公式为：

$$PV = \frac{C/f}{(1+y/f)^{\frac{d}{(365/f)}}} + \frac{C/f}{(1+y/f)^{\frac{d}{(365/f)}+1}}$$
$$+ \frac{M}{(1+y/f)^{\frac{d}{(365/f)}+n-1}} + \frac{C/f}{(1+y/f)^{\frac{d}{(365/f)}+n-1}} \qquad (14.12)$$

其中：

$PV$：债券全价；

$C$：票面年利息；

$f$：年付息频率；

$y$：到期收益率；

$d$：债券结算日至下一最近付息日的实际天数；

$n$：结算日至到期兑付日的债券付息次数；

$M$：债券面值。

# 三、公司债券的定价机制

## 1. 国债与金融债的定价机制

1988 年以前，我国国债发行采用行政分配方式。1988 年，财政部首次通过商业银行和邮政储蓄柜台销售了一定数量的国债。1991 年，国债开始通过承购包销方式发行，并于 1993 年建立了一级自营商制度。1995 年国债开始试行投标方式发行，1996 年实现了由承购包销方式向公开招标的全方位过渡，初步建立了"基数承购、差额招标、竞争定价、余额分销"的市场化发行模式。[①] 目前，我国的凭证式国债发行仍采用承购包销方式，而记账式国债发行则完全采用公开招标方式。

记账式国债的招标方式主要包括荷兰式招标、美国式招标以及混合式招标等三种。每种招标方式都有具体的招标规则，招标的标的包括数量招标、利率招标、价格招标、利差招标等，目前附息国债以利率招标为主，零息国债和部分附息国债以价格招标为主，浮动利率国债则以利差招标为主。不同的招标方式，对于最终的定价结果是有影响的。比如，采用荷兰式招标有利于发行体最大限度节约成本，而在美国式招标和混合式招标中，因承销机构在投标时会更加慎重，所以能够真实反映市场需求，并且在债市环境较为不利时，确保发行成功。招标系通过电子远程招标系统进行，类似于网上拍卖，效率比较高。

除具体的招标规则略有区别外，我国政策性金融债券的发行方式与国债基本相同，其定价的形成机制也大体一致。

---

① 参见李扬：《中国金融改革研究》，江苏人民出版社 1999 年版。

## 2. 公司债券的定价机制

与招标发行的国债和金融债不同，企业债券的定价方式主要有两种，即直接定价和簿记定价。

所谓直接定价，就是主承销商根据自己的定价模型，测算可能的发行利率区间；之后，对市场的主要投资人就债券发行进行询价；询价信息反馈回来后，主承销商和发行人会对市场需求进行进一步的分析，在综合判断的基础上，确定最终的发行利率。有时，在主承销商和承销团其他成员之间，也会进行类似的询价过程。就目前情况看，采用直接定价方式比较多，比如2005年共有31家发行体发行企业债券，其中有30家采用了这种方式。直接定价方式操作环节相对简便，在审批和销售等方面可控性强，但也面临一定的风险，对主承销商的市场驾驭能力要求较高。

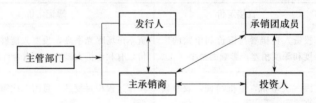

**图14.5　公司债券直接定价方式示意图**

使用簿记定价，并不缺省直接定价的主要过程。但簿记定价与直接定价有三点根本区别：第一，簿记定价中，要先确定申购利率区间；第二，以簿记建档确定发行利率。投资者需要根据申购规则，在申购利率区间内，报出各自需求的数量，发行人和主承销商根据投资者的申购单，依据利率确定规则确定最终发行利率；第三，要经过两次审批。除了最终发行利率需要主管部门审批外，簿记建档结束后，最终发行利率也要再次上报主管部门。

需要指出的是，簿记定价的操作过程有些类似于非公开招标，但与招标不同的是，发行利率的最终确定在簿记定价方式下是有弹性的。另外，一般认为，根据投资者实际的申购要约来确定利率，只要能够确认此申购要约是真实有效的，则发行风险一般会比较小，承销团的包销风险能够在很大程度上得以缓解。与直接定价相比，因簿记定价需要主管部门"二次审批"，因此，效率较低，在市场频繁变化的情况下，有时会错失良机，

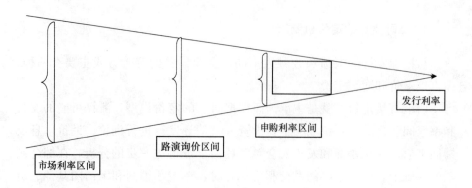

**图 14.6　公司债券簿记定价方式示意图**

造成发行困难。

**表 14.2　直接定价与簿记定价比较**

|  | 直接定价 | 簿记定价 |
|---|---|---|
| 宣传效应 | 投资人直接参与定价和申购的广度和深度稍差，影响面稍小 | 资本市场曝光率高，投资人能够直接参与定价，有利于扩大影响，较适合首次发行人 |
| 发行效率 | 因一次审批，审批简便，效率较高 | 操作过程相对复杂，且因二次审批，效率稍低 |
| 发行风险 | 直接定价发行风险较大，需要主承销商对债市有较强的驾驭能力 | 在市场敏感时期或者对于创新产品，因投资者系以申购要约形式直接参与簿记过程，发行风险相对较小。但在市场有利时期，则略显繁琐，目的性稍差 |
| 市场环境 | 只要主承销商市场驾驭能力强，适于任何市场环境 | 尤适合在市场敏感时期采用。若同时系发行体首次发行，或发行规模较大，或主承销商对债市驾驭能力较弱时，采用此方式更为必要 |
| 配售功能 | 配售主动且弹性较大，在确定投资人结构时，有较大的选择性 | 因有簿记系统作为配售基础，配售相对客观，可控性较小 |

　　采用簿记定价方式的案例有中移动债券、广东核电债券和中信债券等，采用直接定价方式的案例有三峡债券等。当然，采用直接定价方式也可以通过簿记来进行配售，如 2003 年的中国网通企业债券便采用了直接定价并以簿记来确定配售结构的方式。

# 四、公司债券定价的政策框架

我国目前对公司债券定价有政策约束。根据现行的《企业债券管理条例》(1993 年 8 月 2 日国务院第 121 号令发布)第十八条的规定，"企业债券的利率不得高于银行相同期限居民储蓄定期存款利率的百分之四十"。据此，可测算出企业债券发行利率的上限。

**表 14.3　储蓄存款基准利率与企业债利率上限对照表**

单位:%

| 调整时间 | 1 年期 | | 2 年期 | | 3 年期 | | 5 年期 | |
|---|---|---|---|---|---|---|---|---|
| | 存款利率 | 企业债利率 | 存款利率 | 企业债利率 | 存款利率 | 企业债利率 | 存款利率 | 企业债利率 |
| 1998 年 12 月 7 日 | 3.78 | 5.29 | 3.96 | 5.54 | 4.14 | 5.80 | 4.50 | 6.30 |
| 1999 年 6 月 10 日 | 2.25 | 3.15 | 2.43 | 3.40 | 2.70 | 3.78 | 2.88 | 4.03 |
| 2002 年 2 月 21 日 | 1.98 | 2.77 | 2.25 | 3.15 | 2.52 | 3.53 | 2.79 | 3.91 |
| 2004 年 10 月 29 日 | 2.25 | 3.15 | 2.70 | 3.78 | 3.24 | 4.54 | 3.60 | 5.04 |

《企业债券管理条例》对于企业债券的发行利率进行上限规定，有其特定的背景。当时，社会上各种乱集资行为十分严重，导致企业债券发行受到很大冲击，而国债的发行尤其困难。为加强对社会集资的管理，1993 年 3 月份，重新修订颁布了《企业债券管理条例》，规定企业集资必须以企业债券方式，同时扩大了发债主体的范围，对于企业债券的发行利率也进行了规定和约束。为保国债，4 月份国务院甚至专门提出要求，在国债发行完毕之前，其他债券一律不得发行，企业债券利率不得高于国债利率。这是一个特定的历史时期。实际上，当年的企业债券发行计划最后大部分都由新增银行贷款解决，以保证国家重点建设项目资金的到位。由此可以看出，之所以对企业债券利率的上限做出严格规定，一是防止企业高息圈钱，恶性竞争；二是也担心对当时的国债的发行造成影响。

在企业债券市场发展的初期，在当时特定的背景下，对于企业债券发行的利率上限做出上述规定，有其合理性。但事隔多年之后，企业债券市场已经有了相当的发展，而利率市场化也推进得非常迅速，各方面条件变了，而《企业债券管理条例》却仍维持原状，难以适应市场的变化，在一定程度上，已成为企业债券市场发展的障碍。

问题之一：企业债券发行利率刚性，难以适应市场的频繁变化，导致债券发行经常面临困境。

比如，1999年下半年企业债券的发行出现了困难，便在一定程度上，与其定价受到上限限制有关。1999年8月16日，广西地方铁路债券发行失败，在30天的发行期内，仅卖出不足1/5。1999年10月13日中国铁路建设债券发行，发行结束后，承销团成员大都没有全额卖出，出现了罕见的"垫资现象"，造成具有良好资质的中央企业债券发行历史上从未出现过的尴尬局面。企业债券卖难，重要原因之一是因定价受限，已经造成国债与企业债券发行利率倒挂的局面。当时因对企业债券征收利息所得税，使企业债券扣税后的实际发行利率与国债利率十分接近，甚至低于国债利率，企业债券的利率优势顿失。如当时发行的铁道债券5年期品种票面利率3.8%，扣税后实际利率仅为3.04%，比相同期限的国债还低20个BP左右。

2004年5月至9月初，企业债券中断发行4个月。其根本原因在于，市场利率（债券二级市场收益率）大幅上升，而官方利率（金融机构存、贷款利率）未变，从而造成利率结构扭曲。从发行人的角度，发行债券是一种直接融资行为，一般而言，其成本应该低于间接融资，但在当时的市场环境下，企业通过发行债券融资，其成本大大上升了，甚至超过了从银行借款的成本。举例来说，发行5年期的企业债券，按二级市场收益率定价，票面利率需要5.3%，而5年期银行贷款利率为5.76%，名义利率已经相差无几。非但如此，能够拿到债券发行额度的企业大都资质优良，能够按较基准利率下浮10%的优惠利率获得银行的贷款，5年期以上优惠贷款利率为5.18%，即使不包括发行债券的各种费用，企业债券的发行成本也已经超过银行贷款利率。而且，对于很多企业，大多是通过从银行滚动短期贷款的方式，为其长期项目筹措资金，其利率水平最低能达到4.78%。

成本优势固然丧失，而即便愿意承担如此高的发行成本，其利率也很难获得主管部门审批通过。这主要是由于《企业债券管理条例》对企业债券发行利率设有"不得超过同期银行存款利率40%"的上限规定。按此规定计算，发行5年期限的企业债券，利率上限为3.91%，与5.3%的市场收益

率相距甚远。（见图 14.7）

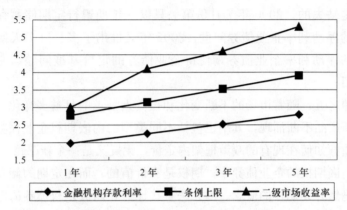

**图 14.7 企业债二级市场收益率与发行利率上限比较（单位：%）**

数据来源：中国人民银行及笔者的计算。

一方面是发行人，另一方面是投资者，再加上条例限制，作为企业债券发行中介机构主体的证券公司，发现已经很难在这三者之间进行平衡摆布。由此，必然会对企业债券的发行产生不利影响。

问题之二：金融机构存款基准利率最长期限为 5 年，那么当发行 5 年期以上的企业债券时，会出现无相应期限的基准利率进行参照的情况。

中国金融机构 1 年以上的居民储蓄存款的基准利率只有 1 年、2 年、3 年和 5 年，而企业债券的发行期限大多数都在 5 年以上，那么，5 年期以上企业债券的定价无相应期限的存款利率作参照，如何处理？这是一个现实的问题。直接参照不可能，只能采取间接的手段。可能的办法之一是通过仅有的少数几个期限的储蓄存款利率，推出包括各期限的存款利率的期限结构。样本点太少，此期限结构很难合理、有效。举例来说，据此推算出期限为 30 年的定期储蓄存款利率，其可信度有多高？此其一；其二，我国的储蓄存款利率是管制利率，其能否真实、合理、有效地反映不同期限资金的成本，多少是有些疑问的，有时可能与实际情况偏离相当大。

问题之三：我国的居民定期储蓄存款均为零息，而企业债券在其存续期内，可能多次付息。付息方式的不同，导致利率基准不完全具备可参照性。

问题之四：中国的定期储蓄存款利率均为固定，那么若发行浮动利率企业债券，如何以此为基准进行定价？应该说，此时的同期限存款利率基准是缺失的。2000 年 7 月份第一只以一年期银行定期储蓄存款利率为基准的浮动利率企业债券问世，2005 年又推出了多只以 7 天回购利率为基准的浮动利率企业债券，使得企业债券的定价基准问题，变得更加引人注目。

问题之五：随着市场的不断变化和投资人需求的日益多样化，各种各样的创新产品不断涌现，其中也包括不同类型的内嵌期权企业债券。对这类企业债券如何在现有的政策框架内定价，无疑又是一个新课题。

在内嵌期权的企业债券中，期权是有价值的，而在定期的储蓄存款利率中，显然并无期权的概念。因无法直接比照，内嵌期权债券的定价如何以定期储蓄存款利率为基准，是很大的问题。尤其是在内嵌期权的企业债券中，除了简单的投资人或发行人选择权外，当还同时含有掉期的权利时，基准问题更是令人困扰。另外，2004 年下半年以后大量出现的附保底利率企业债券，对于定价基准问题，又提出了新的要求。

以上问题，是对现行的企业债券定价政策框架的极大挑战。市场的变化，创新的产品，主管机关观念的转变，导致审批利率也逐渐趋于市场化。对于企业债券定价的政策限制，在前面已经进行了较多的讨论。这里着重强调两点：第一，在企业债券定价过程中，作为中介机构和发行体，一般都很少考虑政策上的限制。运用各种方法基本确定了发行利率后，才回头考虑是否能够通过审批关；第二，虽然有政策限制，但主管机关对于企业债券利率审批的市场化程度是越来越高了，在很多情况下，并没有僵化地墨守成规——这是一个可贵的变化。但约束仍然存在，比如对有明确期限参照的债券，还必须严格遵照条例的规定。

# 五、公司债券定价：风险结构的考虑

影响企业债券利率确定的因素有很多。总体看，主要包括三个方面：一是从投资者的角度，评价利率的风险结构；二是从发行人的角度，主要考虑融资成本；三是政策约束。只有这三个方面取得平衡，其定价才是有效的，发行人能够接受，投资人认可，而主管机关的政策审批也能够顺利通过。

所谓利率的风险结构，反映的是期限相同的债券，因信用、流动性和税收等方面的不同，所导致的利率差异。比如，图示中国债、金融债和企业债券的利差较大，反映的便是利率的风险结构的不同。（见图 14.8）

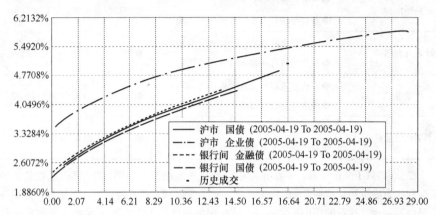

**图 14.8　国债、金融债与企业债券的收益率差异**

注：横轴为剩余期限，纵轴为二级市场的到期收益率。图中的金融债，主要指由政策性银行发行的金融债券。

数据来源：北方之星债券分析系统。

对于图 14.8 显示的三类债券，普遍认为国债的信用最高，政策性金融债次之，企业债券最差。[①] 因此，一般情况下，其利率也渐次提高。但也有例外，如图 14.8 所示，金融债券的收益率甚至低于国债，因金融债券的信用和税收均不占优势，短期来看，流动性因素所起的作用应为最大。

因信用风险的不同所导致的利差应有多大，是一个不易说清楚的问题，而且会随时发生变化。一般而言，在市场环境有利时，不同种类债券的信用差相对较小，而在债市处于跌势时，信用利差会逐渐拉大。在对不同债券的收益率进行比较时，我们所看到的利差同时包括了信用、税收和流动性等因素，很难将其有效分离。

虽然信用利差不易说清，但税收因素可以做到大致的量化。表 14.4 显

---

　①　对于一些企业债券的信用是否一定低于有政策性金融债是有不同意见的，因为有些企业债券的发行人，本身资质相当好，同时也有政府背景，在相当程度上可以说是具有国家信用。

示了不同品种的债券，在交易环节和付息环节的税收情况。

**表 14.4 不同种类债券在交易和付息环节税收情况比较**

| | 交易环节 | 付息环节 |
|---|---|---|
| 交易所国债 | ◆净价差价部分交营业税<br>◆差价与持有人报表合并纳所得税 | ◆应计利息免营业税和所得税 |
| 政策性金融债 | ◆按成交金额价差（全价）纳营业税<br>◆差价与持有人报表合并纳所得税 | ◆与持有人报表合并纳所得税 |
| 上市企业债 | ◆全价差价部分交营业税<br>◆差价与持有人报表合并纳所得税 | ◆与持有人报表合并纳所得税 |
| 不上市企业债 | ◆按成交金额价差（全价）纳营业税<br>◆差价与持有人报表合并纳所得税 | ◆与持有人报表合并纳所得税 |

注：（1）对于全价交易，不存在对应计利息重复纳税的问题；（2）营业税目前金融机构和非金融机构均按照 5％的税率征收；对于非盈利企业，所得税可以抵扣，但不同注册地的企业，执行的所得税率不同，如在深圳特区是 15％，而无税收优惠的地区是33％；（3）有些金融机构将购买的某些债券如金融债的收入按金融机构往来收入处理，如这样，则无须缴纳营业税，但所得税是需要征收的；（4）以上情况主要针对机构投资者。对于个人投资者而言，投资企业债券其利息收入需要缴纳 20％的所得税。

流动性差异对于不同债券的利率影响很大。如何衡量市场的流动性，目前并无统一标准和方法。粗略划分，通常使用的方法主要有价格法、交易量法、量价结合法和时间法等。无论使用哪种方法，如果交易的即时性快，并且具有较大的宽度、深度和弹性，则流动性就强。在这里，我们主要使用交易量法和换手率法来比较各类债券的流动性差异。

2005 年银行间市场包括现券和回购在内的债券总成交金额达到了创纪录的 228457 亿元，较 2004 年增加 100608 亿元，增长 78.69％。其中，现券交易金额 63379 亿元，增长 124.78％，回购成交金额 165078 亿元，增长 65.65％（参见表 14.5）。

**表 14.5 银行间市场近年来债券现券与回购交易情况**

单位：亿元

| 年份 | 现券成交金额 | 回购成交金额 | 现券成交笔数 | 回购成交笔数 | 总成交金额 |
|---|---|---|---|---|---|
| 1999 | 98 | 3949 | 107 | 3587 | 4047 |
| 2000 | 645 | 15677 | 915 | 14545 | 16322 |

续表

| 年份 | 现券成交金额 | 回购成交金额 | 现券成交笔数 | 回购成交笔数 | 总成交金额 |
|------|------|------|------|------|------|
| 2001 | 843 | 40098 | 1350 | 36118 | 40940 |
| 2002 | 4300 | 101954 | 7205 | 69178 | 106254 |
| 2003 | 31600 | 119700 | 26013 | 71444 | 151300 |
| 2004 | 28196 | 99653 | 26033 | 69442 | 127849 |
| 2005 | 63379 | 165078 | 54724 | 51858 | 228457 |

注：(1)2004 年以来的回购交易数据包括质押式回购与买断式回购；(2)现券成交金额只计算买入或卖出数据；(3)回购成交笔数与回购成交金额均为首期数据。

数据来源：中国债券信息网 www. chinabond. com. cn。

分品种看，央行票据的交易量增加最多，由 2004 年的 11471 亿元增至 2005 年的 30663 亿元，增加 19192 亿元，增幅高达 167.3%。国债次之，由 5318 亿元增至 10873 亿元，增幅 104.5%。金融债券排名第三，由 11406 亿元增至 18940 亿元，增幅 66.1%。短期融资券虽属新品种，且只是从 2005 年 5 月下旬才开始发行，但交易量也达到了 2790 亿元，实属不易。

**表 14.6　银行间市场现券交易分类统计**

单位：亿元

| 时间<br>品种 | 2005 年<br>全年 | 2004 年<br>全年 | 2004 年<br>Q4 | 2005 年 | | | |
|------|------|------|------|------|------|------|------|
| | | | | Q1 | Q2 | Q3 | Q4 |
| 现券成交金额 | 63379 | 28196 | 8092 | 10667 | 14749 | 28103 | 35276 |
| 国债 | 10873 | 5318 | 1545 | 1397 | 2539 | 4597 | 6276 |
| 金融债券 | 18940 | 11406 | 2145 | 2719 | 3771 | 8195 | 10745 |
| 央行票据 | 30663 | 11471 | 4401 | 6552 | 8317 | 14682 | 15981 |
| 短期融资券 | 2790 | | | | 104 | 611 | 2179 |
| 企业债券 | 108 | 0.70 | 0.70 | 0.16 | 16.3 | 20.3 | 87.7 |
| 资产支持证券 | 0 | | | | | | 0 |
| 外国债券 | 4.15 | | | | | | 4.15 |

数据来源：根据中国债券信息网 www. chinabond. com. cn 的有关数据计算整理。

与银行间市场债券交易规模的变动方向相反，交易所市场 2005 年的债券成交总额却较上年出现较大回落，回购交易加现券交易累计成交金额由

2004 年的 50112 亿元降至 28138 亿元，降幅高达 43.8%。与回购交易 46.7% 的降幅相比，现券交易还算平稳，仅减少 142 亿元，减少 4.2%。唯一增加的是企业债券的现券交易，由 96 亿元增至 125 亿元，增幅 30.2%。全部现券交易占交易总额的比重有所提高，由 2004 年的 6.7% 上升到 2005 年的 11.4%。2005 年回购交易之所以大幅下降，重要的原因之一是受股权分置改革的影响，新股发行和再融资在当年相当长的时间里停掉了，使得交易所机构融资的需求大幅下降。

### 表 14.7 交易所市场债券交易总量与分类统计

单位：亿元

| 时间 品种 | 2005 年 全年 | 2004 年 全年 | 2004 年 Q4 | 2005 年 | | | |
|---|---|---|---|---|---|---|---|
| | | | | Q1 | Q2 | Q3 | Q4 |
| 债券成交总额 | 28138 | 50112 | 11127 | 8494 | 7800 | 6685 | 5161 |
| 现货交易 | 3219 | 3361 | 851 | 785 | 793 | 925 | 717 |
| 回购交易 | 24919 | 46752 | 10276 | 7709 | 7007 | 5760 | 4444 |
| 国债成交总额 | 26394 | 47152 | 10497 | 8042 | 7275 | 6239 | 4839 |
| 现货交易 | 2773 | 2926 | 743 | 707 | 666 | 777 | 623 |
| 回购交易 | 23621 | 44226 | 9754 | 7335 | 6609 | 5462 | 4216 |
| 企业债成交总额 | 1423 | 2622 | 544 | 385 | 430 | 350 | 257 |
| 现货交易 | 125 | 96 | 22 | 11 | 33 | 52 | 28 |
| 回购交易 | 1298 | 2526 | 522 | 374 | 397 | 298 | 229 |
| 可转债成交总额 | 322 | 338 | 86 | 67 | 93 | 96 | 66 |
| 日均债券成交额 | 116 | 206 | 182 | 152 | 130 | 101 | 86 |

注：(1)因深圳证券交易所债券交易量较少，所以本表只包括上海证券交易所的统计数据；(2)2004 年的国债回购交易包括买断式回购，交易所市场第一笔买断式回购交易发生在 2004 年 12 月份，而 2005 年上交所买断式回购交易量只有 100 万元。

数据来源：上海证券交易所《市场资料(Fact Book)》有关各期；上海证券交易所网站；上海证券交易所债券基金部；中信资本市场数据库。

用换手率指标衡量，2005 年银行间市场现券交易的换手率大幅提高，由 2004 年的 72.5% 升至 113.7%，其中，国债由 28.6% 升至 50.8%，金融债券由 87.7% 升至 111.5%，央行票据由 157.3% 升至 185.2%，企业债券的换手率由 5.6% 大幅升至 117.4%。短期融资券虽属新品种，但换手率竟然高达 404.1%，是 2005 年银行间债券市场的一大奇景。在交易所市

场，现券交易的换手率与 2004 年相比，无明显变化，如全部债券的换手率
由 80.4％降至 77.0％，其中国债由 78.7％降至 75.1％，企业债由 32.9％
升至 41.2％，可转换债券由 202.4％降至 170.2％。

**表 14.8　债券现券交易换手率比较**

| 时间<br>品种 | 银行间市场 | | | 交易所市场 | | |
|---|---|---|---|---|---|---|
| | 2005 年 | 2004 年 | 2003 年 | 2005 年 | 2004 年 | 2003 年 |
| 全部债券 | 113.7％ | 72.5％ | 110.7％ | 77.0％ | 80.4％ | 184.5％ |
| 国债 | 50.8％ | 28.6％ | 53.0％ | 75.1％ | 78.7％ | 176.8％ |
| 金融债券 | 111.5％ | 87.7％ | 131.1％ | — | — | — |
| 央行票据 | 185.2％ | 157.3％ | 388.0％ | | | |
| 短期融资券 | 404.1％ | — | | | | |
| 企业债 | 117.4％ | 5.6％ | — | 41.2％ | 32.9％ | 149.1％ |
| 资产支持证券 | | | | | | |
| 外国债券 | 39.0％ | | | | | |
| 可转换债券 | — | — | — | 170.2％ | 202.4％ | 626.8％ |

注：(1)银行间市场中的"全部债券"包括整个市场中的所有现券，包括国债、金融
债、央行票据、短期融资券、企业债券、资产支持证券和外国债券；(2)交易所市场只
统计上海证券交易所的情况，包括国债、企业债和可转换债券；(3)换手率＝全年成交
量/平均托管余额；平均托管余额＝(年初托管余额＋年末托管余额)/2。

资料来源：根据中国债券信息网、上海证券交易所《市场资料(Fact Book)》有关各
期、α-债券投资分析系统以及上海证券交易所债券基金部提供的有关数据计算整理。

由以上数据可知，仅就国债、金融债券和企业债券三者相比较而言，
金融债券的流动性最好，国债次之，企业债券最差。这种流动性差异对于
债券利率是有相当大影响的。突出的例子便是金融债券的二级市场收益率
有时甚至低于国债。因金融债券的信用和税收利差均高于国债，由此推
断，其收益率较低，主要因素可视为系流动性差异所致。

对于企业债券而言，有很多是不上市的，其交易的完成，主要通过场
外进行，这对其流动性会产生较大影响。

另外，除了现券交易的流动性外，是否兼具融资功能，对定价也有一
定影响。我们注意到，2003 年上半年企业债券出现了一波较大的行情，其
收益率大幅走低，1 年期、3 年期、5 年期、7 年期、10 年期和 15 年期品

种收益率分别下降 98 个 BP、92 个 BP、86 个 BP、79 个 BP、68 个 BP 和 47 个 BP，期限越短，下降幅度越大。(参见图 14.9)收益率下降的主要原因是：企业债券在增加回购交易功能后，其流动性大大增强，从而改变了利率的风险结构，相比国债和金融债，其流动性溢价有缩小的内在要求。

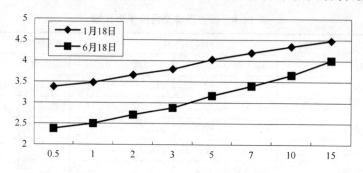

**图 14.9　融资功能增强与企业债券收益率变动(单位:%；年)**

注：(1)横轴为剩余年限，纵轴为到期收益率；(2)到期收益率为 2 天平均；(3)图中数据所在时点均为 2003 年。

数据来源：α-债券投资分析系统。

# 六、公司债券定价的成本约束

发行人的成本约束，对于债券利率的最终确定有着直接影响。发行人对成本的看重主要体现在如下几个方面：

第一，发行人的成本底限。因目前能够获得主管部门额度的企业债券发行人均资质优良，它们在任何时候从银行获得贷款都很容易，且一般还可以按照优惠贷款利率取得资金，所以，贷款利率便成为其债券融资的成本底限。

第二，同一时期可比照的企业债券的发行利率。如果资质相同、品种相同且在同一时期发行，则发行人一般都不愿意看到另一家企业的发行成本低于自身，它会将其视为发行失败。

第三，其他考虑。比如初次发债的企业，对其很不容易获得的进入资本市场的"门票"十分看重，企业债券的发行额度是一笔宝贵的资源，成本稍高些也宁愿接受；另外，有些企业是想在资本市场滚动融资的，因此，看重的是资本市场的窗口，有着长期利用这一通道的预期，由此，可能不过分看重单笔融资的成本高低。

**表 14.9　发行人的成本底限（金融机构贷款利率）**

单位：%

| 适用期间 | 利率 | 6 个月 | 1 年 | 1—3 年(含) | 3—5 年(含) | 5 年以上 |
|---|---|---|---|---|---|---|
| 期间一 | 贷款基准利率 | 5.04 | 5.31 | 5.49 | 5.58 | 5.76 |
| | 优惠贷款利率 | 4.54 | 4.78 | 4.94 | 5.02 | 5.18 |
| 期间二 | 贷款基准利率 | 5.22 | 5.58 | 5.76 | 5.85 | 6.12 |
| | 优惠贷款利率 | 4.70 | 5.02 | 5.18 | 5.27 | 5.51 |

注：期间一指的是 2002 年 2 月 21 日至 2004 年 10 月 28 日；期间二指的是 2004 年 10 月 29 日至今。

如上所述，在 2004 年 5 月至 9 月，没有一笔企业债券发行，因为随着宏观经济的变化、有关当局调控措施的出台以及投资者预期的变化，市场几乎随时都在变动，本周谈定的利率，到了下周可能就需要再提高 10 个基点甚至更多才能够发行。在此过程中，发行人的成本约束观念起了相当大的作用，有时这种观念会跟不上市场的变化。等到 9 月份各只债券集中发行时，成本已经比数月前提高了 100 个基点左右。有过 2004 年的经历，相信对于发行体也是一个很好的锻炼，当然为此也付出了很高的成本。

# 七、套利行为对债券定价的影响

债券有发行市场也有交易市场，在进行债券定价的时候，应该以发行市场还是以交易市场为最终基准？另外，债券套利对债券定价是否也有影响？这两个问题均值得关注，虽然其结论并不复杂。

在正常情况下，一级市场与二级市场的走向是一致的，二者均可以成为定价的基准和参照；然而当市场频繁变化时，一级市场经常会出现发行不连续的情况，导致定价基准的缺失，此时，一般更多地以能够连续反映利率变动的二级市场作为基准，并需要具备一定的前瞻性。因债券定价先于债券销售，如果在定价之后发行期尚未结束，市场发生突然的重大变化，则可能导致发行失败。

一级市场即使发行连续，在某些情况下，也可能与二级市场存在一定的利差。产生这种现象的原因大致有三：一是市场正处于敏感时期，发行市场较为谨慎，留出了一定的空间以备可能的市场变化；二是有意维持一定的利差，意图长期在市场中滚动融资，不追求单笔发行的成本最低，而是以发行人、投资人和中介机构三赢为最终目标；三是有意维持一定的利差以图从中套利。

第一种情况是正常的市场行为，纯粹是依据自身的判断，以确保发行成功为目的，防止在发行中途受意外因素的影响，因无调整余地而干扰发行。第二种情况是一种策略，一种意图长远的策略，因实施此种策略获得成功的发行体亦有先例，如三峡总公司。第三种情况较为特殊，通常是特定市场阶段的产物，套利者一般是既得利益集团，这些利益集团通常都在不同程度上，具有定价的主导权。

套利行为的另外一种情况是通过操纵二级市场来影响发行定价。试图通过这种操作来进行套利的例子以往所见较多，近来因市场日益成熟，规模日益庞大，投资者群体也日益多样化，这种现象很少出现了。在市场稳定时期或中介机构实力雄厚时，对市场的干扰不会影响其最终的定价；在市场频繁变化时，一些资金雄厚的机构通过在二级市场的操作来影响定价，产生效果的可能性稍大——但对于这些机构，风险也比较大，而且前提是它对这类债券存在真实的需求。能否实现套利，与债券的发行定价方式也有关。在招标或簿记方式下，尤其是市场敏感时期，大机构能够发挥更大的作用，从而影响招标结果，并据此影响市场，实现套利。

# 八、公司债券定价的国际比较

目前我国的企业债券市场还欠发达，市场基础相对薄弱，比如由于市场规模小，债券品种少，发行不连续，流动性差，投资者结构不够合理，缺乏能够充分反映市场情况的稳定的利率期限结构曲线，导致在定价时，基础参照并不完全充分、可靠。这也是国内企业债券定价的复杂性所在，它需要参考更多的因素，做一些特有的修正。比如，在银行间市场，有很多交易行为是因避税、做量或做账而发生，属于异常交易，在分析收益率曲线之前，先要将这些异常点剔除，再来分析背后的影响因素。另外，中国的债券市场又是分割的，适当地根据实际情况，将此分割因素周全考虑，非常必要。

在成熟市场，大致可以认为，市场是有效的，根据实际交易情况绘制的收益率曲线，已经充分反映了市场的所有信息及其背后的各种决定力量，在这些因素发生新的变化之前，收益率曲线是可参照的，并能够成为定价基准。进行债券定价，所需要做的，只是将影响该曲线的决定因素揭示出来并加以动态化。

发行人的信用等级对于成熟市场的债券定价，非常重要。信用等级是与筹资成本直接挂钩的，二者具有紧密的相关性。国内的情况是，一方面存在利率管制，另一方面信用基础也不完全可靠，导致信用等级与发行利率总体上呈现分离状态。因此，定价时面对这一问题，非常需要经验及对市场的把握，进行适当的处理。

举一个国外的例子。摩根斯坦利·添惠公司(MSDW)曾经为新加坡货柜码头公司发行过一笔债券，规模 5 亿美元，信用等级 Aa1/AAA，发行市场为美国、欧洲、新加坡和亚洲其他国家，最终确定的利差是在美国国债二级市场 5 年期国债收益率的基础上，加 107 个 BP。那么这 107 个 BP如何确定？这就涉及到定价方法的问题。其具体做法是：

第一步，寻找市场基准。当时美国市场期限与信用等级与之相同的公司债券与国债之间的利差为 90 个 BP，而前不久新加坡已在美国市场发行过一笔债券，发行人为新加坡发电公司，期限亦为 5 年期，当时该债券的利差为 105 个 BP。[①]

第二步，了解投资者对新加坡发电公司债券的反映，初步确定债券利差的大体范围。

第三步，将货柜码头债券与美国类似的公司债券进行比较，主要比较信用水平差异，藉此将利差范围进一步缩小。

第四步，通过广泛的路演推介、与投资者进行各种形式的交流、撰写

①　这是有相应参照的情况，如无恰当基准，则可与新加坡政府债券进行比较。

分析报告等方式，让投资者相信该公司的信用级别与美国或欧洲公司的信用级别没有实质上的不同。

第五步，选择较好的发行时机，这样筹资成本可以再低一些。

由此可知，在国外市场发行企业债券，对于发行体信用水平的差异是非常关注的，定价水平主要由此决定——这是与中国债券市场最大的不同。曾经有相当长的时间，中国的投资人是不注重信用差别的，原因很多，归结起来大致有如下几点：第一，投资人有相当比例是个人，他们更看重债券的期限和利率水平，并不关注也无从评价债券的信用水平和兑付风险，他们认为债券发行是政府批的，政府会保证债券的偿还；第二，债券有担保，发行人还不了，还有担保人；第三，因利率环境对债券市场有利，资本的回报相对较高；第四，因中国的评级行业的生存现状，信用评级的同质性相当强，不同资质的发行体，往往评级都相当接近，无根本性的差异评级，而即便有，定价也有相当的趋同性；第五，因为条例对企业债券发行利率的上限管制，导致定价大都贴近上限，尤其是在市场不好的情况下，更是如此。

国外的投资银行一般都设有行业分析人员，其作用之一是在发行与推介时，进行解释与说明工作，让投资者相信，该公司的信用等级是适当而可靠的。除此之外，国外投资银行一般都设有专门的小组，主要负责与信用评级公司的联络，争取将债券评级定在可能的最高水平。国内市场评级公司正处于等米下锅状态，这一需求并不存在。但中国的债券市场发展很快，随着近年来无担保债券的逐渐增多，情况将逐渐改变。

那么如何评估债券的信用风险？成熟市场主要看发行人的现金流。这一点与国内的做法基本一致。之所以格外关注现金流，原因有二：一是现金流本身能够充分反映其支付能力；二是由于不同的公司采用的折旧方式不一致，单看利润可能反映不出问题所在。比如，英国公司一般采用加速折旧法，而在美国折旧的期限一般很长，因此造成收入与利润的不同，无法直接比较。但现金流法则在不同的情况下，均具可比性。

在进行债券定价时，除必须考虑利率的期限结构和风险结构因素外，因衍生产品市场具有价格发现和利率预测作用，其对债券定价，也具有相当的参照性。我国虽然于2005年推出了债券远期交易，2006年初又推出了利率互换，但这只是刚刚开始，其衍生市场的真正建立，尚待时日。

谁来决定价格？在国际市场，虽然承销机构对确定发行价格作用很大，但最终拍板的也还是发行人——这一点与国内并无任何不同。在这方面，承销机构的责任是对发行人起建议、解释与说明的作用。

总起来看，债券定价固然是一门技术，但更是一门艺术。也就是说，技术分析对于确定债券的价格虽然重要，然而对最终价格决定起作用的因素非常多，且因市场环境的不同而又有相当区别，丰富的经验、敏锐的感觉和对市场的全方位的驾驭能力，这些方面的有机结合，往往是决定成败的关键。

# 九、公司债券的信用定价

债券本质上是信用产品。发行债券就是发行"信用"。信用水平不同，筹资成本就有差异：信用等级高的，利率可以低一点，信用等级低的，利率就要高一些。因此，为债券定价，大致可以认为就是为企业的信用定价。有些企业因信用较差，无法以自身的信用发债融资，就通过信用支持或资产支持的方式，进行增级，使得投资人能够接受，同时发行成本也有所降低。

但很长时间以来，我国发行企业债券要求必须提供担保，使得发债人的信用基本被忽略掉了。最初大都是由企业集团或基金担保，而自 2001 年开始，银行担保逐渐占据主流。资质差异明显的企业，只要是以实力强劲的银行作担保，都能获得较高的评级，投资人也都愿意购买。债券评级实际上变成主要是为担保人评级，定价也是为担保人的信用定价。这种现象的存在和延续，不仅使得风险重新集中到银行体系，同时也不利于企业债券市场的长远发展和改变中国债券市场长期以来以政府信用为主体的失衡状况。

2006 年 5 月 11 日发行的 2006 年三峡债券，是主管部门为改变上述状况而推出的第一只真正意义上的无担保债券，将改变中国企业债券发行必须有担保的历史，实现企业债券向信用产品的本质回归。

## 1. 企业债券担保的背景

1993 年 8 月 2 日经国务院第 121 号令发布的《企业债券管理条例》并未

对企业债券的发行做出强制担保的要求。《证券法》对企业发债也无担保规定，而《公司法》只是要求发行人在债券募集说明书中应包括对债券担保情况的说明这项内容。

对于企业债券发行的担保要求，是在部门规章中明确提出的。中国人民银行1998年4月8日发布了《企业债券发行与转让管理办法》，其中第一章第三条规定，企业发行债券应提供保证担保，但经中国人民银行批准免予担保的除外。第四章第三十九条规定，保证人应为符合《担保法》规定的企业法人且应同时具备四方面条件：一是净资产不低于被保证人拟发行债券本息；二是近三年连续赢利，且具有良好的业绩前景；三是不涉及改组、解散等事宜或重大诉讼案件；四是中国人民银行规定的其他条件。

根据银发[1998]475号《中国人民银行关于1998年企业债券审批问题的通知》，中国人民银行要求各分行要督促发债主体做好债券发行的担保工作，担保人应向债券投资人以书面形式出具担保函。

1999年底，国家发改委（当时的国家计委）从中国人民银行手中接过了企业债券的发行核准权，在担保安排上，基本上延续了以前的做法。

那么，设立担保的目的是为了提升投资人的信心，还是规避兑付风险？答案是两者兼而有之，而从主管部门的角度，尽量减少兑付风险，是更重要的考虑因素。在2004年6月21日下发的《国家发展改革委关于进一步改进和加强企业债券管理工作的通知》（发改财金[2004]1134号文）中强调，"为了防范和化解企业债券兑付风险，发行人应当切实做好企业债券发行的担保工作"，"企业或者其担保人不履行债务时，主承销商应代理企业债券持有人进行追偿"。回顾历史，有很多债券未能如期兑付的案例，比如20世纪90年代初期曾有大量债券违约，其中甚至包括相当数量的重点建设债券；2000年又有广东罗定铁路债券延期兑付；其后也有个别发行人因出现支付危机，最终不得不诉诸央行再贷款予以解决。总体来看，在《破产法》尚未出台，发行人违约难以清算破产的前提下，最终还是需要政府出面行政协调。在这种情况下，为了在初期保证市场顺利发展，尽可能减少兑付问题，除了精挑细选发债企业外，对于担保也作了强制要求。

**2. 重新审视债券担保**

在市场发展的初期，因历史的教训和当时的实际情况，对企业债券发行做出强制担保的要求，有其合理性。然而，在对债券的兑付保障有所加强的同时，企业债券担保也出现了一些引人关注的问题；尤其是在市场的成熟度大大提高，以及对市场迅速发展的需求日益迫切的时候，有必要对现行的担保安排进行重新审视。

第一，关于担保的对象。提到为谁担保，首先需要回答的问题是什么样的企业可能违约？答案当然是资质相对较差的企业，对于这些企业发行债券，通过担保的方式进行信用增级，无论是对发行人还是投资人，均有必要。现实的问题是：目前能够拿到债券额度的企业，基本上都是信用记录良好、实力强劲的优质企业，而这些企业发生兑付风险的可能性极小。换个角度看，对于这些优质企业而言，找到综合实力和信用等级都优于或等于它的担保主体，也有其现实的难度。

第二，银行担保及其弊端。在2001年以前，大部分企业债券都是由企业集团或者建设基金做担保。2001年12月，国家开发银行为01广核债提供担保，2002年4月，金茂债找了建行上海分行做担保人，自这两个项目之后，银行担保在企业债券的发行中迅速占据主流，除国家开发银行和中国建设银行之外，工行、农行、中行、福建兴业银行、广东发展银行、交通银行和中信银行等都加入到这一行列。2002年至2005年，整个市场共发行企业债券72只，规模1659亿元，其中，银行担保的企业债券60只，规模1211亿元，占比分别为83.3%和73%。为何企业债券主要都由银行提供担保？一方面是银行的信用较好，能够得到投资人的认同；另一方面，银行之所以愿意提供担保，也是为了留住其优质客户的策略需要。但大规模的银行担保，不仅使直接融资再次与间接融资发生链接，同时也会阻碍银行体系的风险释放。

第三，对企业债券发行进行强制担保的安排，与强化信用评级和利率市场化的目标相悖，从长远看，不利于市场的发展。

因此，需要重新审视企业债券担保问题。另外，现在的市场发展较先前成熟，尤其是发行人的信用意识和投资人的风险意识都大大加强，在这种情况下，可以考虑逐渐放开强制担保要求，选择一些好的企业，进行试点。无担保也是回归直接融资的本来面目。这是市场的共识，而真正的突破，则需要主管部门实质性的推动。

### 3. 无担保信用债券破冰

在主管部门、发行人和中介机构的共同努力下，第一只真正意义上的无担保债券——2006 年三峡债券，有望近期在市场出现。三峡债券到现在为止共发行六期，总规模 190 亿元，其中前五期由三峡建设基金提供担保，第六期由中国工商银行担保。即将发行的无担保债券是中国长江三峡工程开发总公司（以下简称"三峡总公司"）发行的第七期企业债券。

**表 14.10　历次三峡债券发行情况一览表**

| 期数 | 债券名称 | 发行日期 | 期限 | 利率 | 发行规模 | 担保人 |
|------|----------|----------|------|------|----------|--------|
| 第 1 期 | 96 三峡债 | 1997.2.28 | 3 年 | 11% | 10 亿元 | 三峡建设基金 |
| 第 2 期 | 98 三峡债 | 1999.1.18 | 3 年 | 5.6% | 10 亿元 | 三峡建设基金 |
| | | | 8 年 | 6.2% | 10 亿元 | |
| 第 3 期 | 99 三峡债 | 2000.7.25 | 10 年 | R+1.75% | 30 亿元 | 三峡建设基金 |
| 第 4 期 | 01 三峡债 | 2001.11.8 | 10 年 | R+1.75% | 20 亿元 | 三峡建设基金 |
| | | | 15 年 | 5.21% | 30 亿元 | |
| 第 5 期 | 02 三峡债 | 2002.9.20 | 20 年 | 4.76% | 50 亿元 | 三峡建设基金 |
| 第 6 期 | 03 三峡债 | 2003.8.1 | 30 年 | 4.86% | 30 亿元 | 中国工商银行 |
| 第 7 期 | 06 三峡债 | — | 20 年 | — | 30 亿元 | 无担保 |

注：表中 R 为基准利率，是发行首日和其他各计息年度起息日适用的中国人民银行公布的一年期整存整取定期储蓄存款利率。

为什么三峡总公司以前发行的债券有担保，而现在可以不设担保？主要原因包括：

首先，这是主管部门为推动市场发展而做出的一次选择。

其次，三峡总公司经过多年的运营，已经具备了不依赖担保便获得较高信用级别的能力。作为大型水力发电企业，三峡总公司主业突出，现金流稳定、充沛，公司财务结构良好，拥有大量优质水电资产，项目本身符合国家产业政策，具有较强的现金流产出和盈利能力，同时也具有灵活的多渠道持续融资能力。本期债券期限 20 年，还本日期为 2026 年。届时，三峡工程和金沙江下游四个梯级电站项目已全部竣工，发行人水电装机容量将超过 6360 万千瓦，年发电量将超过 3000 亿千瓦时，仅水力发电业务收入将超过 600 亿元。因此，发行人依靠自身的实力，便已足以按期偿还到期债务。

正因如此，在对本期债券的信用状况进行综合分析的基础上，中诚信国际在信评委函字［2006］012 号文件中，对本期债券的评级仍然是最高级AAA，认为"本期债券的还本付息基本无风险"。

再次，三峡总公司通过长期滚动债务融资，在市场上树立了良好的形象，具有坚实的投资者基础和强大的市场影响力。之所以能够做到这一点，主要是因为：第一，三峡债券已经走过了从最初被市场认知，到形成完整的信用记录的过程；第二，三峡债券每次发行都有令参与各方印象深刻的创新安排；第三，三峡债券定价均衡、合理；第四，目前各期三峡债券在市场上已经构建出完整的收益率曲线并具有市场基准的地位；第五，各期三峡债券流动性极佳，如 2005 年上海证券交易所企业债券整体流动性只有 41.2%，而 03 三峡债券的流动性高达 84.3%，交投极为活跃。

综上所述，在企业债券市场中，三峡债券具备坚实的信用基础，并成为普遍参照的重要基准。因其长期在市场上建立起来的声誉和信誉，能够得到投资人的信任。这种信用基础不仅使之易于进行滚动的债券融资安排，甚至在长江电力股权融资时也发挥出独特的市场号召力。另外，本期债券也是三峡机组发电之后三峡总公司发行的第一笔企业债券，是三峡总公司新跨越的重要标志。三峡总公司发展到今天终于能够做到可以完全凭借自身的信用评级，是一次重大飞跃。

回顾起来，1998 年 11 月 16 日中信公司曾经最早发行过豁免担保的债券。当时能够得到豁免，主要理由是：作为十大对外窗口，中信公司自1982 年 1 月在日本发行第一笔无担保、私募的海外债开始，其历年在海外发行的债券均为无担保的清偿顺序平行债务，这一限制性条款使得发行人不便为其债务设置优于外债的受偿条件。这也使得中信债券的情况成为一个特例。与中信债券不同，三峡总公司在海外并无发债经历，不存在上述限制性条款的约束，其不设担保的安排，完全是出于上述讨论的原因，因此，是第一只真正意义上的无担保企业债券。

### 4. 评价与建议

在我们看来，弱化担保安排，强化信用评级，放开利率管制，是企业债券市场化的三个基本前提。担保因素弱化了，信用评级的作用才能够充分体现，而信用定价的差异性便也得以反映。

长远看，强制担保制度终将取消。但这需要一个过程。在《破产法》出台之前，可以选择一些真正的优质企业，不提供担保便可发行企业债券；三峡债券是一个开始。对信用等级或综合实力相对较差的企业发行债券，虽然仍需担保，但担保的形式可以多样化，除信用保证外，还可以引入收入担保或资产担保等诸多方式。此外，建立与完善企业债券的偿债基金制度，也是可考虑的做法。

与担保不同，信用评级作用于事前的风险管理。国际清算银行的研究表明：独立的信用风险评估体系是发展公司债券市场的关键性的前提（Philip Turner，2002）。实行强制担保不利于市场对发债体的信用状况和偿债能力进行客观评价。但在强制担保机制弱化之后，信用评级的作用能够较大发挥。采取有效措施规范评级业，减少寻租现象，同时创造有利于评级业发展的环境，以切实提高信用评级的公信力，是当前比较迫切的事情。

债券定价需要与其信用级别直接挂钩。美国债券市场的实践表明：从债券的实际回报来看，评级提供了较为可靠的对到期不能兑付的可能性和严重程度的隐含的评估。债券收益率与信用级别的相关性比与单独的公开可得的信息更强，表明评级机构能够提供附加的有价值的信息（Richard Leftwich，1998）。

弹性担保机制、有效的信用评级、风险意识和判断力均较强的投资人，三者的有机结合，是实现为信用定价的重要基础。而担保是第一步。作为第一只真正意义上的无担保企业债券，2006 年三峡债券突破了现行做法，顺应了市场需要，将对我国企业债券市场的发展起到重要的推动作用。

# 十、企业债券定价案例

假定某企业拟发行一只 30 年期的企业债券。在此之前，最长期限的企业债券只有 20 年，因此并无直接参照标准；虽然有 30 年期的国债和金融债券，但因相距期间较长，且二级市场也无交易，也难以直接用来定价。

为该只债券定价，难度较大。

**1. 使用利率的风险结构法**

所谓利率的风险结构，即相同期限但不同种类的债券之间，因信用、流动性和税收的不同，而产生的利率差别。采用该方法对企业债券定价，主要包括三个步骤：

第一，测算无风险利率的期限结构，即国债利率的期限结构，从中得出 30 年期国债的收益率水平；

第二，通过回归分析等方法，测算 30 年期企业债券与相同期限国债之间的利差，作为二者之间的信用、流动性和税收溢价；

第三，无风险利率加上风险溢价，即为 30 年期企业债券的理论收益率。

**2. 使用利率的期限结构法**

所谓利率的期限结构，显示的是相同种类债券之间，因期限的不同，而产生的利率差别。利用这种方法进行债券定价，需要模拟出期限跨度长达 30 年的企业债券的利率期限结构。

需要说明的是，在交易所上市的企业债券，虽然信用评级均为 AAA，但实际上，相互之间是存在差别的。但因中国企业债券的信用利差不显著，加之可比品种有限，所以样本数据可以是在交易所上市的所有企业债券。

通过回归分析，大致可以测算出 30 年期企业债券的二级市场收益率中枢。

**3. 对理论定价结果的技术与经验调整**

首先对根据上述两种方法测算出的 30 年期企业债券利率进行比较与综合，并根据比较与综合的结果，初步测算出理论收益率。

需要说明的是，该理论收益率是基于市场静态指标推算而得。若充分反映市场的整体情况，则还必须考虑到如下因素的影响：第一，一、二级市场对利率反应敏感性的差异；第二，一、二级市场投资参与机构的显著区别；第三，市场的流动性特征；第四，当前以及预期的债券波动性。针对上述因素，进行适当的定价调整。

### 4. 市场询价：偏差较正程序与最终定价

以上定价需要通过投资者询价、承销团询价、路演推介等步骤，进行验证；之后再结合主承销商和发行人对政策与市场的判断，加以修正，以得出最终的定价结果。

### 【主要参考文献】

1. John Hawkins（2002）："Bond Market and Banks in Emerging Economies"，BIS Papers，No. 11，June.

2. Guorong Jiang，Nancy Tang and Eve Law（2001）："The costs and Benefits of Developing Debt Markets：Hong King's Experience"，BIS Papers，No. 11，June.

3. Hildy Richelson & Stan Richelson（2002）：*The Money-Making Guide to Bonds*，Bloomberg Press.

4. Zvi Bodie & Robert C. Merton（2000）：*Finance*，Prentice-Hall，Inc.

5. Burton G. Malkiel（1962）："Expectations，Bond Prices，and the Term Structure of Interest Rates"，Quarterly Journal of Economics，May.

6. Guorong Jiang，Nancy Tang and Eve Law（2001）："The costs and Benefits of Developing Debt Markets：Hong King's Experience"，BIS Papers，No. 11，June.

7. Frank J. Fabozzi & Franco Modigliani（1996）：Capital Markets：Institutions and Instruments.

8. Philip Turner（2002）："Bond markets in Emerging Economies：an Overview of Policy Issues"，BIS Papers，No. 11，June.

9 Frank J. Fabozzi：《债券组合管理》，上海财经大学出版社 2004 年版。

10. James L. Farrell，Jr. Walter & J. Reinhart：《投资组合管理：理论及应用》，机械工业出版社 2000 年版。

11. 李扬：《中国金融改革研究》，江苏人民出版社 1999 年版。

12. 王国刚：《中国资本市场热点研究——政策分析报告》，中国城市出版社 2002 年版。

13. 杨大楷等：《国债利率管理》，上海财经大学出版社 1999 年版。

14. 高占军：《债券市场发展与企业的融资结构选择》，《经济导刊》，1999 年第 4 期。

15. 高占军：《我国企业债券市场发展的制约因素与对策建议》，载《全国银行间债券市场业务理论与实务文集》，工商出版社 2001 年版。

16. 高占军：《三峡债券：回归企业信用》，《资本市场》，2006 年第 5 期。

17.《中国人民银行货币政策执行报告》，有关各期。

# 第十五章 公司债券定价模型

在美国，近 10 年来公司债券快速发展已经超过国债总量，根据权威资料显示 1997 年到 2000 年，大约 70％的新增资本是由于公司债务而引起的。公司债券在公司融资中的优势地位来源于债券定价模型的发展，价格作为资源配置的重要手段，根据市场真实数据（报价数据、交易数据、结算数据等）构造尽量准确的市场价格曲线，根据这一曲线估算市场上数据不充分的公司债券的价格，众多的经济学家在债券发行体和投资者之间表演着定价的杂技，价格理论是整个经济学的核心，它的基础假设也就自然构成整个经济学共同的基础假设或者说逻辑起点。价格理论的前提假设主要有三：一是由个人进行选择，其行为是稳定的；二是人都是自利的（self-interest），他在任何时候、任何局限条件下都追求个人利益的最大化；三是资源是稀缺的。经济学由许多不同的模型构成用以解释不同的经济现象，它们都是并在此前提假设基础上进一步设计各自的特殊假设或局限条件，从而，完成对整个模型情境（situation）的描述，逻辑演绎则在整个情境的基础上展开。敏锐的定价分析和判断会带来丰厚的回报，这驱使理论界和实务界对公司债券的价格做了大量的卓有成效的研究，公司债券定价体系不断得到完善，通过数学模型推导，统计方法估计，以市场中的行为和现象为核心内容，在已有基础上不断推进或者发现相互的关联，通过不断矫正，形成了现代公司债券定价分析方法的框架。自 Black&Scholes 1973 年取得关于股票期权定价分析的突破性进展之后，以 Merton、Cox、Ingersoll、Ross、Vasicek、Dothan、Stanton、Duffie、Singleton、Heath、Jarrow 和 Morton 为代表的一大批金融经济学家建立了种类繁多的公司债券定价模型，极大推动了公司债券市场的发展。

# 一、定价模型——期限结构理论

仅在期限长短方面存在差异的公司债券收益率与期限之间的关系是利率期限结构，利率期限结构理论（Structure -form Theory）要回答的最基本问题是债券收益率水平如何决定，收益率与到期期限之间是怎样的一个函数关系，进而，满足行为最优化假设的个体投资者之间的竞争以什么样的机制使市场趋向均衡，以及描述这些均衡动态性质的特征状态变量等。

就早期理论而言，它的研究方法还较为粗糙，都以对投资者的债券种类选择行为提出某种假说来定性说明实际市场中观察到的收益率经验曲线为基本特征，根据假说的不同可区分为三类：预期（expectation）理论、流动性偏好（liquidity preference）理论和期限偏好（preferred habitat）理论。其中，流动性偏好理论和期限偏好理论是在预期理论的基础上，针对其对经验事实解释能力的不足而提出的。

预期理论可追溯至 Fisher（1896）最早提出了投资者对未来即期利率的预期将会影响到当前长期利率水平的观点，Hicks（1939）和 Lutz（1940）发展并完善了这一假说，此后 Malkiel（1966）和 Roll（1970）又作了一些新的补充。关于债券收益率水平及其与到期期限之间的关系，预期理论认为，投资者的资金可以在长期和短期债券市场中自由转移，收益率高的债券吸引资金流入，反之，收益率低的债券产生资金流出；根据市场的无套利（no-arbitrage）原则，在均衡状态下，不论投资于何种期限的债券，投资者在同一时期跨度内所获得的收益水平将趋于一致。假定对一个在时刻 T 到期并支付 1 单位货币的零息票债券（zero-coupon bond），若在当前时刻 t 它的价格为 P（t，T），令 r（t）为市场在 t 时刻的瞬态无风险利率，对所有期限的债券，市场预期它在未来瞬间都以比率 r（t）获得利息收入，即有以下关系：

$$\frac{E[dp(t,T)]}{P(t,T)} = r(t)dt \qquad (15.1)$$

将上式积分后有：

$$P(t,T) = E[exp(-\textstyle\int_t^T r(s)ds) \mid I(t)] \qquad (15.2)$$

公式 15.2 中，I（t）为投资者基于 t 期所拥有的信息集。此外，如果考虑的是投资者可以在长期债券和短期债券自由进出，他将一单位货币投资于长期债券与以展期形式投资于一系列的短期债券应得到一样的收益（Luts，1940），即有：

$$\frac{1}{P(t,T)} = E[exp(\int_t^T r(s)ds) \mid I(t)]\qquad(15.3)$$

类似地，Malkiel（1966）认为，在均衡状态下，不同期限的债券在相同的时间跨度中只能获得相同的收益率水平，即有：

$$\frac{-1}{T-t}In[P(t,T)] = E[exp(\int_t^T r(s)ds) \mid I(t)]$$

$$\widetilde{X} = exp(\int_t^T r(s)ds)\qquad(15.4)$$

定义随机变量后，我们有：

$$P = E[\widetilde{X}]\qquad(15.5)$$

$$P^{-1} = E[\widetilde{X}^{-1}]\qquad(15.6)$$

$$In(P) = E[InA\widetilde{X}]\qquad(15.7)$$

公式 15.5 称为债券市场的局部预期假设（Local Expectation Hypothesis，LEH），公式 15.6 称为到期收益预期假设（Return-to-Maturity Expectation Hypothesis，REH），公式 15.7 则称为到期收益率预期假设（Yield-to-Maturity Expectation Hypothesis，YEH）。对比公式 15.5、15.6 和 15.7 可以发现，对同一期限债券价格的假定来说，这三个公式的预期假设是不一致的，除非未来利率水平相互无关，但这显然不是现实经济的真实描述，真实利率水平的时间序列表现出高度的自相关。由 Jensen 不等式，我们可以得到三种假设下债券价格之间的关系为 $P_{REH} > P_{YEH} > P\,LE$。这是预期假设在理论上的一个缺陷，同样强调收益水平的均等，但由于收益水平表示的非本质性差异而导致了债券价格表述的非一致性。

预期假设的一个基本结论是，投资者根据所掌握的充分信息对债券的收益率做出合理预期，只要收益水平相同，他们并不特别厌恶或偏好某种期限的债券。但在实践中，人们发现长、短期利率与债券价格的关系并不完全符合预期假设，在相同的收益水平下，人们似乎更偏好短期债券，未来总是充满太多的不确定性变化，长期债券唯有价格更低、收益率更高方能吸引投资者。Keynes 在 1930 年指出了期货价格小于即期价格的可能性，他认为，寻求降低风险的交易者，让渡一定的风险报酬给投机者，这一风险报酬 Keynes 称之为交割延期费（backwardation）。在 Keynes "交割延期费"概念的基础上，Hicks 在 1939 年提出了利率期限结构的流动性偏好理论。在 Hicks 看来，为稳定未来的资本金供给，资金的借方总是希望借贷期越长越好；资金的贷方为避免未来收益的不确定性则希望借贷期越短越好，期限越长资金的流动性越差；投机者的存在弥合了资金借贷、供求在期限长短上的错位，他们借短而贷长，同时索求相应的期限溢价以补偿损失的资金流动性和所承担的风险，自然地，长期债券收益水平隐含的远期利率高于未来短期债券的预期即期利率，两者之间的差额就是所谓的期限风险溢价。也就是说，若风险溢价为正，债券期限结构收益率曲线向上倾斜，远期（forward）的收益率曲线也向上倾斜且位于预期的未来即期利率曲线的上方，两者相差风险溢价的距离，如图 15.1（a）所示。

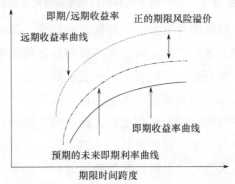

**图 15.1　（a）向上倾斜的期限结构收益率曲线**

在 Keynes 的期货风险报酬理论中，寻求降低风险的交易者对期货的净需求为负（net short），换言之，想要降低风险的交易者更愿意卖而不是买期货。实际上，寻求降低风险的交易者可以通过同时买卖期货作套头交易来规避市场风险，这时他们对期货的净需求为正（Houthakker，1957；Cootner，1960），期货价格高于现货价格，风险报酬为负，霍撒克和库特纳称此负的风险报酬为交易延期费（contango）。Cox，Ingersoll 和 Ross（1981）借鉴这一思想，证明了债券利率期限风险溢价可正也可负，若投资者构造投资组合时更愿意购买长期债券以规避短期利率波动风险，长期债券价格上升而短期债券价格下降，远期利率下降而即期利率上升，期限风险溢价将变为负,此时,市场预期未来的利率水平将走低,债券期限结构收益率曲线向下倾斜,远期收益率曲线也向下倾斜且位于预期的未来即期收益率曲线的下方,如图 15.1 (b) 所示:

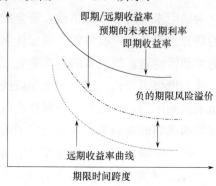

**图 15.1　 (b) 向下倾斜的期限结构收益率曲线**

预期假设中,投资者并不偏好某种期限的债券,各种期限债券互为完全替代品,均衡状态下,根据长期债券与短期债券的投资收益水平相同这一关键假设求出远期利率与即期利率。并且,期限结构收益率曲线充分反映了市场对利率未来变化的预期,也就是说,曲线向上倾斜,市场认为当前的短期利率水平低而预期未来会走高;曲线向下倾斜,则表明市场判断当前短期利率水平高,未来将会走低。一般而言,人们观察到的收益率曲线总是向上倾斜,换言之,市场总是判断当前利率水平过低而预期未来走高,预期假设无法解释这一经验事实发生的必然性。就此 Culbertson 在1957 年提出市场分割(market segmentation)假设来加以解释。在他看来,不同投资者对长期和短期债券都有自己的强烈偏好,债券的短期市场和长期市场是完全有效分割的,它们分别在相互分离的市场中交易,某种期限债券期望收益率的变动不影响市场对另一种期限债券的需求,债券投资的短期收益和长期收益由各自市场上的供给与需求决定,两种期限债券之间的相互替代弹性为零。一般而言,投资更偏好期限短、风险低的短期债券,债券价格高而收益率低;与此相反,期限长、风险高的长期债券需求强度小,债券价格低而收益率高,因此,利率期限结构收益率曲线通常总是向上倾斜的。显然,Culbertson 的假设有一定的解释能力,Modigliani&Sutch,1966 年的期限偏好理论推广了 Culbertson 的市场分割假设，认为市场有 N 种期限债券，由于投资者所在行业以及资金来源等原因，他们对各种期限的债券各有偏好，一般情况下，他们只投资于所偏好的“最安全”的债券。因此，投资者的种类和偏好成为债券期限结构收益率曲线形状的决定因素。当市场投资者主要由人寿保险公司和退休金基金会等机构构成时，它们更注重投资的安全性，长期的“安全”债券是其首选，类似地，对长期债券需求的增强将压低长期利率，期限结构收益率曲线向下倾斜；商业银行为代表的投资者更注重资金的流动性与盈利性，短期债券更受其青睐，从而，短期利率变低，期限结构收益率曲线将向上倾斜。因此，期限偏好理论同样能够解释不同形状的收益率曲线，流动性偏好理论可视为它的一个特例，即假定市场的所有投资者都偏好短期债券。

由于研究者很难找到表示市场一致预期的变量，对早期理论尤其是预期假设的经验检验一度处于困境，后来，Roll 提出用市场组合的收益率来表示市场的一致预期，并运用 Sharpe-Lintner-Mosin 资本资产定价模型对流动性期限风险溢价的存在性进行了检验，发现在检验的样本期内的确存在正的流动性风险溢价，即期限结构收益率曲线向上倾斜。在期限结构收益曲线是否提供关于未来短期利率走势的信息，即关于预期基本假设的检验方面，希勒、坎贝尔和肖恩霍茨（Shiller，Cambell & Schoenholtz，1983）以及曼昆和萨默斯（Mankiw & Summers，1984）的检验认为长期利率和短期利率的差额并不总是有助于预测未来的短期利率，对预期假设的成立提出置疑；但法玛（Fama，1984）的检验则认为期限结构的确包含了利率未来走势。Cox，Ingersoll 和 Ross（以后简称 CIR，1981）在连续时间框架下证明只有局部预期假设才能与市场无套利原则相一致，而在到期收益预期假设和到期收益率预期假设下，债券价格均衡与无套利原则相互冲突。最近的一些经验研究认为传统检验效果不佳的原因在于统计推断基于标准的渐近分布理论，应当考虑发展新的推断方法（拜利和博勒斯莱夫 Baillie & Bollerslev，2000；梅纳德和菲利浦斯 Maynard & Phillips，1998）。总之，预期假设是期限结构早期理论中的核心命题，20 世纪 70 年代以后，虽然理论研究的重点逐渐转向以连续时间分析工具建立的期限结构模型，但关于这一假设的讨论与实证检验并未停止，它依然是现代期限结构理论模型赖以建立的基石。

以某种假设来说明债券期限结构收益率曲线的形状，这是早期理论的基本特点。由于受到数学分析工具的限制，早期理论尚未涉及利率变化与债券市场均衡的动态性质与特征。20世纪70年代之后，在布莱克和休斯（1973）研究方法的启发下，研究人员尝试运用维纳过程等连续时间数学分析工具来研究利率变化的动态性质。最初的研究通常假定短期利率是影响债券价格变化的唯一状态变量，如默顿（1973）、多塞（1978）、瓦西塞克（1977）和CIR（1985b）等模型，此后又有研究人员将短期利率之外的随机变量引入状态变量集中，认为多种因素共同影响和决定债券价格及相应衍生品的价值的变动。根据状态变量集中随机变量的个数，我们可以将利率期限结构模型区分为单因素和两（多）因素模型两大类。

### 1. 单因素模型

利率期限结构的单因素模型，假定短期利率是影响债券收益率曲线的唯一状态变量，综合不同学者提出的不同假设，我们可以得到关于单因素模型的一览表（见表15.1），表中所有参数除 r 外均为常数。

**表 15.1　单因素模型一览表**

| 模　型 | $f(r, t)$ | $g(r, t)$ |
|---|---|---|
| 考克斯-英格尔索尔-罗斯（1985b） | $\kappa(\alpha-r)$ | $\sigma r 1/2$ |
| 瓦西塞克（Vasicek, 1977） | $\kappa(\alpha-r)$ | $\sigma$ |
| 科塔顿（Courtadon, 1982） | $\kappa(\alpha-r)$ | $\sigma r$ |
| 陈等（chan et. al, 1992） | $\kappa(\alpha-r)$ | $\sigma r \xi$ |
| 皮尔逊和孙（Pearson&Sun, 1994） | $\kappa(\alpha-r)$ | $(\sigma+\nu r)1/2$ |
| 布伦南和施瓦茨（Brennen&Schwartz, 1979） | $\kappa r(\alpha-r)$ | $\sigma r$ |
| 布莱克和卡拉辛斯基（Black&Karasinski, 1991） | $\kappa r(\alpha-\ln r)$ | $\sigma r$ |
| 康斯坦丁奈德斯（Constantinides, 1992） | $\alpha+\kappa r+\nu r2$ | $\sigma+\nu r$ |
| 兰德曼和巴特（Kendleman&Bartter, 1976） | $mr$ | $\sigma r$ |
| 默顿（Merton, 1973） | $\alpha$ | $\sigma$ |
| 多塞（Dothan, 1978） | $0$ | $\sigma r$ |
| 考克斯-英格尔索尔-罗斯（1980） | $0$ | $\sigma r3/2$ |

表 15.1 中的模型都是在一定的应用研究背景下提出的。布莱克—休斯（1973）的期权定价模型假定无风险利率 r 为常数且对期权的所有到期日都相同，默顿（1973）则认为现实所观察到的利率具有随机波动的特征，遂放弃布莱克—休斯的常数无风险利率假设，提出他的随机利率模型并得到修正后的期权定价公式。与多塞（1978）模型相似，默顿模型所导出的债券价格随时间的增加而趋于无穷大，这是该模型不理想的结果之一。兰德曼和巴特（Rendleman&Bartter, 1976）模型实际上是假设利率服从几何布朗运动，认为利率的波动与股票价格相似。实际上，二者间有着本质差别。与股票不同的是，人们在实际中观察到的利率长期变化中存在所谓的均值回复（mean reversion）现象，利率总是围绕着一个长期平均水平上下波动，当高于平均水平时，它会有一个负的漂移率，反之则有一个正的漂移率，默顿、多塞及兰德曼和巴特的模型没有考虑这一经验现象。瓦西塞克（1977）提出了考虑均值回复现象的假设，认为短期利率以速率 $\kappa$ 向平均水平 $\alpha$ 回复，选择适当的 $\alpha$，$\kappa$ 和 $\sigma$ 值即可得到与经验观察相符的各种收益率曲线图。类似地，布伦南和施瓦茨（1979）提出了考虑均值回复且利率变化服从几何布朗运动的假设，科特顿（Courtadon，1982）的模型也很类似。

这些模型都采用了一种称为无套利分析（arbitrage-free analysis）的建模方法。下面，我们以一个一般的单因素模型来对其加以说明，体察现代理论在处理利率动态性质上的优越性。我们将发现，现代理论不仅可以拟合实际观察到的各种收益率曲线，而且还是分析利率衍生品价值的基本工具，在学术圈和交易商中间都有着非常重要的影响。

我们假定利率 r 的变化具有一个连续的样本路径，并遵循某一外生给定的扩散过程，其动态方程可表示为：

$$dr = \mu(r,t)dt + g(r,t)dz \tag{15.8}$$

在公式 15.8 中，$\mu(r, t)$ 表示瞬时漂移率，$g^2(r, t)$ 为瞬时波动方差，z 服从漂移率为 0、方差率为 1 的标准维纳过程，dz 表示标准维纳过程的一个微小增量。$\mu(r, t)$ dt 是利率在时间增量 dt 内的预期变化，$g(r, t)$ dz则描述了利率变动的不可预期部分，利率变化的不确定程度取决于所考察的时间长度，当 $g(r, t)$ 为常数时利率波动的总方差与时间长度成正比。

与前面一样，我们假设时刻 T 到期的零息票贴现债券的价格在当前时刻 t 是 P（r，t，T），债券价格的变化受状态变量（这里假定只受短期利率这一个因素的）影响，在此意义上我们将债券视为以利率为标的物的"衍生品"，它的价格变化依赖于利率的波动并遵循一个几何布朗运动过程：

$$\frac{dP(t,T)}{P(t,T)} = \alpha(r,t,T)dt + \sigma(r,t,T)dz \qquad (15.9)$$

在公式 15.9 中，α 为债券瞬时期望收益率，$\sigma^2$ 为瞬时波动方差。αdt 表示债券收益的可预期部分，应用伊藤（Ito）引理后，我们可以得到以下关系式：

$$\alpha P = \frac{1}{2} g^2 \frac{\partial^2 P}{\partial r^2} + \mu \frac{\partial P}{\partial r} + \frac{\partial P}{\partial t} \qquad (15.10)$$

$$\sigma = \frac{g}{P} \cdot \frac{\partial P}{\partial r} \qquad (15.11)$$

求解偏微分方程 15.10 和 15.11，可以得到债券价格及相应的利率期限结构。若 μ 和 g 的函数形式没有任何限制，我们一般无法得到偏微分方程 15.10 和 15.11 的解析解，不同的期限结构模型就是针对 μ 和 g 提出不同假设而得到的。

由于短期利率是影响债券价格的唯一状态变量，根据 15.10 式可知，任意两个零息票贴现债券的收益率完全相关，因此，为保证不存在套利的可能性，债券预期的超额收益必须与标准差成正比，即有：

$$\alpha(r,t,T) - r(t) = -\lambda(r,t)\sigma(r,t,T) \qquad (15.12)$$

公式 15.12 中，λ（r，t）称为市场风险价格，它不依赖于任何债券的收益状况而先验给定。

方程 15.12 看似一个风险中性定价等式，也一度使人们误以为这样的无套利分析与风险中性分析方法[①]等价。但实际上，这是运用公式 15.12

---

① 考克斯和罗斯（1976a，1976b）提出的风险中性定价方法是现代金融理论研究衍生品价值变化动态性质的基本出发点之一，该方法假定所有的投资者都是风险中性的。在一个风险中性的世界里，所有证券的预期收益率都是无风险利率，即满足局部预期假设，风险中性的投资者承担风险时不要求额外的风险报酬。从而，模型的所有参数与投资者的风险偏好无关。需要说明的是，风险中性假设下所得到的模型同样可以应用于喜好冒险或厌恶风险的投资者所构成的世界中，而不仅仅适用于风险中性世界，只是我们必须调整标的资产的预期收益率和衍生品损益分析所使用的贴现率，深入分析后我们可以发现两者的效果相互抵消。

进行债券定价的无套利分析中碰到的一个绕不开的困难。我们知道，在布莱克—休斯的期权定价分析中，期权定价是通过在一个完全的资本市场[①]中构造对冲组合或可以动态复制期权损益的证券组合来进行的，然后，根据市场的无套利条件可以得出，由标的资产与衍生产品构成的无风险证券组合的收益率等于无风险利率。并且，此时的无风险利率须独立于标的资产和衍生品的收益率。对以无风险利率为标的物的债券来说，这一条件永远无法满足。此外，可动态复制期权损益的证券组合由标的资产与无风险资产构成，而由无风险利率衍生的债券，其动态复制组合实在无法构造。因而，描述无套利状态下的债券收益就必须先定义市场风险价格，经市场风险价格的调整，任一期限的债券收益水平都趋于相同，由此也导致市场风险价格外生于模型而先验给定，这是 20 世纪 70 年代末、80 年代初的单因素期限结构模型的重要缺陷。贝克（Back，1997）称这些模型为"传统的无套利模型"，由于市场风险价格外生给定，这样的无套利模型实际上并不能保证市场中不存在套利机会（贝克，1997；CIR，1985b）。

　　鉴于传统无套利模型所存在的逻辑缺陷，考克斯、英格索尔和罗斯（1985a）另辟蹊径，汲取默顿（1973）和卢卡斯（1978）的理论研究成果基础上建立竞争性经济的一般均衡模型，由模型内生地确定市场风险价格及利率的期限结构。与卢卡斯（1978）经济类似，考克斯，英格索尔和罗斯考虑的模型中只有一种易腐（perishable）产品，该产品要么用于消费要么用于再投资，产出满足一个外生给定的随机过程，资产定义为对部分或全部产出的要求权，各种资产的价格及预期收益率由均衡内生决定。模型中，代表性个人追求效用最大化，他需要确定最佳消费水平、财富投资于生产过程和各种或有要求权债券的最佳投资比例。由于生产过程具有不确定性，个人需要预期投资的未来收益。而且，个人对消费时机的选择都有自己的偏好，此时，个人投资选择的债券具有"期限偏好"（preferred habitat）性质。因此，CIR 均衡模型被认为是综合了传统利率期限结构理论精华以及现代经济理论分析工具的经典模型之一。

---

　　[①]　对于资本市场可能出现的各种状态，若具备足够多的"相互独立"的金融工具来为任一金融产品进行完全的套期保值，则称此市场是完全的，严格的定义和证明参见哈里森和普里斯卡（Harrison&Pliska，1981）。

在 CIR 模型中，理性个人将自己的财富分配于消费、投资于具有风险收益的生产过程和以无风险利率获取收益的短期借贷，个人对资源的配置使无风险短期利率和风险债券收益率得到调整直至所有的财富都投资于生产过程为止；投资过程造成实物资产价值的变化，影响利率、进而债券价格的波动而具有反馈效应。在消费的跨期配置上，投资者根据利率的波动方差度量未来生产机会从而未来消费的不确定性，方差越大，财富边际效用的期望变化率越高，投资者对长期债券的索价越高。个人追求效用最大化的过程最终确定资源的帕累托最优配置，市场风险价格和利率的期限结构。

由于模型内生决定利率期限结构和市场风险价格，一般均衡的利率期限结构模型将自动保证利率期限结构、债券价格与市场不存在套利机会之间的内在一致性，此时的无套利定价分析才真正与风险中性定价等价；而且，我们还可以通过实际生产经济中基础变量的波动来预期利率期限结构的未来变化。与传统无套利模型相比较，一般均衡的利率期限结构模型的理论分析更加严谨和完美，它的提出符合理论发展的内在需要。

20 世纪 90 年代以后所提出的单因素模型，一般都是研究人员进行经验研究时，发现原有利率结构模型所存在的问题并针对这些问题提出的修正模型，我们把这一部分内容放在后面关于利率期限结构模型的计量经济学检验一节中再详细讨论。

**表 15.2　两（多）因素模型一览表**

| 模　　型 | 状态变量 | 状态变量间的关系 |
|---|---|---|
| 朗杰蒂格（Langetieg，1980） | 众多不可观测的状态变量 | 短期利率等于各状态变量的算术和 |
| 布伦南和施瓦茨（Brennen&Schwartz，1979） | 长期利率及短期利率 | 相关 |
| 理查德（Richard，1978） | 真实利率和预期通货膨胀率 | 有限制相关 |
| 朗斯塔夫和施瓦茨（Longstaff&Schwartz，1992） | 短期利率及其波动率 | 相关 |
| 赫尔和怀特（Hull&White，1994） | 短期利率及其漂移率 | 相关 |

续表

| 模　　型 | 状态变量 | 状态变量间的关系 |
|---|---|---|
| 陈（chen，1994） | 短期利率及其漂移率和波动率 | 相关 |
| 冯和瓦西塞克（Fong&Vasicek，1992） | 短期利率及其波动率 | 相关 |
| CIR（1985b） | 短期利率和通货膨胀率 | 相关 |
| 施弗和施瓦茨（Schaefer&Schwartz，1984） | 长期利率及长、短期利率间的差 | 相关 |
| 皮尔逊和孙（Pearson&Sun，1994） | 短期利率和消费者价格指数 | 相关 |

### 2. 两（多）因素模型

　　单因素模型隐含的一些假设很强，它假定短期利率波动是造成债券收益具有不确定性的唯一而共同的因素，所有债券收益完全相关，所有债券收益率曲线都以一个单一参数为特征。这些与人们在实践中观察到的客观现象还有较大出入，为提高理论模型解释现实的能力，研究人员在单因素模型的基础上提出了两（多）因素模型。

　　利率期限结构的两（多）因素模型假定短期利率与其他的一些状态变量共同影响和决定债券收益率曲线的形状。这些状态变量可以是总消费或生产技术所受到的外生冲击、总物价水平、通货膨胀率、其他资产的价格和债券收益波动率等等。综合不同学者提出的不同假设，可以得到关于两（多）因素模型的一览表，如表15.2所示。

　　两（多）因素模型的建模所使用的工具和方法与单因素模型没有本质差异，依然采用无套利分析法［如布伦南和施瓦茨（1979）、施弗和施瓦茨（1984）等模型］或一般均衡方法［朗斯塔夫和施瓦茨（1992）、CIR（1985b）等模型］。只是状态变量函数、状态变量扩散过程的漂移函数和方差率函数需满足若干正则条件以保证期限结构收益率函数具有完备的定义，本书不再进行详细证明。

# 二、定价模型——风险结构理论

风险结构理论（Risk-Structure Theory）描述的是在其他因素不变的条件下，债券收益和违约风险之间的关系。信用风险定价的突破性进展始于 1974 年，莫顿（Merton）将期权定价理论运用于有风险的贷款，并将违约债务看作企业资产的或有权益，利用期权理论进行定价分析。模型基本假定某个企业在其资产价值降低到其债务价值以下时就发生违约。之后 Black 和 Cox（1976）、Geske（1977）、Longstaff 和 Schwarz（1995）、DSa（1995）以及 Zhou（1997）等一大批金融学家对其模型进行了更为深入的研究和推广。到目前为止对违约风险进行验证，最符合逻辑的方法就是将大量样本的实现收益率与先前的承诺收益率进行比较，然而对违约进行验证的机会依赖于严重的经济衰退，只有那时才可能出现大量的违约，20 世纪 30 年代的大危机提供了最有效的检验。Hickman 对此进行了最全面的验证，他调查研究了 1900—1943 年期间公司债券的违约经历，对样本债券计算了"生命周期"违约率，来描述债券销售日与到期日之间违约债券的比例，平均为 1.7%，研究表明：债券的风险溢价与商业周期成对称行为，只有严重的经济衰退才会造成大量的债券违约损失，以及承诺收益率和现实收益率间的大幅度差额。对投资者而言，判断风险不是靠主观形成的可能性收益的概率分布，而是依据机构对债券的评级，公司债券的等级是决定收益率的最重要因素。Hickman 调查了公司债券评级的可靠性，发现信用评级和后来的违约情况之间有密切的联系，似乎有理由信任评级机构鉴别债券违约概率的能力，是确定利差的重要依据。从法律上说，发行者在任何时候不能偿付利息和本金都构成违约。从应付利息推迟到按照法定程序进行清盘，只是违约程度有所不同，预期违约损失就是承诺收益率和预期收益率之间的差额，当投资者风险中立时，预期违约损失等于风险溢价。图 15.2 是 1987 年到 1996 年 6 年期公司债券的经验利差。

影响利差的因素有：发行者的类型；发行者被认可的信用可信度；金融工具的期限或到期日；赋予发行人或投资者的选择权条款；所得利息的税收待遇；发行物的预期流动性。

Explaining the Rate Spread on Corporate Bonds　　　255

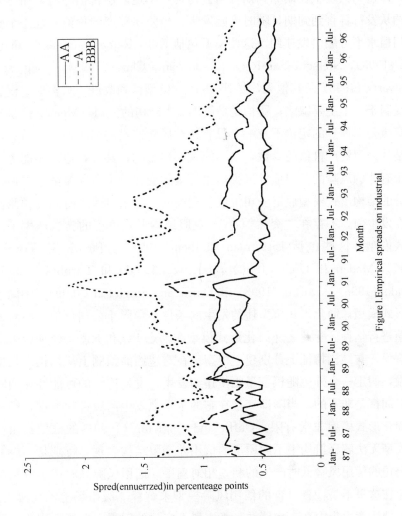

图 15.2　公司债券的经验利差

信用风险模型划分为两个主要的流派：结构形式模型和简化形式模型，结构形式模型以 Merton（1974）期权定价原则为基础发展的初始框架，假设公司违约由公司资产价值和违约风险驱动，与公司的资产价值变动相关。尽管 Merton 的方法对于信用风险定价的意义是重大的，在实践运用上并不成功。为了解决 Merton 模型实践运用的困难，在初始框架的基础上提出了相应的改进方法，放弃了原模型中发生违约时不切实际的假定，即违约只发生在债券到期日当公司资产不足以偿付债务时，而是假设违约从发行日直到到期日随时可能发生，当公司资产的价值到达一个较低的门槛水平可能引发违约。这些模型包括 Kim, Ramaswamy and Sundaresan (1993)，Nielsen, Saà-Requejo and Santa Clara (1993)，Longstaffand Schwartz (1995) 及其他人，尽管 Merton 模型得到改进，结构形式模型仍然受制于三个主要缺陷：哪怕是最简单资本结构的公司，Merton 模型对于投资级公司债券的定价不及一个没有违约风险假设的简单模型。首先，需要估计公司资产价值的参数，是不能观察得出的；其次，他们不能考虑对一个有违约风险的公司债券来说信用等级的变化是十分频繁的；最后，大部分的结构形式模型假定公司价值是连续的，结果对违约时间的预测恰恰就在发生前，不存在"突然惊奇"。克服结构形式模型的尝试产生了简化形式模型，这些包括 Litterman 和 Iben (1991)，Jarrow 和 Turnbull，(1995) Madan 和 Unal (1996)，Jarrow、Lando 和 Turnbull (1997)，Lando (1998)，Duffie (1998) 和 Duffie and Singleton (1999)。不同于结构形式模型，简化形式模型违约发生的条件不局限于公司价值，不对公司价值进行估计。除此之外简化形式模型在动态 PD 和 RR 上分别做了清晰的假设，在结构特征上分别建立模型。在对违约的预测上从结构形式模型出发，假定一个外生随机变量驱使违约发生，发生违约的可能性在期间任何时间都是非零的。当随即变量在它的水平上发生离散性的变动，经验显示简化形式模型非常有限。Duffie and Singleton (1999) 的框架指出：这些模型无法解释机构中不同质量的信用差期限结构表现，特别是不能解释当公司的信用风险低时产生的利差相对扁平，信用风险高时产生的利差陡峭。在这里不是检查可行的信用风险模型来解释二级市场上的实际表现，而是把注意力集中在影响债券一级市场上定价的因素。在债券定价背后不存在理论模型，结果经验分析或者称之为不可知论的方法广为采用，期限形式的经验分析可以在 Eom, Helwege and Huang (2001) 发现。进入上世纪末，银行和咨询机构开始热衷于建立旨在量化潜在损失的信用风险模型，在一个预先确定的置信水平上，一个特定时间范围（通常一年）可以承受的信用风险。风险价值模型（VaR）包括 JP 摩根、瑞士信贷 Credit Suisse 等没有测试任何的理论模型只是研究什么因素影响了债券利差，有些研究针对违约的损失，债券偿还的系统风险，比如 Altman 和 Kishore (1996) 二级市场上价格变动的决定因素，2001 年 Dufresne and Goldstein 的利差期限结构、利差和利率水平的关系。

Lollin 和 Dufresne 等人（2002）对于影响债券利差的因素从 1991 年到 2001 年 15 个发达国家的 600 多家公司进行分析，忽略了国内资本市场的影响，把发行价格而不是二级市场的价格作为因变量进行考核。这有三个特点：一是新发行的债券收益率反映实际的交易价格，来自定价矩阵或者交易商的报价，他们提供的比投资者要求的风险溢价更加准确；二是一级市场的利差对发行人而言更加准确的融资成本；三是一级市场的利率不太考虑以前经验研究。他们主要考虑三个方面的因素：其一，调查一级市场上数据例如包销团中经理的数量、整体发行费用参数考察一级市场的效率；其二，分析债券价格（固定价格和尚未决定的价格）、私募和公募的比例等参数考察发行技术；其三，一些发行特征，比如特定条款如拒绝抵押、交叉舞弊及不可抗力等。

信用风险是金融风险中最为重要的风险之一。从定性分析看影响利差的因素有：发行者的类型；发行者被认可的信用可信度；金融工具的期限或到期日；赋予发行人或投资者的选择权条款；所得利息的税收待遇；发行物的预期流动性。然而现代风险管理越来越重视定量分析，因为它能够体现出客观性和科学性。现代信用风险度量模型主要有 KMV 模型、Cred—itMetrics、麦肯锡模型和 CSFP 信用风险附加计量模型等四类。

CreditMetrics 是由 J. P. 摩根公司等 1997 年开发出的模型，运用 VAR 框架，对债务和非交易资产进行估价和风险计算。该方法是基于借款人的信用评级、次年评级发生变化的概率（评级转移矩阵）、违约债务的回收率、债券市场上的信用风险价差计算出债券的市场价值及其波动性，进而得出个别债券的 VAR 值。

麦肯锡模型则在 CreditMetrics 的基础上，对周期性因素进行了处理，将评级转移矩阵与经济增长率、失业率、利率、汇率、政府支出等宏观经济变量之间的关系模型化，并通过蒙地卡罗模拟技术（a structured Monte Carlo simulation approach）模拟周期性因素的"冲击"来测定评级转移概率的变化。麦肯锡模型可以看成是对 CreditMetrics 的补充，它克服了 CreditMetrics 中不同时期的评级转移矩阵固定不变的缺点。

CSFP 信用风险附加计量模型与作为盯市模型（MTM）的 CreditMetrics 不同，它是一个违约模型（DM），它不把信用评级的升降和与此相关的信用价差变化视为债券的 VAR（信用风险）的一部分，而只看作是市场风险，它在任何时期只考虑违约和不违约这两种事件状态，计量预期到和未预期到的损失，而不像在 CreditMetrics 中度量预期到的价值和未预期到的价值变化。在 CSFP 信用风险附加计量模型中，违约概率不再是离散的，而被模型化为具有一定概率分布的连续变量。每一笔贷款被视作小概率违约事件，并且每笔贷款的违约概率都独立于其他贷款，这样，贷款组合违约概率的分布接近泊松分布。CSFP 信用风险附加计量模型考虑违约概率的不确定性和损失大小的不确定性，并将损失的严重性和贷款的风险暴露数量划分频段，计量违约概率和损失大小可以得出不同频段损失的分布，对所有频段的损失加总即为债券组合的损失分布。

KMV 模型是估计借款企业违约概率的方法。首先，它利用 Black-Scholes 期权定价公式，根据企业资产的市场价值、资产价值的波动性、到期时间、无风险借贷利率及负债的账面价值估计出企业股权的市场价值及其波动性，再根据公司的负债计算出公司的违约实施点（default exercise point，为企业 1 年以下短期债务的价值加上未清偿长期债务账面价值的一半），然后计算借款人的违约距离，最后根据企业的违约距离与预期违约率（EDF）之间的对应关系，求出企业的预期违约率。通过对实际的和理论的债券价格的差异模拟投资者战略，对公司债券的价格和预期违约频率（EDF）之间的关系进行研究，分析了 EDF 如何影响债券的定价，理论上债券的价格等于无风险利率加预期损失的风险升水计算的贴现值，无风险利率可以通过美国国债期限结构模型进行估计，违约的系统风险表现为 EDF 的函数，也就是说期权调整利差（OAS）是 EDF 的函数。如果 OAS 和 EDF 的关系确实存在，理论上就能够确定一个合适的价格。因为 EDF 由发行人股票价格计算的，是对违约可能性的粗略估计。KMV 做了 EDF（Expected Default Frequency）与公司债券价格之间的关系研究，EDF 模型对企业违约的预测是基于资产收益正态分布的假设，数据信息依赖于股价信息和企业的汇集数据，因此在模型应用中只是一个违约可能性的不太准确的估计。当然股票市场和债券市场并不均衡，这里假设债券市场的效率低于股票市场。通过选取 1985 年 10 月至 1990 年 1 月间 108 个样本，对照 EDF 和 OAS

(Option Adjust Spread) 之间的数据，通过统计运算在给定的置信区间内，EDF 和 OAS 之间存在着单调递增关系。尽管 KMV 模型分析单个企业在股票市场的价格变化，着重分析自身的信用状况，对企业信用变化的相关性没有充分考虑，但是其结果是令人鼓舞的，EDF 作为一个外生变量可以检验债券价格，两者计算的数据和市场表现存在令人满意的相符。

历史的经验告诉我们，通过模型计算的债券价格准确性确实是一个问题，莫顿的模型预测显然是太低了，并没有市场表现的数字高，较新的模型则倾向于夸大公司的信用风险，Leland—Toft model 模型有些例外，他过度预测了公司债券的利差，尤其是那些票息很高的债券。最初的默顿模型假设公司债券的持有者被迫接受公司整个价值而且利率是一致的，它似乎只能处理零息债券。Geske 模型（G 模型）不同于 M 模型它认为利率是复合期权。在 Leland-Toft 模型中（LT 模型）公司可以连续在债券到息日继续发行债券，就像 G 模型，权益所有人可以选择发行债券以偿还利息，减少违约的可能。当发生违约时，权益所有人不像债券所有人那样能够拿到一定分值的公司资产（假定在被迫清算时）。LS 模型满足 Vasicek 模型描述的随机利率要求。假设违约发生时公司的资产价值衰退到一个预先指定的水平，债券持有人能够得到债券本息一定比例。Collin-Dufresne 和 Goldstein 模型（CDG）扩充 LS 模型到固定杠杆比例。JMR 发现来自模型的预测的价格平均高于市场表现的 4.5%，误差最大的是投机级别的公司，但是 M 模型对于级别低的债券比较适用。Ogden (1987)，使用新的数字做了类似的研究发现 M 模型平均低估了债券利差 104 个基点（bps）。利率的不稳定增加了债券定价的难度，Lyden 和 Saraniti (2000) 是第一个运用和比较双重模型（M 模型和 LS 模型），在 1979 年到 1982 年面对两位数的通货膨胀率，美联储改变了货币供应目标，在这期间联邦利率在 8.5% 和 20% 之间大幅摇摆，而历史上这种摇摆的范围一般不超过 3%。Duffee (1998)，Brown (2001)，以及 Neal，Rolph Morris (2001) 对债券利差和国债之间的联系做过一些研究，来自经验的数据表明，这些模型并不能准确预测债券的价格，M 模型和 G 模型的价格偏低，而 LS、LT 以及 CDG 模型又得出平均值过高的利差，而且大部分模型对于利差的预测要么小的非常可笑要么大的非常惊人，在对于利差预计的计算上有过一些戏剧性的结果。但是信用风险量化管理模型的推出与应用，使信用风险管理正发生着革命性的变革，使难以量化的信用风险管理融入科学、客观的因素，不断在已有结果上推进，并在深层次上发现关联进行补充或修正，使风险定价模型获得了很大的发展。

# 三、公司债券现代定价方法

现代公司债券的价格大多表现为利差的形式，即在国债利率基础上加风险升水，由信用风险定价模型解释债券高出国债的利差，最近这一研究引起了学术界和监管机构的大量经济学家的注意，他们建议银行监管应该在资本充足率问题上允许依赖银行内部的风险计量模型，甚至巴塞尔委员会一项提议指出要改革银行资本充足率的监管框架，尽管还没允许银行使用内部的模型来计算信用风险资本的基本要求，但是一旦数据和模型的可靠性得到保证，未来如此选择的可能已经明确。

在美国，华尔街的交易商和从事学术研究的经济学家们都采用数学模型来分析债券价格的动态变化，但两类群体所倚重的模型类型和特点却大相径庭。经济学家追求理论的严谨与完美，偏好 CIR 首倡的一般均衡模型，侧重研究"典型"的利率和债券价格波动，但对实际应用人士来说，一般均衡模型存在着致命缺陷。以 CIR 模型为例，它只有均值 $\alpha$，均值回复系数 $\kappa$ 和波动率 $\sigma$ 三个参数，根据估计出的参数值仅能拟合债券收益率期限结构曲线上的四个点（三个参数外加短期利率 r）。显然这无法满足交易商对收益率曲线的精确要求，如果想通过增加因素个数从而参数个数来解决这一问题，除非因素个数等于收益率曲线上的债券种类数目，否则也做不到精确拟合。就实际应用而言，这样的模型价值接近于零，尽管模型本身可能很完美。

鉴于一般均衡模型在实际应用中所碰到的困难，霍和李（Ho&Lee，1986）承袭传统无套利模型的研究思路而提出了自己的"无套利利率运动（Arbitrage-free rate movements）"模型，由此，开创了公司债券定价的新方向。这一新的建模方法得到了布莱克、德曼和托伊（Black，Derman&Toy，1990），布莱克和卡拉辛斯基（Black&Karasinski，1991），希思、杰罗和摩顿（1992）以及赫尔和怀特（1990，1993）等人的发展完

善和补充，成为深受交易商青睐的建模分析工具。下面，我们来详细讨论
此类模型的建模思路。

在 CIR 模型为代表的一般均衡模型中，利率期限结构和债券价格由模
型内生决定，但无法准确拟合初始收益率曲线。与此相反，霍—李模型假
设初始收益率曲线外生给定（即某一时刻在市场上观察到收益率曲线），
在此基础上讨论收益率曲线的运动结构。也就是说，放宽原来一般均衡模
型（包括传统无套利模型）中漂移率不变的假设，认为参数是依时间而变
化的（time -dependent），从外生给定的初始收益率曲线出发，根据无套利
约束来选择各期的漂移率参数以精确拟合当前的收益率曲线，所得到的当
前收益率曲线也就自然地包含了初始收益率曲线中隐含的所有信息。众所
周知，精确拟合的收益率曲线对交易商具有极其重要的意义，以此为基
础，他们才可能发现各种以该债券为标的物的衍生品价格之间的关系，进
而调整投资组合中各资产的头寸以牟利或规避风险。

霍—李模型还存在若干局限性，例如假定所有即期与远期利率都具有
相同的方差率，而且没有考虑利率运动的均值回复特性，但它提供了一个
新的研究思路：模型参数随时间而变化。沿袭这一思路，布莱克、德曼和
托伊（1990）证明期限结构收益率曲线的不同部分可以具有不同的方差结
构，即利率随机波动的瞬间方差率随时间而变化。这一扩展对与利率波动
相关的期权的定价分析具有异常重要的意义，我们知道，波动率（或方差
率）是期权定价中的一个关键参数。另外，赫尔和怀特（1990，1993）采
用相同方法扩展了瓦西塞克（1977）模型，考虑了利率运动的均值回复特
性，模型中相关的均值回复参数定义为随时间而变化。

希思、杰罗和摩顿（1992）将霍-李模型一般化推广到连续时间的分析
框架中来，得到希思—杰罗—摩顿模型（以后简称 HJM 模型）。以往，包
括无套利和一般均衡在内的利率期限结构模型都是以某些具体的经济变量
为状态变量，进而构造出债券收益率与时间 t 和状态变量之间的函数。
HJM 模型的新颖之外在于它直接从远期利率期限结构的跨期波动特征入
手，直接设定债券和相关衍生品在有效期限内的波动率函数结构，以整条
收益率曲线作为状态变量，根据给定的初始远期利率曲线精确拟合出当前
的各种远期利率曲线。远期利率隐含市场对未来的预期，因而 HJM 模型
中的债券价格和衍生品价值的决定不依赖于过去的变量，而是依赖于市场

对未来的预期和利率随机波动在未来的实现过程[①]，这一建模视角对经济学家们尤其具有吸引力。

假定以 f (t，T) 表示在 t 时刻观察到的 T 时刻的瞬态远期利率，由定义有：

$$f(t,T) = -\frac{\partial \mathrm{In}P(t,T)}{\partial T} \tag{15.13}$$

根据期限偏好假设，我们可以将债券价格波动的随机微分方程写为：

$$\frac{dP(t,T)}{P(t,T)} = [r(t) + b(t,T)]dt + \sigma(t,T)dz \tag{15.14}$$

其中，$b$ (t，T) 为期限风险溢价，由 15.12 式有：

$$b(t,T) = -\lambda(t)\sigma(t,T) \tag{15.15}$$

对 15.14 式应用依藤引理后有：

$$d\mathrm{In}p(t,T) = \left[r(t) + b(t,T) - \frac{1}{2}\sigma^2(t,T)\right]dt + \sigma(t,T)dz \tag{15.16}$$

结合 15.13、15.15 和 15.16 式，可以得到远期利率的随机微分方程：

$$df(t,T) = \left[\sigma(t,T)\frac{\partial\sigma(t,T)}{\partial T}\right]dt - \frac{\partial\sigma(t,T)}{\partial T}dz$$

$$= \left\{[\sigma(t,T) + \lambda(t)]\frac{\partial\sigma(t,T)}{\partial T}\right\}dt - \frac{\partial\sigma(t,T)}{\partial T}dz \tag{15.17}$$

$$= \eta(t,T)dt + \gamma(t,T)dz$$

其中，$\eta$ (t，T) $= [\sigma$ (t，T) $+ \lambda$ (t)$]\dfrac{\partial\sigma\ (t,\ T)}{\partial T}$，$\gamma$ (t，T)

$$= -\frac{\partial\sigma\ (t,\ T)}{\partial T}$$

对 $\dfrac{\partial\sigma\ (t,\ T)}{\partial T}$ 在 $t$ 和 $T$ 之间积分后有：

$$\sigma(t,T) - \sigma(t,t) = \int_t \frac{\partial\sigma(t,y)}{\partial T}dy \tag{15.18}$$

因为债券的波动方差在到期时趋于零，我们必然有 s (t，t)，15.18 式又可写为：

① 这是 HJM 模型的非马尔科夫性质所致，对此性质的论述读者可参阅希思、杰罗和摩顿的有关理论。

$$\sigma(t,T) = f_t \frac{\partial \sigma(t,y)}{\partial T} dy \tag{15.19}$$

结合公式 15.15、15.17 和 15.19，我们可以得到远期利率的瞬态漂移率、瞬态波动标准差和市场风险价格之间的关系，亦即市场无套利条件关系式：

$$\eta(t,T) = -\gamma(t,T)[\lambda(t) - f_t \gamma(t,y) dy] \tag{15.20}$$

这是市场的无套利条件对远期利率波动过程实施的限制。按照希思、杰罗和摩顿的思想，某一时刻 t 的远期利率期限结构可以表示为初始零时刻的远期利率期限结构加上期限结构从零时刻至 t 时刻所发生的累积变化，也就是说，以整条收益率曲线的变化来描述债券市场，从而有：

$$f(t,T) = f(0,T) + f_0^t \eta(v,T) dv + f_0^t \gamma(v,T) dz(v) \tag{15.21}$$

由初始远期利率期限结构 f（0，T）和远期利率的漂移率和波动率参数并根据 15.21 式，完全可以描述期限结构的演变特征，风险的市场价格 $\lambda$（t）和波动率函数 $\gamma$（t，T）可以通过收集到的数据资料估计出来。我们已经知道，风险市场价格 $\lambda$（t）是无套利模型最受攻击的一个环节。为绕开这一问题，可以考虑用瞬态即期无风险利率 r（t）来定义期限结构和债券价格，我们定义瞬态即期利率为在时刻 t 观察到的 t 时刻的瞬态远期利率，即有：

$$r(t) = f(t,t) \tag{15.22}$$

根据公式 15.17 和 15.22，可以得到关于即期无风险利率 r（t）的随机微分方程：

$$dr(t) = [\eta(v,t) + \lambda(t)\gamma(v,t)] + \gamma(v,t) dz(v) \tag{15.23}$$

即期无风险利率 r（t）的随机过程与远期利率的相似，二者的区别在于即期利率的时间与到期期限同时变化，远期利率过程则是到期期限 T 固定不变。

结合公式 15.21、15.22 和 15.23，我们可以用远期利率期限结构来描述即期利率的期限结构：

$$r(t) = f(0,t) + f_0^t \eta(v,t) dv + f_0^t \lambda(t)\gamma(v,t) dv$$
$$+ f_0^t \gamma(v,t) dz(v) \tag{15.24}$$

代入市场无套利条件关系式 15.20[①]:

$$r(t) = f(0,t) + \int_0^t \gamma(v,t)\left[\int_0^v \gamma(v,y)dy + \lambda(t)\right]dv$$
$$+ \int_0^t \lambda(t)\gamma(v,t)dv + \int_0^t \gamma(v,t)dz(v) \qquad (15.25)$$
$$= f(0,t) + \int_0^t \gamma(v,y)dydv + \int_0^t \gamma(v,t)dz(v)$$

此时，风险的市场价格 λ（t）不再出现在即期利率期限结构的表达式中而成为一个冗余变量（redundant variable），这样，HJM 模型避开了无套利模型方法论缺陷所导致的逻辑陷阱。取而代之的则是设定所有未来时刻远期利率的瞬时波动方差，再根据初始远期利率期限结构得到当前时刻 t 的即期利率期限结构进而求出债券及相应利率衍生品的价格，初始期限结构和远期利率的波动率结构成为决定债券市场变化的关键因素。另外需要指出的是，由于波动率 γ（v，t）是一个随机变量，公式 15.25 最后一个等号中的第二项依赖于 γ（v，t）的历史路径，第三项依赖于的 γ（v，t）和 dz（v）的演变路径，这使得即期利率 r（t）的过程成为一个非马尔科夫过程。

由以上的分析可以看出，HJM 模型中漂移率与方差率函数设定为随时间变化，加之即期利率又是远期利率的特例，故而 HJM 模型是一个非常一般化的无套利模型，传统无套利模型和 20 世纪 80 年代之后的新无套利模型都可视为它的一个特例。

此外，期限结构理论研究的另一个重要方向是运用仿射模型（affine model）[②] 来研究债券的收益率。一般情况下，要得到债券定价偏微分方程的解析解很困难。后来，研究人员发现仿射模型是解决这一问题的有效工具，例如达菲和阚（Duffie&Kan，1996）就证明，若利率 r 是关于状态变量的仿射函数，即 r＝a＋bx（x 为状态变量），则债券的收益亦可表示为状态变量的仿射函数，利用这一优良性质我们可以方便地获得偏微分方程的解析解。对 a 和 b 作出不同的假设可以得到前面所讨论的大多数单因素和多因素模型，放松对状态变量变动的假定之后，就可对这些模型进行一般化的总结和推广。由于仿射模型并没有在建模方法上取

---

①　由于我们现在考虑的区间是 [0, t]，故公式 15.20 可写为代入上式后有: η（v, t）＝−γ（v, t）[λ（t）−$\int_0^v$γ（v, y）dy]。

②　对任意的 x 及常数 a 和 b，若总有 y＝a＋bx，则称 y 是关于 x 的仿射函数。

得重要突破，在更多意义上体现为新的数学工具的运用，在此不再详细展开论述。

# 四、对发展我国公司债券市场的启示

在经济全球化和中国加入WTO的大背景下，金融市场全面对外开放、利率水平由严格管制转向市场化势所必然。从这样的意义上讲，了解和认识期限结构理论、风险结构理论既有助于我们更好地把握西方金融经济学发展的潮流与方向，同时也符合我国经济实践的现实需要。

在以美国为代表的西方发达市场经济国家，公司债券的定价大多以国库券收益率为基础利率，国库券收益水平及其波动直接影响到绝大多数政府贷款、商业贷款和个人贷款的发放，企业在债券市场的融资能力与效果乃至股票市场和金融衍生品市场的运行状况等。在公司债券定价研究上用数学模型推导或者统计方法进行估计，然后用非数学语言表达概括，不仅关心变量的估计值和和变量间的相关性，更关心变量间的因果关系，关心模型对预测的影响以及计量结果背后的经济含义。通过数学模型进行严密的逻辑推理丝丝入扣，推动理论和实践的进步。美国政府从20世纪70年代末开始放松对金融市场的管制，金融机构拥有更大的自由空间来开发和应用市场需要的各种金融工具。与此同时，美国的利率水平极度走高并伴随有剧烈震荡，尽管金融产品在急剧增加，连接各国市场的网络在不断扩张，却只有少量的基本原则在指导着国际金融市场上的债券定价，指导着个人参与者和市场管理者的政策选择。在一体化的国际金融市场上，价格被有效确定，它反映着可获得的信息，消除超额的获利机会。有效定价使金融市场内部和国际金融市场之间分散的金融产品存在着潜在的相关性，也使市场定价保持了连贯性。在确定利率产品价格上，数学为金融经济学的发展带来无限灵感，在发行人和投资者的博弈中，数学模型有效预测了金融市场上看似不可知的东西，数学使金融经济学研究别开生面，在一个相对丰满的数学模型下，变量的多少是相对稳定的，在稳定的变量下通过运算得出的结论具有可检验性可重复性。了解西方公司债券定价模型的发展和现状对促进我国债券市场发展具有重要的指导意义。

### 1. 政策与市场机制的完善是市场化的直接后果

对债券的需求往往和战争、开拓新兴市场和大规模基础建设联系在一起。几百年前，欧洲的每一次战争都导致庞大的资金需求，其数额之巨远非几个富人所能承担。债主多了便有交易的需求，于是战争逐渐与债券集资形成了紧密的联系。公司债券市场在这一社会背景下的巨大突破发生在18世纪末到20世纪初欧美各国修建铁路网期间。经济发展需要铁路形成网络，最早的几条铁路是借助政府信用以股票，特别是债券形式进行融资的。随着规模的扩大，私人公司开始占主导地位，而融资形式绝大多数为债券。但是由于过度投资，铁路建设过度，公司之间恶性竞争，利润大幅度下滑，投资回报急剧减少。大批铁路公司陷于破产并进行重组。经历了一次大的波动后，债券市场比过去成熟了许多，而评级机构的出现使市场比过去更加透明。20世纪70年代后期，公司债的另一场革命悄然发生。1977年，高收益债又称垃圾债开始发行。20世纪80年代资本市场的另一个重要组成部分——杠杆收购市场也与垃圾债联系紧密，很多用来收购的资金正是来自于垃圾债的发行。杠杆收购的目标公司通常是现金流稳定、债务不是过重，或内部管理效率不是很高的上市公司，以很少的资本，加上用公司的资产为抵押，发行大量的债券。杠杆收购中大量的债务负担对可能成为收购目标的公司管理层形成巨大压力，并借此大大提高了公司的运营效率，真正运用了市场手段提高了公司的治理水平。

在美国，资本市场从无到有，基本构架开始是一片空白，而每次危机都推动了市场向前迈进一步。铁路投资危机期间，市场力量推动了评级机构的出现。20世纪30年代大萧条，完全自由化市场的失败直接促成了政府监管机构的开端。而近来的安然和世通事件又直接促使Sarbanes-Oxley法案的通过，以加强公司治理。今天公司债券市场已相当成熟，除电讯债以外，其他产业的公司债表现基本上都能反映市场情况。整个市场不论是价格、收益率还是新发债融资能力，随着经济周期与产业周期而上下波动。真正体现了市场化带来的政策与市场机制的完善。一个具有强大生命力的市场，不碰到问题是不可能的，重要的是市场本身和其赖以生存的社会有自我调节以及自我完善的能力。

### 2. 中国公司债券市场将进入一个真正的发展期

在资本市场正在发生结构性变化的新形势下，在机构投资者日益壮大，并逐渐成为市场主力的情况下，发展债券市场已经成为完善市场结构的必然选择。由此可以预期，在今后的一两年内，中国会面临历史上第一次真正的大规模企业兼并收购热潮，而这预示着中国公司债券市场会进入一个真正的发展期。我们可以回头看看，美国上世纪 80 年代的收购兼并热，其中一个非常重要的推动力量就是公司债券市场的充分发展与活跃。原因是企业的兼并收购离不开财务杠杆或者说多种融资工具的支持，而公司债券市场就是其中最主要的融资工具。更不用说，随着股票市场的发展与规范化以及公司治理结构的改进，企业越来越面临一个融资结构合理化与资本结构优化的压力，这一压力使得各类公司对债券融资的需求也越来越大。所以收购兼并将成为下一步中国资本市场的一个必然热点，公司债券市场将为这一热点提供流动性支持。

### 3. 公司债券定价的复杂性

金融产品的价格受经济决定因素，诸如市场、动机等多方面的影响，即便是西方所使用的国债利率加风险升水的办法，对未来利率水平预期仍然是困难的，与发行人评级、发行规模、看涨特征、国债利率等等相关，当然一种理论必须忽略掉若干的细枝末节，否则，就不可能称之为一般理论。公司债券收益率在未来宏观利率结构中的定位尚存在一定的不确定性，长期的利率管制政策使得经济体系没有正常的利率市场形成机制，而且同类金融资产内部利率结构和不同类资产之间利率结构被扭曲。面对利率市场化的必然趋势和加入 WTO 带来的金融市场调整压力，整体利率体系将发生较大变化，利率周期波动、国家宏观利率管理方式调整、市场机制形成、利率结构合理化等交织在一起，作为利率体系重要组成部分，公司债券利率难以把握是不争的事实。

第一，金融体系、利率体系本身处于调整状态，而其中更多的是体制演变和结构调整。

第二，除银行存贷款利率外，债券利率是受行政管制最严格的部分，其市场化在形式上也是不完全的，因此现行公司债券利率对未来市场有具有参照意义的方面，也有不具有参照意义的方面。

第三，公司债券市场仍处于初期发展阶段，市场规律还未充分显现，市场广度和深度远未达到成熟的要求，这样，依现在的供求结构和力量对比形成的收益率是不稳定的，缺乏继承性。

### 4. 公司债券定价将是多条件限制下的利益最大化

中国债券市场发展滞后对于金融结构调整、货币政策传导、金融机构经营和投资者的投资选择等形成的严重制约，已经使"发展债券市场"成为一个广泛的共识。中国公司债券市场的发展方向，应当是全国统一的、多层次、面向所有金融机构和非金融机构投资者的、完整的、健康运行的市场，这个市场同时覆盖场外债券市场和交易所债券市场，涵盖全社会投资者，运用统一的债券托管结算体系，在一个统一的发行市场上向全社会投资者销售和交易债券。债券定价是发行方案中的核心问题之一，合理的债券定价应该能够切实反映：当期市场上的资金供求情况（基准利率）、市场对远期利率走势的预期、企业的信用级别、投资人对企业的认可程度、发行体的承受能力。

定价考虑的因素包括发行体的类型和信誉，内嵌选择权、期限、税收待遇和流动性。不同的期限结构和品种各有优劣，最终的抉择是以企业长期利益最大化为约束条件下的多因素平衡的结果；最终的选择应是基于对企业长期利益、市场现实、发行人的资本市场形象和持续融资以及自身实力的综合权衡后做出。

在理论层面，任何理论都不是包揽无遗完美无缺的，多元化分析有可贵之处，但是由于缺乏一致的分析框架，发展受到局限，数学语言的描述一清二楚，减少莫须有的争论。

通过西方公司债券定价研究可以看出，无论对于理论的构建还是对理论的解释，对运行环境的思考都是必要的。从较长时期看，经济政策的变化通常是和经济学理论研究的进展相吻合，现代金融学的基础是金融经济学，金融经济学的核心是定价，市场经济规律的一般性和特殊性，使我们有理由期待中国的公司债券实践将丰富和创新公司债券定价理论和实践。

【主要参考文献】

王国松，2001：《中国的利率管制与利率市场化》，《经济研究》第 6 期。

Ait-Sahalia, Yacine, 1996, Nonparametric Pricing of Interest Rate Derivative Securities, Econometrica, Vol. 64, No. 3, May, pp. 527-560.

Baillie, R. and T. Bollerslev, 2000, The Forward Premium Anomaly is not as bad as You Think, Journal of International Money and Finance, Vol. 19, pp. 471-488.

Back, K. 1997, Yield Curve Models: A Mathematical Review, in Option Embedded Bonds, Edited by I. Nelken, Irwin Professional Publishing, Chicago.

Black, F. E. Derman, and W. Toy, 1990, A One-Factor Model of Interest Rates and Its Application to Treasury Bond Options, Financial Analysts Journal: January-February, pp. 33-39.

Black, F. and M. Scholes, 1973, The Pricing of Options and Corporate Liabilities, Journal of Political Economy, pp. 637-654.

Black, F. and P. Karasinski, 1991, Bond and Option Pricing when Short Rates are Lognormal, Financial Analysts Journal: July-August, pp. 52-59.

Brennen, M. and E. Schwartz, 1979, A Continuous Time Approach to the Pricing of Bonds, Journal Banking and Finance, Vol. 3, pp. 133-155.

Chan K. C. A. Karolyi, F. Longstaff, and A. Saunders, 1992, An Empirical Comparison of Alternative Models of the Short-Term Interest Rate, Journal of Finance, Vol. 47, pp. 1209-1227.

Chen, L. 1994, Stochastic Mean and Stochastic Volatility: A Three Factor Model of the Term Structure of Interest Rates and Its Application to the pricing of Interest Rate Derivatives: Part I, Harvard Business School, Harvard University.

Constantinides, G. 1992, A Theory of the Nominal Term Structure of

Interest Rates, Review of Financial Studies, Vol. 5, pp. 519-543.

Cootner, P. 1960, Returns to Speculators: Telser versus Keynes, Journal of Political Economy, Vol. 68, pp. 398-404.

Courtadon, G. 1982, The Pricing of Options on Default-Free Bonds, Journal of Financial and Quantitative Analysis, Vol. 17, pp. 75-100.

Cox, J. J. Ingersoll, and S. Ross, 1980, An Analysis of Variable Rate Loan Contracts, Graduate School of Business, Stanford University.

—— 1981, A Re-examination of Traditional Hypotheses about the Term Structure of Interest Rates, Journal of Finance, Vol. 36, pp. 769-799.

—— 1985a, A Theory of the Term Structure of Interest Rates, Econometrica, Vol. 53, No. 2, March, pp. 385-408.

—— 1985b, An Intertemporal General Equilibrium Model of Asset Prices, Econometrica, Vol. 53, No. 2, March, pp. 363-384.

Cox, J. and S. Ross, 1976, The Valuation of Options for Alternative Stochastic Processes, Journal of Financial Economics, Vol. 3, pp. 229-263.

Culbertson, J. 1957, The Term Structure of Interest Rates, Quarterly Journal of Economics, Vol. 71, Nov, pp. 485-517.

Dothan, M. 1978, On the Term Structure of Interest Rates, Journal of Financial Economics, Vol. 7, pp. 229-264.

Duffie, D. 1996, Dynamic Asset Pricing Theory, Princeton University Press, Princeton, New Jersey.

Duffie, D. and R. Kan, 1996, A Yield Factor Model of Interest Rate, Mathematical Finance, Vol. 6, pp. 379-406.

Duffie, D. and K. Singleton, 1993, Simulated Moments Estimation of Markov Models of Asset Prices, Econometrica, Vol. 61, No. 4, Aug, pp. 929-952.

Fisher, I. 1896, Appreciation and Interest, Publications of the American Economic Association, pp. 23-29 and 88-92.

Fong, H. and O. Vasicek, 1992, Interest Rate Volatility as a Stochastic

Factor, Working paper, Gifford Fong Associates.

Gallant, A. and G. Taochen, 1996, Which Moments to Match, Econometric Theory, Vol. 12, pp. 657-681.

—— 1997, Estimation of Continuous Time Models for Stock Returns and Interest Rates, Macroeconomic Dynamics, Vol. 1, No. 1, 135-168.

—— 1998, Reprojecting Partially Observed Systems With Application to Interest Rate Diffusions, Journal of American Statistical Association, Vol. 93, pp. 1-24.

Gourieroux, C. A. Monfort, and E. Renault, 1993, Journal of Applied Econometrics, Vol. 8, pp. 85-118.

Hansen, L. 1982, Large Sample Properties of Generalized Method of Moments Estimators, Econometrica, Vol. 50, No. 5, Oct, pp. 1029-1054.

Hansen, L. and J. Scheinkman, 1995, Back to the Future : Generating Moment Implications for Continuous-Time Markov Processes, Econometrica, Vol. 63, No. 4, Jan, pp. 767-804.

Heath. D. R. Jarrow and A. Morton, 1992, Bond Pricing and the Term Structure of Interest Rates: Anew Methodology for Contingent Claims Valuation, Econometrica, Vol. 60, No. 1, Jan, pp. 77-105.

Hicks, J. 1939, Value and Capital. London: Oxford University Press.

Ho, T. and S. Lee, 1986, Term Structure Movements and Pricing Interest Rate Contingent Claims, Journal of Finance, Vol. 41, pp. 1011-1029.

Houthakker, H. 1957, Can Speculators Forecast Prices? Review of Economics and Statistics, Vol. 39, pp. 143-151.

Hull, J. and A. White, 1990, Pricing Interest Rate Derivative Securities, Review of Financial Studies, Vol. 3, pp. 573-592.

—— 1993, One-Factor Interest-Rate Models and the Valuation of Interest-Rate Derivative Securities, Journal of Financial and Quantitative Analysis, Vol. 28, pp. 235-254.

—— 1994, Numerical Procedures for Implementing Term Structure Models, Faculty of Management, University of Toronto.

Keynes, M. 1930, A Treatise on Money, Macmillan Press, London, England; 中译本,《货币论》, 商务印书馆, 1996.

Langetieg, T. 1980, A Multivariate Model of the Term Structure, Journal of Finance, pp. 71-98.

Lucas, F. 1978, Asset Pricing in an Exchange Economy, Econometrica, Vol. 46, No. 6, Nov, pp. 1429-1445.

Longstaff, F. and E. Schwartz, 1992, Interest Rate Volatility and the Term Structure: A Two-Factor General Equilibrium Model, Journal of Finance, Vol. 52, pp. 1259-1282.

Lutz, F. 1940, The Structure of Interest Rates, Quarterly Journal of Economics, Vol. 54, Jan. pp. 36-63.

Malkiel, B. 1966, The Term Structure of Interest Rates: Expectations and Behavior Patterns, Princeton: Princeton University Press.

Mankiw, N. and L. Summers, 1984, Do Long-Term Interest Rates Overreact to Short-Term Interest Rates? Brookings Papers on Economic Activity 1, pp. 243-247.

Maynard, A. and P. Phillips, 1998, Rethinking an Old Empirical Puzzle: Econometric Evidence on the Forward Discount Anomaly, Working Paper, Yale University.

Melino, A. 1994, Estimation of Continuous Time Models in Finance. In Sims, C. Edited, Advances in Econometrics, Sixth World Congress, Vol. II. Cambridge University Press.

Merton, R. 1973, An Intertemporal Capital Asset Pricing Model, Econometrica, Vol. 41, No. 5, Sep, pp. 867-888.

Modigliani, F. and R. Sutch, 1966, Innovations in Interest Rate Policy, American Economic Review, Papers and Proceedings Supplement, Vol. 56, May, pp. 178-197.

Pearson, N. and T. S. Sun, 1994, An Empirical Examination of the Cox, Ingersoll, and Ross Model of the Term Structure of Interest Rates

Using the Method of Maximum Likelihood, Journal of Finance, Vol. 54, pp. 929-959.

Richard, S. 1978, An Arbitrage Model of the Term Structure of Interest Rates, Journal of Financial Economics, Vol. 5, Mar, pp. 33-58.

Roll, R. 1970, The Behavior of Interest Rates. New York: Basic Books.

—— 1971, Investment Diversification and Bond Maturity, Journal of Finance, Vol. 26, No. 1, pp. 51-66.

Schaefer, S. and E. Schwartz, 1984, A Two-Factor Model of the Term Structure: An Approximate Analytical Solution, Journal of Financial and Quantitative Analysis, Vol. 19, pp. 25-56.

Shiller, R. J. Campbell and K. Schoenholtz, 1983, Forward Rates and Future Policy: Interpreting the Term Structure of Interest Rates, Brookings Papers on Economic Activity, pp. 173-217.

Stanton, R. 1997, A Nonparametric Model of Term Structure Dynamics and the Market Price of Interest Rate Risk, Journal of Finance, Vol. 52, No. 5, pp. 1973-2002.

Sundaresan, S. 2000, Continuous-Time Methods in Finance, Journal of Finance, Vol. 55, No. 4, pp. 1569-1622.

Vasicek, O. 1977, An Equilibrium Characterization of the Term Structure, Journal of Financial Economics, Vol. 4, Nov, pp. 177-188.

# 第十六章 债券市场发展：2005 年回顾与 2006 年展望

　　债券市场是资本市场的基础性构成部分。在发达国家的资本市场中，每年新发行的公司债券、政府债券和以这些债券为基础的衍生产品，占到资本市场证券融资额的 90% 以上，因此，债券市场是证券市场的主体部分。从金融体系来看，20 世纪 80 年代以后的金融"脱媒"现象的发生，与公司债券市场发展和资产证券化为背景的衍生债券的发展直接相关。但在中国，长期来，债券市场发展缓慢，其中，公司债券市场和短期债券市场的发展尤为缓慢。债券市场的发展缓慢，引致了一系列金融和经济问题的发生。几个突出的现象是：在金融结构中间接融资比重长期居高不下，工商企业的长期资金和项目投资主要依赖商业银行的贷款解决，由此，使商业银行贷款结构向中长期方向倾斜；在央行的公开市场业务操作中，因缺乏短期国债作为操作对象，人民银行只得发行大量的央行票据来替代；城乡居民消费剩余资金快速增加，由于缺乏足够的债券可供投资选择，在储蓄存款利率持续下调的背景下，也不得不将大量资金存入商业银行等金融机构。这些现象，随着 2005 年债券市场的长足发展，开始有了缓解的契机。从金融体系来说，2005 年是金融改革年，但从证券市场的品种发展角度说，2005 年可以说是"债券市场的发展年"。"十一五"规划建议提出，要提高我国直接融资比重，这意味着债券市场发展将受到越来越高程度的重视，由此，将迎来新的发展机遇。

# 一、2005 年债券市场回顾

2005 年，债券市场的主要亮点有二，即市场创新多方展开和发行规模快速扩展。具体情势如下：

## 1. 债券市场创新层出不穷

2005 年债券市场的创新主要表现在新的债券类型问世、发债主体增加、已有债券的品种增加和债券交易方式创新等四个方面。这些创新相继推出，积极推进了债券市场的快速发展。

第一，新的债券类型问世。2005 年，新问世的债券类型主要有两种：短期公司债券（又称"短期融资券"）和资产支持债券。

从短期公司债券来看，2005 年 5 月 26 日，首批 5 家企业在银行间债券市场发行了 7 只 109 亿元的短期融资券，此后，发行步速逐月加快，截至 2005 年底，按缴款日统计，共有 58 家企业，在银行间债券市场发行了 76 只短期融资券，总面额为 1392.5 亿元。短期融资券为企业提供了一个新的直接融资窗口，其发行手续相对简单，利率明显低于同期的银行贷款利率（因而融资成本也比较低），因此，受到诸多企业的欢迎。另一方面，短期融资券也丰富了债市的投资品种，为债市富裕资金提供了新的投资品种。由于短期融资券具有较高的流动性，利率不仅高于同期银行存款利率，而且 1 年期的收益率比同期限的央行票据高出约 140 基点，所以，对商业银行等金融机构来说，投资于短期融资券既可提高资金的收益率又可增强资产的流动性，由此，短期融资券一问世，就受到债市投资者的青睐，呈现出供不应求的局面。

从资产支持债券来看，这种债券起源于 20 世纪 70 年代末的美国住房金融市场，在世界各国得到广泛发展，已成为国际上非常成熟的融资工具。据美国债券市场协会统计，截至 2005 年 9 月末，资产支持证券余额占美国债券市场全部债券余额的 31%，当年发行额占到了债券总发行额的 54%。在我国，经过 2004 年以来的 1 年多政策研究，终于于 2005 年中期出台了有关资产支持债券方面的法规性文件。在此制度安排下，2005 年 12

月15日，国家开发银行和中国建设银行分别发行了41.77亿元的信贷资产支持证券产品（ABS）和30.17亿元的住房抵押证券化产品（MBS）。国家开发银行的信贷资产支持证券（ABS）的资产池主要由大型基础设施项目和大型优质企业贷款构成，资产的平均回收期较短。建行房抵押贷款（MBS）是由个人住房抵押贷款构成，资产平均回收期略长。在资产支持债券的设计上，这两家金融机构都采用了"分层"的方法，即将证券按不同偿付顺序分为不同级别，作为信用增级的手段。在我国开展资产证券化业务的意义主要有四：一是改善银行的资产负债结构，提高资本充足率，提高金融系统的稳定性；二是促进银行的盈利模式转变，合理分散信用风险；三是健全市场定价机制；四是增加投资品种，推动资本市场发展。

第二，债券发行主体增加。2005年，我国各家商业银行共发行债券14只、1036亿元，发行面额比2004年增长了38.5%。发债主体除了中国银行、工商银行等国有商业银行以外，还有5家股份制商业银行和1家城市商业银行。在这个过程中，值得特别关注的是，除了银行次级债以外，银行普通债也开始发行。商业银行发行次级债券的直接目的在于提高资本充足率，但它同时有利于提高商业银行的资产负债管理能力，缓解其短存长贷的问题，化解金融风险；有利于拓宽直接融资渠道，优化金融资产结构；有利于丰富市场信用层次，增加投资产品种类，完善债券市场投资功能，进一步推动债券市场发展。

第三，已有债券的品种增加。这比较突出地表现在企业债券方面。2005年，企业债券的品种创新宽度展开，陆续推出了浮动利率债、含选择权债、保底浮动债、期限20年至30年债和1年期以内的新型债券品种。同时，企业债券的流通审核程序和交易场所也进行了进一步调整完善。12月13日，中国人民银行发布了《公司债券进入银行间债券市场交易流通的有关事项公告》，简化了企业债券交易流通审核程序，将企业债券交易流通审核从事前审批改为备案制，允许所有银行间债券市场投资者投资于企业债券，要求发行人进行持续信息披露和跟踪信用评级，鼓励做市商和承销商对企业债券进行双边报价等，为企业债券市场的发展创造了良好条件。

第四，交易方式创新来。2005年6月15日银行间债券市场推出远期交易。截至2005年底，远期交易共成交108笔、177.32亿元（面值）；从成交期限看，远期交易以短期（1~14天）为主。尽管由于行情信息透明度较低、投资者不太熟悉、利率走势尚不明朗等原因，交投不太活跃，但债券的远期交易，为投资者提供了规避利率风险，进行流动性管理和锁定远期收益的工具，也有利于进一步完善市场的价格发现机制，提高市场流动性，因此，在 2006 年将显示出它的功能优势。

### 2. 债券发行规模快速扩展

2005 年，我国债券市场记账式人民币债券发行总量为 332 期、41782.33 亿元（面值），分别比去年增长 78.49％和 53.07％。具体表现在：

第一，以央行票据和短期融资券为主的短期债券发行量增长显著。从发行期限来看，3 年期以下的债券发行量占 81.69％。其中，1 年期以下占 67.77％，1～3 年期占 13.92％。从债券品种来看，发行面额增幅最大的依次是企业债（100.47％）、央行票据（61.19％）、政策性金融债（39.18％）和商业银行债（38.39％）。2005 年债券发行总量（面额）中各类债券所占比重依次为：央行票据（65.73％）、政策性金融债（14.48％）、国债（12.07％）和短期融资券（3.39％）。与 2004 年相比，央行票据和短期融资券发行量的市场占比分别增加 3.31 和 3.39 个百分点，国债、政策性金融债则分别降低 5.55 和 1.45 个百分点。

第二，企业债券发行提速。2005 年我国企业债券市场有了较大发展。全年发行企业债券 37 只、654 亿元（面值），分别比 2004 年增长 94.74％和 100.47％。基本满足了电力、铁路和电信等行业的国有大型企业的融资需求。企业债券逐渐成为重要的金融市场投资工具，受到众多投资型机构的追捧。

第三，可转债发行暂停。在经历了 2003 年、2004 年的高速增长之后，可转债在 2005 年出现了停滞。尤其是在 5 月份以后，随着股权分置改革的展开，股市融资机制暂停影响到了可转债的发行；同时，一些到期的可转债品种相继退市，如民生转债、金牛转债等，使得可转债数量减少。但债性较强的品种依然保留，此外，发行了认沽权证的万科转债也得以保存下来。

### 3. 债券市场的价格大幅上涨

2005 年，在物价明显回落和市场资金面充沛的双重因素推动下，国债指数大幅上涨。截止到 12 月 30 日，上证国债指数累积涨幅高达 14.07％，国债收益率曲线平行下移，全年平均下移 150BP，曲线中端（3～10 年期）下移幅度较大，平均下移 170BP，短端和长端下移幅度较小，平均为 110BP。企业债券指数累计上涨 24.08％，涨幅超过国债，期限较长的企业债券涨幅更大。

从图 16.1 中可见，在 2005 年内，国债和企业债券的价格走势都明显强于 CPI 的上升幅度，与 2004 年的走势相比，形成了实质性区别。它同时意味着 2006 年的债券价格依然可能保持一个良好的走势。

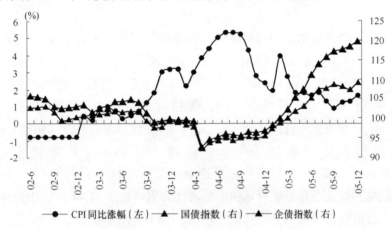

**图 16.1　CPI 同比涨幅与债券走势对比**

资料来源：国家统计局网站。

充沛的资金供给是债券市场的大幅上扬的原动力。理论上讲，商业银行的资金有三种去向：一是发放贷款；二是以超额准备金的形式上存央行或在货币市场拆出短期资金；三是购买债券或票据等资产。2004 年以来，在宏观调控和银监会加强商业银行资本充足率管理的共同作用下，银行贷款增速明显回落，再加上人民币升值预期下的外资加速流入，增加了基础货币的供给，使存款增幅大幅上升；在货款增速回落、存款增幅上升的情况下，整个货币市场资金供给充沛。

在宽松的资金推动下，加上央行降低超额存款准备金利率，货币市场利率大幅下降，债券市场收益率整体回落，价格大幅上扬。统计显示，银行存款增幅与贷款增幅之差与国债指数呈明显的正相关，统计结果表明，国债指数与滞后 5 个月的存贷款增幅差相关系数达到 65%。这从一个侧面印证了 2005 年 10 月前债券市场呈现资金推动的特点。

# 二、2006 年债券市场发展展望

尽管我国债券市场有了长足的发展，推出了一系列如银行次级债券、短期融资债券、远期交易、开放式回购等新的交易品种和交易方式。但与国际市场相比，我国债券市场的总规模依然过小，因此，有着相当大的发展空间。2002 年美国狭义债券存量相当于其 GDP 的 1.6 倍，如包含资产支持证券则达到 2 倍多，而我国 2005 年底债券存量仅占 GDP 的 50% 左右。同时，我国债权市场的结构也很不合理，公司债券所占比重过低，严重影响了债券市场整体功能的有效发挥。

## 1. 创新：2006 年债券市场发展的主题

创新依然是 2006 年债券市场发展的主题。但与 2005 年相比，2006 年的债券市场创新将主要集中在结构调整、机制创新和管理创新等方面。具体来看：

第一，结构调整。从债券的种类看，企业债券和信贷资产证券化面临较大的发展空间。在我国债券市场的品种结构中，国债、金融债券、央行票据三者之和占债券总量比重约为 97.5% 左右，企业债券仅占 2.52%，信贷资产证券暂无，应该说企业债券和信贷资产证券在 2006 年乃至以后几年都有较大的发展空间。

从信用等级上看，国债、金融债和央行票据几乎不存在信用风险，发行企业债券多为中央企业，其中绝大多数又由银行等金融机构提供不可撤销担保，同时，发行企业债券的资金用途也有明确的规定，因此，企业债券票面利率制订缺乏弹性。随着新的《企业债券管理条例》的出台，企业债券存在众多的创新机会，一些低信用等级（指信用评级在 A 级以下）的企业债券孕育着有较大的发展空间和市场投资机会。这决定了，2006 年企业债券市场的投资品种将明显丰富，各种企业债券之间的利率差距也将拉开。

第二，机制创新。2005 年以来，我国银行间债券市场得到充分发展，先后颁布了《债买断式回购竞价交易》、《信贷资产证券化试点管理》、《全国银行间债券市场金融债券发行管理办法》、《全国银行间债券市场远期交易管理规定》、《短期融资券管理办法》等一系列规章制度，大大丰富了债券品种，并向衍生金融领域迈出。相比之下，交易所债券市场的发展速度极为缓慢。2004 年以来，由于封闭式回购制度设计上的缺陷，一些券商在国债回购上风险失控，随着国债市场的下跌，部分券商出现"欠库"等现象，严重扰乱了债券市场。在这种背景下，2005 年新发行的国债暂停了封闭式回购，转而实行开放式回购，但开放式回购设计上过于注重了风险防范，使开放式回购基本无成交，交易所开发的远期交易也暂停，2005 年交易所债券市场的创新基本处于停滞状态。

从国际市场看，交易所债券市场是场外债券交易市场（在我国，场外债券交易市场指银行间债券市场）的有力补充，集中竞价交易方式更有利于债券价格发现和保护债券投资的利益，交易所债券市场参与主体广泛，有利于分散市场风险，这些优点是场外询价交易所不具有。2006 年，随着交易所封闭式回购存在问题的解决和回购交易制度的完善，在机制创新的背景下，交易所债券市场将步入一个良好的发展期，创新的步伐也会加快。此外，规避风险和短期套利的交易方式——买断式回购和远期交易也将受到关注。

第三，管理创新。2005 年 12 月 17 日，十届全国人大常委会第四十次委员长会议通过了《关于实行国债余额管理的意见》。这意味着 2006 年，我国国债发行将采取国债余额管理的方式。这是国债发行体制的一次突破，有利于国债期限结构优化和滚动发行形成规模。实行国债余额管理，短期债的发行量将会增加，这将有利于改善国债的流动性，有助于提高政府国债发行的灵活性，降低筹资成本，短期债券的价格波动性将可能加大。同时，也意味着，央行公开市场操作开始有了真正的对象，由此，随着短期国债的发行和规模扩展，央行票据的发行增速可能减缓，央行公开市场操作也将步入更加规范的轨道。

## 2. 供给增加：供不应求的市场状况将缓解

与 2005 年相比，2006 的债券供给量可能增加 40% 左右，这将明显缓解 2005 年债券市场中需求大于供给的状况。具体来看：

第一，国债。2005 年，国债全年发行量超过 7000 亿元，创下历史新高。但在 2006 年，由于前几年发行的国债正逐步进入偿付期，2006 年还本付息将比 2005 年增加 1000 亿元以上。因此，国债发行量还将在 2005 年的基础上继续增加，保守估计将超过 8000 亿元。

第二，金融债。2005 年，三大政策性银行发行金融债约 6000 亿元，其中，农发行金融债发行出现爆发式增长，约 2000 亿元。预计 2006 年发行规模较 2005 年稳中有升，保守估计约在 6000 亿元以上。

根据 2005 年 5 月份央行颁布的《全国银行间债券市场金融债券发行管理办法》，政策性金融债和其他商业银行发行的债券统一纳入了金融债管理范围。2005 年，商业银行发行债券和次级债共计约 900 亿元。考虑低利率环境刺激商业银行主动性负债的积极性以及监管部门鼓励直接融资的态度和商业银行补充资本金的紧迫性，预计 2006 年商业银行发行债券和次级债规模将有所上升，保守估计发行规模在 2500 亿元左右。

此外，再加上证券公司发行的短期融资券，2006 年金融债的发行总规模有可能突破 8500 亿元。

第三，企业债。2005 年，企业债券发行约 700 亿元，约为 2004 年的两倍，第二批约 600 亿元额度即将于 2006 年发行，企业债券发行呈现明显的加速迹象。预计 2006 年企业债作为资本市场扩展融资渠道的一个重要途径，将继续保持快速发展势头，全年预计发行量为 1500 亿元左右。

上市公司发行可转债的数量可能增加。从已公布将在 2006 年发行可转债的公司来看，公司数量达到 26 家，拟发行可转债数额达到 260 多亿元，比前两年明显增加。

第四，短期融资券。短期融资券作为一个新产品，自 2005 年以来，受到企业（发行人）和市场的双向热捧，一级市场发行价格屡屡达到上限，二级市场也经常出现一券难求的局面。2005 年短期融资券发行规模在不足 7 个月内就达到了 1300 多亿元。2006 年仍将是短期融资券快速发展的一年，其发行规模可能达到 4000 亿元以上。同时，2006 年，央行也可能推出资产抵押商业票据（ABCP），按照其快速发展的势头，预计这两种债券的发行总规模可能突破 4000 亿元。

第五，资产证券化产品。资产证券化产品是 2005 年的一个主要新产品。国家开发银行和建设银行的资产证券化产品，首期发行共计75亿元左右，与100亿元的额度相比，尚有一段距离。目前中行正在积极准备发行资产证券化产品，股份制商业银行也在加紧研讨过程中，因此，2006年资产证券化试点范围将有所扩大，其发行规模可能继续扩大。

### 3. 资金宽松状况可能改变

资金供给充裕是推动债券市场走好的一个重要原因。2005年，资金供应充沛的主要原因在于商业银行存差快速增大，同时，人民币升值预期引致海外资金通过各种渠道流入，但这一因素在2006年将会有所减弱，资金推动债券市场大幅上扬的局面能否继续值得审慎关注。

第一，银行的需求。可以根据对2006年存贷款增量和银行债券购买量占存贷差的比重，粗略估计出2006年银行对债券的需求量。数据显示，2005年1～10月，商业银行新增债券托管总量13576亿元，同期新增存贷差15336亿元，两者之比为88.52%，高于2004年的86.45%和2003年的55.36%，这说明商业银行在2005年的债券投资力度有所加大。根据中国人民银行2006年货币政策的预期调控目标，货币供应量M1和M2分别增长14%和16%，全部金融机构新增人民币贷款2.5万亿元，由此，初步匡算银行提供资金约16500亿元。

第二，保险公司的需求。保险公司投资于债券的资金主要来源于保费收入的增长。近两年来，保险公司保费收入增长减速，同时，由于债券市场收益水平较低，所以，2005年7月以后，保险公司投资国债的资金增幅持续回落。按照20%的保费收入增长速度和60%左右的国债投资比例，估计2006年保险公司可提供的投资资金大约为2500亿元。

第三，到期资金的投放。2006年到期资金投放是资金供给的另一个主要来源。扣除央行票据到期量，经统计得出，2006年到期资金约为6000亿元。

第四，其他资金。在上述三项之外，再加上证券投资基金和证券公司等非银行金融机构的投资需求，2006年债券投资资金的规模总计可能约为27500亿元。

考虑到央行加大回笼力度以及提高冲销外汇占款的比例，在债券供给大量增加的背景下，2006年的债券市场将是一个供不应求局面大为缓解的市场。

### 【主要参考文献】

1. 王国刚：《中国资本市场的深层问题》，社科文献出版社 2004 年版。

2. 王亚南：《2006 年中国债券市场投资策略》，海通证券研究所内部报告，2006 年 1 月。

3. 卢遵华：《2005：中国债券市场的丰收年》，《中国证券报》，2006 年 1 月 13 日。

4. 刘士余：《创新、发展、规范、协调——共同开创银行间债券市场新局面》，《金融时报》，2006 年 1 月 12 日。

5. 李剑峰：《完善市场运行机制 勾画更优债券收益率曲线》，《金融时报》，2006 年 1 月 16 日。

# 第五篇
# 主要发达国家
# 证券市场制度安排

# 第十七章 美国证券市场
# 制度安排

## 一、美国证券市场主要法规

美国证券市场法规体系主要包括联邦和各州制定的相关法令；此外，各证券交易所和证券市场自律组织的规章也是重要组成部分。

### 1. 立法缘起

1933 年之前，美国联邦政府管理证券市场的法规并不多。当时，证券市场管理主要受各州民事、刑事法规和各交易所自律规章规范。在 1929 年至 1933 年的股市崩盘中，舞弊事件造成的重大损失引起投资大众的极度不安，要求控制股市颓势的呼声日起。为重建投资人信心，美国联邦政府对证券市场操纵活动进行了全面调查，并于 1933 年和 1934 年分别制定了证券法和证券交易法。制定两法的主要目的有二：一是要求筹资公司需向投资人公开真实反映其营业状况、股份出售情况和投资风险的资料；二是公平对待每位股东，置投资人利益为首要考虑。

### 2. 1933 年证券法概述

1933 年证券法又称证券真实法，其最后一次修订是在 1998 年，目前共有 28 条。该法以证券初次发行为主要规范对象，主要目的有两个：一是要求公开发行股票的募集行为，必须为投资人提供足够的信息；二是防止证券销售时，有不正确表达、隐匿或欺诈等不法行为。

该法背后的指导思想认为，通过证券登记披露重要财务信息可以使投资者正确评估公司价值。因而，该法规定公司非经登记不得发行证券。同时，证管会还要求公司提供正确信息，但它本身对信息的准确性并不做任何保证；一旦投资人证明其买卖证券的重大损失是因重大信息不完整或不准确造成，投资人有权要求公司赔偿。

一般而言，在美国发行的证券均应登记。美国证管会对不同类型的公司订有不同的登记格式和披露事项。原则上均应披露的有：（1）公司资产状况与行业情形；（2）募集证券说明；（3）公司营运信息；（4）经会计师签证的财务报表。经主管机构登记后，所有登记资料与公开说明书即成为公开资料，并可在证管会网站上的 EDGAR 系统查询到。值得一提的是，并非所有证券均须向证管会登记，部分证券可以豁免登记（如对特定人的私募行为、小额与跨州发行、政府债券等）。证管会豁免小额发行的登记程序是为了降低发行成本，加速资本形成。

### 3. 1934 年证券交易法概述

1934 年证券交易法共有 36 条，其最后一次修订是在 1998 年。该法赋予证管会设立法源，同时给予证管会管理证券业的广泛权力。这些权力包括管理和监督证券经纪商、结算机构、自律组织（如证券交易所、证券商协会）。该法禁止证券市场特定的不法行为，同时赋予证管会对这些不法行为的惩戒权。此外，证管会依该法要求向公众筹集资金者定期公告公司信息。该法的立法要点主要包括：（1）设立机构管理证券市场；（2）管理证券经纪商、自营商在证券交易所和场外市场的不正当交易行为；（3）保障投资者获得证券市场的相关正确资料。以下择要点加以说明。

在公司信息申报方面，该法规定，资产在 1000 万美元以上且股东人数在 500 人以上的公司需提供年报和其他定期报告；上述报告均可在证管会网站上的 EDGAR 系统查询到。

在委托书征求方面，该法规定，对在股东常会和临时会中征求有关选举董事、决定公司营运等议案的股票投票权，证管会有权管理征求信息的披露。委托征求书在发给股东前应先送给证管会审查，以确保其符合信息披露原则；委托征求书应对行使股权的投票事项提供合理充分的资料。

在公开收购方面，美国国会于 1968 年修改本法部分内容，对公开收购方式或其他计划性收购公司股权 10% 以上者，要求证券交易所予以报告与揭示；而后，在 1970 年的修订中又将前述比例下调至 5%；此外，修正案要求，无论是通过集中市场交易或以公开方式进行收购者，均须披露有关信息。

在内线交易方面，该法广泛禁止与发行、买卖证券有关的任何形式的欺诈。任何人在获取重大非公开信息情况下的股票买卖，如果构成其反保密或限制交易义务，均视为不法内线交易。

在证券交易所和其他证券机构登记方面，该法规定，证券市场参与者（包括证券交易所、证券经纪商、自营商和结算机构）须在证管会办理登记，并且登记信息要定期更新。证券交易所和全国证券商协会（NASD）等自律组织，须证明其组织符合法令和证管会规则；自律组织均应制定规章来规范市场的不正当行为，确保市场公平并保护投资者利益。

### 4. 企业改革法案概述

安隆、世界通讯、默克药业相继爆发的会计丑闻案，暴露了美国在公司治理和管理架构方面的缺失。管理阶层为私利操纵盈余以创造公司绩效并抬高公司股价；公司监事会功能未能充分发挥；此外，作为"公司守护者"的会计师也未能为投资者把关。在社会舆论压力下，美国国会以全票迅速通过《企业改革法案》，布什总统于 2002 年 7 月 30 签署实施。该法案共 11 章 66 条，其最大特点是，从投资人保护和公共利益需要出发采取限制性机制。所涉及层面包括企业内控制度、相关权责单位的外控机制，如：强化公司管理层的经营责任，加强审计委员会和独立董事的权责，强化会计师与核查人员的独立性并强化主管机构的职权。此法案可以说是美国 1930 年建立现代公司治理结构以来，有关企业法治的最大变革。

### 5. 各类债券买卖的主要法规

美国政府债券包括美国国债和联邦机构债，依 1986 年政府证券法（Government Securities Act of 1986，GSA）规定，政府公债主要自营商的买卖规定由美国证券商协会制订与执行。美国地方政府证券法制委员会

（Municipal Securities Rulemaking Board，MSRB）建立于 1975 年，其主要功能是建立地方政府证券买卖规定。美国证券商协会负责检查证券商在买卖业务中执行 MSRB 规章的情况。公司债券柜台买卖与公开销售由美国证券商协会主管。

# 二、美国证券市场架构

### 1. 市场架构

美国证券交易市场主要由四部分构成：其一，交易所市场，它包括纽约证券交易所、国际证券交易所、NASDAQ、美国证交所、芝加哥证交所、波士顿证交所、辛辛那提证交所、太平洋证交所、费城证交所等。其二，美国全国证券商协会（National Association of Security Dealers，NASD）辖下的自动报价市场（NASDAQ）于 1971 年成立，它建立的最初目的，是为零星分散在各地、流动性不足并且不能在 NYSE 或 AMEX 上市的股票提供交易市场。由于 NASDAQ 大幅提高了柜台市场的效率、流动性和公平性，它已升格成为美国主要的股证券交易市场之一。其三，债券交易的无形市场。其四，州证券柜台交易市场。

美国证券市场中介服务提供者主要有证券经纪商、自营商、商业银行和投资银行。证券经纪商/自营商的主要业务是集中市场交易、场外市场交易、证券交易的交割、存托服务、投资咨询、证券承销。商业银行的证券业务主要是集中市场交易（通过经纪商子公司为之）、场外市场交易（通过经纪商子公司为之）、证券交易的交割、存托服务、投资咨询、证券承销、为经纪商提供融资、提供债务履行服务。投资银行的主要证券业务是证券承销、证券交易、证券交易的交割、存托服务、投资咨询。

美国证券市场监管架构的核心是美国证券交易委员会。其主要职责有六：（1）管理有价证券销售、买卖的信息披露；（2）监管受 1934 年证券法规范的经纪商、自营商、结算所和交易所；（3）执行客户保护规则；（4）管理有关公开交易公司发行人、公开收购和内部人交易的信息披露；（5）办理投资公司的注册与管理；（6）办理投资顾问的注册与管理。其执法与

**图 17.1  美国金融市场运行架构**

资料来源：《美国证券市场相关制度》，台湾证券交易所，http//w3. tse. com. tw/plan/report，第 9 页。

管理权限包括：（1）调查可能的违法行为；（2）有关证券民事案件的执行（刑事案件由司法部执行）；（3）采取必要的措施来防止证券交易的欺诈；（4）遇到欺诈投资人或其他违法行为时，向法院取得执行命令；（5）暂停或注销蓄意从事禁止行为的经纪商、自营商、投资公司及投资顾问的注册登记；（6）采取民事惩罚，包括罚款和暂停交易。

美国债券市场的监管架构是依参与者不同的业务属性，各有不同的主管机关。这就如同商业银行和储蓄机构依其是否在联邦政府和州政府登记立案以及是否有联邦会员的身份，来决定由财政部货币监督局、联邦准备体系、联邦存款保险公司、财政部储蓄银行监督局分别作为其主管机关。美国债券市场交易的规则与规范则由证券商公会、交易所和结算所自律组织负责。美国债券市场监管的架构大致如图 17.2 所示：

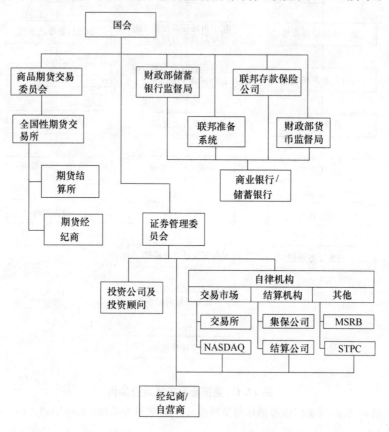

**图 17.2　美国证券市场管理架构**

资料来源：《美国证券市场相关制度》，台湾证券交易所，http//w3. tse. com. tw/plan/report，第 10 页。

### 2. 市场品种与规模

在美国，集中市场证券品种主要有权益证券和认购权证、公司债券、市政债券、政府债券、美国政府机构债券、担保证券、货币市场工具、投资信托证券和其他形式证券。场外市场交易品种主要有股票、公司债、美国政府证券、州市政府公债、开放型投资公司的股票、外国公司证券、共同基金和美国存托凭证。

**表 17.1　美国证券集中交易市场规模**

| 品种 | 类　别 | 1999 | 2000 | 2001 | 2002 | 2003 | 2004 |
|---|---|---|---|---|---|---|---|
| 股票 | 挂牌公司数 | | | | | | |
| | NYSE | 3025 | 2862 | 2400 | 2366 | 2308 | 2293 |
| | AMEX | 650 | 649 | 606 | 571 | 557 | 575 |
| | 交易量（万亿美元） | | | | | | |
| | NYSE | 8.95 | 11.06 | 10.49 | 10.31 | 9.69 | 11.6 |
| | AMEX | 0.47 | 0.95 | 0.82 | 0.64 | 0.56 | 0.59 |
| 债券 | 市值（万亿美元） | | | | | | |
| | NYSE | 2.40 | 2.12 | 1.65 | 1.38 | 1.27 | N.A |
| | AMEX | N.A | N.A | N.A | N.A | N.A | N.A |
| | 交易量（亿美元） | | | | | | |
| | NYSE | 32.20 | 23.41 | 26.75 | 36.34 | 25.03 | 12.86 |
| | AMEX | 503.7 | N.A | 2.25 | 1.73 | 2.64 | 3.41 |

资料来源：世界交易所联盟 http//www. world-exchanges. org/statistics。

**表 17.2　NASDAQ 股票市场规模**

| 类　别 | 1999 | 2000 | 2001 | 2002 | 2003 | 2004 |
|---|---|---|---|---|---|---|
| 挂牌公司数 | 4829 | 4734 | 4063 | 3649 | 3294 | 3229 |
| 交易量（万亿美元） | 10.47 | 19.79 | 10.93 | 7.25 | 7.07 | 8.77 |

资料来源：世界交易所联盟 http//www. world-exchanges. org/statistics。

**表 17.3　美国债券市场未清偿余额**

单位：10 亿美元

| 类　别 | 2000 | 2001 | 2002 | 2003 | 2004 | 2005 |
|---|---|---|---|---|---|---|
| 市政债 | 1480.9 | 1603.7 | 1763.1 | 1892.2 | 2018.6 | 2215.8 |
| 国债 | 2951.9 | 2967.5 | 3204.9 | 3574.9 | 3943.6 | 4165.8 |
| 联邦机构债 | 1854.6 | 2149.6 | 2292.8 | 2636.7 | 2745.1 | 2603.9 |
| 公司债 | 3358.6 | 3835.4 | 4094.1 | 4462.0 | 4704.5 | 5027.3 |
| 货币市场债 | 2262.6 | 2566.8 | 2546.2 | 2526.3 | 2872.1 | 3468.9 |
| 抵押贷款担保债 | 3564.7 | 4125.1 | 4704.9 | 5309.1 | 5472.5 | 5907.6 |
| 资产担保债 | 1071.8 | 1281.1 | 1543.3 | 1693.7 | 1827.8 | 1955.2 |
| 总额 | 16945.1 | 18529.9 | 20149.2 | 22101.2 | 23584.2 | 25344.5 |

资料来源：The Bond Market Association http//www. bondmarket. com。

# 三、美国证券发行市场制度

### 1. 公开发行规定

1933 年证券法规定，公开发行公司必须登记并使用公开说明书。1934 年证券交易法补充规定，依 1933 年证券法登记的公司和证券交易所上市公司，必须制作各种定期报告并继续公开信息；此外，此类公司在征求股东会委托书时，应向股东提交报告书，详尽报道现任公司经营者领导下的公司运营情况；公司内部关系人必须报告其持股情况，在以后变动时也是如此。在 1964 年联邦证券法规修订案中，此种"继续公开义务"扩展至场外市场，资产额在 100 万美元以上且股东在 500 人以上的公司，都适用于公开原则。

### 2. 首次公开发行规定

自 2001 年 3 月 7 日起，美国证券管理委员会为首次公开发行提供由私募转为注册公开发行以及由公开发行转为私募发行的机制，供发行人视市场变化弹性使用。发行人于申报生效前可申请撤回，其申请费用也可补偿作为另一申请程序的费用。

### 3. 债券发行规定

政府公债是财政部为筹集政府各项支出资金而发行的各类长、短期债券，依到期长短可以划分为三类：到期期限在 1 年以下者称为国库券（Treasury Bills），全部以登录形式发行；到期期限在 1 年至 10 年间者称为中期国债（Treasury Notes），1986 年以后全部以登录形式发行；到期期限在 10 年以上者称为长期公债（Treasury Bonds），1986 年以后全部以登录形式发行。

联邦机构债是美国联邦政府所属事业单位发行的债券。目前，美国联邦机构债券的发行人主要有六大机构，它们分别是联邦住房贷款银行（Federal Home Loan Bank）、联邦住房贷款抵押公司（Federal Home Loan Mortgage Corporation）、联邦国民抵押协会（Federal Nation Mortgage

Association)、农业信用系统（Farm Credit System）、学生贷款行销协会（Student Loan Marketing Association）和田纳西管理局（Tennessee Valley Authority，TVA）。这些机构发行的债券，虽然在名义上并无政府直接担保，但由于投资人相信政府不会听任这些机构违约，故安全性并不亚于国债，通常均可获得最高等级的债券信用评级。

地方政府债券是美国州政府和地方政府等地方自治单位，为筹集处理公共事务所需资金而发行的债权凭证。它的主要特点是利息免交联邦所得税，因而又称免税债券（Tax-Exempt Bond）。许多地方政府债券是每周发行一次，可采用公开发行或与特定人接洽的方式，前者通常以竞标方式进行，但也可采用直接协商的方式标售。

不动产抵押证券源于美国联邦政府鼓励住房抵押证券所推动的资产证券化创新。此类证券在发行时，先由金融机构以不动产抵押贷款形成一个资产池（pool），并以组合内的债权作为不动产抵押证券还本付息的来源，再经政府特定机构保证来强化其信用（credit enhancement），最后交投资银行负责承销。不动产抵押证券可以划分为有政府机构担保的机构不动产抵押证券（Agency MBS）和无政府担保的私人不动产抵押证券（private MBS）。提供担保的政府机构包括政府国民抵押协会（GNMA）、联邦国民抵押协会（FNMA）和联邦住房贷款抵押公司（FHLMC）。

美国公司债券的募集可以分为公开募集和私下募集两类。公开募集的发行人为财务健全、获利稳定的一流大型企业，大多为无担保性质，主要配售对象为私人退休基金和州退休基金等机构投资者；私下募集公司债的发行人多为金融业和房地产业公司，投资人以银行和保险公司为主。对发行人而言，美国公司债券私募市场具有机动性、效率性和弹性等优点，并且由于豁免了相关登记的规范，可有效提高发行市场之效率。另就投资人而言，由于私募市场侧重于法人认购，并且美国监管机关对机构投资者的规范也较为宽松，因而机构投资者的兴起对私募市场发展颇为重要。

### 4. 证券承销规定

美国证券发行一般采用议价承销发行方式，即由承销商与公司私下安排证券承销事宜；此外，也有少数公司采用公开比价方式，由承销商互相竞价，发行公司从中选择提供最有利条件的承销商。

　　各州均设有证券主管机关来负责审查证券公开募集，批准该证券在该州的销售。通常，州主管机构有权要求证券发行人遵守其所定的有关重大信息披露的标准，以维护公开募集的公正性。这些法令对发行人和承销商的最大困扰是，一个州主管官员所提出的重大修正可能会影响到全国性的销售。

　　当发行人准备在某一州发行证券时，必须确定该证券要么为豁免证券要么已在证券管理委员会注册登记，并且销售数额不能超过登记数额。大部分的州证券法令规定，买进未经登记的非豁免证券者，有请求返还数额相当于投资额加利息减红利的权利。销售未登记证券除可能造成巨额或有负债，还可能招致行政处分、禁止命令和刑事处罚。

# 四、美国证券市场上市制度

## 1. 上市申请程序

　　证券在美国证券交易所上市的程序是：（1）申请公司将审查所需文件送至交易所进行资格审查；（2）3 星期后，交易所代表与公司联系并将资格审查结果通知申请公司，若申请公司决定提出正式申请，则需在 6 个月内提出，交易所将提供申请上市的文件范例和手册，供申请公司参考；（3）申请公司向交易所提出正式申请文件和相关资料；（4）交易所核准申请公司上市，并通知证券管理委员会，同时交易所会通过定期的 Weekly Bulletin 公告申请公司已正式申请上市；（5）依 1934 年证券交易法，证券管理委员会需要进行 30 天等候期；（6）约在第 12 周，当依 1934 年证券交易法登记生效后，上市公司可以择日上市。

## 2. 纽约证券交易所的上市与下市标准

　　纽约证券交易所（NYSE）的上市标准主要集中于如下几个方面：

　　在设立年限方面，要求公司设立 5 年以上。

　　在股权分散与规模大小方面，要求有：（1）股东人数应符合下列任一标准：①持有一交易单位（通常为 100 股）的人数在 2000 人以上；②全体股东人数在 2200 人以上，并且最近 6 个月月平均交易量在 10 万股以上；③全体股东人数在 500 人以上，并且最近 12 个月月平均交易量在 100 万股以上；（2）流通在外股数在 110 万股以上；（3）流通在外股票市值在 1 亿美元以上。

在财务状况方面，申请公司应符合下列任一指标：（1）最近 3 个会计年度税前赢利为正数，并且累积赢利 1000 万美元，最近两个年度赢利至少均为 200 万美元；（2）申请公司市值为 5 亿美元，最近 12 个月营业收入为 1 亿美元，最近 3 年净现金流入累计 2500 万美元；（3）公司市场值达 7.5 亿美元，并且最近一个会计年度营业收入达 7500 万美元。除符合数量化标准外，申请公司应秉持永续经营的理念，并且考虑公司产品的市场性、该公司在行业地位和稳定性。

纽约证券交易所（NYSE）的下市标准主要表现在四个方面：

在交易价格方面，要求连续 30 个交易日平均收盘价小于 1 美元。

在股权分散方面，标准是：（1）全体股东少于 400 人；（2）或全体股东少于 1200 人，并且最近 12 个月内月平均交易量小于 10 万股；（3）流通股少于 60 万股。

在财务状况方面，标准是：（1）连续 30 个交易日的平均市值少于 7500 万美元，并且股东权益小于 7500 万美元，或连续 30 个交易日的平均市值少于 2500 万美元；（2）连续 30 个交易日的平均市值少于 2500 万美元，且最近 12 个月营业收入小于 2000 万美元；连续 30 个交易日的平均市值少于 7500 万美元；（3）连续 30 个交易日的平均市值少于 37500 万美元，且最近 12 个月营业收入小于 1500 万美元，连续 30 个交易日的平均市值少于 10000 万美元。

在其他条件方面，标准是：（1）营运资产减少或营业范围减小；（2）进行破产或清算程序；（3）主管机构通知该公司已无价值；（4）有价证券注册或登记已不再有效；（5）召开股东会时未向股东征求委托书；（6）上市公司违反上市时的承诺；（7）发行证券已全部赎回；（8）上市公司与管理阶层有违反公共利益的行为；（9）未设审计委员会。

纽约交易所在考虑是否将某公司有价证券下市时，并不完全依照上述条件，而是采取个案考虑，其他可能导致可能下市的因素如下：上市公司无法及时提供股东及投资大众适当且正确的信息；（2）上市公司无法依正确的会计原则报道财务状况和经营状况；（3）上市公司经营不健全；（4）

上市公司财务状况和运营结果不良；（5）会计师提出保留意见、否定意见
或无法表示意见；（6）上市公司无法清偿债务；（7）成交价格和数量异常
低；（8）上市公司未经授权使用资金买回公司股票；（9）其他认识足以使
交易所认为不宜继续上市的事宜[①]。

### 3. 上柜申请程序

证券在美国场外市场上柜程序是：（1）申请公司董事会决议上柜；
（2）选择顾问团；（3）申请公司委托顾问团与承销商交换意向书；（4）向
州政府申请注册并向 NASDAQ 提出上柜申请；（5）向证券管理委员会提
出申请注册；（6）向 NASDAQ 申请审核承销契约；（7）展开巡回业绩发
表会；（8）回复证券管理委员会意见书及补充说明，并向 NASDAQ 提供
证券管理委员会注册书件的更新材料和补充说明；（9）证券管理委员会注
册生效后，向 NASDAQ 通知预计的生效日；（10）与 NASDAQ 洽商柜台
买卖日；（11）申请公司上柜交易。

### 4. 上柜与下柜标准

证券在 NASDAQ 上柜的数量化标准有 3 个：

标准 1：（1）发行公司最近一会计年度或最近三个会计年度中两个会
计年度之税前损益至少为 100 万美元；（2）流通股至少为 110 万股；（3）
流通股市值至少为 800 万美元；（4）每股卖价至少为 5 美元；（5）发行公
司的股东权益至少为 1500 万美元；（6）股东人数至少为 400 人；（7）推荐
证券商至少为 3 名。

标准 2：（1）流通股至少为 110 万股；（2）流通股市值至少为 1800 万
美元；（3）每股卖价至少为 5 美元；（4）发行公司净有形资产至少为 1800
万美元；（5）股东人数至少为 400 人；（6）推荐证券商至少为 3 名；（7）
发行公司至少设立 2 年。

标准 3：（1）流通股至少为 110 万股；（2）流通股市值至少为 2000 万
美元；（3）每股卖价至少为 5 美元；（4）股东人数至少为 400 人；（5）推
荐证券商至少为 4 名；（6）挂牌股票市值至少为 7500 万美元，并且最近一

---

① http//nyse. com/listing corporate manual.

会计年度或最近三会计年度中的两个会计年度之总资产与总营业收入皆至少为 7500 万美元。

证券在 NASDAQ 上柜的非数量化标准是：（1）发行公司在每年召开股东会前，应将会计师审核的年度财务报表发送给股东，并向 NASDAQ 申报；（2）发行公司应于每季将包括营运报告书的季报送于股东，并向 NASDAQ 申报；（3）至少有两个独立董事；（4）发行公司应建立稽核委员会，其中成员以独立董事为主；（5）发行公司每年召开股东大会，出席最低人数为有投票权股东的三分之一；（6）发行公司召开股东会时，应提供委托书于股东；（7）稽核委员会针对关系人交易做适当的稽查与评论；（8）发行公司需要被已加入同业监督计划的会计师查核，该会计师需接受另一外部独立会计师做外部品质控制之复核。

于 NASDAQ 上柜挂牌公司需要维持下列数量化标准和上柜之非数量化标准，否则导致下柜。

下柜数量标准 1 适用于上柜数量标准 1 和标准 2，主要要求有：（1）流通股票至少为 75 万股；（2）流通股市值至少为 500 万美元；（3）每股卖价至少为 1 美元；（4）发行公司净有形资产至少为 400 万美元；（5）股东人数至少为 400 人；（6）推荐证券商至少为 2 名。

下柜数量标准 2 适用于上柜数量标准 3，主要要求有：（1）流通股票至少为 110 万股；（2）流通股市值至少为 1500 万美元；（3）每股卖价至少为 5 美元；（4）股东人数至少为 400 人；（5）推荐证券商至少为 4 名；（6）总资产至少为 5000 万美元，并且最近一会计年度或最近三会计年度中的两个的总资产与总营业收入都为 5000 万美元[①]。

# 五、美国证券市场交易制度

## 1. 集中市场交易制度

美国证券交易所的主要市场参与者包括专业会员（Specialist）、经纪商经

---

① http//www. nasd. com/nasd manual.

纪人（Commission-House Broker）、二元经纪人（Two-Dollar Broker）、竞价交易商（Competitive Trader）、登记的竞价交易商（Registered Competitive Market-Maker）等。

在市场没有买单或卖单时，专业会员会通过持续的双方报价来提供立即成交的可能性。事实上，专业会员扮演了自营商、代理商（即经纪商）、拍卖商和媒介者四种角色。作为自营商，专业会员必须为自己的账户持有有价证券，并调节市场供需，以维持市场的流动性与连续性；作为代理商，专业会员是所有电子委托系统（Super Dot）的代理人，被赋予信托责任而执行交易；作为拍卖商，专业会员要在交易时段提出最佳买卖报价；作为媒介者，专业会员会撮合有兴趣的交易者完成交易。

受雇于经纪商，经纪商经纪人（或称场内经纪人）负责经纪商营业处所和专业会员柜台间的联系；经纪商经纪人收到的客户委托，可与专业会员成交，可与其他经纪人成交，或进行撮合交易。当经纪人持有买进、卖出数量相同的委托时，可将这些委托直接撮合，但事先要向专业会员申报，并取得核准。

二元经纪人与经纪商经纪人的功能相仿，只是不受雇于经纪商。为获取手续费（每一笔手续费是二元），为分身乏术的经纪商经纪人执行委托。

竞价交易商主要为自身的账户交易，也可担任二元经纪人和专业会员。但是，在同一交易日内，它们不得担任同一证券交易的主体和代理。竞价交易商通过大笔交易，加深市场的深度。其所占的优势在于较低的交易成本和能在市场内获取信息。

与竞价交易商相同，登记的竞价交易商既可以为自身的账户交易，且在同一个交易日内，它们不得担任同一证券交易的主体和代理。与竞价交易商不同的是，它不得担任专业会员。但是，在市场遇到紧急情况时，交易所主管会要求它们增加市场流动性来帮助专业会员。

NYSE交易时间为周一至周五上午9：30至16：00，以及下午16：15至17：00、下午16：00至17：15（盘后交易）。

买卖优先顺序依下面三个原则确定：一是价格优先原则（Price Priority），即买价较高的买进委托与卖价较低的卖出委托有优先成交的权利。二是第二交易撮合原则（Secondary Trading Priority Rules），它用以决定价格相同委托的执行先后顺序，最常见的是时间优先原则和数量优先原则：（1）在专业会员档次内的委托按时间优先原则处理，在决定专业会员委托与经纪商经纪人委托间的优先权时，才有以下两个原则；（2）对第一笔交易采用时间优先原则，接下来，如果一个有时间优先权的限价买进委托的数量足以消化剩余的卖出委托的话，时间优先规则继续使用；（3）如果下一个有时间优先权的限价买进委托的数量不足以消化剩余的卖出委托的话，数量优先原则适用。三是客户委托优先原则，即同时作为一交易主体和代理人的专业会员或经纪自营商必须给客户委托优先成交权。这一原则在价格优先原则之前、第二交易撮合原则之后适用。

1987 年 10 月股市大崩盘后，断路措施在美国证券交易所广泛实施。所谓断路措施，是指在市场波动超过预设值时采取的交易中断和暂停措施。在 2004 年第二季度，纽约证券交易所的断路标准如下：（1）当道琼斯工业股指下跌 10％时，如果发生时点在下午两点前，所有股权证券和相关衍生产品暂停交易一小时，如发生在下午两点至两点三十分，暂停交易三十分钟，如发生在下午两点三十分后，则不暂停交易；（2）当道琼斯工业股指下跌 20％时，如果发生时点在下午一点前，所有股权证券和相关衍生产品暂停交易两小时，如发生在下午一点至两点，暂停交易一小时，如发生在下午两点后，则暂停全天交易；（3）当道琼斯工业股指下跌 30％时，则无论何时发生，暂停全天交易[①]。

### 2. 场外市场交易制度

美国全国证券商协会（National Association of Security Dealers, NASD）辖下的自动报价市场（NASDAQ）于 1971 年成立，它建立的最初目的，是为零星分散在各地、流动性不足并且不能在 NYSE 或 AMEX 上市的股票提供交易市场。由于 NASDAQ 大幅提高了柜台市场的效率、流动性和公平性，它已上升为美国主要的股证券交易市场之一。

NASDAQ 市场参与者主要有做市商（market maker）、委托单输入公司（order-entry firm）、财务机构法人（financial institution）、财务领域专业人员（financial industry professional）、个人投资者（individual investor）、其他市场参与者（other interest parties）。在各市场参与者中，做市商的作用最为重要。

---

① http//www. nyse. com/regulations and rules.

柜台买卖的最大特点是没有集中的交易场所，因而它必须依赖证券商的互相联络。NASDAQ 是自营商交易的场所，有许多身兼自营与经纪身份的证券商在此创造市场，这些自营商即为做市商。做市商又称为市场创造者，它的主要工作是以自营商身份自行买卖证券，使市场交易可以顺利进行。由于柜台买卖主要依赖做市商，因而，投资人在场外交易的主要对象往往是做市商，而并非是有相反交易的投资人。做市商在证券市场扮演重要角度色，由于买者和卖者不见得会同时在市场出现，或愿意交换相同数量的证券，这就需要做市商出面解决供需不平衡。换句话说，做市商提供了市场的密接性和连续性。每一家在 NASDAQ 挂牌的公司，都有数家相互竞争的做市商。

由于场外交易并无集中交易地点，因此各项交易都依赖证券商彼此之间相互联系。在早期交易过程中，所有交易都必须通过证券商之间电话、电报询价；随着科技日趋发达，NASD 为使交易更为便利，发展出电脑报价系统——NASDAQ，使证券商与投资者可以立即获得各项相关资讯。NASDAQ 本身仅是一套报价与资讯传送系统，实际交易的进行仍然依赖证券商之间的联络。虽然 NASDAQ 近年来在推动若干电脑场外交易系统，但至今仍以报价和传送咨询为主要任务，并未发展成为无实体之电脑集中交易系统。

NASDAQ 主要功能在于报价，可依使用者不同需求，分为三级。在第一级报价系统中，电脑终端只提供股票的最低卖出报价、最高买进报价和成交量。该系统主要是供一般证券经纪商和其分支机构使用，当投资人对某种上柜证券有兴趣时，证券商可以立即反映市场的一般情况，让委托人下单前有一个依据与参考，所以该系统公布的各项报价是做市商彼此间的报价，而非报于客户的价格。在第二级报价系统中，除包含第一级报价系统的所有信息外，还显示键入证券的做市商名称、联络方式、报价和数量，以及各种相关市场信息。此种服务的主要使用者是做市商、经纪商的交易部门和机构投资者。在第三级报价系统中，除第二级报价系统的所有信息外，还允许使用者将自己的报价直接输入 NASDAQ，以便于做市商根据市场变化随时调整报价。

场外交易依赖证券商彼此之间的联系，但随着电脑资讯技术的发展，通过电脑系统进行交易已成为场外市场发展的必然趋势。目前，NASD 存在四套不同的电子交易执行系统，它们分别是先进电脑化成交系统

(Advanced Computerized Execution System , ACES)、小额定单自动执行系统 (Small Order Execution System, SOES)、精选网路系统（SelectNet）和专属 交易系统（Proprietary Trading System , PTS）。在 ACES 系统中，未向 NASD 承租 NASDAQ 服务的会员经纪商，可以通过本系统与做市商直接 联系，将客户订单直接传送至做市商。本系统的主要特点是，一旦投资人 的出售和购买价格被做市商接受，本系统会自动执行交易而无需电话联 络。SOES 建立于 1984 年，其目的是为了让经纪商代理执行小额证券交 易，经纪人可以不通过做市商完成交易，而通过电脑系统自动完成。 SelectNet是设在 NASDAQ 工作站终端机的交易系统，做市商询价通过系 统传至其他做市商乃至整个市场，然后在此系统中对对方回应进行议价。 SelectNet可以让代理或本人身份使用者以 NASDAQ 揭示的最佳报价之内 输入议价并成交，从而获得最好的成交价格。民间经营的自动化交易系统 能使投资机构在交易所和 NASDAQ 的"场外"进行交易。过去十年的电 信通讯技术的发展使得 PTS 发展迅速，投资机构利用它来节省交易成本 和、避免自营商之价差。有两种因素促进了 PTS 的发展。在上述四种交易 系统中，除 ACES 和 SOES 外，其他均需由证券商通过 NASDAQ 报价系 统的报价，分别向做市商询价之后完成。

　　NASDAQ 交易时间安排如下：一般交易开盘时间为美国东区时间上 午 9：30，收盘时间为美国东区时间下午 16：00。

　　在美国证券管理委员会的要求下，NASD 自 1998 年 4 月起实施断路措 施。在 2004 年第二季度，NASD 的断路标准如下：（1）当道琼斯工业股 指下跌 10％时，如果发生时点在下午一点前，所有股权证券和相关衍生产 品暂停交易一小时，如发生在下午两点至两点三十分，暂停交易三十分 钟，如发生在下午两点三十分后，则不暂停交易；（2）当道琼斯工业股指 下跌 20％时，如果发生时点在下午一点前，所有股权证券和相关衍生产品 暂停交易两小时，如发生在下午一点至两点，暂停交易一小时，如发生在 下午两点后，则暂停全天交易；（3）当道琼斯工业股指下跌 30％时，则无 论何时发生，暂停全天交易[1]。

---

[1]　http//www. nasd. com/nasd manual.

# 六、美国证券市场清算交割制度

## 1. 清算交割机构

多年来，美国证券市场证券保管业务由证券存托公司处理（Depository Trust Company，DTC），国家证券结算公司（National Securities Cleaning Corporation，NSCC）则负责结算交割业务。1999 年 9 月，DTC 与 NSCC 合并成证券存托与清算公司（Depository Trust and Cleaning Corporation，DTCC），原来的 DTC 与 NSCC 成为 DTCC 下属的两个子公司。2002 年 1 月，DTCC 兼并政府证券清算公司（Government Securities Clearing Corporation，GSCC）、抵押证券结算公司（MBS Clearing Corporation，MBSCC）和 Euroccp 三家公司，随后，GSCC 和 MBSCC 合并成立固定收益结算公司（Fix Income Clearing Corporation，FICC）。证券保管与清算交割处理的标的物相同，彼此作业关系密切；因而，将证券保管与清算交割放在同一组织内处理，可以整合市场管理所需信息，统合保证金交割管理，消除作业与固定资产的重复投资，减少市场管理与服务的成本。

此三家结算公司的组织形态与运转方式均类同于 NSCC。

## 2. 结算参与者与标的种类

美国证券市场结算标的种类有：（1）NYSE、AMEX 上市的股票与债券；（2）NASDAQ 及 OTC 股票；（3）OTC 公司债；（4）美国存托凭证；（5）州政府债券；（6）投资信托基金；（7）共同基金；（8）指数认购（售）权证；（9）国家基金与其他封闭基金。

美国证券市场结算参与者有：（1）一般交易结算会员（Settling Member）；（2）共同基金结算会员（Fund Member）；（3）共同基金相关服务会员（Mutual Fund Service Member）；（4）政府债券对账会员（Municipal Comparison Only Member）；（5）结算银行会员（Settling Bank Only Member）；（6）第三权利（Third party Administrator）。结算

会员均受到交割保证并有权得到相关结算服务；为维护交割安全，结算会员有义务交纳结算基金并按时提供财务报表①。

### 3. 结算交割流程

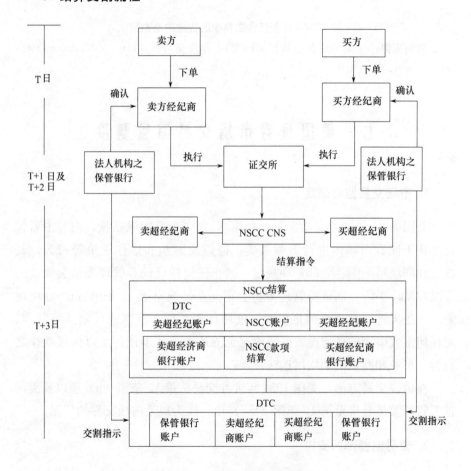

**图 17.3　美国证券的交割构架**

资料来源：《美国证券市场相关制度》，台湾交易所，http//w3. tse. com. tw/ plan/report，第 108 页。

---

①　http//nscc. com.

**图 17.4　美国证券交易中的钱款的交割架**

资料来源：《美国证券市场相关制度》，台湾交易所，http//w3. tse. com. tw/plan/report，第 108 页。

# 七、美国证券市场交易监管制度

### 1. 市场交易监管规定

美国 1934 年证券交易法第 9 条第（a）项为反操纵条款，内容主要包括禁止于证券市场内进行虚假买卖、造假及影响和炒作股价等行为。其次，在同法第 10 条第（b）项规定，禁止任何违反证券管理委员会规章的操纵和欺诈手段。而证券管理委员会据此在其规章第 10 条第（b-5）项规定，"在买进、卖出任何证券时，使用任何手段、权谋或计划从事欺诈、对任何重大事实的任何虚假陈述或避免陈述……从事任何足以构成欺诈之行为、事务和商业活动均属违法。"

在内线交易方面，美国 1934 年证券交易法第 10 条第（b）项以及美国证券管理委员会规章第 10 条第（b-5）项，作为规范内线交易的依据。

### 2. 交易监管部门安排

纽约证券交易所的监管单位分为五个部门：（1）两个证券市场交易分析部门，其中之一包含股票监管；（2）会员交易分析部门，它的分析焦点在于纽约证券交易所专业会员和交易厅经纪商的活动；（3）规则与技术发展部门，该部门负责根据市场与联邦需求的变动来发展与修订规则与规定，此外，该部门还负责执行监管所需的自动化支援系统；（4）特别咨询部门，该部门负责法律顾问指导，并执行训练和发展功能。

NASDAQ 的监管单位是由四个调查与检查单位和四个运作单位构成：

（1）四个调查与检查单位分别是市场品质单位、监管与遵循单位、交易与市场造市检查单位、市场诚信与客户投诉单位；（2）四个运作单位分别是法律、遵循与训练、商业信息和先进侦察系统、委托查核追踪系统。

### 3. 交易监管作业安排

美国证券集中交易市场和场外交易市场的交易监管作业流程基本相同，可以划分为线上监管、离线监管和不法查核三个步骤。

所谓线上监管，即利用自动化及线上即时的电脑化监管系统，执行线上监管作业。监管重点在于观察市场上每只股票的价格与交易量是否有剧烈波动情况。线上监管完成后，监管作业就进入离线监管阶段。监管分析人员于每日交易后分析当日交易资料，选出当日价格波动幅度超过可容忍变动幅度者，并印出需要追踪者的名单；然后，调查公司是否有重大活动之传闻或新闻；如仍未查明原因，则分析专业会员证券商的动态与投资人的买卖和方式，找出股票集中交易于何家券商，然后令其提供股票买卖详细记录以及客户买卖之明细表，以供进一步调查。根据已能掌握证据的强弱，决定是否持续调查。如果需要续办，对不法交易深入调查工作将呈交给证管会处理。

# 第十八章　英国证券市场制度安排

## 一、英国证券市场立法

### 1. 立法缘起

英国传统的证券管理体系，是由公司法上关于公开说明书的规定，欺诈投资防止法中有关证券商特许、单位信托及资本发行管理的规定组成，其特色是对证券交易所和会员采取完全放任的态度。根据欺诈投资防止法的规定，除另经核准，证券商必须取得商工部核发的营业执照。尽管商工部曾于1983年修改该法之细则，如修改证券商管理执照规则、证券商从业行为管理规则等，但由于欺诈投资防止法本身涵盖的范围就不完整，该法过时规定在实践中难以执行，并且不能在保护投资人方面提供足够的法律依据。

1976年，英国"限制交易措施法"延伸适用于服务业。两年后，英国政府决定将伦敦证券交易所以违反"限制交易措施法"的罪名移送法院。公平交易署认为，伦敦证券交易所存在限制交易的措施：一是采取最低固定佣金制度；二是要求证券经纪商和自营商功能必须分离；三是规定会员不得为公司组织的限制。本案历尽漫长的诉讼，于1983年7月才达成庭外协议，伦敦证券交易所同意于1986年年底取消上述3项限制。上述事件成为英国证券市场改革的催化剂，1986年10月27日，英国下议院通过金融服务法，其主要内容包括：效仿美国证券交易所去除最低固定佣金制；将证券业由分业改为混业；建立电子化报价与交易系统；破除债券自营商的寡头局面；设立投资局；改组伦敦证券交易所并建立全球 24 小时市场联线。

1986 年的金融大改革确实为英国证券市场注入一股新意，但在传统的多头马车管理下，政策推行总有诸多阻碍，1986 年金融服务法建立的规范框架已不足以提供健全的监管并给予投资人妥当的保护。投资局和自律组织形成的双轨监管制度，不但缺乏效率，并且责任归属也不明确，相关金融法规的修订也严重滞后。自 1997 年起，英国为建立更有效率的金融管理体系，预定将原金融管理的 9 大部门整合为单一的管理机构。在其整合过程中，首先是将投资管理局于 1997 年 10 月更名为金融服务管理局，除 1986 年金融服务法赋予的管理金融体系和投资活动、监督交易所和结算机构的权责外，还增加了监管银行、货币市场、外汇市场以及管理其他组织的功能。在金融监管一元化的指导思想下，金融服务与市场法于 2000 年 6 月 14 日通过，正式成为管理英国金融市场的法律。

### 2. 1986 年金融服务法概述

在管理体系方面，该法的要点是：（1）投资定义是指具有投资性质之商品，这包括证券、金融与商品期货和选择权、参与其他形式的财产权利；（2）投资事业是指凡与他人（自营）或为他人（经纪）执行的投资交易、为他人经营投资、操作单位信托基金、提供投资顾问、发行推广投资的有关资料；（3）未经获准不得经营投资事业，违反规定者将受民事与刑事处罚；（4）为强调自律重要性，该法规定商工部拥有承认自律组织或自律机构的权利，商工部则授权指定证券投资管理局执行此权利；由于该局是民间组织而非政府机关，因而此种制度设计比政府直接管理更具弹性，也使该机构免于财务限制；（5）商工部有权核准投资事业，并制定核准条件；对投资事业或从业人员，商工部也得制定"适任与适当"的标准及从业行为准则；有关基本原则为公平交易、公开与专业责任、保护客户资产、适当的投资建议及对客户公开商业条件。

在商工部转移权利至自律组织的标准方面，该法的要点是：（1）该自律组织的规则及措施能确保会员持续为"适任与适当"；（2）该自律机构的从业行为规则，可对投资人提供充分与足够的保障；（3）该自律机构之所有规则，不得超出提供投资人足够保障的范围而造成对自由竞争的限制。

在政府与国会的责任方面，该法的要点是：（1）证券投资管理局的理事与理事长由商工部任命；（2）理事应包括业者、非业者和市场使用人；（3）商工部长若认为证券投资管理局未遵循本法所定之标准，可以撤销其管理权利；（4）证券投资管理局的规则与措施不得有违自由竞争的精神，商工部在于公平交易署意见统一后，可以撤销或要求其修改违背自由竞争及不符投资人保障的规定；（5）商工部长有权撤销或修改证券投资管理局制定的与英国国际义务相悖的规则；（6）证券投资管理局每年应向商工部提出报告，该部则向国会提出报告；（7）政府依法新设一独立法庭来办理有关纠纷及违规处罚的最后判决，该法庭的法官由商工部部长任命。

单位信托基金管制放宽，使一般投资大众更多地投资于单位信托基金；而具有适当财务资源与投资经验的投资人，可以投资于更具投机性的单位信托基金。

在投资顾问和投资推销方面，该法的要点是：投资顾问有义务公开相关信息，包括其办理中介业务所获得的实质利益，这包括佣金和其他收入；投资顾问从业行为不得有虚伪不实、欺诈、轻率陈述或预测等类的误导投资行为。

退休基金资产投资信息应公开，赚取费用的退休基金投资经理人或顾问须得核准。

在广告和宣传品方面，该法的要点是：获准的投资事业才具有合法权利发行"导致销售和购买"的投资广告与宣传品。

在公开发行与购并方面，该法的要点是：除非经特别豁免，所有证券公开发行必须符合规定，商工部应依本法制定公开说明书应记载事项的最低标准。

在内部人交易方面，该法的要点是：其适用范围涵盖所有证券，包括现货、期货和选择权契约。

在本法执行方面，该法的要点是：商工部和司法机关负责执行刑事规定，证券投资管理局与经承认的自律机构负责执行有关规定；对违反行事规定和有关从业行为准则者，另定有民事损失补偿规定；商公部发布"强制命令"和"交付命令"以便民事权利得以执行。

### 3. 英国 2000 年金融服务与市场法概述

该法共三十章，共 433 条。简要内容如下：

第一章题为监管者。金融服务局为银行、投资、保险等行业的单一监管者，本章明确了金融服务局的职权和义务。金融服务管理局是依 1985 年公司法所设立的有限公司组织，其设置目的主要包括增强市场信心、提升大众对市场的了解、保护投资者、减少金融犯罪。

第二章题为受规范和禁止的业务。该章规范分为：一般性禁止原则、获得许可的要件及对金融投资宣传的限制。任何人未经获准或豁免，不得于英国从事受规范的业务。违反规定者将受到处罚。该法提供了金融服务管理局定义"受规范业务"的法源。该法的投资定义是"任何资产、权利和利益"，该定义比 1986 年金融服务法中的定义更为广泛。

第三章题为核准与豁免。该章主要定义核准者与豁免者。所谓核准者，是指获准从事一项或数项受规范的业务，以及特别设立的投资公司等。所谓豁免者，是指符合豁免命令范围者（该项命令正由国会研究）。

第四章题为从事规范事业的许可。该章明确申请和变更从事受规范业务的许可条件，主管机关有变更许可范围和撤销许可的广泛权限。

第五章题为从事规范事业。主管机关有权发布命令，在适当情形下禁止有影响力者从事部分或全部的许可事业。

第六章题为上市。该章授权"适当的机构"许可证券在伦敦证券交易所上市，有权制定行政规则。事实上，"适当的机构"已经由伦敦证券交易所转移至金融服务局。

第七章题为转移业务管理。该章明确了保险业与银行业进行业务转移的步骤，这些步骤比较简单，只需向法院申请即可。

第八章题为扰乱市场的惩罚。该章明确了扰乱金融市场行为的内涵，指出内线交易、操纵市场将构成刑事犯罪。该章还对在英国扰乱金融市场的行为提出了法律解决框架，并授权主管机关执行民事处罚的权利。

第九章题为听证和上述。该章规定，金融服务市场法有权决定哪些事项该交由法院处置。

第十章题为规则与准则。该章规定，主管机关有权对核准者从事受规范业务范围制定行为规则。具体而言，主管机关可以就保管客户账户、披露信息、宣传、洗钱等特定事项制定规则。

第十一章题为信息归集与调查。该章规定，主管机构在特定情形下有权向非核准者要求提供资料。

第十二章题为对核准者的控制。该章主要明确对核准人的控制者进行监督的方式。凡对核准者持有 10％或以上股份者，即符合控制者的定义。主管机关有权对核准人的控制者提出异议。

第十三章题为主管机构仲裁。该章制定关于主管机关基于其他欧盟会员国管理者的请求和协助进行仲裁的权限。

第十四章题为处罚方式。该章规定，主管机关有权处罚违反该法的任何核准者，方式主要为公开谴责和责罚。

第十五章题为金融服务补偿计划。该章特别制定由主管机关设定的金融服务补偿计划，其目的是补偿客户由于核准者无力清偿而蒙受的损失，其覆盖的范围比 1986 年的金融服务法更为广泛，投资人利益因此得到更大保护。

第十六章题为调查员计划。该章制定单一的调查员计划，其目的是使主管机关的管辖权有效运转，使核准者与客户的纠纷能快速解决。

第十七章题为集合投资计划。该章预先建立法律框架，规范英国受核准的单位信托。该章还首次提供规范英国开放式与封闭式基金的管理法源。

第十八章题为交易所及结算公司。1986 年金融服务法中建立的交易所和结算公司架构，被该法广泛地使用。该章规定，交易所和清算公司皆由主管机关监督。

第十九章题为劳埃德互助会的法律地位被定为经核准从事保险业。该章还规定，该互助会由劳埃德理事会负责较多的监理事务，金融服务管理局并不过多干预。

第二十章题为专业人士会员的金融服务条款。该章规定从事规范业务的专业人士应获得主管机关的许可，这改变了现存由专业人士本身规范其会员的框架。

第二十一章题为共同互助会。该章规定建筑资金融资合作社管理委员会、互助会管理委员会、互助会注册所等依目前法律对产业所发挥的功能，应转移至金融服务管理局。

第二十二章题为稽核与会计人员。该章规范经核准者任命的稽核和会计人员，对稽核及会计人员赋予特定要求，包括其有义务向主管机关披露有关其功能的信息。

第二十三章题为公开记录、信息披露和合作。该章规定，主管机关应编撰和保存核准者的公开记录，并保证有关机密资料的安全性。当主管机关彼此转移信息时，主管机关有义务保持信息的机密性。

第二十四章题为无力清偿。该章规定，主管机关有权参与受核准者破产、无力清偿等事宜。

第二十五章题为禁止令和赔偿。该章规定主管机关对未经核准从事规范事业的处罚措施。

第二十六章题为通知。该章规定，主管机关在依该法履行职权时，被要求通知其采取该项做法的原因；主管机关首先应对影响者发出警告通知，该人有 28 天的期限作出陈述；之后，视情况发出决定通知或终止通知。

第二十七章题为犯罪。该章规定，当公司或合伙事业违反该法规定，其职员可能被控同等罪名。主管机构有权对造成误导的陈述和行为、内线交易、市场操纵、洗钱等犯罪行为进行起诉。

第二十八至三十章。最后三章包括前述各部分不同的补充性、定义性和限制性条款，或国会及主管机关规范投资、银行、保险的一般权限[①]。

# 二、英国证券市场架构

### 1. 市场架构

英国证券市场的基本架构可从图 18.1 和 18.2 中看出，故不再赘述。

———————————

① http//www. fsa. gov. uk.

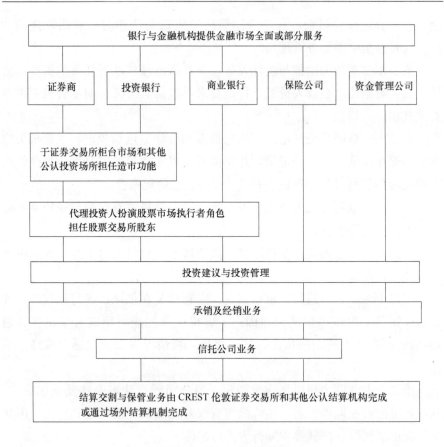

**图 18.1　英国证券市场架构**

资料来源：《英国证券市场相关制度》，台湾交易所，http//w3. tse. com. tw/plan/report，第 12 页。

## 2. 市场品种与规模

在英国证券集中交易市场，证券种类主要有股票、债券、存托凭证、认购权证。1995 年 6 月，伦敦证券交易所设立另类投资市场（The Alternative Investment Market，AIM），其前身为未上市证券市场（Unlisted Securities Market，USM），用以容纳成立期限短、规模小但快速成长的企业的挂牌与交易，其中包括家族企业、前 USM 企业等。AIM 是企业得以进入资本市场筹集资金、扩大知名度、取得股票评价、使股票得以广泛交易。截至 2004 年 12 月 31 日，AIM 上市公司有 1021 家。

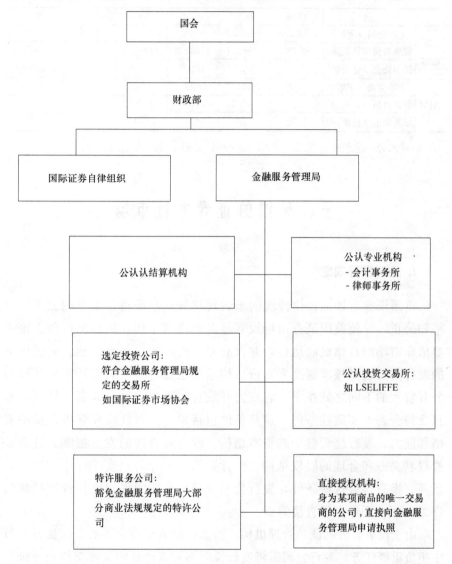

**图 18.2 英国证券市场管理架构**

资料来源：《英国证券市场相关制度》，台湾交易所，http//w3. tse. com. tw/plan/report，第 13 页。

**表 18.1    伦敦证券交易所上市股票与债券**

| 类 别 | | 1999 | 2000 | 2001 | 2002 | 2003 | 2004 |
|---|---|---|---|---|---|---|---|
| 主版市场 | 上市公司（家数） | 1945 | 1904 | 1809 | 1701 | 1557 | 1465 |
| | 股票市值（亿英镑） | 18200.7 | 17968.1 | 15235.2 | 11478.2 | 13558.3 | 14607.0 |
| | 债券面值（亿英镑） | 216.7 | 199.5 | 189.7 | 165.0 | 158.4 | 150.8 |
| AIM | 上市公司（家数） | 347 | 524 | 629 | 704 | 754 | 1021 |
| | 股票市值（亿英镑） | 134.6 | 149.3 | 116.0 | 102.5 | 183.5 | 317.5 |
| | 债券面值（亿英镑） | 1.02 | 0.6 | 0.4 | 0.4 | 0.4 | 0.2 |

资料来源：伦敦证券交易所 http//www. londonstockexchange. com。

# 三、英国的证券发行市场

## 1. 公开发行规定

英国证券市场的自律传统向来运转良好，它维持了市场的公开、公平和公正，并使英国证券市场没有过多的政府干预。证券发行和上市主要依靠市场的自律机制运行，并没有专门的政府机构来审核。英国证券的发行主要通过核准制度来实行。核准制也就是实质管理。实质管理与公开管理的不同之处在于，它在公开发行时不仅需要公开真实情况，并且要符合若干实质性条件，这些条件包括发行公司性质和管理人员的资格和能力、发行公司健全的资本结构、发行人合理的发行报酬、各类证券权利义务和合理的股权结构、公开资讯的充分与真实、行业的良好前景等。惟有符合这些条件，发行公司发行证券才能得到证券管理机构的许可，而在证券市场直接筹资。

由于没有官方的证券管理机构，因而，伦敦证券交易所在新证券发行中担负重要任务。发行公司需将发行说明书和其他证明文件交给伦敦证券交易所审核，经过同意后才能在两家以上的伦敦重要报纸上公开刊登，并抄送一份上市说明书给英国贸易部公司注册处备案，贸易部下属的公司登记处负责监管证券发行的登记。

英国中央银行仅对一定数量以上的发行进行出于金融目的的审核，伦敦证券交易所完全控制了实质性审查，其规定比公司法更为严格。新证券的发行经发行人和发行商协商决定后，还得向该所申请批准，核准后方可参加交易。

Official Listing of Securities Regulation 2000 委任 FSA（Financial Service Authority）自 2000 年 5 月起审查证券上市，并成为英国称职的管理机构。目前，在伦敦证券交易所挂牌有两道程序，UKLA（UK Listing authority）负责检查上市文件、执行上市规则、核准证券上市；伦敦证券交易所则负责证券交易；上述两项程序同时进行。

**2. 承销规定**

英国证券承销的规范主要依据 1948 年公司法和 1986 年金融服务法，这两部法律涵盖了大部分证券种类的上市核准、责任、信息披露等一般性规定。英国证券承销方式主要以包销为主。在承销过程中，任何欲申请上市的公司必须指定一证券交易所会员为负责承销商，然后将证券批售给证券承销商，再由证券承销商出售给大众和大额投资人。

# 四、英国证券市场上市

**1. 上市申请程序**

证券于伦敦证券交易所上市一般需要 12～24 个星期。申请上市的公司需在上市前 4 星期递交申请书。上市说明书在公布之前需经伦敦证券交易所审核通过，并抄送一份给英国贸易部公司注册处。如果表明仅为初稿，则可以在未经伦敦证券交易所通过的情况下，由保荐公司或经纪人用于安排证券的配售和承销。上市说明书应在发售日（即承销或配销协议生效日）正式公布。以往的普通做法是由公司在报纸上全文刊登上市说明书，现在通常是在报纸上以方块广告的形式刊登正式通告，简要介绍公司及发行证券。

上市申请者需和交易所保持联系，在不同阶段提供不同的文件或寻求交易所的帮助和咨询。在批准前的 12～24 周，需要同交易所商定详尽的时间表和文件清单。在批准前 8～12 个星期，要将文件的初稿交给伦敦证券交易所。在批准前的 2~8 个星期，申请公司及保荐人、经纪人要与交易所商定所有文件，并正式递交文件。在批准前 1 个星期，要完成所有文件并由交易所审核通过。

欲申请上市的公司必须和该公司洽定承销商充分合作，将递交给伦敦证券交易所的材料准备妥当，由承销商递交给交易所。证券交易所收到上市申请文件后，由交易所上市部门审查文件，文件审查通过后，再由交易所审议会举行上市审议听证会以决定是否准其上市。若批准该公司上市申请，交易所会以书面形式通知主办承销商，主办承销商必须通知证券交易所证券何时发行。若拒绝上市申请，也会通知主办承销商未上市的理由。

### 2. 上市与下市标准

伦敦证券交易的上市标准是：（1）上市申请公司必须依相关法律成立公开发行有限责任公司；（2）最近三年的财务资料正常公开或经财务师签证；（3）申请公司最近三年的营业与获利来源并未与其他公司分享，此外，申请公司必须公开最近三年为募集资金所为的重大交易记录；（4）申请公司的经营阶层和高管人员必须证明其有充分的经验和能力经营公司，并且有能力避免与公司发生利益冲突；（5）申请公司必须有独立经营公司的能力，而不为任何特定股东的利益受到操纵，一般所指特定股东是指掌握公司 30％以上股份的股东，或者是能影响公司管理人员的股东；（6）申请公司必须有足够的营运资金以供公司未来 12 个月的营运之用；（7）申请公司上市时至少有 25％股份为大众所持有；（8）申请公司上市时其上市股份金额不得低于 70 万英镑，正常情况下希望申请公司上市时其上市股份金额多于此金额。

伦敦证券交易的下市标准是：（1）证券暂停交易超过六个月；（2）违反上市规定；（3）公司被合并；（4）公众持股低于 25％，股数大到市场可正常运转除外。

### 3. 上柜申请程序

专业协助：申请在 AIM 挂牌的公司首先要选定辅导商和经纪商，并且在挂牌期间必须要有辅导商和经纪商。

辅导商：辅导商的工作在于帮助申请公司董事了解自己的责任义务和

市场规定，以便进行申请程序。辅导商必须是在交易所注册的会员或1986年金融服务法授权成立的公司。挂牌后，辅导商仍然应帮助并辅导挂牌公司。

经纪商：除辅导商外，挂牌公司还需要一个伦敦证券交易所的会员作为经纪商，或者申请公司选择一家公司既作为辅导商也作为经纪商。投资人买卖挂牌公司证券时，指定经纪商作为交易对象或交易撮合者。

所需文件：依 AIM 规定编制公开说明书；董事会成员签章的上柜申请书；指派辅导商的说明书；指派经纪商的指派确认书。

时间：申请文件若由申请公司或辅导商亲自送件，通常于72小时内完成审核；若经网络，则延长一天。

#### 4. 上柜与下柜标准

英国证券的上柜标准是：（1）已指派辅导商与经纪商；（2）在母国必须是合法成立并且为公开发行公司；（3）依美国或英国之公认会计原则或国际会计原则编制会计报表；（4）董事会决议遵守有关握有对股价有重大影响消息时，不得买卖公司股票的规定；（5）对于成立两年以内的公司，除上述条件外，其董事和所有员工需同意至少在挂牌一年内不出售任何股票。

除应维持申请挂牌之标准和违反信息披露可能被驱出柜台外，英国证券的下柜标准未有特别规定。

# 五、英国证券交易市场

#### 1. 集中市场交易制度

英国国内证券市场交易主要采用两种方式：一是市场中介人竞价制度（在 SEAQ 股票交易自动报价系统进行），英国大部分挂牌股票交易以此系统进行；二是全自动委托竞价制度（在 SETS 系统进行），英国伦敦证券交易所于 1997 年 10 月引进，它包含伦敦金融时报指数（FTSE100）中的 100 种样本股以及 UK FTSE Eurotop 300 的所有股票，一共约有

200 多种。英国国际证券市场采用市场中介人竞价制度（在 SEAQ International 系统进行），对国外股权证券所做的双向报价通过价格信息传送系统传递至世界各地的投资者。目前，约有 370 家外国公司加入英国本地市场。

英国证券市场的主要参与者有经纪商、经纪自营商、市场中介人、优良证券市场中介人、中介经纪商、证券交易所货币经纪商、结算会员公司。

SEAQ 系统接受报价输入与撤销的时间是星期一至星期五的上午 8：00至下午 16：30；SEAQ 系统的交易时间是全天候 24 小时。SETS 系统接受委托输入与撤销的时间是星期一至星期五的上午 7：50 至下午 16：35，下午 16：35 至 17：00 接受委托撤销，但不接受委托输入；SETS 系统的交易时间是星期一至星期五的上午 8：00 至下午16：35。SEAQ International报价时间是星期一至星期五的上午 7：30 至下午 17：15；SEAQ International 的交易时间是全天候 24 小时。值得一提的是，英国证券集中市场目前尚未采用断路措施。

SEAQ 系统非实质存在于交易大厅中，交易商或市场中介人依本身持有仓位和信息在其营业处使用终端机输入登记的 SEAQ 股票买卖双边报价。投资人依当时 SEAQ 报价系统提供的最优报价直接找经纪商品下单，并通过经纪商电话联络最优报价的经纪商和中介人成交。从上述流程看，SEAQ 系统不涉及价格优先和时间优先等原竞价原则。

SETS 系统的竞价原则较为复杂，随着交易阶段的不同而不断变化。在开盘阶段，其竞价原则是：（1）采用集合竞价；（2）仅接受限价和市价委托，开盘价格的决定以满足最大成交量为原则，决定价格买进和价格卖出至少一方全部满足；合乎前两项价格有两者以上者，决定价格优先顺位者分别为：最小剩余量、市场压力、参考价；若买卖报价没有交叉部分，无法以集合竞价方式产生开盘价，则以盘中逐笔交易第一成交价为开盘价；（3）市价委托延长时段，当市价委托未能全部执行时，将延续撮合两分钟，结束时加 30 秒随机时间，继续接受限价和市价委托的输入与撤销；（4）价格监管延长时段，当开盘价超过昨日收盘价 10%，将延续撮合交易 5 分钟，结束时加 30 秒随机时间，可继续接受限价和市价委托的输入和撤销，待时间结束不再检查价格范围而立即撮合交易，未成交之委托在盘中逐笔交易时再撮合成交或者撤销。在盘中竞价阶段：（1）采用逐笔交易；（2）暂停交易时段当成交价格波动剧烈时，该证券自动暂停交易 5 分钟，结束时加 30 秒随机时间，在暂停时间，仅市价和限价委托可继续输入与撤销；（3）暂停交易时段市价委托未能执行时，可延长撮合交易时间 2 分钟，结束时加 30 秒随机时间，此时，仅市价和限价委托可继续输入与撤销；未成割部分在盘中逐笔交易继续撮合。在收盘阶段，竞价原则是：（1）在 16：30 至 16：35 为收盘集合竞价阶段，接受市价和限价委托，委托结束后以集合竞价方式产生收盘价；（2）当市价委托未能全部执行时，将延续撮合两分钟，结束时加 30 秒随机时间，继续接受限价和市价委托的输入与撤销；（3）当预先试算的收盘价超过监管价格时，将延续撮合交易 5 分钟，结束时加 30 秒随机时间，可继续接受限价和市价委托的输入和撤销；若收盘价继续超过监管价格时，将继续延续撮合交易 5 分钟，结束时加 30 秒随机时间，可继续接受限价和市价委托的输入和撤销；若收盘价继续超过监管价格时，不再检查价格范围，直接以集合竞价方式产生收盘价。

### 2. 场外市场交易制度

依据 1986 年金融服务法，AIM 由交易所将其视为一种法定的投资交易所予以监管。AIM 有独立的管理人员、规则和交易方式，这些均与交易所其他证券市场分隔，受到交易所节制。

AIM 交易时间比照证券交易所之交易时间。

AIM 交易方式与集中市场不同，它由交易所提供 SEAT PLUS 系统担任交易设备，通过电子报价使买卖双方皆能相互交易。针对挂牌企业的不同需求，AIM 股票有差异较大的交易模式，有的公司希望有较多的做市商从而给股票带来较佳的流动性，有些公司则不然。因此，SEAT PLUS 系统允许自营商造市或委托单驱动交易以满足各方需求。目前，已有 24 家做市商登记成为 AIM 交易经纪商。

SEAT PLUS 系统提供下列服务：委托版面，使买卖之委托单得以揭示，并自动撮合交易；提供做市商连续揭示股价以进行竞争报价之设备；最近成交之记录。

AIM 市场参与者主要有以下几类：证券经纪商、做市商、指定顾问、指定经纪商、机构法人、个人投资者、其他市场参与者。AIM 集中于市场的区隔化，其挂牌企业需要特定的专业人士进行辅导，因而公司在加入AIM 之前要依照 1995 年证券公开推荐规则规定，要找妥交易所核准的指定顾问和指定经纪商。由交易所核准的指定顾问，负责决定公司是否合适这一市场，引导和协助公司遵循 AIM 规范，办理挂牌事宜。一旦挂牌，依照 1994 年证券交易公开规则规定，公司仍然需要保留此指定顾问，以办理后续信息公开等事务，否则将被停止交易。指定顾问的背景大多来源于证券经纪商、会计和金融界，目前交易所约有 60 名指定顾问。

# 六、英国证券结算交割

### 1. 结算机构

伦敦结算所（London Clearing House，LCH）为英国证券市场和各期货市场提供结算与集中交割服务（CCP），LCH 在 2003 年 12 月 22 日与Clearnet 合并成为 LCH。CRESTCo 则为英国证券市场提供集中保管和交割作业。

结算标的物为股票、债券、金融工具、期货与选择权合约。

### 2. 结算参与者

英国证券市场的结算参与者是：（1）一般结算会员（General Clearing Member，GCM），同时为交易所和 LCH 会员，除负责自身交易结算外，并负责客户交易之结算；（2）非结算会员（Non-Clearing Member，NCM）为交易所会员但非 LCH 之会员，其结算业务必须通过一般结算员进行；（3）个别结算会员（Individual Clearing Member，ICM）类似于 GCM 但不提供非结算会员之结算服务。

### 3. 结算交割流程

结算交割流程分为 CCP 交割流程和非 CCP 结算流程两种。

在 CCP 交割流程中，伦敦证券交易所的 SETS 和 SEAQ 交易系统自

动将交易资料传送给 LCH，并由 LCH 下达交割指令给 CRESTCo。CCP
之整体服务框架如图 18.3 所示。

　　一般来说，大部分于伦敦证券交易所上市的股票均由 CRESTCo 系统
结算，但在英国的证券交易制度中，并未强制所有的交割作业都要通过
CRESTCo 来完成。它既可自行结算交割，也可于成交日双方约定交割日。
在非 CCP 结算流程作业中，在伦敦交易所成交的交易资料不由伦敦证券交
易所交给 CRESTCo，而是由交易双方输入 CRESTCo 系统，经配对确认
后再由 CRESTCo 执行交割。

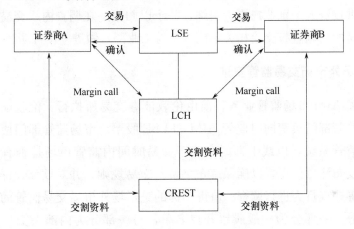

**图 18.3　CCP 结算交割流程**

　　资料来源：《英国证券市场相关制度》，台湾交易所，http//w3.tse.com.tw/
plan/report，第 66 页。

# 七、英国证券交易监管制度

## 1. 集中市场交易监管安排

　　伦敦证券交易所的监管信息主要来源于上市公司财务报表、上市公司
其他报表资料、新闻媒体有关报道、证券分析师专业报告和证券商提供的
信息。与世界其他主要证券交易所相同，英国的市场监管异常标准分为
"预警"和"查案"两种，且绝大部分多数采取机密处理的方式，内容则

主要凭监管人员的主观判断来设定。

伦敦证券交易所的监管作业流程可以划分为线上监管、离线监管和不法查核三个步骤。

伦敦证券交易所使用整合性电脑交易系统来进行即时线上监管,并发展了人工智能系统来进行协助。对于交易达预警标准的异常证券,监管人综合价量、重大信息和证券商交易资料等信息,分析证券商受托是否可能有价格操纵、内部人交易、抢先交易等异常交易形态。交易所经线上和离线监管后,如决定需要进行不法查核,交易所会要求交易量较大的证券经纪商提供投资人个别账户买卖明细,并予以归集。在调查内线交易的案子中,交易所将调查权交给相关单位(交易工业部)做进一步行动。

### 2. 场外市场交易监管安排

英国 AIM 市场监管业务目前由伦敦证券交易所执行。伦敦证券交易所市场监管部门负责同时监管 AIM 和 LSE 股票。市场监管部门使用先进的整合监管系统,以线上即时方式于交易时间内监管市场是否有异常变动,并发布注意信息,以确保遵守交易所交易规则,并对欺诈、操纵、内线交易等违规行为进行调查。值得一提的是,场外市场交易监管的资料分为两部分,一部分为一般股票开户名单,另一部分为内部人交易资料系统,并将其关系人、配偶、子女及公司重要管理人员的买卖纳入监管。

# 第十九章　日本证券市场制度安排

## 一、日本证券市场立法

### 1. 立法缘起

日本的证券交易法于 1948 年制定，其内容与精神来源于美国 1933 年证券法和 1934 年证券交易法，主要包括设立独立证券管理机构——证券取消（交易）委员会、提供反欺诈条款、建立初级与次级市场的信息披露要求，以及建立证券、证券交易所、证券交易商的登记注册体系。

1952 年后，日本政府大幅修改证券交易法。首先，废止了证券取消（交易）委员会，转而回归由大藏省作为证券主管机构；另外，放宽了大股东公开披露要求、内部人交易执法等，以及将证券商的设立改为许可制并辅以行政指导。相对于经济发展，日本证券管理总体上显得较为保守。

1990 年以后，日本泡沫经济之后出现的经济萧条将证券市场的积弊暴露无遗，日本证券法出现了较大变革。自 1990 年起，日本政府开始了证券市场的法制改革，修正重点在于破除证券业与银行业的隔离、对外国证券商开放以及改革证券管理机构。为彻底解决日本国内问题，前日本首相桥本龙太郎于 1996 年推出包括金融体系在内的 6 大改革措施，其中，金融改革以自由、公平和全球化为原则，以建立一个有竞争力的市场制度为目标。在证券市场改革方面，其具体改革方向包括手续费自由化、取消证券商业务限制、证券商改为登记制、推出多样化投资产品、重新检讨证券定义等。为配合该改革措施，证券交易法也相应做了适度修正。

## 2. 证券交易法概述

截至 2003 年 7 月 30 日，日本证券交易法全文共 9 章，227 条。

第一章题为总则。该章主要说明该法的目的、有价证券相关用语的定义；其中的一个主要特点是，新修订证券交易法扩大了证券定义（范围包括第三者发行认购权证及存托凭证）。

第二章题为有价证券募集或销售申报。该章规定，在有价证券募集或销售中，发行人应编制公开说明书，向内阁总理大臣申报，但发行额或卖出价格未满 1 亿日元者不在此限。该章还明确规定了申报程序、表格、申报说明书的编制内容和公开说明书记载不实的责任。

第三章题为证券公司。经 1998 年证券交易法修订后，日本证券公司由原来的许可制改为注册制。本章共分 5 节，第一节题为总则，该节规定办理证券公司的登录机关和登录项目；第二节题为业务，该节主要规范证券公司营业项目，证券公司经营证券承销、店头证券、衍生产品及全权委托仍需核准；第三节题为经理，该节主要规范证券公司的营业年度、业务、财务等状况，并规定证券公司维持一定的资本充足性；第四节题为监督，该节规定，证券公司于特定事项发生时应向内阁总理大臣报告；第五节题为其他，该节对相关证券就业人员进行规范。

第四章题为证券业协会。该章共 5 节，第一节题为设立及业务，该节就证券业协会设立要件和营业事项有详细说明；第二节题为规定协会会员资格；第三节题为管理，该节就协会组成和职责订有规范，并规定内阁大臣和金融再生委员会对协会不法行为的处罚；第四节题为监督，该节规定，内阁大臣为保护公众利益需要，可以对证券业协会采取行政处分，并要求协会定期申报材料；第五节题为其他规定，该节主要说明协会的解散事由和规范。

第五章题为证券交易所。新修订证券交易法放开了证券交易所的设置形态，证券交易所既可以是会员法人组织，也可以是股份有限公司。第一节题为总则，该节规定证券交易所的设立资格和业务范围；第二节题为设立股份有限公司制有价证券交易所的例外情况，该节就公司制度证券交易所的设立、登记、会员资格、管理、解散、变更等事项进行规范；第三节题为交易所的证券交易，该节规范交易细则、有价证券上市核准、违反规定的处分、不法交易的限制等；第四节题为交易所证券交易的受托，该节规定接受委托买卖的场所和费用；第五节题为证券交易所的解散，该节对解散的事由、剩余财产的分配有详细规定；第六节题为监督，该节规定内阁总理大臣为保证公众利益，可命令证券交易所提交报告与资料，并可对业务和财务进行检查，如有违法行为，可对其进行适当的行政惩罚；第七节题为其他规定，该节主要规定金融厅必要时得就公司制证券交易所设立程序颁布相关命令。

第六章题为有价证券交易规定。该章主要规范证券交易中的欺诈、虚伪等不公正行为。

第七章题为其他事项。该章规定，内阁总理大臣和金融再生委员会的审问程序，应依本法提出相关财务与业务的制作方式。

第八章题为惩罚。该章主要针对违反本法规行为的惩罚，主要惩罚方式包括罚款、有期徒刑，其中，最高罚度为 5 年以下有期徒刑并科以 3000 万日元罚款。

第九章题为犯罪事件之调查。该章规定，对证券违法行为的调查由证券交易监管委员会负责①。

# 二、日 本 证 券 市 场 架 构

## 1. 证券市场运行架构

1997 年 8 月 29 日，日本大藏省将金融检查、监督部门从大藏省分离出来，新设立金融监督厅。2000 年 7 月，金融监督厅与大藏省金融系统规划局合并成立金融厅；大藏省的银行局和证券局合并为金融局，负责企划和制定法案。由于金融厅的设立，大藏省不再监督个别的金融机构；如果有大型银行发生问题导致金融系统不稳定，大藏省将和金融厅联合协商应对之道；此外，银行法和证交法的修改也都放在企划立案的范畴中。

---

① http//www. fas. go. jp, http//www. houko. com.

日本的证券市场运行架构可从图 19.1 中看出，所以，不再赘述。

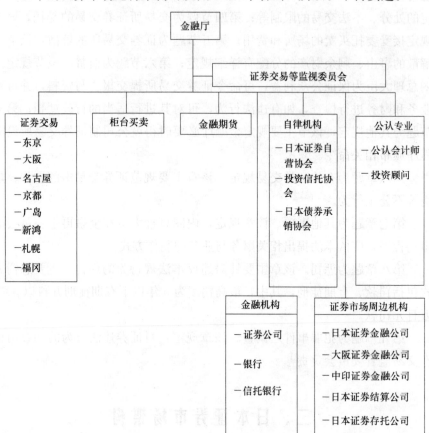

**图 19.1 日本证券交易市场架构**

资料来源：《日本证券市场相关制度》，台湾交易所，http//w3. tse. com. tw/ plan/report，第 6 页。

### 2. 市场工具种类与规模

日本有 8 个证券交易所，它们分别是东京证券交易所、大阪证券交易所、名古屋证券交易所、京都证券交易所、广岛证券交易所、新鸿证券交易所、札幌证券交易所、福冈证券交易所。日本场外证券市场称为 JASDAQ，它是未达到交易所上市标准的中小企业或新兴企业发行证券交易流通场所。日本集中交易市场的工具种类有股票、债券、受益权证、新股认购权、期货、选择权；日本场外交易市场的工具种类有股票、债券。值得一提的是，日本债券市场（公司转换债除外）多在场外市场进行，并且其整体市场结构相当完整，包括各种短期融资市场。

**表 19.1　日本集中证券市场和 JASDAQ 市场规模**

| 类　　别 | | 2000 | 2001 | 2002 | 2003 | 2005 |
|---|---|---|---|---|---|---|
| 集中交易市场 | 上市公司（家数） | 2595 | 2666 | 2669 | 2690 | 2788 |
| | 融资（10 亿日元） | 364747 | 300630 | 251000 | 320071 | 318896 |
| | 交易额（10 亿日元） | 290325 | 225238 | 209229 | 255342 | 357286 |
| JASDAQ | 上市公司（家数） | 887 | 927 | 939 | 945 | 945 |
| | 融资（10 亿日元） | 10283 | 8927 | 6983 | 9384 | 11344 |
| | 交易额（10 亿日元） | 11424 | 5012 | 3668 | 6349 | 11919 |

资料来源：日本证券业协会 http//www. jsda. or. jp。

# 三、日本证券发行市场制度

### 1. 证券承销安排

日本证券承销商承销证券主要采用全额包销和余额包销两种方式。一般说来，承销价格是以市场价格和需求调查后的结果乘上一个折扣率。1995 年以前，日本商法上所谓发行价格（承销商取得价格）实际上等于公开募集价格（承销商对投资人的出售价）；1995 年以后，公开募集价格被视为发行价格加上承销手续费，即发行公司的实得金额。

### 2. 初次上市的投标制度

为确保公开发行和销售的公正性，初次上市公司采取部分投标制度：（1）在第一次董事会中，对公开募集股数和其中进行投标的股数进行议决（此时募集价格尚未确定，招标股数应为公开募集股数的 50％以上，且最低为 100 万股）；（2）在第二次董事会中，决定投标下限价格，通常是以同类公司投标基准价格的 85％为下限；（3）投标申报日次日，于证券交易所投标并决定公开发行销售价格；投标的方法是从最高价之投标申请部分依序进行分配，直至投标股数结束为止，投标申报时的价格即为得标价格，投标申报股数未满公开发行股数 25％时，视为投标不成立；投标后的公开发行价格以投标价格加权平均后为基准。

### 3. 债券发行

在政府债券发行推动下，日本债券市场自 1975 年以来快速扩充。目前，日本债券市场以政府公债和金融债为主。政府公债发行额度与期限的决定主要参考财政部公债发行委员会的意见；公司债的发行主要依商业法的规定。

日本国债发行方式主要有四种：一是集体承销售办法，它适用于到期期限为 5 年至 10 年的贴现债券。日本政府债券是由日本财务省负责，由日本银行负责执行，新证券的承销团是由 700 多家日本金融机构和海外交易商构成。二是拍卖发行。日本政府通过日本银行拍卖发行期限为 2、3、4 年息票债券，近年来也拍卖发行 20 年期限的息票债券。投资人可以通过证券商竞标，承销团成员也可参加。三是混合拍卖。1987 年起，10 年期公债开始采用混合拍卖，承销团负责 10 年期公债 50％的发行，其余部分通过拍卖发行。四是发行循环。10 年期国债每月发行一次，5 年期和 20 年期国债每季发行一次。

# 四、日 本 证 券 上 市 制 度

### 1. 证券上市程序

东京证券交易所是日本最大的证券交易所，证券在东京证券交易所的上市申请程序是：（1）在上市前的辅导阶段，除由承销商辅导公司调整体制外，还需由会计师对辅导期 3 年内的财报加以签证；（2）申请上市公司在提出上市申请前，需由交易所进行约半月的事前调查，在确定申请公司符合上市条件并且没有不受理事项后，交易所接受其申请；（3）交易所收到申请后，立即委派 2 位上场部人员进行为期 3 个月的实质审核，除邀请公司人员说明外，审查人员必须去公司或工厂进行实地考察，并面晤公司负责人；（4）实质审查对公司经营的持续性和未来的经营绩效、内部管理与控制、信息公开体系、特别关系人与公司的交易情况及其他违反法令等情况均予以详细考察；（5）上场部人员完成审查后，需将审查报告送上场审查室会议讨论；如同意上市申请，则上报上市部部长后再交理事会讨论，同时向财务省说明上市案，而财务省也极少退回上场部的案子；（6）理事会如同意上市，申请公司应举办董事长说明会，由其董事长、总经理和重要干部说明其经营心态、对投资人态度、投资回报和信息公开方式；（7）财务省核准上市后的第二天，交易所仍需在形式上向大藏省申请上市承认，然后再举行记者会及后续公开发行事宜。

### 2. 上市与下市标准

本国公司上市标准集中于五个方面。在设立年限方面，要求是 3 年以上。在资本额方面，要求是：（1）股东权益在 10 亿日元以上，且每股 100 日元以上；（2）上市股数应为 400 万股以上（营业主体在东京周边）或 2000 万股（其他地区）。在获利能力方面，要求是：（1）在最近三年税前纯利润中，第一年和第二年各为 1 亿日元以上，第三年为 4 亿日元以上；（2）在最近三年按平均发行股数计算的每股税前赢利中，前两年中的任一年应为 15 日元以上，第三年必须在 15 日元以上；（3）最近一年按年底发行股数计算的每股税前盈余应在 20 日元以上。在股利分配方面，要求是：（1）最近一年有现金红利分配；（2）预期未来能维持每年每股 5 日元以上的现金分红。在股权分散方面，要求是：（1）少数特定人（前十大股东及公司关系人）的持股比例，在上市时在 80％以下，上市一年后应在 70％以下；（2）持有 1000 股以上的股东人数，依公司规模有不同规定：①规模在 1000 万股的公司，800 人以上；②规模在 1000 万股至 2000 万股之间的公司，1000 人以上；③规模在 2000 万股以上的公司，由 1200 人起算，每增 1000 万股则加 100 人，直至满 2000 人为止。

外国公司申请上市标准是：（1）设立年限在三年以上；（2）股东权益在 100 亿日元以上；（3）上市股数应在 2000 万股以上；（4）最近三年中的每年利润在 20 亿日元以上；（5）最近三年有现金红利分配；（6）在母国证券交易所公认具有流动性时，日本国内股东人数为 1000 人以上，其余为

2000 人以上。

上市公司符合下列条件者，则可被下市：（1）上市股数小于 400 万股；（2）过去两年年底少数特定人持股率超过上市股数量的 80% 以上；（3）持有 1000 股以上人数少于下列规定：①规模在 1000 万股的公司，400 人以下；②规模在 1000 万股至 2000 万股之间的公司，600 人以下；③规模在 2000 万股以上的公司，由 1200 人起算，每增 1000 万股则加 100 人，直至满 2000 人为止；（4）过去一年内平均每月成交量小于 1 万股，或过去三个月内无成交记录；（5）过去五年没有发现金红利分配；（6）财务报表有虚伪记载并影响较大；（7）其他有银行拒绝往来、公司破产或重整、营业活动停止、不适当合并、违反上市契约及限制股票转移等。

当上市公司股票在下市边缘时，其股票会转移至观察股票类；当符合下市标准时，转移至即将下市类；一段时期并无改观后再正式下市。

### 3. 上柜申请程序

证券上柜申请程序是：（1）由股东会或董事会决定上柜；（2）向 JASD 提出上柜申请；（3）JASD 与主办证券商协同审查并举办公开听证会；（4）JASD 登录委员会审查；（5）JASD 理事会承认并决定上柜日；（6）JASD 与发行人面谈；（7）申请公司召开记者会并开始上柜买卖。

### 4. 上柜与下柜标准

日本场外股票市场股票分为三类：登记股票、管理股票、特则股票。登记股票是指发行公司符合日本证券业协会的标准，申请并获准在场外市场交易；管理股票是下市股票，或尚未获得协会上柜标准，经协会允许在受更多限制条件下于场外市场交易；特则股票是指未上市（上柜）股票，但经证券商推荐确定将来有成长性的新兴企业股票。

登记股票上柜标准是：（1）登记当天流通在外发行股数不能少于 200 万股，在登记日的最近一经营年度，平均在外流通发行股数不少于 100 万股；（2）股东人数有三个要求：①持 1 万股以下的股东人数至少在 300 人以上；②持 1 万股以上 2 万股以下的股东人数至少在 400 人以上；③持 2 万股以上的股东人数至少在 500 人以上；（3）最近一营业年度税前盈余不能为负数，或者营业收益不少于 5 亿日元，但若市值在超过 50 亿日元者，不在此限；（4）最近一营业年度年底净资产不少于 2 亿日元；（5）年度或期中财务报表需附会计师或会计师事务所意见书，并且申请前两年度会计师查核报告的综合意见为无保留意见；（6）下柜后 3 年不得再提上柜申请；（7）不可正在证券交易所上市；（8）经两家证券商推荐；（9）扣除库藏股外，于登记日当天市值总额不少于 10 亿日元。

特则股票的上柜标准是：（1）盈余、净值未达登记股票标准者；（2）公司主要营业项目经证券推荐商认定具有新兴性、未来性；（3）研究费用占营运费用 3％以上；（4）股东人数至少为 50 人；（5）登记日净资产达 2 亿日元；（6）获利方面并无标准，损失者也可申请。

除此以外，上柜标准中还规定有下列事项者，JASD 不受理上柜：（1）申请公司的关系人于前两年度和申请年度至挂牌前一日有股权转移情况，不宜上柜；（2）申请公司于申请前一年度的后六个月及申请年度至挂牌前一日，如有特定人增资情况，经协会认定其发行价格、增资对象为产业公司的或增资股不适当；（3）若申请公司发生合并、营业让与或受让限制，尚未经过一个营业年度者（12 个月），协会原则上不受理上柜申请；但若上述事件未造成资产总额、股东权益、营业额和获利能力重大影响者，不在此限。

登记股票的下柜标准是：（1）JASDAQ 被财政部命令撤回该公司上柜申请；（2）登记申请书和相关文件被发现有重大信息遗漏和错误；（3）最近三年度总负债超过总资产；（4）发行公司股东人数低于 100 人，并且持续一年没有增至 100 人；（5）发行公司支票被退票或被暂停与银行交易；（6）发行公司已不能正常经营；（7）最近一年月平均交易量小于 2000 股。

特则股票的下柜标准是：（1）发行公司股东人数少于 25 人，并且最近一年度未增至 25 人以上；（2）发行公司最近五年度总负债超过总资产。

# 五、日本证券交易市场制度

## 1. 集中市场交易制度

主要市场参与者：（1）普通会员，东京证券交易所买卖证券的证券商；（2）中立会员，居于普通会员之间促成交易，中立会员不能自营买卖，也不能接受委托买卖证券。

正常交易时间是周一至周五的 9 时至 11 时和 12 时 30 分至 15 时；盘后交易时间是周一至周五的 8 时 20 分至 9 时、11 时至 12 时 30 分和 15 时至 16 时 30 分。值得一提的是，日本证券集中交易市场并无断路措施安排。

集中市场交易竞价方式随时段不同而变化。在开盘阶段采用集合竞价，即开盘前的所有委托视为同时委托，以集合竞价方式决定开盘价。开盘后采用连续竞价，买卖优先顺序是价格优先；在价格相同时，时间优先。

### 2. 场外交易市场

1971 年，东京证券交易所在《股票管理政策报告》中指出，要健全集中市场就需要先健全场外市场。1976 年，日本场外证券株式会社成立，其营业对象以证券商为限，一般投资人买卖场外证券需通过证券商。在交易中，小额交易由电脑自动撮合，大额交易则通过交易员以人工方式成交。虽然场外证券株式会社交易已部分使用电脑，但绝大部分作业还停留在电话和人工阶段。为使场外证券市场更有效率，场外证券株式会社 1989 年 9 月提出建立场外市场自动化改善方案。1991 年 10 月 28 日，JASDAQ 系统开始正式启用。

JASDAQ 主要市场参与者有证券经纪商、经纪人的经纪商、做市商、机构法人、个人投资者、其他市场参与者。过去，经纪人经纪商在场外市场中扮演重要角色，其作用是撮合经纪人的买卖委托。值得一提的是，日本证券协会在《1998 年全国报告》中指出，新的做市商制度已经被实验性地引入 JASDAQ，完整的做市商制度引进也正在计划中。在新计划中，做市商被要求在场外市场中扮演关键性角色，证券公司应主动申请成为某种证券的做市商，而后这种证券的所有交易都将在该做市商系统下进行。至 2002 年 12 月，JASDAQ 的做市商有 330 家，平均每只股票的做市商有 7.5 家。

交易时间与证券交易所的交易时间安排相同。

JASDAQ 架构不同于 NASDAQ，它与东京证券交易所交易系统相类似，分为报价系统和交易系统。报价系统的主要功能有：（1）自营商将证券参考价、买卖价向协会报告；（2）查询买卖价格；（3）将场外市场情况提供给信息商。交易系统主要功能有：（1）买卖通知；（2）查询买卖的种类及方法等信息；（3）约定事项的联络。整个 JASDAQ 买卖系统的基本使用程序是：（1）将证券公司受托买卖输入电脑；（2）电脑检查下单内容并接受有效下单；（3）按价格优先、时间优先原则成交；（4）经终端机完成交易；（5）一经成交，就立即通知证券商。

### 3. 债券交易

由于债券发行单位和品种存在多样性，债券交易多通过议价市场进行。1996 年，约有 98.6％的债券交易在场外市场进行。

为使债券市场信息能迅速公平地传送至投资人，日本证券商协会建立指标债券制度，将债券发行的种类、到期期限、息票利率规格化，至 1997 年，每日刊登的债券种类有 628 种。

日本公债的国内场外市场由 100 多家交易商构成，交易商之间的交易由单一的经纪商（日本债券交易公司）中介；该经纪商买卖报价揭示在报价屏上，并传送给所有的交易商。

目前，各种债券在集中交易市场也有交易。由于公债发行数量大，集中市场于 1979 年发展了一套债券巨额交易系统，可提升价格的形成效率。另外，为方便个别投资人还设立了小额交易系统。

# 六、日 本 证 券 结 算 交 割 制 度

### 1. 结算交割机构

2002 年 1 月，日本证券业协会、东京证券交易所、大阪证券交易所、名古屋证券交易所、札幌证券交易所、福冈证券交易所决定共同成立统一结算机构（Japanese Security Clearing Corporation，JSCC），将 JASDAQ 市场和证券交易所现货市场结算统一起来。该结算机构的基本方针是：讲求公益性、中立性，配合使用者需求，保证绝对安全性，提供追求效率的服务，具有国际水平的制度和机能。日本国内上市（上柜）股票、债券交割和保管业务由日本唯一的证券集中保管账簿划拨机构统一办理（Japanese

Security Depository Center，JASDCE)。

### 2. 结算参与者

直接通过结算机构进行有价证券买卖交割的证券公司，即为结算参加者；市场参加者如果不是结算参加者，则该市场参加者则需要委托结算参加者办理结算交割。结算参加者可以分为个别结算会员和一般结算会员，前者仅能结算自家公司在市场的交易结算，后者可以结算其他公司在市场的交易。

### 3. 结算流程

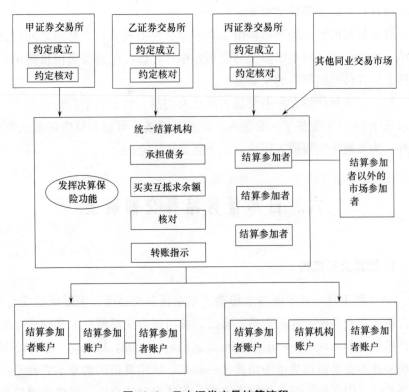

**图 19.2　日本证券交易结算流程**

资料来源：《日本证券市场相关制度》，台湾交易所，http//w3.tse.com.tw/plan/report，第 96 页。

# 七、日本证券市场监管制度

### 1. 集中市场交易监管安排

日本证券集中市场的监管作业由日本大藏省证券局、证券交易所和证券商共同执行。大藏省证券局设有证券交易审查室专责监督与执行；证券交易所由其交易审查部负责；交易商部分，全国多数较大证券商则受大藏省命令设立买卖管理部门专司监管业务，其他证券商也有专人负责该项业务。监管业务分为一般交易管理和内部人交易管理两大类。

东京证券交易所的监管异常标准为"预警"和"查案"两类，它们均采用机密的数据化多项指标计算方式处理。东京证券交易所的监管信息主要来源于上市公司财务报表、公司其他报表、股东交易报告、新闻报道、证券商提供的信息。

集中市场监管作业分为三个步骤。首先是线上监管作业。在交易时间内，股票部和债券部负责监看各证券交易情况。当发现证券交易达预警标准时，如果是短期达到标准者（2～3 天），就通知证券商注意从严审核受托买卖或限制接单；如果长期达到标准者（6～7 天），则通知交易审查部审查。然后是离线监管作业。个别证券交易达预警标准的第二天，股票部和债券部监管人员会分析市场价量异常期间的交易资料和公司重大信息，以决定是否进行进一步调查。最后是不法查核。证券交易的进一步调查分为两个阶段。第一阶段调查主要是依据交易所电脑资料，研究判断证券商买卖是否偏向，执行形态是否可能涉及不法炒作、内线交易及违反规章之异常。如果发现有异常情况，则进行第二阶段调查。经交易审查部认为情况特殊者，会要求考察部门对相关买卖交易较大的证券商进行财务、业务检查。

### 2. 场外市场交易监管安排

1983 年 11 月，日本证券业协会基于"股票场外市场功能扩充纲要"的宗旨，设立店头买卖管理部，其任务在于监管股市，以及执行有无股票买卖操纵、内线交易等违法行为的调查。

　　场外市场交易监管作业分为三个步骤。首先是在线监管阶段。在交易时间内，股票监管标准主要参考下列因素：（1）单日内股票价格的暴涨、暴跌；（2）单日内股票价格的高低价差；（3）单周内股票价格的暴涨、暴跌；（4）各股高价、低价之形成（特定一段时期内）；（5）收盘前之买卖情况；（6）收盘时之股价操作；（7）固定收盘价与固定低价。然后是离线监管。第一阶段调查主要依据电脑资料，判断证券商的买卖是否偏向，受委托是否异常。如发现异常情况，则进行第二阶段调查。以电话通知证券商对特定时期、特定证券的买卖进行调查。最后是不法查核。电话通知证券商对特定时期、特定证券的买卖进行调查，待有关证券商完成调查后进行汇总；如果有必要，要派专员去有关证券商就有关事项进行查核。调查完毕后，根据证券商的调查报告和指派人员的调查报告完成监管报告。最后，将监管报告提交监管交易委员会检查部门。

# 第二十章 德国证券市场制度安排

## 一、德国证券市场立法

### 1. 立法缘起

交易所法于 1896 年 6 月 22 日公布，它是适用于证券交易所和商品交易所的混合法制。该法规定，经济部为中央主管机构，但实际监督管理则依法授权给邦政府的交易所监理官。交易所的规章制度需经该监理官核准；不设交易所监理官者，邦政府委托当地工商团体代行管理。该法历经多次修正，1989 年，为配合德国期货交易所的建立，并使电子交易有法可依，交易所法再次被大幅修订。

1994 年，德国政府为整合证券与期货市场颁布了次级金融发行市场法案。该法案主要内容是将交易所政策、法规制定和监督工作转移至交易所委员会；同年 7 月 26 日，依照该法案，制定证券交易法。

### 2. 交易所法概述

本法最近一次修订是在 2002 年 6 月 21 日，现有 6 章，共计 64 条。简要内容如下：

第一章题为总则。该章规定，交易所原则上是由邦政府管理，邦政府有权许可交易所设立和撤销，核准交易所成员提出的规则，指定官方经纪人并任命邦委员担任证券交易监督人。

第二章题为交易价格决定。该章规定，商品或证券交易价格应由市场决定；交易价格决定主要依据电子交易系统或者在证券商处的议价；此外，交易价格的形成要考虑交易条件、公益保护和交易公正性。

第三章题为证券上市。该章规定，证券上市应该由交易所上市委员会审议；该委员会成员半数以上应该是非专业证券买卖者；证券发行必须符合一定条件，否则，该委员会可以拒绝。该章还规定，在证券上市公开说明书中，如有重大事项记载不实的情况，证券发行公司应对证券持有人因信息披露缺失导致的损失负责赔偿。

第四章题为允许有价证券于公开市场及非公开市场交易。该章内容包括交易相关规定、核准条件；债券的发行、柜台交易和纠纷处理等等。

第五章题为电子交易系统和网路交易所。该章为原先所无章节。随着科技日新月异，电子交易不仅缩短了交易时间，也大幅提高了交易的效率，交易所法将相关规定纳入规范。

第六章题为刑罚、行政处罚与终结规定。该章规定的犯罪形态包括意图操纵市场、投机交易，此外，该章规定了详细的犯罪处罚①。

### 3. 证券交易法

第一章题为适用范围、释义。该章说明本法主要适用于投资服务，此外，该章详细规定了证券、衍生性商品和金融商品的内容。

第二章题为联邦金融监管局。该章提供了设立金融监管局的法源及职权内容。联邦金融监管局必须依此法进行监督；在此主管机构下设立的证券委员会应包含各邦的代表，并咨询来自市场中的各界人士。

第三章题为监管内部人。该章规范内部人、内部证券、内部消息的定义，以及内部人交易限制；该章还规定联邦金融监管局对内部人交易的监督方式，以及触犯规定的处罚。

第四章题为有价证券交易的禁止事项与市场价格操纵的监管。该章乃原文所无部分，市场操纵行为有违公平原则，此法明文禁止并严格规范。

第五章题为上市公司持股异动的通知与揭露。该章规定，任何人持有上市公司股份5％以上，其持股异动情形必须于7日内以书面形式向联邦

---

① http//www.boersenaufsicht.de.

金融监管局报告，上市公司负有揭露前兆信息的义务。

第六章题为投资服务业行为规则。该章主要规范从事投资服务业者的行为，此外，该章对业者的记录保存、分离账户等行为做特别规定。

第七章题为信息公布的赔偿责任。该章规定，未即时公开影响证券价格的重要信息、散布影响证券价格的不实信息等行为，必须要负赔偿责任。

第八章题为金融期货交易。该章为新增章节，内容包括从事金融期货交易所必须提供给顾客的信息，金融期货交易的禁止事项等。

第九章题为仲裁协定。该章规定，仲裁协定仅适用于交易双方皆为商事法规范下的证券商或公法下的法人。

第十章题为国外组织市场。该章包括授权、授权拒绝与撤回以及禁止等事项。

第十一章题为刑事和行政处罚条款。对于违反内线交易规定者，处以刑事处罚；其他如违反申报义务、信息披露规定等违法行为，则处以行政处罚。

第十二章题为过渡条款。其内容为首次通知义务和公布义务、费用支付的过渡条款和赔偿请求权时效的过渡条款①。

## 二、德国证券市场架构

### 1. 市场架构

德国有 8 个证券交易所，其中，法兰克福证券交易所最为重要，其余为区域性证券交易所，分别位于柏林、不莱梅、杜塞尔多夫、汉堡、汉诺威、慕尼黑、斯图加特。每个交易所包括相互分割的官方市场、管理市场、OTC 市场（也就是所谓的自由市场）和新兴市场。相对于官方市场，管理市场的管理较宽松；为鼓励资本额较大的独资企业上市，管理市场对股权分散的要求并不高，企业股票可以部分上市。相对于管理市场，OTC

---

① http//www.bafin.de.

市场管理更为宽松，它也是可部分上市。1997 年 3 月，为具创新精神的高成长性中小企业提供上市融资机会，新兴市场成立。由于该市场近年来表现不佳，德国交易所集团公司规定，2002 年 3 月 1 日起实施董事交易披露制度，要求 DBAG 市场上市公司董事会成员和经理层在交易该公司股票或衍生品时，必须予以披露。

德国的证券市场架构和证券市场监管架构如图 20.1 和 20.2 所示，所以，不再赘述。

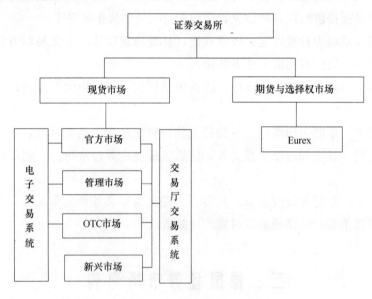

**图 20.1 德国证券市场架构**

资料来源：《德国证券市场相关制度》，台湾交易所，http//w3. tse. com. tw/ plan/report，第 7 页。

### 2. 交易品种和规模

德国证券市场交易品种主要有三大类：一是权益证券，主要包括普通股、特别股、认购权证、有避险功能的认购权证、利率认购权证、以指数为基准发行的指数基金、以衡量市场参与者对 DAX 德国蓝筹股未来发展之期待程度所发行的情绪指数。二是债券，主要包括债券、政府债券、转化债券、零息债券、具认购权的债券、浮动利率票据、政府短期债券、国库券、抵押权债券、地方政府债券。三是其他，主要包括单位信托凭证、

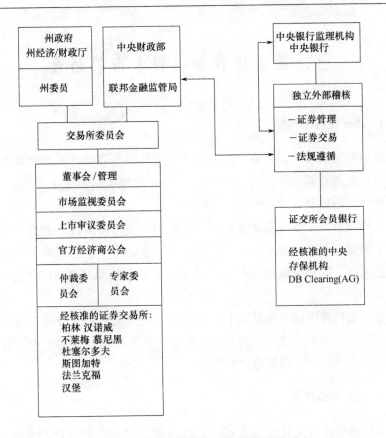

**图 20.2　德国证券市场管理架构**

资料来源：《德国证券市场相关制度》，台湾交易所，http//w3. tse. com. tw/ plan/report，第 6 页。

债务凭证、利润参加债券、具有认购权的利润参加债券。

**表 20.1　德国法兰克福证券交易市场规模**

| 类　别 | | 1999 | 2000 | 2001 | 2002 | 2003 | 2004 |
|---|---|---|---|---|---|---|---|
| 股票 | 挂牌公司数 | 851 | 989 | 983 | 934 | 866 | 819 |
| | 交易量（万亿欧元） | 1.47 | 2.29 | 1.59 | 1.28 | 1.14 | 1.24 |
| 债券 | 种类 | 22522 | N. A | N. A | N. A | 7000 | 8240 |
| | 市值（万亿欧元） | 2.07 | N. A | N. A | N. A | 0.70 | 0.82 |
| | 交易量（万亿欧元） | 1.08 | 0.71 | 0.58 | 0.44 | 0.40 | 0.35 |

资料来源：世界交易所联盟 http//www. world-exchanges. org。

# 三、德国证券发行和上市的制度

## 1. 公开发行的规定

德国公司法规定，只有股份公司才有资格发行股票，其设立基本条件为：（1）股票总面值不低于10万马克；（2）股票面值不低于5马克；（3）不可折扣发行股票。

发行股票但未申请在交易所上市的公司，在公开发行之前必须将公开说明书提交联邦金融管理局审查内容是否完整，但不做实质审查；如果披露信息完备，联邦金融管理局16天未答复，则该股票则自动核准在市场发行。

发行股票并申请在交易所上市的公司，由交易所对发行公司进行实质审查；公开说明书直接报送交易所，由交易所对股票发行和上市同时进行核准，不再经联邦金融管理局审批。

## 2. 上市申请程序

依交易所法，交易所负责制定上市标准，对上市公司进行实质核查，审核公开说明书的披露是否完整。在交易所各市场中，官方市场上市条件最为严格，但投资者权益和市场公开性也因此获得较大保证。

官方市场的上市申请程序是：（1）由申请上市公司与属于证券交易所会员的金融机构一起提出书面申请，如申请公司本身即为上述金融机构，则可单独提出申请；（2）上市申请内容包括发行公司名称、股票名称、股票数量及编号以及股东大会和董事会的上市决定；（3）上市申请文件包括公开说明书、一份经公证的工商管理登记报表、最新版公司章程、最近三年度经会计师签证的财务报表、股票发行的法律基础文件；（4）公开说明书应置于承销机构或上市许可局供投资人免费索取；（5）上市申请必须在德国司法部及交易所指定的全国性公开报纸刊登，并在交易所公开公告，公布费用由发行者承担；（6）上市申请案核准后第二天，才可公布经上市核准局核准的公开说明书，并在交易所公告公布；（7）在公开说明书公布后的第一个工作日，即可在交易所挂牌上市；（8）如果公司在取得上市资格后三个月内未上市，则原申请自动作废。

管理市场的上市申请程序是：（1）由申请上市公司与属于证券交易所会员的金融机构一起提出书面申请，如申请公司本身即为上述金融机构，则可单独提出申请；（2）申请上市公司与非（1）类金融机构共同提出上市申请，该金融企业应该有专业资格及可靠性，以便对上市公司进行评估，从而保证交易所的正常交易和投资人利益；（3）其后申请程序与官方市场类似。

自由市场的上市申请程序是：由属于证券交易所会员的金融机构或自由交易员公司提出，但需要获申请公司同意。

新兴市场的上市申请程序是：申请公司必须先在管理市场上市，获得核准后才可放弃在管理市场上市而选择在新兴市场上市。

**3. 上市标准**

官方市场的上市标准是：（1）新上市股票预计最低市值为 250 万马克，其他有价证券最低面值为 50 万马克；（2）发行公司至少成立三年，并已发布最近三个会计年度财务报告，若申请公司发行无面值股票，则市场流通量最低为 1 万股；（3）已发行股份至少有 25％股权被分散投资大众持有；（4）上市申请必须包含同一证券交易所的所有股份或同一次发行的所有证券；（5）可发行普通股和优先股。

管理市场的上市标准是：（1）在申请公司发行有面值股票或其他有价证券并且未在国内其他交易所上市时，证券总面值最低为 50 万马克，在申请公司发行无面值股票或其他有价证券并且未在国内其他交易所上市时，则市场流通量最低为 1 万股；（2）如果有证据表明申请上市证券可以形成充分的流动性市场，可以降低前述上市标准；（3）上市申请书件包括营业报告书以及对投资人有用的信息，上市前三年经会计师签证的财务报告和管理报告；（4）无企业成立最低年限；（5）上市面值至少有 50 万马克分散于投资大众持有；（6）可发行普通股和优先股。

新兴市场的上市标准是：（1）公司设立年限至少为 1 年；（2）股票估计市值为 100 万马克，面值至少 50 万股，发行股至少 10 万股；（3）公司股票至少有 15％不得为少数股东持有，并建议一般大众持有 25％以上；
（4）公开发行时，股东权益中现金增资部分必须占资本增加的 50％以上；
（5）可发行普通股。

自由市场的上市标准是：（1）主要以未上市公司、选择权和外国公司
为主，另外有少数德国证券，正式上市条件较少；（2）主要发行普通股票
和优先股。

# 四、德国证券交易市场的制度

## 1. 集中市场交易

主要市场参与者有：（1）经纪与自营兼结算会员（仅限于客户与自身
结算）；（2）纯粹办理经纪与自营业务，结算业务委托给其他证券商；经
纪与自营兼结算会员（为客户与自身以及其他纯粹办理经纪自营证券商之
结算）；（3）结算会员（非经纪商），纯粹办理结算业务。

交易时间是周一至周五的 9 时至 20 时。

竞价方式在开收盘阶段采用集合竞价；盘中阶段采用逐笔竞价，买卖
优先顺序是价格优先、时间优先。

## 2. 场外市场交易

德国并无场外市场交易的禁止规定，法兰克福交易所上市证券也可在
其他证券交易所和场外市场交易。

## 3. 债券交易相关规定

德国债券市场交易量居于世界第三，仅次于美国和日本。全部政府公
债和大部分公司债均自动在德国的八大交易所上市。目前，上市债券交易
主要集中于法兰克福证券交易所。值得一提的是，德国债券市场也如其他
国家一样，以场外市场交易为重心，其成交量为集中市场的四至五倍。德
国债券的转账清算是通过转账清算会员银行共同出资建立的名为"卡塞芬
兰"系统进行。

# 五、德国清算交割制度

### 1. 结算机构

Eurex 结算公司于 1998 年 6 月依德国法律在法兰克福建立，它是 Eurex 法兰克福公司的全资子公司。Eurex 结算公司对市场负保证交割责任，并以风险基础计算各结算会员应交纳的保证金，以避免结算会员违约可能造成的风险。Eurex 结算公司可通过与 Clearstream Bank 和 EuroClear 联线，提供多币种、跨国交割服务。为推动中心交易对手制度（CCP），降低结算交割成本，德国证券市场现货结算业务在 2003 年 3 月 27 日由 Clearstream 转移至 Eurex 结算公司（Eurex Clearing AG），即由 Eurex 结算公司同时办理德国证券市场现货与衍生产品结算，Clearstream 负责保管与交割业务。

### 2. 结算参与者

结算参与者分为一般结算会员和直接结算会员两种。非结算会员是交易所会员，但它不办理结算业务，在与结算会员签订委托办理结算协议后方能从事交易。一般结算会员可以办理自有、客户和非结算员之间的结算业务；直接结算员只能办理自有、客户及集团下的非结算会员的结算业务。

### 3. 结算交割流程

所有证券交易所的交易，无论是自由交易系统或由交易厅成交资料，都自动传送到结算公司。集中市场成交者，在 T＋1 日对账无误后，款、券采用 T＋2 交割。场外市场之交易经买卖经双方输入相关资料并配对无误后，于指定日（T＋0 至 T＋4）办理款券交割。Clearstream 办理款券交割采用 DVP 基础，即等值的款、券同步交割。实现 DVP 的前提条件为，Clearstream 卖方客户在保管账户内有足够的证券，买方客户在德国中央银行有足够的资金。在实践中，Clearstream 每日 3 次实施批次即时交割业务。

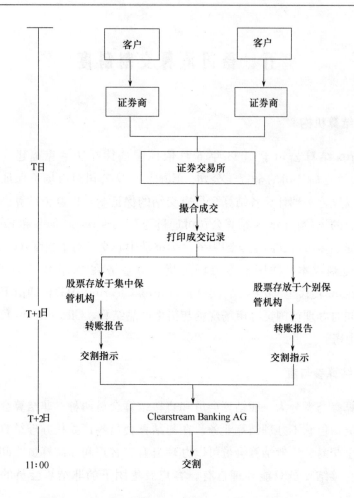

**图 20.3　德国证券交易结算交割流程**

资料来源:《德国证券市场相关制度》,台湾交易所,http//w3. tse. com. tw/plan/report,第 51 页。

# 六、德国市场监管制度

德国在 1994 年才通过证券交易法,并以联邦证券交易监管局为市场行政主管机构。目前,仅知法兰克福证券交易所依交易所法规执行市场监管作业。

### 1. 线上监管

按该交易所的市场交易系统分为电子交易 Xetra 和公开叫价两种。因为电子交易 Xetra 系统是 1998 年才开始启用，并且人工交易传统还继续维持，所以线上监管是 2000 年才开始推行的。也正是因为如此，在线上监管的同时，交易所厅内的交易所管理人员现在仍会现场公开监管是否有会员违规。

交易所线上监管作业主要依据证券价量异常变化、上市公司信息公布对价格的影响进行主观专业性判断；与此同时，在价量市场行情异常变化部分，也会将该证券同业情形纳入考虑。目前，也有部分监管异常标准是通过一套数据化的公式计算来处理。

当监管系统发现异常情况时，值班分析师会立即由市场新闻分析库归集有关上市公司的新闻报道，印证是否有合理理由造成异常变动；或主动向上市公司查询重大信息，以供投资人参考。如异常情况无合理解释，则监管人员通知交易厅管理人员至该证券交易柜台现场查看是否有异常情况，并维持秩序。

### 2. 离线监管

对交易达异常标准的股票，监管部门会综合价量变化、重大信息和证券商交易资料，分析是否有证券商受托买卖明显集中等异常情况，以决定是否要求买卖较大的证券商、银行等相关机构配合提供各项资料。

### 3. 不法查核

交易所并没有投资者个人的开户账号和买卖明细，因而交易所基本上并不对投资人实施直接监管。当遇到可疑的异常情形时，仅能请交易量较多的证券商、银行等相关机构提供资料，然后交给市场行政主管机构 BAWE 调查。交易所监管部门只负责发现可疑案例，并应主管部门要求提供相关资料。

**【主要参考文献】**

1.《美国证券市场相关制度》：台湾交易所，http//w3. tse. com. tw/plan/report。

2.《英国证券市场相关制度》：台湾交易所，http//w3. tse. com. tw/plan/report。

3.《日本证券市场相关制度》：台湾交易所，http//w3. tse. com. tw/plan/report。

4.《德国证券市场相关制度》：台湾交易所，http//w3. tse. com. tw/plan/report。

5. 高如星、王敏祥：《美国证券法》，法律出版社 2000 年版。

6. 郑冲、贾红梅译：《德国证券交易法律》，法律出版社 1999 年版。

7. 卞耀武主编：《英国证券发行与交易法律》，法律出版社 1999 年版。

8. 徐庆译：《日本证券法律》，法律出版社 1999 年版。